Rudolf Sanders

Partnerschule ... damit Beziehungen gelingen

Grundlagen – Handlungsmodelle – Bausteine – Übungen
Erprobte Wege in Eheberatung und Paartherapie

Junfermann Verlag • Paderborn
2000

Satz: adrupa Paderborn

Die Deutsche Bibliothek – CIP-Einheitsaufnahme
Sanders, Rudolf: Partnerschule ... damit Beziehungen gelingen: Grundlagen, Handlungsmodelle, Bausteine, Übungen. Erprobte Wege in Eheberatung und Paartherapie / Rudolf Sanders – Paderborn: Junfermann, 2000

ISBN 3-87387-437-7

ISBN 3-87387-437-7

Inhalt

Gewidmet meinen Kindern
Simon, Johannes und Franziska

Vorwort

Unvermindert groß ist in Deutschland der Wunsch, zu heiraten, eine Familie zu gründen und in ihr zu leben. So sagten nach Angaben des *Statistischen Bundesamtes* (1989) etwa 90% der Bevölkerung Anfang der 90er Jahre aus, in Zukunft mehr Wert auf das Familienleben legen zu wollen. Vergleichende Untersuchungen bei unseren europäischen Nachbarn kommen zu ähnlichen Ergebnissen.

Dagegen scheint die Realität eine andere Sprache zu sprechen. Die Scheidungsziffern steigen, und eine Wende scheint noch nicht in Sicht zu sein.

So ist dieses Buch entstanden vor dem Hintergrund der Herausforderung, daß immer mehr Paare an der Ehe-, Familien- und Lebensberatungsstelle Hagen – Iserlohn – Menden um Hilfe bei der Gestaltung ihrer Ehe nachsuchen. Aber neben der persönlichen Not erlebe ich vor allem ihren Willen, an ihrer Beziehung etwas zu ändern. Und diesen Weg professionell durch Beratung und Therapie zu unterstützen ist das zentrale Anliegen dieses Buches. Die Beispiele sind aus den Erfahrungen der beraterischen Arbeit frei konstruiert. Übereinstimmungen mit konkreten Personen sind rein zufällig.

Der hier vorgestellte Weg in Eheberatung und Paartherapie ist ein „psychoedukativer". Er orientiert sich an dem, was Psychotherapieforscher zur Behandlung von Kommunikations- und Interaktionsstörungen in einem Paar empfehlen: nämlich deren Klärung und Bewältigung. Um diese Empfehlung umzusetzen, bietet eine wissenschaftlich fundierte empirische Psychologie und Pädagogik die Grundlagen.

Insbesondere kommen folgende Ansätze zum Tragen: der Selbstmanagement-Ansatz von *Frederik Kanfer* et al. (1996), der Ansatz der Integrativen Therapie von *Hilarion Petzold* (1993), die Ansätze der modernen Verhaltenstherapie, wie sie z.B. von *Peter Fiedler* (1996) in seinem Kompetenzansatz repräsentiert sind, wenn er von dem Umgang mit Persönlichkeitsstörungen (als solche bezeichnet er Interaktions- und Kommunikationsstörungen) spricht oder wenn er vorschlägt, einzelfallorientiert in einer Gruppe mit Menschen zu arbeiten, die ähnliche Störungen haben. Und last but not least die Ergebnisse der Psychotherapieforschung, wie sie die Arbeitsgruppe um *Klaus Grawe* zusammengetragen hat und wie dieser selbst deren Ergebnisse in Verbindung mit der dazugehörigen psychologischen Grundlagenforschung als *„Psychologische Therapie"* (1998) vorschlägt.

Vor allem hat mich persönlich aber die Frage herausgefordert: „Was läßt eine Ehe, eine Partnerschaft und dann eine Familie **heute** gelingen?" Denn die Institution Ehe hat in den letzten Jahrzehnten einen fundamentalen Wandel durchgemacht. Seit 1976 gibt es vor dem Gesetz die Gleichberechtigung zwischen Frau und Mann in der Ehe; sichere Formen der Kontrazeption ermöglichen andere Schwerpunkte im sexuellen Miteinander; die Entscheidung für Kinder ist nicht mehr selbstverständlich. Hinzu kommen Veränderungen in der Arbeitswelt, Wünsche nach oder Zwänge zu größerer Mobilität u.a.m.

Für all diese Herausforderungen mangelt es den Partnern an Verhaltensmustern. Deshalb ist das Kapitel 5 zentral, in dem es um eine mögliche Philosophie der Ehe geht, denn diese Philosophie begründet das aufgezeigte Vorgehen.

In der Arbeit mit Erwachsenen läßt sich immer wieder erleben, daß deren Lernprozesse dann besonders intensiv und erfolgreich sind, wenn sie selbst an diesen Prozessen aktiv beteiligt sind, wenn das, was vermittelt wird, sich möglichst an ihrem Erleben orientiert. Und keinesfalls wollen Erwachsene, daß ihre Versuche, ihr Leben zu gestalten, bewertet oder moralisierend beurteilt werden, nach dem Motto: *„Sie sollten auch ein wenig netter zu Ihrer Frau sein, ihr z.B. besser zuhören oder ihr auch einmal Blumen mitbringen!"* Sie legen – bei allen Problemen und Schwierigkeiten, die sie haben – Wert darauf, daß die Praxis ihres Miteinanders in der Beziehung geachtet wird. Und gerade das ist Aufgabe eines Beraters, dieses Miteinander – das störende wie das gelingende – zu verstehen und mit den Partnern gemeinsam zu dechiffrieren, mit dem Ziel, die Regeln des Handelns zu verstehen, eine Theorie dieses einmaligen Miteinanders zu entwickeln und daraus Vorschläge zur Veränderung und Verbesserung dieser Praxis abzuleiten.

Hilfreich bei der Entwicklung des integrativen paartherapeutischen Ansatzes waren und sind meine alltäglichen Erfahrungen in meiner Ehe, mit meiner Frau *Christiane* und mit meinen Kindern *Simon, Johannes* und *Franziska.* Ihnen sage ich dafür Dank.

Ich danke den vielen Kolleginnen und Kollegen*, die ich in den letzten Jahren im Rahmen meiner Beratungsarbeit kennenlernen durfte. Ich danke für kritische Auseinandersetzung, für Ermunterung, für Solidarität. Insbesondere erwähne ich Dipl.-Psych. *Notker Klann*, Kath. Bundesarbeitsgemeinschaft für Beratung, dessen Ideen und Arbeiten zur beratungsbegleitenden Forschung vielfältige Impulse zur Evaluation des folgenden beraterischen Ansatzes gaben.

Mein ganz besonderer Dank gilt zwei lieben Kolleginnen, mit denen ich viele paartherapeutische Seminare geleitet habe. Beiden, *Evamarie Bode,* Juristin und Dipl.-Eheberaterin, und *Petra Dinkhoff,* OStR für Erziehungswissenschaften und Deutsch, danke ich für die Durchsicht des Manuskriptes und für geduldige fachliche und stilistische Korrektur.

---

* Leider ist es mir an vielen anderen Stellen nicht gelungen, Bezeichnungen zu finden, die Männer und Frauen gleichermaßen meinen, ohne den Text sprachlich holperig zu machen. Insofern sind alle weiteren Bezeichnungen geschlechtneutral zu verstehen. Es sind immer Berater und Beraterinnen, Klienten und Klientinnen gemeint.

Ausgangspunkt des paartherapeutischen Modells ist die Situation des Menschen der Postmoderne. Es wird angenommen, daß dieser angesichts vielfältiger Verunsicherungen, gerade in der Gestaltung seiner nächsten Beziehungen, oftmals überfordert ist und professioneller Hilfe bedarf (Kapitel 2). Diese Bedürftigkeit gründet sich auf dem noch recht jungen Wandel in der Beziehung zwischen Frau und Mann, nämlich dem Modell von der Vorherrschaft des Mannes zum Modell der Partnerschaft (Kapitel 3). Da sich auch ein menschheitsgeschichtlicher Wandel der Sexualität, von einer an Fortpflanzung orientierten hin zu einer an der sozialen Kommunikation der Partner orientierten, stattgefunden hat, wird für diesen Bereich ebenfalls ein Einüben neuer Verhaltensweisen im Miteinander gefordert (Kapitel 4). Dieses neue Miteinander in der Partnerschaft basiert auf der Fähigkeit des Einzelnen zu Autonomie und Souveränität (Kapitel 5). Im folgenden wird nun der Frage nachgegangen, wie es zu Störungen in einem Paar kommen kann (Kapitel 6) und mit welchem Verständnis der Berater sich dem Chaos im Paar stellen kann (Kapitel 7). Dabei wird von der Annahme ausgegangen, daß Chaosprozesse notwendig sind, um Paare zu einer höheren Komplexität des Miteinanders zu führen. Das sich anschließende paartherapeutische Modell (Kapitel 9) basiert auf Erkenntnissen psychologischer Grundlagenforschung und den Ergebnissen der Psychotherapieforschung. Dieses Modell ist Ausgangsgrundlage für weitere Forschungen zu Eheberatung und Paartherapie (Kapitel 10). Seine Entfaltung findet es in einem Praxismodell (Kapitel 11), das dann im Schlußteil durch eine Fülle an Anregungen zur konkreten Durchführung abgerundet wird.

Daß dieses Modell aber nicht nur dazu geeignet ist, bestehenden Ehen neue, zufriedenstellendere Wege des Miteinanders aufzuzeigen, sondern auch, Paaren zu helfen, voneinander Abschied zu nehmen und sich zu trennen, zeigt der Exkurs am Ende des Kapitels 11 auf.

Herdecke, Mai 2000
Dr. Rudolf Sanders

I

Theoretische Grundlagen

1. Einleitung

Beratung in Fragen der Gestaltung einer Ehe und Partnerschaft gewinnt angesichts schwindender gesellschaftlicher Vorgaben, wie genau jemand eine Ehe, eine Partnerschaft zu leben hat, an Bedeutung. Viele Paare haben heute Interaktions- und Kommunikationsprobleme und suchen nach Lösungen. Oftmals spüren und wissen sie, daß eine Trennung und Scheidung zwar gesellschaftlich „in" ist bzw. angesichts eines Wirtschaftssprinzips von „ex und hopp" fast propagiert wird, daß diese Ideen aber nicht die „ultima ratio" sein können. Man hat doch einmal mit ganz viel Liebe und Hoffnung angefangen und zumindestens einer, manchmal auch beide glauben nicht an das Ende der Beziehung. Sind Kinder da, bleibt man für diese ohnehin zeitlebens Eltern und somit verantwortlich.

Die meisten wissen auch, wieviel Leid mit einer Trennung und Scheidung verbunden ist (*Petri* 1989; *Balck, Reimer & Jenish* 1982; *Friedman* et al. 1995) und wieviel Schaden man den eigenen Kindern damit zufügt (*Bundestagdrucksache* 1989, *Goldstein & Sonit* 1989; *Wallerstein & Blakeslee* 1989; *Hofmann-Hausner & Bastine* 1995). So verschafft die Scheidung zwar eine Atempause von den Spannungen oder Auseinandersetzungen, aber wenn Kinder da sind, hören diese Debatten mit dem Scheidungsurteil in der Regel noch lange nicht auf. Kinder werden in der emotionalen Auseinandersetzung der Eltern instrumentalisiert, wenn es um Kinderbetreuung, Besuchsregelung oder Erziehungsfragen geht.

Die vorherrschende Meinung, daß eine Scheidung für die Kinder eine vorübergehende Krise darstellt, die nach einiger Zeit von selbst überwunden würde, ist falsch. Unter der Scheidung, in deren Verlauf ein Elternteil ausgegrenzt wird, leiden Kinder Jahre, allzuoft ein Leben lang. *Napp-Peters* (1995) begleitete Scheidungsfamilien mit 269 Kindern aus ausgewählten Kommunen Norddeutschlands über 12 Jahre von 1980/81 an und befragte Kinder, Mütter und Väter und neue Lebenspartner nach ihren Erfahrungen und Einstellungen. So konnte sie feststellen, daß es nur 25 Prozent der Kinder gelungen war, die scheidungsbedingten Schwierigkeiten zu überwinden und sich zu lebenstüchtigen Erwachsenen zu entwickeln. 75 Prozent hatten dagegen nach wie vor große Probleme, den Alltag zu bewältigen und längerfristige Perspektiven für ihr Leben zu entwickeln.

Die 25 Prozent der Kinder, die ihr Leben in den Griff bekommen haben, konnten auf gute Kontakte zu ihren nichtsorgeberechtigten Eltern und auf viel Unterstützung zurückgreifen. So ist der Verlust von Familienbeziehungen nicht nur die häufigste Folge der Scheidung, sondern zugleich auch die gravierendste Ursache für scheidungsbedingte Störungen bei Kindern.

Vielleicht ahnen auch manche, daß eine Scheidung sie nicht von der emotionalen Abhängigkeit von ihren Partnern befreit. In Gesprächen mit Ex-Eheleuten stellen diese immer wieder mit Bedauern fest, zu spät erkannt zu haben, daß der ehemalige Partner nicht das eigentliche Problem gewesen war, denn in ihrer zweiten Ehe stehen sie wieder vor ganz ähnlichen Problemen oder, und das ist noch erstaunlicher, sogar in ihrem neuen Leben als Single.

Kritisch wäre hier auch die Rolle mancher Rechtsanwälte zu betrachten. So berichten immer wieder Klienten, die einen Rechtsanwalt wegen der Probleme mit dem Partner aufsuchten, daß durch dessen Briefe an die gegnerische Partei der Konflikt erst recht angeheizt und einer Scheidung zugetrieben wurde. *Packheiser* (1995) konnte in Rechenbeispielen nachweisen, daß in Scheidungsangelegenheiten für Rechtsanwälte leicht und ohne großen Aufwand Geld zu verdienen sei.

Deshalb suchen immer mehr Menschen nach Wegen, ihre Probleme als Paar zu klären und zu bewältigen, und auch deshalb, weil bei allem Ärger, den man miteinander hat, die Beziehung zum Partner eine unverzichtbare positive Funktion im Leben des Einzelnen darstellt, mag der bewußte Zugang dazu im Moment auch verschlossen sein. Leider merken das viele Partner erst, nachdem sie Trennung und Scheidung hinter sich gebracht haben. Deshalb ist es zentrales Anliegen der **PARTNERSCHULE**, die positiven Funktionen der Beziehung für die Partner zu verstärken.

Demgegenüber ist das Ansehen von Ehe und Familie in dieser Gesellschaft – umgerechnet in Mark und Pfennige – leider nicht so positiv, wie vollmundige Erklärungen unserer Politiker vermuten lassen. Die Einkommensverhältnisse der Familien mit Kindern veranlaßten den Präsidenten des Bundesverfassungsgerichtes vom gerechten Lastenausgleich für Familien als *„blutigem Ernst"* zu sprechen (*Petropulos* 1994). Die *„Deutsche Liga für das Kind"* spricht von einem Enteignungsprozeß, der beendet werden müsse (*Frisé* 1994), und Gaschke bringt es Anfang 1999 in einem Leitartikel auf der ersten Seite der Wochenzeitschrift *Die Zeit* auf den Punkt: *„Kinderfeindlich, elternfeindlich!"*

Trotzdem: Die Sehnsucht geht in Richtung Ehe und Familie! Zu Beginn der 90er Jahre sprachen sich 87% der westdeutschen und 93% der ostdeutschen Bevölkerung dafür aus, in Zukunft mehr Wert auf das Familienleben legen zu wollen (*Statistisches Bundesamt* 1989). *Köcher* (1993) weist in einer vergleichenden Untersuchung nach, daß dies keine spezifisch deutsche Entwicklung ist, sondern auch für andere westeuropäische Länder zutrifft. Diese Aussagen zur Bedeutung und Zukunft der Familie werden in jüngster Zeit durch eine Studie des Bielefelder Instituts *Emnid* im Auftrag der Zeitschrift *Focus* unterstrichen (*Focus* 46/1997).

Die **PARTNERSCHULE**, die sich in ihrer Vorgehensweise auf die Ergebnisse der empirischen Pädagogik und Psychologie bezieht, unterstützt die Suche nach neuen Wegen in der Partnerschaft. Die Gestaltung einer für beide Partner angemessenen und stimmigen Sexualität wird dabei als unverzichtbarer Bestandteil einer Eheberatung gefördert. Eine Untersuchung ihrer Effektivität und Effizienz wurde vorgelegt (*Sanders* 1997).

Einleitend ist auf eine wichtige innere Haltung des Beraters gegenüber den Klienten hinzuweisen, nämlich die der intersubjektiven Korrespondenz (*Petzold* 1993). Sie beruht auf den Gedanken der Gleichwertigkeit. Die Ratsuchenden werden in ihren Bemühungen, ihren Alltag und ihr Miteinander nach bestem Können zu gestalten, wertgeschätzt. Aufgabe des Beraters ist es, sie in umfassendem Maße an seinem Fachwissen zu beteiligen, damit sie selbst zu Experten ihrer Kommunikations- und Interaktionsstörungen werden können. Über alle Vorgänge im Rahmen der Paartherapie gilt es deshalb, sie maximal zu informieren. So sollen sie auf der Grundlage vorhandenen Wissens über Störungen und über die Möglichkeiten der Änderungen möglichst konkret, präzise und fundiert aufgeklärt und zu deren Klärung und Bewältigung angeleitet werden. Mögliche Rückfallrisiken werden ebenfalls besprochen, und es werden Strategien miteinander erarbeitet, wie sie diese kompetent vermeiden können.

Zusammenfassend weist *Fiedler* (1996) auf die therapeutisch positiven Auswirkungen guten Informiertseins der Klienten hin. Für die Paartherapie bedeutet das:

▶ Mit einer Informationsfülle bei den Klienten wächst deren Zufriedenheit und Vertrauen in die Beratung.
▶ Informationen sind die notwendige Voraussetzung für ein partnerschaftsförderndes Verhalten.
▶ Informierte Klienten liefern später präzisere katamnestische Angaben.
▶ Informationen vergrößern die Wirksamkeit diagnostischer und therapeutischer Maßnahmen. (Deshalb werden Übungen vorher angekündigt und auch mit ihren beabsichtigten Wirkungen vorgestellt; so wird den Klienten Angst vor Überraschungseffekten genommen.)
▶ Informiertheit ist die beste Voraussetzung zur aktiven und eigenverantwortlichen Beteiligung und Mitarbeit der Klienten an den therapeutischen Maßnahmen.
▶ Informationsmangel wirkt als Streßfaktor.
▶ Informationsdefizite versuchen die Partner durch Nutzung von zum Teil ungeeigneter Literatur auszugleichen.
▶ Information wirkt als solche schon hochgradig therapeutisch!

Im Praxisteil dieses Buches (Kap. 17) werden mögliche Informationsblätter, Handreichungen etc., die den Klienten an die Hand gegeben werden können, vorgestellt.

Informationen für Klienten, die um Fragen der Gestaltung ihrer Ehe nachsuchen, hat der Verfasser in Form eines Selbsthilfeprogramms vorgelegt (*Sanders* 1998). Selbsthilfe wird hier als umfassende Information zu verschiedensten Themen des partnerschaftlichen Miteinanders verstanden. Zu den einzelnen Kapiteln werden jeweils Übungen vorgestellt, mit denen das Gelesene durch zielorientierte Selbsterfahrung vertieft werden kann. Es soll insbesondere der Prozeß der Selbststeuerung gefördert werden, damit die Ratsuchenden möglichst bald wieder Unabhängigkeit von der therapeutischen Umgebung gewinnen und die verantwortliche Kontrolle des eigenen Verhaltens und Handelns selbst übernehmen. Das Buch bietet zur Erklärung und Bewältigung von Paarproblemen eine informative therapiebegleitende Ergänzung.

Da therapeutische Ziele in und mit Gruppen gleichbetroffener Menschen am effektivsten zu erreichen sind, ist es wichtig, im Rahmen von Beratungsstellen solche Gruppen anzubieten. Neben dem Ökonomieaspekt sprechen zahlreiche weitere Vorteile für die Bevorzugung von paartherapeutischer Arbeit in und mit Gruppen, wie später (Kapitel 9.2) ausführlich beschrieben wird.

Zusammenfassung:

Die PARTNERSCHULE orientiert sich am Wunsch vieler Menschen, in Ehe und Familie zu leben. Ergebnisse wissenschaftlicher Psychologie und Pädagogik finden in ihr Umsetzung und begründen so eine psychoedukative beraterische Vorgehesweise. In diesem Ansatz ist es ein wichtiges Ziel, die Klienten selbst zu Experten ihrer Kommunikations- und Interaktionsstörungen zu machen.

2. Zur Situation des modernen Menschen

Will man als Berater Paare bei ihren Veränderungsprozessen begleiten, so ist es wichtig, auch um ihr gesellschaftliches Eingebundensein, die geschichtliche Entwicklung der Idee „Ehepaar" zu wissen. Auch daraus gilt es, ein überzeugendes Rationale für das Verständnis der Probleme in einem Paar zu entwickeln, denn diese haben nicht nur „psychopathologische" Ursachen.

2.1 Drei zentrale Problembereiche

Der Einzelne kann sich, was die Gestaltung seiner menschlichen Beziehungen betrifft, heute nur noch in geringem Maße auf die Bräuche und Traditionen seiner Gesellschaft verlassen. Der moderne Mensch ist herausgefordert, seine Fragen und Probleme in größerem Ausmaß in Eigenverantwortung zu lösen. Das wird an **drei zentralen Problembereichen** deutlich:

▶ an der Machtverteilung zwischen Frau und Mann in der Ehe,
▶ der Gestaltung der Sexualität und
▶ dem Umgang mit Trennung und Scheidung.

Was die Machtverteilung in der Ehe betrifft, so war das Binnenverhältnis zwischen Frau und Mann zumindestens in den letzten tausend Jahren durch die Vorherrschaft des Mannes geprägt (*Barabas* & *Erler* 1994). Seit Ende des Zweiten Weltkriegs hat sich dagegen ein partnerschaftliches Leitbild entwickelt. Ohne gesetzliche Zielvorstellungen entscheiden Partner nunmehr eigenverantwortlich, wer z.B. arbeitet und wer die Kinder erzieht.

Nachdem das Leitbild der Hausfrauenehe mit seiner Beschränkung der Sphäre der Ehefrau auf Kinder und Küche gefallen ist, stellt sich für viele Menschen die Frage: *„Wie geht das denn, in Form einer Partnerschaft zu leben?"* Sie erleben aufgrund dieser Unsicherheit massive Schwierigkeiten im Zusammenleben und suchen deshalb Beratung auf.

Nicht nur die Beziehung zwischen Frau und Mann in der Binnenstruktur änderte sich, nämlich von einer patriarchalischen zu einer partnerschaftlichen, sondern auch die Gestaltung der Sexualität wandelte sich durch die Methoden einer sicheren Kontrazeption von einer in erster Linie durch Fortpflanzung bestimmten hin zu einer am sozialen und kommunikativen Miteinander orientierten. Auch diese „soziale Sexualität" verlangt ein neues Lernen, in dem es um mögliche Ausdrucks- und Gestaltungsformen geht, die für das jeweilige Paar passen und angemessen sind.

Diese Art der Sexualität bildet ebenfalls ein noch recht neues und ungeübtes Feld der Kommunikation. Dadurch läßt sich vielleicht erklären, daß Sexualität – auch bei sonst glücklichen Paaren – ein sehr sensibler und störanfälliger Bereich sein kann, der nicht vornehmlich nach pathologischen Kriterien betrachtet werden sollte.

Ein drittes Beispiel macht ebenfalls deutlich, wie der Mensch heute selbstverantwortlich Angelegenheiten regeln muß, die früher gesellschaftlich geklärt waren. Die Scheidung einer Ehe wird in jüngerer Zeit, etwa seit den 60er Jahren, von der Gesellschaft moralisch nicht mehr geächtet, was sich in der Gesetzgebung durch den Wandel vom Schuldprinzip zum Zerrüttungsprinzip ausdrückt. Für die einzelnen Partner folgt daraus: *„Jeder Mensch muß für sich selbst Fragen lösen, für die früher die Gesellschaft die volle Verantwortung übernahm"* (Rogers 1972, 21), indem sie etwa eine Scheidung mit vielen Hürden versah und auch danach wenig Raum für eigenverantwortliche Lebensgestaltung bot.

An diesen drei zentralen Themen jeder Ehe-, Familien- und Lebensberatung, der Frage nach Partnerschaft, nach Gestaltung der Sexualität und nach Trennung und Scheidung, wird deutlich, daß sie nicht so sehr psychopathologischer Natur sind und psychotherapeutischer Behandlung bedürfen, sondern daß es sich dabei eher um persönliche Entwicklungsprozesse handelt, in denen es um die Fähigkeit und Kunst der Beziehungsgestaltung geht. Gelingen diese nicht, können sie in ihren Auswirkungen Störungen von Krankheitswert zur Folge haben.

In diesen Entwicklungsprozessen lassen sich Menschen für eine begrenzte Zeit zur Klärung und Bewältigung ihres je eigenen und ggf. des gemeinsamen Lebensweges begleiten. Um mögliche diesbezügliche Lernblockaden abzubauen und das Lernen selbst möglichst effektiv zu gestalten, orientiert sich Beratung an den Erkenntnissen der Psychologie als einer Wissenschaft vom Erleben und Verhalten und den diesen zugrundeliegenden Prozessen (*Grawe* 1998) und an den Erkenntnissen einer teilnehmer- und erfahrungsorientierten Erwachsenenbildung (*Brocher* 1967). So werden Psychologie und Andragogik (*Pöggeler* 1964) zu Fundamenten für eine Beratungswissenschaft (BMFuS 1993).

Daß im Kontext von Beratung oftmals der Begriff „Therapie" auftaucht, unterstreicht eher den erwachsenenbildnerischen Aspekt von Beratung, wenn man auf den Ursprung des Wortes schaut. Es kommt aus dem Griechischen und heißt übersetzt: pflegen, fördern, hegen, heilen und auch dienen. Über eine reparative Wiederherstellung hinaus wurde in der antiken Medizin die Entwicklung von Fähigkeiten und Fertigkeiten der Menschen in das Handeln des Arztes einbezogen.

Deshalb werden auch die Begriffe Eheberatung und Paartherapie, zumal auch die Literatur keine klare Unterscheidung anbietet, hier synonym verwendet.

2.2 Anlässe zum Aufsuchen einer Beratungsstelle und das Gestalten des Erstkontaktes

Überwiegend suchen Menschen mit Störungen des Binnenklimas ihrer (Ehe-)Beziehung Beratungsstellen für Ehe-, Familien- und Lebensfragen auf. Sexualität, Zuwendung des Partners, Kommunikation werden als häufigste Konfliktbereiche genannt. Außereheliche Beziehungen sind nur von untergeordneter Bedeutung (*Klann* & *Hahlweg* 1994a).

Dabei wollen die Ratsuchenden in der Regel zweierlei: Zum einen wollen sie verstehen, warum sie *„mit ihrem Partner nicht klarkommen"*, zum anderen wollen sie lernen, wie sie diese Probleme bewältigen können: *„Nun sagen Sie einmal, warum wir uns nicht mehr lieben und was wir z.B. tun können, dies zu ändern?"* – so etwa könnte die ausgesprochene oder heimliche Frage lauten. Sie wollen also ihre Situation verstehen, aus der heraus sie so und nicht anders handeln, und sie wollen lernen, sie zu bewältigen.

Um die Verbesserung des Zusammenlebens zwischen Mann und Frau auf der Grundlage von Partnerschaft, um die Gestaltung einer „sozialen Sexualität" und um eine Klärung, ob Trennung und Scheidung ein möglicher Weg für den Einzelnen oder das Paar sind, geht es in den meisten Beratungsfällen. Darüber hinaus suchen Menschen z.B. Hilfen, den Verlust eines geliebten Menschen zu betrauern oder mit Schwierigkeiten (Mobbing) am Arbeitsplatz fertig zu werden. Fast immer geht es um das Klären und Bewältigen von „Störungen" in mitmenschlichen Beziehungen.

Bestätigt sich dieser Klientenauftrag, wird bereits im Eingangsgespräch auf das wirksamste Therapiesetting, nämlich die Bearbeitung dieser zwischenmenschlichen Probleme in und mit Gruppen hingewiesen (*Grawe* et al. 1994; *Grawe* 1998; *Fiedler* 1996). Sehr hilfreich ist es, wenn den Ratsuchenden zusätzlich zur mündlichen Erläuterung ein Informationsblatt (Kap. 17.1) über die Therapie in und mit Gruppen in Kombination mit ganz konkreten Terminangeboten mitgegeben werden kann.

Ferner wird, wenn sich die Partner nach dem Erstkontakt auf den therapeutischen Prozeß einlassen wollen, das Fragebogen-Set aus der beratungsbegleitenden Forschung (*Klann* & *Hahlweg* 1994, Kap. 14.3) zum Ausfüllen mitgegeben. Diese Diagnostikbatterie dient neben dem Informationsblatt den Klienten zur „Horizonterweiterung". Sie kommen durch die Fragen in eine Reflexion ihrer Beziehung und zu Hause über die möglichen Antworten miteinander ins Gespräch. Der Berater seinerseits erhält durch die zum 2. Kontakt wieder mitgebrachten Bögen und anschließend durch die computergestützte Auswertung eine gute Grundlage für die beratungsbegleitende Diagnostik. Nach Ende der Beratung ist durch erneutes Ausfüllen der Bögen eine Möglichkeit zur Evaluation und damit zur Qualitätssicherung der Arbeit gegeben. Entgegen den manchmal von Kollegen geäußerten Befürchtungen, man könne einen solchen Fragebogensatz Ratsuchenden nicht zumuten, erleben diese solchen Aufwand als eine besondere Sorgfalt des Beraters.

Durch das Informationsblatt zur Behandlung von Interaktions- und Kommunikationstörungen, durch konkrete gruppentherapeutische Angebote und durch den Einsatz der Fragebögen fühlen sich die Klienten in ihrem ureigensten Anliegen verstanden und angenommen. Sie spüren nämlich, daß sich der Therapeut für ihre Sache einsetzt. Das schafft in Kombination mit dem Vorschlag eines ganz konkreten Behandlungsrationales (Info über **PARTNERSCHULE** Kap. 17.1) den Eindruck von hoher Kompetenz und damit eine gute Voraussetzung für das Entstehen positiver Besserungserwartung (*Frank* 1961). Wenn jemandem klar gesagt werden kann, was er tun kann, um einen unangenehmen Zustand zu beenden, ist er auch motiviert, diesen Weg zu gehen.

Damit ist allerdings der diagnostische Prozeß nicht abgeschlossen, denn Therapie verlangt eine ständige Reflexion der therapeutischen Maßnahmen und der Therapieziele hinsichtlich ihrer Angemessenheit für den augenblicklichen Zustand des Ratsuchenden. So ist ein Resümee nach einer Beratungsstunde mit einem Paar selbstverständlich, beziehungsweise Zwischenreflexionen mit den Teilnehmern zur Evaluierung des therapeutischen Fortschritts im Rahmen einer Gruppentherapie.

2.3 Der Berater als Sinndeuter des Chaos

Da Verstehen und Wertschätzung der gelebten Praxis zentrale Grundlage im pädagogischen Selbstverständnis sind (*Schleiermacher* 1826/1983), ist Basis jeder Beratung das Bemühen, den **Sinn im Chaos** eines Paares zu entdecken. Dieser gemeinsame Entdeckungsprozeß bezieht sich auf die Entstehungsgeschichte der Beziehung des Paares, versucht sein ursprüngliches gemeinsames Ziel herauszufinden, die Konfliktlage zu überprüfen und nach Veränderungen und Verbesserungen zu suchen. Und es gilt insbesondere auch (!), nach Ressourcen Ausschau zu halten, nach dem, was gelingt.

Berichtet jeder Partner von den Schwierigkeiten im Miteinander, wird, wie bei jeder Form der Geschichtsschreibung, keine getreue Reproduktion vergangener Ereignisse möglich sein. Oftmals erinnern beide Partner diese unterschiedlich. So wird es Aufgabe im Beratungsprozeß, eine „neue Geschichte des Paares" zu schreiben, mit der man sich von der augenblicklichen Gegenwart her einer vergangenen Gegenwart annähert, um sich von ihr ein Bild zu machen, das für die Betrachter – die Klienten selbst – sinnvoll ist. Mit diesem Bild soll zum einen versucht werden, die augenblickliche Gegenwart, die Probleme im Zusammenleben, besser zu verstehen. Zum anderen soll es aber auch das Paar dazu befähigen, sein Miteinander neu zu gestalten (*Petzold* 1993).

Um die Konflikte in einem Paar gelassener einordnen zu können, ist es wichtig, vom Beziehungsverhalten zwischen Frau und Mann in seiner historischen Entwicklung zu wissen. Auch die Entwicklung der modernen Kontrazeptiva und ihre Auswirkungen auf die Beziehung muß in das Verständnis von sexuellen Störungen mit einbezogen werden. Deshalb wird im folgenden der Wandel in den Intentionen des Zusammenseins von Frau und Mann kurz beschrieben.

Zusammenfassung:

Menschen des beginnenden 3. Jahrtausends sind im Gegensatz zu früheren Zeiten herausgefordert, primäre Bereiche der Beziehungsgestaltung in Eigenverantwortung zu regeln. In dieser unklaren Situation reagieren viele Menschen in ihren Beziehungen mit Chaos. Dieses gilt es, in der Beratung zu deuten und zu konstruktiven Lösungen hin zu entwickeln.

3. Von der Vorherrschaft des Mannes zum Modell der Partnerschaft zwischen Frau und Mann

Der neue Leitwert für das Verhältnis von Mann und Frau heißt im neuzeitlichen Europa **Partnerschaft** (*Kramer* 1992). Rein juristisch wird im ausgehenden zwanzigsten Jahrhundert in der Bundesrepublik Deutschland allen Familienmitgliedern ein bisher nicht gekanntes Maß an rechtlicher Selbständigkeit zugestanden (*Barabas* & *Erler* 1994). So kann eine verheiratete Frau ihren Beruf selber wählen, oder Studierende können von Eltern Unterhaltszahlungen gerichtlich einfordern.

3.1 Ehe im Laufe der Geschichte

Die heute vorhandene rechtliche Selbständigkeit gab es nicht immer. Bei den Germanen war die Ehe kein selbständiges „Rechtsinstitut", sondern ein Lebensverhältnis, das sich nach den jeweiligen Sitten und Bräuchen gestaltete (*Dölle* 1964). Das Verhältnis der Ehegatten untereinander war ursprünglich gekennzeichnet vom Prinzip der „Muntgewalt" („Munt" = Schutzhand). Der Mann vertrat die Frau gegenüber Dritten, er hatte uneingeschränkte Gewalt über die Angehörigen seines „Hauses" (*Mittels* & *Lieberich* 1992).

Das Erstarken des Christentums ab dem 10. Jahrhundert brachte eine radikale Änderung der Ehekonzeption. Die unter Christen geschlossene Ehe wurde als Teil des Schöpfungsauftrages gesehen und folglich zur religiösen Einrichtung. Die Kirche nahm deshalb für sich auch in Anspruch, Verantwortung über den Abschluß der Ehe zu proklamieren. *Dölle* meint dazu: *„In steigendem Maße hatte dabei die Kirche erkannt, welche Möglichkeiten das Recht bietet, um die katholische Auffassung vom Sinn und Zweck der Ehe in der Welt durchzusetzen"* (1964, 56). Im Laufe des Mittelalters entstand so ein umfassendes kirchliches Recht, das als Grundidee die prinzipielle Unauflösbarkeit der Ehe vertrat.

Aber wieviel Bedeutung hatte ein kirchliches Eherecht tatsächlich für die Beziehungen zwischen Mann und Frau, wenn man die Tatsache betrachtet, daß erst 1868 das

„Gesetz über die Aufhebung der polizeilichen Beschränkung der Eheschließung" innerhalb des Norddeutschen Bundes erlassen wurde, welches die Heiratserlaubnis nicht mehr vom Erwerbs- und Vermögensnachweis abhängig machte (*Blasius* 1992)? Das bedeutete, daß ab 1871 erstmals alle Bevölkerungsschichten uneingeschränkt heiraten konnten. Zuvor war das Recht zur Heirat gebunden an Besitzstand und Vermögen, weil man die Ausbreitung besitzloser Schichten vermeiden wollte.

Und deren gab es viele! *Wehler* (1987) zeigt auf, wie sich zwischen dem 13. und dem späten 18. Jahrhundert in Deutschland die Zusammensetzung der ländlichen Bevölkerung grundlegend änderte. Während die Zahl der bäuerlichen Großfamilien drastisch abnahm, wurden die Landarmen und Landlosen zur zahlenmäßig breitesten Bevölkerungsgruppe. Aufgrund ihrer Armut waren sie allerdings keine vollberechtigten Gemeindemitglieder. Sie konnten jederzeit ohne Begründung aus dem Stadtbezirk ausgewiesen werden. So lag die Zahl der Bauern um 1700 in Niedersachsen bei 34%, die der Landarmen bei 66%, in der Mark Brandenburg zählten um 1800 die Landarmen und Landlosen 74% und in Mittel- und Hinterpommern 61%. Die Situation in den Städten bot ein vergleichbares Bild. Rund zwei Drittel der städtischen Bevölkerung im 15. und 16. Jahrhundert sind als arme Unterschicht zu bezeichnen. So betrug in Freiburg im Breisgau die Zahl der bedürftigen Frauen 1574 etwa 83%, von denen über die Hälfte alleinstehend war und zusätzlich für Kinder zu sorgen hatte. Deshalb spricht *Fischer* von der „vaterlosen Familie" als dominantem Typ der städtischen Unterschichten (1981).

3.2 Ehe und ihre Idealisierung

Angesichts der Massenarmut der vorindustriellen Zeit erweist sich die Vorstellung vom *„Kontraktionsgesetz"*, das als historische Entwicklung von der Groß- zur Kernfamilie (Gattenfamilie) (*König* 1972) postuliert wurde, als kaum haltbar. Die Idealisierung der bäuerlichen Groß- bzw. Mehrgenerationenfamilie läßt sich vielleicht mit einer inneren Sehnsucht nach familiärer Harmonie erklären, aufgrund derer die Vorstellungen von Familie in der Romantik und im Biedermeier in Literatur und bildender Kunst (*Adalbert Stifter, Ludwig Richter*) eine große Breitenwirkung entfalten konnten. Auf ähnliche Romantisierung des familiären Lebens stößt man heute bei der Diskussion um Pflegeversicherung etc., wenn mit nostalgischem Blick ins vorindustrielle Zeitalter das *„großfamiliäre Leben als die natürlichste Form menschlichen Zusammenlebens verklärt wird"* (*Barabas & Erler* 1994, 23). Die These, die Großfamilie sei vorherrschender Typus in vorindustrieller Zeit gewesen, idealisiert durch *Brunners* (1956) Konzept vom „ganzen Haus" als bedarfswirtschaftlicher Produktions- und Lebensform, kann nicht aufrechterhalten werden (*Nave-Herz* 1990).

Die idyllhafte Vorstellung, Mann und Frau hätten mit mehreren Generationen in Einklang und Harmonie unter einem Dach zusammengelebt, läßt sich also kaum aufrechterhalten. Das Leben war für den größten Teil der Bevölkerung durch karge Umstände, Armut, Krankheit und geringe Lebenserwartung bestimmt. Die Fehleinschätzung der „Großfamilie" läßt sich vielleicht auch mit der hohen Geburtenzahl erklären. So waren nach Berechnungen in Kirchenbüchern 8-12 Geburten keine Seltenheit, aber aufgrund der hohen Säuglings- und Kindersterblichkeit erreichten höchstens vier Kinder das Erwachsenenalter (*Mitterauer* 1977). Folglich war auch der Altersabstand zwischen jüngsten und ältesten Geschwistern sehr viel größer als heute, und oft lebten bei der Geburt des jüngsten Kindes die ältesten nicht mehr im Haus. Aber auch viele Frauen starben im Kindbett, so daß der Mann zur Versorgung der Familie neu heiraten mußte und man von „sukzessiver Polygamie" sprechen kann.

Es kann aber auch nicht davon ausgegangen werden, daß mit dem Aufkommen der Industrialisierung die Kleinfamilie (Gattenfamilie) zum Normaltypus der Moderne geworden wäre. So war in der Industrialisierungsphase trotz Aufhebung der Heiratseinschränkungen ein großer Teil der Arbeiterschaft nicht in der Lage, zu heiraten und eine Familie zu ernähren. Mitte des 19. Jahrhunderts waren in Wien beispielsweise nur etwa 10% der Arbeiter im holzverarbeitenden Gewerbe und der Lebensmittelbranche, nur 14% der Arbeiter in der Bekleidungsindustrie und nur 16% der Metallarbeiter verheiratet (*Wehler* 1987).

3.3 Ehe als Institution

Im 19. Jahrhundert entwickelte sich dann die Idee der Ehe als Institution, die unabhängig vom Willen der Eheleute existiert. *Karl Marx* z.B. pflichtete 1842 dem Grundgedanken der Ehe als Institution bei: „*Niemand wird gezwungen, eine Ehe zu schließen; aber jeder muß gezwungen werden, sobald er eine Ehe schließt, sich zum Gehorsam gegen die Gesetze der Ehe zu entschließen. Wer eine Ehe schließt, der macht, der erfindet die Ehe nicht, so wenig als ein Schwimmer die Natur und die Gesetze des Wassers und der Schwere erfindet. Die Ehe kann daher nicht seiner Willkür, sondern seine Willkür muß sich der Ehe fügen. Wer willkürlich die Ehe bricht, der behauptet: die Willkür, das Gesetzlose ist das Gesetz der Ehe ... so hat doch wohl der Gesetzgeber nicht minder das Recht, es als die maßloseste Willkür zu betrachten, wenn Privatpersonen ihre Kapricen gegen das Wesen der Sache durchsetzen wollen*" (*Marx* 1976, 149).

Das Verhältnis der Ehepartner untereinander lag also strenggenommen nicht mehr in ihrer Verfügungsgewalt; sie waren bezüglich der Ehe nicht mehr nur Privatpersonen, sondern der Staat schützte die Institution Ehe auch gegen den Willen der Eheleute. Diese Auffassung des Wesens der Ehe öffnete im Rahmen der deutschen Rechtswissenschaft die Tür für eine „*Familienrechtspolitik als Ordnungspolitik*" (*Voegli* 1982). Sie sollte eine konservative Ordnung in der Gesellschaft garantieren und durchsetzen: Ehe und Familie als Keimzelle von Staat und Gesellschaft (*Gerhard* 1978).

Diese Auffassung setzte sich auch mit dem *Bürgerlichen Gesetzbuch* (BGB) fort, das am 1.1.1900 in Kraft trat und in seinem 4. Buch alle bis dahin geltenden partikularen Ehe- und Familienrechte in Deutschland beseitigte. Die überindividuelle, sittliche Ordnung war gleichsam zur herrschenden Lehre geworden. Die Ehe sollte eine „*vom Willen der Gatten unabhängige sittliche und rechtliche Ordnung*" sein (*Mugdan* 1899, 301).

In bezug auf die Binnenstruktur einer Ehe war das Verhältnis der Gatten streng patriarchalisch geregelt. § 1354 BGB i.d.F. 1.1.1900 sagte: „*Dem Mann steht die Entscheidung in allen das gemeinschaftliche eheliche Leben betreffenden Angelegenheiten zu.*" Für das Miteinander gab es eine eindeutige Funktionsteilung. Die Frau war berechtigt und verpflichtet, das gemeinschaftliche Hauswesen, immer vorbehaltlich der ehemännlichen Entscheidungsgewalt, zu leiten. Der Ehemann konnte sogar mit Ermächtigung des Vormundschaftsgerichtes einen gültigen Arbeitsvertrag seiner Frau kündigen. Der Mann hingegen hatte nach BGB die Verwaltung und Nutznießung am Vermögen der Frau. Diese wurde nicht für fähig angesehen, ihr eigenes Vermögen zu verwalten. Der Mann war auch Inhaber der elterlichen Gewalt, der Frau stand nur die tatsächliche Personensorge zu. Bei unterschiedlicher Meinung setzte sich die des Mannes durch. „*Daß der Mann die Führung in Ehe und Familie übernimmt, ergibt sich ... aus der natürlichen Verschiedenheit der Geschlechter, aus der christlichen und deutschen Auffassung, daß der Mann das Haupt der Ehe sei*" (*Coester-Waltjen* 1992, 35).

3.4 Ehe als Partnerschaft

Sicherlich auch die Erfahrung des Zweiten Weltkriegs, daß Frauen verantwortlich ihr Leben selbst in die Hand nehmen konnten, veranlaßten die Mütter und Väter des *Grundgesetzes der Bundesrepublik Deutschland*, die Beziehung zwischen Mann und Frau neu zu regeln. Es hieß schlicht: „*Männer und Frauen sind gleichberechtigt*" (GG Art.3 Abs. 2). Dem Gesetzgeber wurde aufgetragen, bis zum 31.3.1953 alle die Gesetze zu ändern, die einer Gleichberechtigung im Wege standen. Dieser ließ sich jedoch mit der Inkraftsetzung des Gleichberechtigungsgesetzes (BGBl. I 1957, 609) bis zum Juni 1957 Zeit.

Hinsichtlich der Ehe war aber noch nicht die volle Gleichberechtigung zugelassen. Es blieb beim Leitbild der Hausfrauenehe, bei der Beschränkung der Sphäre der Ehefrau auf Kinder und Küche (*Barabas & Erler* 1994). Erst 1976, mit dem neu gefaßten Scheidungsrecht (§§ 1564 ff. BGB), wird die „*Hausfrauenehe endlich zugunsten einer vertraglichen Konstruktion verabschiedet. Wie die Eheleute ihr Zusammenleben organisieren, wer arbeitet oder die Kinder erzieht, können sie nunmehr ohne gesetzliche Zielvorstellungen selbst entscheiden*" (*Barabas & Erler* 1994, 68).

Zusammenfassung:

Das Verhältnis von Frau und Mann im Europa der letzten 1000 Jahre ist gekennzeichnet durch die Vorherrschaft des Mannes. Erst im letzten Drittel dieses Jahrhunderts entsteht durch die Aussagen zur Gleichberechtigung im Grundgesetz der Bundesrepublik Deutschland (1949) und durch das Gesetz zur Reform des Ehe- und Familienrechtes (1976) zumindest juristisch die Möglichkeit, gleichberechtigte Partnerschaft zwischen Mann und Frau zu leben.

4. Sexualtherapie im Rahmen von Paartherapie und Eheberatung

Da sich nicht nur die Beziehung zwischen Frau und Mann in der Binnenstruktur änderte, nämlich von einer patriarchalischen zu einer partnerschaftlichen, sondern auch durch die Methoden einer sicheren Kontrazeption die Gestaltung der Sexualität sich wandelte von einer in erster Linie durch Fortpflanzung bestimmten hin zu einer am sozialen und kommunikativen Miteinander orientierten, verlangt auch diese *„soziale Sexualität"* (*Mitterauer* 1989) ein neues Lernen von Ausdrucks- und Gestaltungsformen.

Weil diese Art der Sexualität ein noch recht neues Feld der sexuellen Kommunikation ist, kann sie – auch bei ansonsten glücklichen Paaren – doch ein sehr sensibler und störanfälliger Bereich sein. Die Zusammenhänge zwischen Störungen im Sexualverhalten und der Beziehungsqualität sind jedoch eindeutig. So geben je nach Studie ca. 60-75 % der Partner, die um Paartherapie nachfragen, auch Konflikte und Unzufriedenheit in der Gestaltung der Sexualität an (*Kaplan* 1974; *Hahlweg* 1986; *Klann* & *Hahlweg* 1994b). 70 % der Partner in der Sexualtherapie klagten ihrerseits über massive Beziehungsprobleme (*Kaplan* 1974; *Sager* 1974; *Zimmer* 1985). Obwohl diese Zusammenhänge ins Auge springen, lassen sich bei der Durchsicht der Literatur mit einer Ausnahme (*Zimmer* 1985) keine konkreten Hinweise finden, wie sich sexuelle Störungen in die Bearbeitung von Beziehungskonflikten integrieren lassen (z.B. *Arentewicz* & *Schmidt* 1986). Andererseits fehlen in Veröffentlichungen zur Paartherapie Hinweise, wie in diesem Rahmen auch sexuelle Störungen zu behandeln sein könnten (z.B. *Auckenthaler* 1983; *Hahlweg, Schindler* & *Revensdorf* 1982/1998; *Willi* 1978). Lustvolle Gestaltung der Sexualität wird allerdings noch durch etwas anderes behindert, nämlich durch eine nicht erfüllbare Erwartung. So schreibt *Kast: „An die Sexualität ist eine ungeheure Erwartung geknüpft – eine Erwartung von Daseinslust und Glück durch das Mysterium Conjunctionis, verstärkt noch durch das Geheimnis. Das Wesentliche des menschlichen Lebens, das Glücken, das Anleben gegen den Tod, wird auf die sexuelle Begegnung projiziert, natürlich auf die heterosexuelle Begegnung, damit auch allen Theorien der Vereinigung der Gegensätze Genüge getan wird"* (1997).

Im folgenden werden neben einer Übersicht zum Thema sexueller Funktionsstörungen einige grundlegende Überlegungen zur Therapie im Rahmen der **PARTNER-SCHULE** angestellt.

4.1 Entstehung und Behandlungsziele von funktionellen Sexualstörungen

Hinsichtlich der Entstehung und Aufrechterhaltung funktioneller Sexualstörungen gibt es in der Literatur nur ganz wenige theoretische Überlegungen (*Fahrner* & *Kockott* 1994). Den meisten Erklärungsmodellen gemeinsam ist die Annahme, daß die funktionellen Sexualstörungen Ausdruck einer gehemmten oder fehlgeleiteten Entwicklung speziell der Sexualität und/oder der Persönlichkeit sind (*Lopiccolo* & *Lobitz* 1973; *Arentewicz* & *Pfäfflin* 1980). Da Angst, in Form der Leistungsangst bei *Masters* & *Johnson* (1973) und als Angst vor Versagen bei *Kaplan* (1974), eine zentrale Rolle in den jeweiligen Erklärungsmodellen spielt, geht *Barlow* (1986) in seinem Modell davon aus, daß ein kognitiver Ablenkungsprozeß, der mit Angst interagiert, verantwortlich für Sexualstörungen sei.

Zimmer (1985) betont die Wechselwirkung zwischen individuellen, partnerschaftlichen und sexuellen Problemen. Wegen dieser Wechselwirkung ist oftmals eine Diagnose erschwert, da nicht klar ist, welche Probleme sich gegenseitig bedingen. Neben den Erwartens- und Versagensängsten spielt eine gesteigerte Selbstbeobachtung bei der Aufrechterhaltung sexueller Funktionsstörungen eine zentrale Rolle. Es wird vermutet, daß sich daraus ein *„Selbstverstärkungsmechanismus"* entwickelt (*Kockott* 1980; *Arentewicz* & *Schmidt* 1986).

Zusammenfassend läßt sich sagen, daß es noch wenig gesichertes empirisches Wissen bezüglich der Erklärungsansätze sexueller Funktionsstörungen gibt.

Für eine Therapie lassen sich folgende prinzipielle Ziele ableiten (*Fahrner* 1981; *Fahrner* & *Kockott* 1994, 467):

▸ *„Die Versagensangst und das daraus resultierende Vermeidungsverhalten müssen abgebaut werden.*

▸ *Es muß ein neues (das heißt ungestörtes) sexuelles Verhaltensrepertoire aufgebaut werden.*

▸ *Die Bedeutung, die die sexuelle Funktionsstörung für die Partnerbeziehung hat, muß dem Paar durchschaubar gemacht werden.*

▸ *Eventuell müssen frühere Ängste, Konflikte oder traumatische Erlebnisse therapeutisch bearbeitet werden, die mit der sexuellen Problematik in Zusammenhang stehen. "*

4.2 Therapie sexuell gestörten Miteinanders

Einstellungen zur Sexualität und zu ihrer Gestaltung werden, wie auch andere menschliche Haltungen und Fähigkeiten, im Laufe des Lebens erworben. Auch hierfür gilt das Postulat der Erwachsenenbildung, des *„lebenslangen Lernprozesses"* (*Brocher* 1967), oder die Aussage von *Petzold* (1995b), der von der Entwicklung der Persönlichkeit in der Lebensspanne, *„life span developmental approach"* (a.a.O., S. 328), spricht.

Denn dieser Lern- und Entwicklungsprozeß beginnt schon lange vor der Pubertät, und der Mensch kann im Laufe seines Lebens Fähigkeiten für eine befriedigende Gestaltung der Sexualität dazugewinnen. Die meisten Menschen suchen die sexuelle Erfüllung in einer auf Dauer angelegten Partnerschaft oder Ehe, wissen oft aber nicht, daß sie, nach einer Zeit des Verliebtseins und einer sexuellen „Hoch-Zeit", für die Erfüllung ihrer sexuellen Lust auch „kämpfen" müssen (*Haeberle* 1985). Dieses „Kämpfen" kann verschiedene Gesichter haben. Zum einen gilt es, sich ein Wissen um das Funktionieren des eigenen Körpers und den des Partners zu erwerben, um realistische Vorstellungen von den gegenseitigen sexuellen Interessen und Möglichkeiten zu entwickeln; zum anderen ist es wichtig, die eigene (sexuelle) Identität, das, was sich jemand als „Mannsein" und als „Frausein" vorstellt, auf gegenseitige Kompatibilität hin zu überprüfen. Das Überprüfen betrifft auch die inneren Leitbilder (Schemata), um sich etwa vor Überforderung durch eine sexualisierte Werbung und Filmindustrie zu schützen.

Am schwierigsten überhaupt scheint das Sprechen über und das Benennen des sexuellen Miteinanders zu sein. Die Klienten berühren sich, sie erleben ihre Lust, sie haben Wünsche, Sehnsüchte – sind aber wie gelähmt, wenn sie miteinander darüber sprechen wollen oder in der Therapie davon reden sollen. Dadurch reiht sich ein Mißverständnis an das andere, mit der Folge, daß die Paare kaum noch in der Lage sind, ihre Sexualität einigermaßen befriedigend miteinander zu gestalten.

Die wenigsten Klienten kommen ausschließlich mit Klagen über sexuelle Funktionsstörungen, wie etwa Orgasmus- oder Erektionsstörungen, und wären ansonsten mit ihrem Miteinander zufrieden. Das scheint darauf hinzudeuten, daß die Gestaltung der Sexualität nicht losgelöst von bisherigen Beziehungserfahrungen des Paares gesehen werden kann.

Dies bestätigt *Haeberle* (1985), der auf die Gefahr der leeren Begriffsbildungen bei Worten wie „Anorgasmie", „Impotenz" etc. bei den Sexualwissenschaften hinweist. Er führt aus, daß im Gegensatz zu den semitischen Sprachen oder dem klassischen Japanischen, in denen das Verb vorherrschend ist, in den indoeuropäischen Sprachen, insbesondere in der griechischen Philosophie, das Substantiv vorherrscht. Die indirekte Folge davon ist die Gefahr einer Verdinglichung lebendiger Prozesse. Eine Sexualstörung sollte also nie losgelöst von der Person und von dem Zusammenhang, in dem sie auftritt, gesehen werden. Es wäre daher richtiger, in der Paartherapie nicht von der „sexuellen Funktionsstörung **eines** Menschen" zu sprechen, sondern vom „gestörten Sexualverhalten **zweier** Personen".

Solches gestörte Sexualverhalten als Schwierigkeit in der zwischenmenschlichen Interaktion ist wesentlich auch emotionsbestimmt. Denn psychische, psychosomatische und soziale Erkrankungen und Störungen sind immer auch gekoppelt mit negativen Gefühlen und Störungen in der Handhabung von Emotionen (*Ulrich* 1982). So kommt der Ermöglichung von Emotionen, ihrer Beeinflussung und dem Umgang mit ihnen im Rahmen der Psychotherapie – und hier der Sexualtherapie – größte Bedeutung zu, wie die vergleichende Psychotherapieforschung bestätigt (*Schelp* & *Kemmler* 1988).

Emotionen orientieren das Individuum und dessen Umgebung über seinen inneren Zustand. Dieser ist Folge äußerer Situationen – z.B. der Stimmung des Ehepartners – oder innerer Ereignisse – z.B. des Aufkommens sexueller Lust. Emotionen haben also eine informative und kommunikative Funktion. Diese hat für Tier und Mensch lebenssichernde Qualität (*Darwin* 1892). Wichtiger als der evolutionsbiologische Aspekt ist allerdings der soziokulturelle Kontext der Emotionen, denn sie werden kulturspezifisch moduliert (*Averill* 1980) und entwickeln und verändern sich über das gesamte Leben hin (*Ulrich* 1987). Deutlich wurde dies z.B. an der ablehnenden und hoch emotionsgeladenen Haltung der öffentlichen Meinung zu Fragen des vorehelichen Geschlechtsverkehrs in den 50er und 60er Jahren und an dem folgenden Wandel in den 70er Jahren hin zu einer eher freundlich-wohlwollenden Einstellung gegenüber dem jugendlichen Sexualverhalten zu Ende des Jahrhunderts.

Insbesondere bei der Therapie von gestörtem Sexualverhalten zweier Menschen zeigt sich, daß *„Emotionen ihrem Wesen nach relational sind, sie verbinden und sie trennen, sie ziehen an und sie grenzen ab"* (*Petzold* 1995c, 208). So betont *Heller* (1980) ihre lebenspraktische Bedeutung, mit der sie Formen sozialer Interaktionen bestimmen. *Petzold* wählt für sein Emotionskonzept den griechischen Begriff *„thymos"*, der eine den ganzen Menschen ergreifende affektive Leibprägung meint. So werden im Thymos körperliches, seelisches und geistiges Geschehen verschränkt und Therapie als *„Thymopraktik"* verstanden, die eine verbale Psychotherapie erweitert (*Petzold* 1995c).

Um einschränkende Emotionen, die ein Gestalten der Sexualität behindern, zu verändern, werden diese durch einen übungs- und erlebniszentrierten Umgang mit förderlichen Haltungen überschrieben. Für die Sexualtherapie sind dabei insbesondere die Arbeit mit der Stimme, dem Atem und Ausdrucksbewegungen von Bedeutung. Dabei wird davon ausgegangen, daß das bloße Einnehmen von Positionen, das Vollziehen von Bewegungen, das „Einsteigen" in diese Muster selbst die entsprechenden Gefühle und Stimmungslagen aufkommen lassen. Dieser Ansatz wird neben *Petzold* (a.a.O.) von anderen Autoren, z.B. auch aus dem Bereich Ausbildung von Schauspielern, von *Diderot* (1964) oder von *Bloch* (1989) vertreten.

In der **PARTNERSCHULE** vollzieht sich diese Arbeit und Entwicklung des „Thymos", die Thymopraktik, im Rahmen der Gruppe. Hier ist es besonders gut möglich,

Emotionen spielerisch, wie Schauspieler, zu lernen, da in der Gruppe der Effekt der wechselseitigen Ansteckung eine große Stütze bildet. Dabei lernen die Klienten, sich und ihren Leib als Instrumente zu erfahren, die sich einstimmen, aufklingen, abklingen, umstimmen, verstimmen lassen. Durch dieses Training gelangen sie zu einer immer bewußteren und stimmigeren Selbststeuerung im Gefühl, in der Stimmungslage und im Ausdrucksverhalten.

Bei aller Intensität des Spiels bleibt jedoch bei den Klienten ein Rest eines beobachtenden, exzentrischen Ichs vorhanden. Dieser drückt sich etwa in Gedanken aus wie: *„Nein, zu was ich alles fähig bin"* oder: *„Welch ein Schweinkram"*, aber auch in nicht mehr steuerbarem Kichern und Lachen. *Scheff* (1979) konnte nachweisen, daß gerade diese Verbindung zwischen Selbstbeobachten und emotionalem Vollzug ein hohes veränderungswirksames, d.h. therapeutisches Potential hat.

Um zu einer emotionalen Differenzierung zu gelangen, werden die Erfahrungen mit den Emotionen nach dem Spiel in der Gruppe reflektiert. In dieser Metakommunikation über die Emotionen werden Gefühle nuanciert benannt, über die eigene „Bewertung" wird gesprochen. Dabei werden auch vergangene Emotionsereignisse einbezogen. So lernen die Partner, klärungsorientiert sich und ihr sexuelles Miteinander zu verstehen und bewältigungsorientiert „Thymos" zu entwickeln und im Miteinander zu integrieren. Durch das systematische Üben und die Metareflexion von Emotionen verlieren diese immer mehr ihren Charakter als „Schicksal" oder „Widerfahrenes", wenn auch diese Qualität nie ganz verlorengeht. Die Metareflexion fördert und steuert die Handhabung des affektiven Lebens. So könnte sie z.B. bewirken, daß ein Mann nach 25 Jahren Ehe nicht „Hals über Kopf" die gemeinsame Wohnung verläßt, nur weil er sich in eine andere Frau verliebt hat.

Folgende Ziele, die nie losgelöst von sonstigen partnerschaftlichen Verhaltensweisen (Kap. 5) zu sehen sind, werden hier mit einer Sexualtherapie verbunden (*Chang* 1978; *Zilbergeld* 1983; *Haeberle* 1985):

▶ Die Partner sollen befähigt werden, sich über ihr sexuelles Erleben, ihre Vorstellungen und Wünsche miteinander auszutauschen;

▶ die Verengung der Gestaltung von Sexualität ausschließlich auf die Geschlechtsorgane soll zugunsten eines Einbeziehens des gesamten Körpers, mit Leib und Seele, geweitet werden;

▶ ein Überbetonen des Orgasmus, das Reden von einem „Vor- und Nachspiel" soll sich entwickeln zu einer gleichberechtigten Vielfalt des sexuellen und des sinnlichen Miteinanders;

▶ durch thymopraktische Übungen sollen die Klienten lernen, ihr Affektspektrum und dessen Ausdruck zu erweitern;

▶ die Paare sollen befähigt werden, die Gestaltung ihrer Sexualität als das je Eigene und Einmalige **ihrer** Kommunikation zu begreifen und die Verantwortung dafür zu übernehmen.

Zusammenfassung:

Sexuelle Funktionsstörungen werden als Ausdruck des gestörten Beziehungsverhaltens **zweier** Personen gesehen. Entwicklungsmöglichkeiten zu einer lebendigen, lustvollen und selbstbestimmten Gestaltung der Sexualität werden multimodal aufgezeigt.

5. Psychische Grundlagen einer Partnerschaft

ach dem Abschied von patriarchalischen Ehemodell, einem sich wandelnden Verständnis in der Gestaltung der Sexualität zufolge, soll im folgenden der Frage nachgegangen werden, welcher Voraussetzungen psychischer Art es bedarf, um einander Partner zu sein.

5.1 Autonomie und Souveränität

Zur Gestaltung einer partnerschaftlichen Beziehung zwischen Frau und Mann gibt das Konflux-Modell (*Petzold & Orth* 1998) wesentliche Anregungen.

Kokreative Zusammenarbeit von Menschen ist immer die Grundlage für Produktivität und Innovation. Menschen sind von Natur aus schöpferisch und entwickeln soziale Kreativität (*Moreno* 1953). Damit haben auch Paare die Grundvoraussetzungen, sich den Herausforderungen und den Freuden, die auf sie zukommen, zu stellen und diese kreativ zu bewältigen, zu gestalten oder zu genießen: zum Beispiel die Entfaltung ihrer Sexualität, das Setzen gemeinsamer Ziele, die Ankunft eines Kindes, aber auch das Erleben alltäglichen gemeinsamen Daseins und das Überstehen von Krisen und Schicksalsschlägen. Grundlage dafür ist eine sich im Laufe des Lebens immer weiter entwickelnde Autonomie und Persönlichkeit des Einzelnen. Die Bündelung dieser autonomen Kräfte im Paar führt zu Synergie-Effekten, welche in Problemlöseprozessen in der Regel den Anstrengungen Einzelner überlegen sind (*Koffka* 1935).

An dieser Stelle ist zu fragen:
„Was behindert diese autonomen Kräfte?"

Da läuft z.B. etwas in einem Paar ab, was beide nicht verstehen, kaum benennen können; da handeln beide nach immer wiederkehrenden destruktiven Mustern oder verstricken sich ineinander wie Marionetten, an unsichtbaren Fäden bewegt; da werden aus nichtigen Anlässen existentiell zerstörerische Explosionen. Die Klienten beschreiben solche Phänomene mit Worten wie: *„Irgendwie habe ich den Eindruck, im falschen Film zu sein!"*

Freud (1905/1912) beschrieb dieses Phänomen und bezeichnete es als Übertragung. Er wies darauf hin, daß Übertragungen ihrer Natur nach sich nicht **dadurch un-**

terscheiden, ob sie dem Arzt oder irgendeiner anderen Person gelten. Frühere Beziehungserfahrungen können sich vielmehr unbewußt in der Gegenwart eines Paares so stark aktualisieren, daß die Beziehung eine pathologische Qualität bekommt, weil eine Fixierung stattgefunden hat. Diese beruht auf pathogenen Beziehungserfahrungen aus der Entwicklungsgeschichte des Einzelnen. Deshalb ist es für die Entwicklung von Korrespondenzfähigkeit im Paar entscheidend, solche Übertragungsphänome bewußtzumachen und langsam aufzulösen.

Die pathologische Fixierung als eine der Hauptursachen für die Probleme eines Paares absorbiert intrapsychische Energie, die dann für autonome und souveräne Kräfte nicht mehr zur Verfügung steht. Dies kann so weit reichen, daß Paare meinen, sich trennen zu müssen, unwissend, daß sie große Gefahr laufen, in einer neuen Beziehung erneut ähnliche Übertragungen zu inszenieren.

Ein anderer Grund, warum autonome Kräfte in einem Paar nicht fließen können, resultiert aus dem zeitweise oder bereits über längere Zeit währenden Verlust einer **sozial-bezogenen Autonomie** (*Fiedler* 1994). Damit ist **nicht** gemeint, daß der betreffende Partner (oder beide) in seiner Entscheidungs- und Handlungsfreiheit von anderen abhängig sein muß. Sozial-bezogene Autonomie bedeutet, daß er in der Lage ist, Realitäten als solche eigenständig wahrzunehmen und persönliche Urteile darüber zu erarbeiten, daß er weiß, woran er glaubt, und daß er in der Lage ist, klar mitzuteilen, was er erlebt und fühlt und welche stabilen Grundüberzeugungen seinem sozial-integrierten Handeln zugrunde liegen und warum er sich gelegentlich für diese Grundüberzeugungen kämpferisch einsetzt.

Menschen, denen es an sozial-bezogener Autonomie fehlt, stehen in folgender Hinsicht außerhalb dieser zuvor genannten Möglichkeit: Entweder sie brauchen für ihre Selbstdarstellung andere Menschen, weil sie (scheinbar oder real) von deren Zuneigung, Zustimmung oder Bewunderung abhängig sind. Oder aber es mangelt ihnen an sozialer Bezogenheit, weil sie (real oder scheinbar) verbissen und egoistisch eigene oder allgemeine Interessen und Ziele voranstellen und durchzusetzen versuchen. Die Ausdrucksformen zwischen diesen beiden Extremen sind durch starke Unsicherheit in bezug auf die Balance zwischen Egoismus und Anpassung, Autonomie und Zweisamkeit bestimmt.

Eine gute sozial-bezogene Autonomie zeichnet sich durch die Fähigkeit aus, klar zwischen sich (den eigenen Bedürfnissen) und anderen (und deren separat vorhandenen Bedürfnissen) zu unterscheiden. Es handelt sich um die Sicherheit, auf intuitive und grundlegende Weise unterscheiden zu können, ob bestimmte Gefühle, Gedanken, Ideen, Grundsätze und Handlungsabsichten nur einem selbst zu eigen und nicht von anderen abgeleitet sind. Umgekehrt bedeutet es natürlich auch, die Bedürfnisse und Perspektiven des anderen als dessen eigene, autonome zu würdigen (*Jervis* 1978; *Fiedler* 1995).

Bei Paaren, die in ihrer Interaktion gestört sind, fällt oft stark auf, daß die Partner sich insbesondere in ihrer affektiven Befindlichkeit als voneinander abhängig erweisen. Dem Einzelnen geht es schlecht, er fühlt sich verunsichert, empfindet Wut etc.,

weil der Partner so guckt, wie er guckt, **weil** der Partner mit einer bestimmten Stimmlage redet ... Der Einzelne macht also sein eigenes Selbstbild und damit seine emotionale Verfaßtheit abhängig von möglichen Verhaltensweisen des Partners. Bei dieser Sichtweise braucht man nicht mehr auf die eigene Person zu schauen, sondern kann den Partner einerseits für das eigene Glück, andererseits aber auch für die eigene Misere voll verantwortlich machen.

☙ Das wird in der Diagnostik sichtbar, wenn Partner sich als Tonfigur darstellen und keine getrennten Personen formen, sondern zwei miteinander verbundene, oftmals umschlungene oder aneinander gelehnte, sich stützende Figuren (Kap. 14.5).

Demgegenüber muß ausdrücklich davon ausgegangen werden, daß selbst bei liebevollstem Miteinander der Andere letztendlich fremd bleibt (*Adorno* 1973), so daß auch der Partner von der Differenz her betrachtet wird: der, die, das „Andere" ist die radikale Differenz (*Lévinas* 1992). Denn Verbundenheit und Begegnung im Paar sind nicht zu lösen vom Gedanken der Freiheit des Anderen, und die Wechselseitigkeit des Miteinanders ist nicht zu trennen von einer rigorosen Achtung vor der Andersheit des Anderen.

„Das Wahrnehmen und Anerkennen der Andersheit des Anderen, das Wahrnehmen und Anerkennen der Differenzen konstituiert den Ort der Grenze, wo Begegnung möglich wird als Aufeinandertreffen von Anderen, die zueinander wollen, Proximität herstellen, ohne die Grenze im letzten jemals aufheben zu können. Das Du bietet eine letzte Grenze, deren Widerständigkeit und Widerhall – Resistenz und Responsivität zugleich – ein Ich erst ermöglicht" (*Petzold* 1971).

Dieser Grundgedanke zum Verständnis eines Paares findet sich auch in der von *Goldschmidt* (1944/1993) vorgelegten **Philosophie der Dialogik**, die eine wichtige Grundlage für die Fähigkeit zur Partnerschaft bietet.

Die Philosophie der Dialogik begnügt sich nicht mit theoretischen Erörterungen, sondern ist schon in ihrem Ansatz auf Anwendung und Verwirklichung im täglichen Leben angelegt. Der Mensch wird als Subjekt grundsätzlich einbezogen. Das Welt- und Menschenverständnis ist nicht von der Beschreibung von Zuständen und Positionen geprägt, sondern der Blick richtet sich auf Interaktionen und die Dynamik intersubjektiver Prozesse. Dialogik führt zu Aufgaben für das menschliche Handeln, Erleben und Denken. Denn sie ist prozeßhaft und dynamisch auf Widerspruch und Austausch zwischen zwei Gegenübern bezogen. So gelten für die Dialogik die zeitlichen und räumlichen Bedingungen wie Gleichzeitigkeit und Gleichwertigkeit.

„Die Dialogik postuliert, daß zwei Gedanken, die niemand gleichzeitig denken kann, oder zwei Strebungen, die niemand gleichzeitig verwirklichen kann, oder zwei Begriffe, die sich gegenseitig ausschließen und je einen Bereich für sich bezeichnen, gleichzeitig (d.h. nicht nacheinander) und gleichwertig (d.h. ohne Überlegenheitsanspruch und Unterordnung) gemeinsam ein Ganzes ausmachen." (*Herzka* 1989, 19f).

Bei der Dialogik handelt es sich also um eine bestimmte Form der Wahrnehmung von Realität. Sie bietet ein Prinzip der Strukturierung und Ordnung, eine Systematik, ohne jedoch ein abschließendes System zu bilden oder dies auch nur anzustreben. Von zentraler Bedeutung ist der Widerspruch zwischen zwei gleichzeitig gültigen Bereichen. Dieser bleibt bestehen, und im Zwischenraum beider findet ein Vorgang statt, der nicht aufzuheben oder aufzulösen ist, sondern den es auszuhalten, zu regulieren und fruchtbar zu machen gilt. Diese Haltung impliziert eine kontinuierliche Anerkennung und Wertschätzung der Andersartigkeit des jeweils Anderen. Denn es wird immer vom gemeinsamen Ganzen, das durch den Widerspruch gekennzeichnet ist, ausgegangen.

Wenn zwei Ehepartner widersprüchliche Standpunkte vertreten, sich damit aber gegenseitig respektieren, wenn sie klären, was sie trennt, aber auch klären, was sie verbindet und was sie gemeinsam beschäftigt, ermöglichen sie dadurch eine Entwicklung des gemeinsamen Anliegens. Zu beachten gilt allerdings, daß miteinander zu reden ebensowenig Dialogik gewährleistet, wie die Beiträge verschiedener Standpunkte oder Theorien zu einem gemeinsamen Thema als solche noch keine Interdisziplinarität sind, sondern erst Voraussetzungen für deren Bearbeitung und Entwicklung schaffen. Vereinfacht kann man bei einem Paar von Dialogik (*Goldschmidt* 1944/93) sprechen, wenn die Partner einen wohlwollenden Konsens darüber haben, daß sie unterschiedlicher Auffassung sind und daß sie diese unterschiedliche Auffassung gegenseitig schätzen und würdigen.

Guggenbühl (1997) stellt fest, daß Frauen und Männer sich nicht besser verstehen, wenn sie alle Geheimnisse voreinander ausbreiten, über alles und jedes reden und jeden Lebensbereich teilen. Er fordert eine Kultur der Distanz, damit das Gegenüber wieder unscharf und vielleicht sogar verfälscht wahrgenommen werden kann. Partner respektieren sich eher, wenn sie auch ihre je eigenen Lebensbereiche und Freundeskreise pflegen.

Folglich ist es ein zentrales Anliegen der **PARTNERSCHULE**, den Weg der Betroffenen zu höchstmöglicher Autonomie zu fördern. Sie sollen autonome Partner werden, sollten lernen, zunächst einmal für ihr Glück selbst verantwortlich zu sein, und in die Lage kommen, ihre eigenen Probleme nicht an den Partner zu delegieren, sondern sie, ganz im Sinne eines Selbstmanagements (*Kanfer* et al. 1996), selbst zu lösen. Entscheidend im Rahmen der Paartherapie ist es, daß solches Selbstmanagement im „Angesicht des Anderen" eingeübt wird, weil es ja gerade zu lernen gilt, in dessen Anwesenheit für sich selbst autonome Regelungen zu treffen und ihn nicht für die eigenen Probleme, Stimmungen etc. verantwortlich zu machen. Der Einzelne im Paar ist dabei herausgefordert, im Angesicht des Anderen immer mehr er oder sie selbst zu werden.

Damit dies gelingen kann, gilt es zunächst, in einer Klärungsphase zu verstehen, warum der Einzelne im Paar so handelt, wie er handelt. Dies ist deshalb wichtig, weil jede Verhaltensweise einen Sinn hat. Auch wenn ein Verhalten in einer Beziehung störend oder sogar dysfunktional ist, so hatte es in der Lebensgeschichte dieses Menschen doch einmal einen eigenen Wert, aus dem er seine Sicherheit und Beständigkeit bezogen hat. Wenn es möglich wird, Verhalten als etwas Sinnvolles (in einer früheren Zeit, in einer anderen Situation, in einem anderen Kontext) zu interpretieren, dann entsteht auch Bereitschaft, neues Verhalten zu lernen.

Ein Beispiel für das Ergebnis solcher Arbeit aus einem fortgeschrittenen paartherapeutischen Seminar: Eine Teilnehmerin – sie wußte bereits durch die klärungsorientierte therapeutische Arbeit um ihre Probleme – setzte sich bewußt nicht neben ihren Ehemann und bewußt auch nicht in dessen Blickrichtung, um den Kontakt zu ihren eigenen Empfindungen und Gefühlen nicht zu verlieren. Sie sagte, das sei für sie eine wichtige Voraussetzung, auch gemeinsame Momente mit ihrem Mann erleben zu können. Sie hatte also bereits gelernt, für ihre eigenen Glücks- und Unglücksgefühle selbst verantwortlich zu sein.

So wäre in der Anfangsdiagnostik, wenn ein Partner sein durch den Partner ausgelöstes „Unglück" beklagt, einmal zu fragen, ob er denn in der Lage sei, unabhängig vom Partner sich schöne Momente am Tage zu verschaffen? Ob er z.B. das selbstvergessene Spiel der Kinder wahrnehmen und sich daran freuen könne? Oder die Tatsache genießen, daß gerade nach einer langen Regenperiode draußen die Sonne scheint?

Aber treibt nicht genau der Wunsch, miteinander symbiotisch zu verschmelzen, eins zu werden, Menschen zu einer Ehe- und Paarbeziehung?

Der Begriff der Symbiose wurde erstmals in der psychoanalytischen Literatur durch *Fromm* eingeführt. In seinem Werk *„Die Flucht vor der Freiheit"* schreibt er: *„Symbiose im psychologischen Sinn heißt die Vereinigung eines individuellen Selbst mit einem anderen Selbst ..., wobei jeder die Integrität seines eigenen Selbst verliert und eines vom anderen abhängig wird"* (*Fromm* 1941, 157).

Dieser Begriff wird später von *Mahler* (1952) zur Bezeichnung einer schweren Form frühkindlicher Erkrankung verwandt. Sie meint damit den symbiotischen Wahn, die Mutter-Kind-Einheit wieder herzustellen. 1954 bezeichnet sie dann die Symbiose als eine normale Entwicklungphase des menschlichen Säuglings. Sie postuliert damit erstmals, daß eine adäquat verlaufende symbiotische Phase Vorbedingung für die spätere erfolgreiche Ablösung von der Mutter ist. Ferner taucht hier auch erstmals der Gedanke vom symbiotischen Paradies auf. Für diese „normale Symbiose" gibt *Mahler* den Entwicklungsabschnitt zwischen vier bis sechs Wochen und fünf Monaten an. Er ist gekennzeichnet durch ein dunkles Wahrnehmen der Außenwelt und des mütterlichen Objekts. Entscheidend ist, daß dieses mütterliche Objekt nicht als unabhängig von der eigenen Person erfahren wird, sondern als mit ihr verschmolzen. Es wird eine grenzenlose Zweieinheit erlebt.

Bei *Mahler*s Beschreibungen der Symbiose fällt auf, daß sie übermäßig theoretisch-psychologische Begriffe, wie zum Beispiel *„omnipotente Fusion mit der Mutter"* etc. benutzt (*Mahler* et al. 1974). An empirischem Beobachtungsmaterial von Säuglingen in dieser Phase mangelt es fast vollständig. Ferner ist der Symbiosebegriff *Mahlers* zweideutig, da er zum einen die Phantasie des Säuglings beschreiben soll, zum anderen aber die tatsächliche Beziehung zwischen Mutter und Kind.

Betrachtet man dagegen die empirischen Untersuchungen des Mutter-Kind-Verhaltens, so lassen sich *Mahlers* Vorstellungen nicht mehr halten. Viele Studien zur frühen Interaktion von Mutter und Kind weisen ein erstaunliches Ausmaß an Abgestimmtheit, Wechselseitigkeit, Reziprozität und Zusammenpassen auf. Danach läßt sich ein Symbiosekonzept nicht mehr halten. Statt dessen wird deutlich, daß der Säugling schon in der frühesten Interaktion ein aktiver, initiativer und kompetenter Partner ist (*Dornes* 1993).

Der Säugling leitet viele Interaktionen ein, er kontrolliert und reguliert ihren Verlauf und handelt auch die Bedingungen in äußerst subtiler Weise aus. Wechselseitiger Blickkontakt, Blickabwenden, Wiederaufnahme des Kontaktes, bestimmte Töne und Kopfbewegungen, all das kann man heutzutage in detaillierten Filmaufnahmen dokumentieren und so zeigen, daß es sich bei der interaktionellen Harmonie nicht um eine Symbiose im herkömmlichen Sinne handelt. Sie ist nichts Passives und Regressives, es gibt kein seliges Verschmelzen, das der Säugling einfach geschehen ließe und dem er sich hingibt, sondern die Beziehung zur Mutter und anderen Interaktionspartnern ist etwas, das er aktiv herstellt und mitgestaltet (*Lichtenberg* 1985). Ebenfalls ist der 2-3 Wochen alte Säugling bereits in der Lage, leblose von menschlichen Objekten zu unterscheiden. Hier liegt der Beweis für die biologischen Wurzeln der Sozialität. Diese *„primäre Intersubjektivität"* widerspricht damit dem Menschenbild der Psychoanalyse, die in ihrer Triebtheorie von einer angeborenen Asozialität des Säuglings ausgeht (*Trevarthen* 1974, 1979).

Die Ergebnisse der Säuglingsforschung als Impulse für die Arbeit mit gestörten Paaren

Aus der Analyse von schwerer gestörten Erwachsenen wird immer wieder von Verschmelzungsphantasien berichtet (*Angel* 1967; *Harris* 1987). Sie treten insbesondere dann auf, wenn eigenständiges Handeln Angst hervorruft. Sie sind in der Regel nicht lustvoll, sondern ängstigend. Deshalb ist es auch nicht möglich, zur eigenen Beruhigung auf solche Verschmelzungsphantasien zurückzugreifen. Deutlich wird diese Unlust in der konkreten Arbeit mit einem Paar, wenn man als Therapeut auf die sich entwickelnde Atmosphäre achtet, die in dem Moment zwischen den Partnern entsteht, wenn „Verschmelzung" eingefordert wird. Was geschieht in solchen Situationen?

Zum einen wird mögliche Angst, die mit einem eigenständigen Funktionieren verbunden ist, gemildert, zum anderen aber werden neue Ängste evoziert, nämlich solche vor Selbstverlust. Schaut man sich die interaktionelle Lerngeschichte an, so ist diese oftmals dadurch geprägt, daß Abhängigkeit in frühester Zeit traumatisch und nicht befriedigend erlebt wurde. Eine wesentliche Ursache für solche späten ambivalenten Verschmelzungsideen liegt in der früheren Tendenz der Eltern (aus welchen Gründen auch immer!), früheste autonome Regungen einzuschränken, als gefährlich zu interpretieren, zu unterbrechen oder mit Angst zu besetzen.

Auf diese Weise lernt ein Mensch schon als Säugling, daß selbständiges Handeln und Funktionieren gefährlich ist. Es wird also, weil mit Angst verknüpft, zugunsten einer „Flucht in die Symbiose" aufgegeben. Der Preis dafür ist die Einschränkung der eigenen Entfaltung – aber diese Flucht sichert das physische Überleben. Somit lassen sich Verschmelzungsideen erwachsener Menschen nicht aus einer normalen symbiotischen Phase erklären, sondern aus einer pathologischen Eltern-Kind-Beziehung, die die biologisch vorhandenen Bestrebungen nach Autonomie und Individuation behindert (*Dornes* 1993).

Was läßt sich aus den Ergebnissen der Säuglingsforschung für die Interaktion in einer nahen Beziehung (In einem Paar) folgern?

Hilfreich ist dazu die Theorie von *Stern* (1983, 1985), nach der die Gemeinsamkeitserlebnisse von Mutter und Kind tatsächlich stattfinden und wichtige psychische Erlebnisse darstellen. *Stern* nennt sie *„experiences of self-with-other"*. Dabei finden jedoch keine Verschmelzungen statt, sondern das Gefühl für die Grenze zwischen Objekt und Selbst bleibt erhalten. Es kommt zu intensiven Gemeinsamkeitserlebnissen auf der Basis eines intakt bleibenden abgegrenzten Selbstempfindens. Dies sind aber nicht die einzigen und vielleicht nicht einmal die vorherrschenden Beziehungserfahrungen des Säuglings. Es gibt von Anfang an andere Weisen des Beziehungserlebens, die gleichberechtigt neben Gemeinsamkeitserlebnissen stehen, z.B. die Mutter kocht und das Kind spielt im gleichen Raum mit einem Löffel.

Aufbauend auf diesen Erkenntnissen läßt sich für die Arbeit mit gestörten Paaren folgern: Wenn Symbiosephantasien bewußt oder unbewußt eine zentrale Rolle spielen, es an der Fähigkeit zu sozial-bezogener Autonomie mangelt, dann wird es wichtig, daß der Einzelne lernt, sich im Angesicht des Anderen als eigenständige abgegrenzte Persönlichkeit tatsächlich zu erleben, und eine neue Lerngeschichte beginnt, in der er Lust auf Eigenverantwortung und Autonomie entdeckt.

Denn auch bei tiefer unmittelbarer Einfühlung der Partner, bei höchster Übereinstimmung im Denken und Fühlen, gemeinsamem Orgasmus etc. gibt es kein „Eins-Werden" mit dem anderen oder dem Kosmos, sondern das Gefühl für die Ich-Grenze bleibt intakt (*Ross* 1975). Auch im nährenden Akt an der Mutterbrust findet ein gegenseitiger Austausch zwischen Mutter und Kind statt, der beide in Erregung und spätere Entspannung bringt. Somit ist eine intensive Bezogenheit und Intimität bei Aufrechterhaltung der Grenzen zwischen Subjekt und Objekt möglich und wird damit zentrales Ziel in der Paartherapie.

Rahmenbedingungen für Konfluxprozesse

Wenn die Übertragungsnebel der Partner sich auflösen und der Einzelne lernt, sich selbst zu managen, dann entwickelt sich mehr und mehr eine partnerschaftliche kokreative Beziehung zweier autonomer Persönlichkeiten mit immer größer werdender

Komplexität, mit „Synergie" als Ergebnis eines flüssigen geistigen, reflexiven und emotionalen Zusammenspiels.

Damit diese Konfluxprozesse tatsächlich fließen können, brauchen sie ein Flußbett, einen klaren Rahmen. Wie kann ein solcher Rahmen für eine Ehe und Partnerschaft aussehen, in der Autonomie und Souveränität der Einzelnen zusammenfließen? Diese Frage soll durch ein ethisches Treue-Modell und explizite Grundwerte einer Partnerschaft Beantwortung finden.

5.2 Treue als Basis für Partnerschaft

Ausgangspunkt des Zustandekommens einer nahen, dauerhaften Beziehung zwischen Mann und Frau ist in der Regel ein erotisch-sexuelles Partnerinteresse. Aufgrund der modernen Kontrazeptiva führt dies nicht mehr automatisch zur Zeugung eines Kindes und zu den sich daraus ergebenden ökonomischen Verpflichtungen. Es führt auch nicht mehr automatisch zur Ehe, sondern es ist heute möglich, aus einer „*Pluralisierung familialer Lebensformen*" (*Lüscher* et al. 1988) die passende zu wählen. *Kaufmann* (1990) spricht in diesem Zusammenhang von „*Optionserweiterung*". Er meint damit, daß Optionen, wie sie die alte Familienordnung gerade nicht nahelegte bzw. normativ ausschloß, nun zugänglich werden: Lebenspartnerschaft ohne Heirat, Verzicht auf Kinder, Elternschaft ohne Ehe, Erwerbstätigkeit beider Eltern, Scheidung trotz gemeinsamer Kinder etc. sind zu allgemein zugänglichen Wahlmöglichkeiten geworden.

War früher vor allem ökonomische Sicherung durch den und mit dem Partner grundlegender Wertmaßstab der Beziehung, so ist es heute das Glück beider. Dieses „*wird nicht platt als Genuß verstanden, sondern als personale dialogische Beglückung und als lebendiges Miteinander in einem als Gespräch aufgefaßten Leben*" (*Kramer* 1992, 92). Die Liebenden sind herausgefordert, innerhalb ihrer Partnerschaft ihre eigenen inneren Wertsetzungen festzulegen. Nur sie bestimmen, was in ihrer Partnerschaft wichtig ist! Das bedeutet aber auch, daß sie im Lauf ihrer gemeinsamen Geschichte immer wieder bilanzieren, wie es um das Glück des Einzelnen und des Paares steht. Psychische und soziale Entwicklungen des Einzelnen können das Glück ins Wanken bringen, wenn nicht beide in der Lage sind, mit Lebendigkeit und Beweglichkeit darauf zu reagieren. „*Als ich dich kennenlernte, warst du ein ganz anderer Mensch*", klagt mancher in der Paartherapie über den anderen. Wird die Divergenz der Partner nicht in das System eingebunden, besteht die Gefahr des Sich-Auseinanderlebens, und das Glück scheitert.

Im folgenden wird aufgezeigt, wie Treue eine ethische Grundorientierung für eine enge intime Beziehung zwischen Mann und Frau sein kann. Dieser Begriff von Treue wurde von *Kramer* (1992) entwickelt. Dabei ist mit Treue, die man dem Bereich der Tugenden zuordnet, mehr gemeint als Ausdauer, Zähigkeit oder Gewohnheit; sie ist personaler. Solche Treue macht den Menschen fähig und bereit, gemachte Zusagen für die Zukunft zu erfüllen. Sie ist eine fundamentale Selbstausrichtung eines denkenden und planenden Menschen. Weil man sich für erkannte Werte im privaten wie öffentlichen Bereich entschieden hat, steht man in Treue dazu.

Treue steht aber auch immer in Gefahr, ideologisch verzerrt und mißbraucht zu werden. Man denke etwa an die Nibelungentreue oder den Treueschwur der Wehrmacht auf den „Führer". Auch in einer intimen Partnerbeziehung kann dieser Wert mißverstanden werden, insbesondere dann, wenn er als „Nichtfremdgehen" im Sinne von sexuellen Außenkontakten aufgefaßt wird. Das mag so weit gehen, daß eine herzliche körperliche Umarmung einer gegengeschlechtlichen Person als Auftakt zu einer sexuellen Beziehung mißdeutet und dem Partner „Untreue" vorgeworfen wird. So wird dieser Wert als Waffe gegen den Partner mißbraucht: *„Wehe, du wirst mir untreu!"*

Wie läßt sich nun Treue operationalisieren?

Ich-Treue als Fundament der Beziehung

Aufgrund gemachter Erfahrungen und in Abwägung seines Könnens orientiert sich ein Mensch mit Wissen und Willen in Ich-Treue auf bestimmte Werte hin. Er will Sinnvolles und Gutes tun, um seinem Ich Ausdruck zu verleihen. In der Ausrichtung an guten Werten und auf gute Ziele hin gewinnt ein Mensch Kontur, die ihm Selbstachtung und die Anerkennung guter Menschen sichert. Auf diesem Lebensweg muß ein Mensch auch Mühen, Verzicht, ggf. auch Verletzungen in Kauf nehmen. Wieviel er davon auf sich nehmen will, muß er unter Achtung der eigenen Würde für sich selbst entscheiden. Manche Belastungen und Verletzungen darf man um der Ich-Treue willen nicht mehr zulassen. Besteht die Gefahr des Zerbrechens der Persönlichkeit und des Untergangs des eigenen Ich, dann ist die Fortsetzung auch einer ehelichen Partnerschaft mit Kindern nicht sinnvoll. So kennt auch die katholische Kirche die „Trennung von Bett und Tisch".

Wenn diese „Ich-Treue" die Form einer Grundüberzeugung annimmt, werden innere Konflikte zwischen unterschiedlichen Motiven und Bedürfnissen nicht in Form eines „physischen Kampfes" ausgeführt; es siegt also nicht das „stärkere" Motiv, sondern jene Gedanken und Überlegungen, die den Konflikt im Sinne der Grundüberzeugung der „Ich-Treue" lösen (*Thomae* 1991).

Du-Treue als Beziehungsebene zwischen Mann und Frau

Begegnen sich Mann und Frau auf der Basis der jeweiligen Ich-Treue, dann wird die Treue dialogisch; sie wird zur Du-Treue. In dieser Begegnung kann Liebe entstehen. *Buber* definiert diese Erfahrung so: *„Die Liebe geschieht. Gefühle wohnen im Menschen; aber der Mensch wohnt in seiner Liebe. Das ist keine Metapher, sondern die Wirklichkeit: die Liebe haftet dem Ich nicht an, so daß sie das Du nur zum Inhalt, zum Gegenstand hät-*

te; sie ist **zwischen** *Ich und Du"*... *und so ist dann „Liebe Verantwortung eines Ich für ein Du"* (1923/1983, 22).

Die Partner können sich durch die bestimmte und willentliche Zusage auf ihrem Lebensweg auf den Partner verlassen: „In guten und in schlechten Zeiten", heißt es z.B. in der Trauformel der Kirche.

Diese Treue ist zwar auf Gegenseitigkeit angelegt, aber nicht im Sinne eines „do ut des" – ich gebe, damit du gibst. Und auch nicht im Sinne eines Tauschgeschäftes. Sonst wird die Beziehung zur Beziehungsfalle, wie sie *Jellouschek* (1985) in seiner Interpretation des Märchens vom Froschkönig beschrieben hat: *„Ich liebe dich, weil ich dich brauche."*

Du-Treue nimmt den anderen wahr, freut sich an ihm „einfach so", ohne Vorbedingung, und begleitet mit Freundlichkeit und Wohlwollen die persönliche Reifung und Entwicklung des Partners. Auf Seiten des Partners wird das Wahrgenommensein gespürt, die Freude des anderen an einem selbst. *„Beziehung ist Gegenseitigkeit. Mein Du wirkt an mir, wie ich an ihm wirke"* (*Buber* 1983, 23). Nimmt allerdings die Entwicklung des Partners bedrohliche Formen an oder ist das Verhältnis von Geben und Nehmen nicht ausgewogen, kann es zu Spannungen zwischen Ich-Treue und Du-Treue kommen.

„Um der Ich-Treue willen, die das zentrale ethische Aufgabenfeld eines jeden Individuums darstellt, muß bei zu hohen existentiellen Kosten die Du-Treue gekündigt werden. Dazu besteht in bestimmten Konstellationen, die sich in einer Partnerschaft entwickelt haben, nicht nur die ethische Berechtigung, sondern die strikte Pflicht" (*Kramer* 1992, 96).

Gesellschaftliche Treue als Fundament der Ich-Treue und der Du-Treue

Individuelles und soziales Leben läßt sich nur in einem sozial gesicherten Rahmen und mit sozialer Stützung realisieren. So wird dieser Rahmen und diese Stütze zur „Gesellschaftlichen Treue", auf der sich Ich-Treue und Du-Treue realisieren lassen. Schon *Aristoteles* (Politika III 6) beschrieb den Menschen als soziales Wesen, das sich in der Gemeinschaft handelnd entfaltet. Erfahrungen früherer Generationen über die Art und Weise menschlichen Zusammenlebens sind in die Entwicklung und Bereitstellung von Institutionen durch die Gesellschaft eingeflossen. Eine solche Institution ist die Ehe, deren institutioneller und rechtlicher Rahmen sich in der Gesetzgebung niedergeschlagen hat. Bei aller möglichen Kritik und auch der notwendigen Überprüfung und Verbesserung des Eherechtes ist es in der Regel sinnvoll, daß sich Frau und Mann in ihrer Partnerschaft der Entlastungen und Sicherungen, welche die Institution „Ehe" bietet, auch bedienen.

Ist ein „Seitensprung" Untreue?

Vielleicht ist es möglich, mit den oben dargelegten Gedanken dem Thema „Untreue" in der Beratung gelassener gegenüberzutreten und eher zu fragen, welche Funktion ein „Seitensprung" für die Beziehung hatte. Eine solche Deeskalierung scheint höchst sinnvoll angesichts der Tatsache, daß „eheliche Untreue" mit 69% an erster Stelle als Scheidungsgrund genannt wird (*Rottleuthner-Lutter* 1992), und angesichts der Folgen, die, wie oben ausführlich geschildert, Trennung und Scheidung für die Betroffenen bedeuten. Manchmal läßt sich der Seitensprung vielleicht sogar als ein Sprung in die richtige Richtung deuten, wenn z.B. eine Ehe sehr symbiotisch gelebt wird, so daß beide Partner zu ersticken drohen, und die „Untreue" des einen bewirkt, daß die beiden sich in Beratung begeben und erfahren wollen, wie ihre Ehe funktioniert und was es zu ändern gilt.

5.3 Partnerschaftliche Grundwerte

Ergänzend zu dem Konzept von Treue werden weitere Grundwerte vorgestellt, die ebenfalls für Konfluxprozesse einen Rahmen, ein Flußbett bieten. Sie orientieren sich in Anlehnung an die psychosozialen Grundwerte, so wie sie *Tausch* & *Tausch* (1991) als Fundamente ihrer Konzeption einer Erziehungspsychologie benannt haben.

Selbstbestimmung

Ein zentraler Wunsch jedes Menschen ist der nach Selbstbestimmung. Jeder möchte sein Leben selbst in die Hand nehmen, entscheiden, was und wie er etwas tut. In der Partnerschaft wünscht sich jeder Freiheit von Reglementierung und Zwang seitens des Partners, von Unterdrückung und Angst wie von erheblichen inneren und äußeren Beeinträchtigungen durch den anderen. Ist die eigene innere Kapazität aber zu großen Teilen durch Grübeleien, innere Dialoge mit dem Partner und Selbstgespräche gebunden, dann kann ein solcher Mensch nur sehr begrenzt Verantwortung für sich und sein Handeln wahrnehmen. Das hat negativen Einfluß auf sein Leben, auch auf seinen Berufsalltag, aber noch in viel größerem Maße auf eine klare und offene Auseinandersetzung mit seinem Partner.

Die geglückte eigene Selbstbestimmung wird wahrgenommen in Achtung vor der Würde und Selbstbestimmung, vor der Ich-Treue des Partners. In der Praxis läßt sich das folgende Verhältnis beobachten: Je mehr ein Mensch seine eigene Würde, seine Ich-Treue achtet, um so mehr achtet er auch die des Partners.

Achtung vor der personalen Integrität und Würde des Partners

Unabhängig von ihrer Herkunft, der je eigenen Geschichte, der Rasse und des Geschlechts sind beide Partner gleichwertig. Beide haben das gleiche Recht zur Befriedigung ihrer wesentlichen seelischen und materiellen Bedürfnisse. Der Würde des Partners widersprechen psychische und physische Demütigungen und Mißachtung. Es widerspricht z.B. diesem Grundwert, wenn ein Mann sich beruflich weiterentwickelt, während er die Neigung und den Wunsch seiner Frau, sich sportlich in einem Handballverein zu engagieren, durch Ablehnung und Unzuverlässigkeit in der Betreuung der gemeinsamen Kinder torpediert.

Entwicklung der leib-seelischen Funktions- und Leistungsfähigkeit

Fähig zur Partnerschaft ist nur ein Mensch, der für eine gesunde Seele und einen gesunden Leib Sorge trägt. Das beinhaltet vor allem: selbständiges Denken, Schaffung kreativer Produkte, Kooperation mit anderen, Wissen um körperliche und seelische Gesunderhaltung, Selbstachtung, Echtheit (Fassadenfreiheit) und Offensein gegenüber dem eigenen Erleben und der Auseinandersetzung damit. Dadurch kann jeder Partner mit qualifizierter Arbeit und Leistung zur gemeinsamen ökonomischen und psychischen Gesundheit des Paares beitragen. Nur mit wachsender gefühlsmäßiger, sozialer und intellektueller Funktionsfähigkeit hat der einzelne Partner die innere Freiheit zu Selbstbestimmung und Eigenverantwortung in der Partnerschaft.

Schließen also Krankheit oder körperliche Gebrechen eine Partnerschaft aus? Natürlich nicht, wenn Krankheit als Signal für ein Ungleichgewicht der leib-seelischen Befindlichkeit aufgefaßt wird (*Petzold & Schuch* 1992) und alles unternommen wird, dieses Ungleichgewicht wieder ins Lot zu bekommen, sei es durch Heilungsprozesse, sei es durch gemeinsame Bewältigung unheilbarer Leiden. Wird Krankheit dagegen als Druckmittel benutzt (*„Hör mit deinen Vorwürfen auf, ich bekomme sonst einen Herzanfall!"*), wirkt sie partnerschaftszerstörend.

Achtung der sozialen Ordnung

Jede Gemeinschaft, auch jede Partnerschaft zwischen Mann und Frau entwickelt im Verlaufe des Miteinanders Regeln und Normen. Diese sind oftmals unausgesprochen, aber in jeder Beziehung wahrnehmbar. Sie schützen das soziale Zusammenleben und insbesondere die drei vorgenannten Werte vor dem Mißbrauch der persönlichen Freiheit durch den anderen in Form von Gewalt oder verantwortungslosem, rücksichtslosem Handeln. Sie fördern die Kooperation beider Partner. Diese Regeln sind nicht für alle Zeiten festgeschrieben und unveränderlich; sie bedürfen aber immer wieder der Überprüfung, vor allem im Konfliktfall.

So ist es einsichtig, daß z.B. ungezügelte Spielleidenschaft oder Kaufsucht eines Partners eine solche ungeschriebene Regel des sozialen Systems Paar verletzen würde, da sie im Extremfall den wirtschaftlichen Ruin bedeuteten könnte.

Entwickelt sich eine Ehe in den vorgenannten Rahmenbedingungen von Treue und Partnerschaft und gelingt es mit wachsender Autonomie und Souveränität der Beteiligten, die oben beschriebenen Konfluxprozesse zu gestalten, dann können Herausforderungen – wie z.B. die Geburt des ersten Kindes, die Bewältigung einer Krise, die Gestaltung der gemeinsamen Sexualität, aber auch so „einfache" Erfahrungen wie eine gemeinsame Wanderung, Tanzen, Kochen – beim einzelnen Partner oder bei beiden „Flow"-Erfahrungen auslösen. Dabei handelt es sich um Erlebnisse mit einem hohen inneren Belohnungswert, die „in sich selbst" befriedigend sind und dazu führen, daß die Partner „im Tun aufgehen". Es kommt dann meist zu einem Verschmelzen von Handeln und Aufmerksamkeit, zu einer „Selbstvergessenheit" bei gleichzeitigen intensiven Gefühlen von persönlicher Kompetenz (*Csikszentmihalyi* 1987).

5.4 Abgrenzung zu anderen Ehemodellen

Das hier zugrundeliegende Konzept von Ehe gründet auf der Idee der intensiven Gemeinsamkeit zweier autonomer und souveräner Persönlichkeiten, die aus Ich-Treue auch in Treue zum anderen stehen können und die sich partnerschaftlichen Grundwerten verpflichtet fühlen. Es ist somit der konsequente Weg nach einer Abwendung vom Holismus der Familientherapie (*Brunner* 1986). In diesem Ganzheitsdenken wird nämlich nicht nur das Ehe-Paar unter dem Begriff Familie subsumiert, sondern es beinhaltet auch eine Abstandnahme von den Individuen. Das System Familie wird als Kompakteinheit aus voneinander interdependenten Individuen gesehen. Diese Einheit wird jenseits, praktisch „oberhalb" dieser Individuen erklärt. Das Verhalten der Familienmitglieder (insbesondere das „auffällige") wird nicht mehr aus psychischen Dispositionen oder der jeweiligen Motivationslage verstanden, sondern funktional auf das Familienganze bezogen und von dort hergeleitet. Ja, es herrscht der simplifizierende Gedanke einer vollständigen Interdependenz vor, der besagt, daß Änderungen an einer Stelle im System automatisch Änderungen auch sonst überall nach sich ziehen.

Bedenklich und problematisch bei systemorientierten Familientherapien ist insbesondere die Tatsache, daß im systemtheoretischen Störungskonzept der störungsspezifischen Eigendynamik nicht angemessen Rechnung getragen wird, d.h. die Vorstellung vorherrscht, Verbesserungen der Familieninteraktionen würden automatisch zu einer Besserung der psychischen Störungen beim identifizierten Patienten führen. Als Folge solcher Verbesserungen kann es zwar zu einer positiven Entwicklung der Familiendynamik kommen, aber die psychischen Störungen des Einzelnen, des „Störenfriedes", bleiben häufig weitgehend bestehen, weil auf sie kein spezifischer Einfluß genommen wird. Die Soziologen *Tyrell* & *Herlth* (1994) betonen dagegen die Wichtigkeit einer Systemdifferenzierung oder Subsystembildung in einer Ehe und einer Familie. Sie beziehen sich dabei auch auf eine gute Tradition der Familientherapie, die das Funktionieren von Familien an das Gelingen von stabiler interner Grenzziehung und Subsystembildung gebunden sieht (*Minuchin* 1977). In diesem Sinne bleibt ein klares Bekenntnis zur Ich-Treue, zu Autonomie und Souveränität beider Partner Voraussetzung zum Gelingen einer Paarbeziehung.

Deutlich widerspricht dieses Konzept für eine Ehe und Partnerschaft auch therapeutischen Ansätzen wie z.B. der „*Paarsynthese*", die die einzelnen Partner ineinander aufgehen läßt und eine Verschmelzungsideologie zum Ausgangspunkt hat: *„Das Paar und nicht der Mensch ist Ausgangspunkt aller Menschlichkeit und bildet die Grundform jeder humanen Existenz"* (*Cöllen* 1997, 51).

In Ermangelung vorgegebener gesellschaftlicher Qualitätsstandards für den Bereich der Eheberatung gibt es außerdem eine Menge an kryptoreligiösen, esoterischen, pseudowissenschaftlichen „paartherapeutischen" Modellen, die sich alle dadurch auszeichnen, daß ihnen eine empirische und an der wissenschaftlichen Psychologie und Pädagogik orientierte Überprüfung fehlt. Hier gilt es, wie in der Vorlage zu einem Beratungsgesetz zur „gewerblichen Lebensbewältigungshilfe" intendiert (*Bundesrat* 1998), Ratsuchende vor Scharlatanen zu schützen.

☞ In der **PARTNERSCHULE** hat dagegen gerade die persönliche Souveränität des Einzelnen im Paar eine zentrale Bedeutung. Diese Autonomie und Souveränität wird grundsätzlich gebunden an eine Ethik der Verantwortung (*Petzold* 1992a). Solche Verantwortung ist immer Verantwortung für die Lebenswelt und für den Anderen, da der Einzelne immer nur im Kontext und Kontinuum, in der Achtung vor der Andersheit des Anderen gedacht werden kann (*Lévinas* 1983). Diese Haltung nimmt den Partner ernst, sein Denken, seine Gefühle, seine Leiblichkeit, seine Freiheit und Selbstbestimmung, und wird diese nicht manipulieren. Das „Ja" zu einem Partner bedeutet so immer, seine gänzliche Andersheit zu achten. Auf dieser Grundlage kann beider „Ja" in einer Ehe aus der eigenen Souveränität und Freiheit heraus gegeben werden.

Das „Ja" zu einem Menschen wächst im Laufe des Lebens und gewinnt mit der Souveränität seines Sprechers an Gewicht. So wird eine Ehe für den Einzelnen nicht absorbierend, kein Gefängnis, sondern eine Einheit in der Differenziertheit. Man bleibt für den Partner ein Anderer, der nicht vereinnahmt, dominiert, unterworfen werden darf, denn nur dann kann er sein gesamtes Potential in die gemeinsame Sache, die Ehe und Partnerschaft, einbringen.

Berater sollten daher, neben dem Blick auf die Lösung und Bewältigung von „Alltagsproblemen", immer die Förderung der Persönlichkeit des Einzelnen, seine Entwicklung zu „Selbstmanagement" im Auge behalten (*Kanfer* et al. 1996). Aus dem Erleben eigener Souveränität und der Gewißheit von Integrität ist es möglich, in intersubjektive Korrespondenz miteinander zu treten, ohne dem anderen seinen Freiraum zu nehmen (*Petzold* & *Orth* 1998).

Einfach gesagt: Die Partner lernen, sich zu verabschieden von unerfüllbaren Wünschen aneinander (meist entstanden durch unerfüllte Bedürfnisse aus Kindertagen). Sie lernen, sich für ihr eigenes Glück selbst verantwortlich zu fühlen und das, was sie aneinander haben, wieder wahrzunehmen und sich darüber zu freuen. Dann wird das möglich, was ein alter biblischer Text sagt:

Zwei sind auf jeden Fall besser dran als einer allein.
Wenn zwei zusammenarbeiten, bringen sie es eher zu etwas.
Wenn zwei unterwegs sind und einer hinfällt, dann hilft der andere ihm wieder auf die Beine; aber wer alleine geht, ist übel dran, wenn er fällt, weil keiner ihm helfen kann.

Wenn es kalt ist, können zwei sich gegenseitig wärmen, aber wie soll sich einer allein warmhalten?
Einer allein kann leicht überwältigt werden, aber zwei wehren den Überfall ab.
(Kohelet 4.9-12)

Zusammenfassung:

Grundlage des Modells von Ehe am Ausgang des zwanzigsten Jahrhunderts ist eine Beziehung, die auf Autonomie und Souveränität beider beruht. Sie ist eingebettet in ein Treuekonzept, das auf der Treue zu sich selbst, der „Ich-Treue" basiert. Diese ist Grundlage einer „Du-Treue" in einer intimen Partnerbeziehung. Basis beider ist die „gesellschaftliche Treue". Inhaltlich gefüllt wird dieses Treuekonzept mit den partnerschaftlichen Werten Selbstbestimmung, Achtung vor der personalen Integrität und Würde des Partners, Entwicklung der leib-seelischen Funktions- und Leistungsfähigkeit und Achtung der sozialen Ordnung des Paares. Dieses Konzept grenzt sich damit klar von Verschmelzungsideen für ein Zusammenleben als Paar ab.

5.5 Das Bild vom Paar in der PARTNERSCHULE

Innere Leitbilder vom Leben eines Ehepaares sind für die tatsächliche Gestaltung einer Beziehung von zentraler Bedeutung. Da solche Leitbilder, wie etwa: „Die Ehe ist ein Hafen" oder: „Der Mann ist das Haupt der Familie und die Frau der Hals", dem Ansatz eines partnerschaftlichen, gleichberechtigten Verhältnisses zwischen Mann und Frau widersprechen, wird mit den Klienten auch an ihren Ideen zur Ehe gearbeitet und ihnen ein mögliches Modell vorgestellt, das von Souveränität und Autonomie als Grundlagen für eine Partnerschaft ausgeht (Kap. 17.10). Denn unrealistische Erwartungen in Hinblick auf die Ehe können auch eine ansonsten einigermaßen gesunde Beziehung zerstören.

Noch ein weiterer Grund spricht dafür, an den inneren Bildern zur Gestaltung einer Ehe zu arbeiten. Macht nämlich das Individuum Wahrnehmungen, die massiv gegen seine Grundüberzeugung verstoßen, so daß seine realen Wahrnehmungen nicht mehr an bestehende Erwartungen assimiliert werden können, führt das zu starker innerer Inkongruenz.

So konnte ein Mann es nicht ertragen, daß seine Frau sich neben der Führung des Haushaltes wieder einer beruflichen Aktivität widmete. Sein Ehe- und Familienbild ging davon aus, daß eine Frau zu Hause ist und ihr Leben für Mann und Kinder einsetzt. Ja, man konnte ihm körperliche Schmerzen und Verzweiflung angesichts dessen anmerken, daß seine Frau diesem Bild nicht entsprechen wollte. Zumindestens kam er am Anfang der Therapie zu der Feststellung, entweder die Ehe beenden zu müssen oder aber seine Einstellung zu ändern. Diese Einsicht bedeutete aber noch keine Veränderung seiner Stimmung oder seiner Inkongruenzgefühle. Erst in der späteren klärungsorientierten therapeutischen Arbeit, als ihm deutlich wurde, wie seine Mutter mit einem entsprechenden Verhaltensmuster auch ganz viel Macht ausgeübt und ihn abhängig gemacht hatte, war es ihm möglich, seine Einstellung zum Tun seiner Frau zu ändern.

Die therapeutische Arbeit am „Bild vom Paar" ist nicht symptomorientiert, sondern ausdrücklich auf eine Veränderung motivationaler Schemata ausgerichtet. Sie wird also dazu genutzt, den Klienten die Augen dafür zu öffnen, was alles in einem Paar zur Gestaltung der Beziehung dazugehören kann. Damit sie in der Lage sind, sich füreinander zu entscheiden, gilt es zunächst zu entdecken, was alles im Miteinander möglich ist, denn Voraussetzung für eine Selektion ist die Variation. Wenn nämlich keine Vielfalt von möglichen Gestaltungsweisen innerhalb einer Ehe sichtbar wird, können auch keine geeigneten gewählt werden. Somit ist Variabilität die Voraussetzung von Entwicklung und Veränderung. Variabilität entsteht immer dann, wenn sich Kontrollparameter verändern. Damit erhöhen sich die Freiheitsgrade des Systems, oftmals allerdings unter Auftreten von chaotischen Zuständen im Paar, denn bisher noch nicht erprobte Bereiche des Raumes „Als-Ehepaar-zu-leben" werden erkundet.

Dabei treten Fluktuationen im Systemzustand auf. Diese Fluktuationen, verbunden mit Phasen erhöhter Instabilität, sind allerdings Anzeichen und Voraussetzung für eine qualitative Änderung des Systemverhaltens. Da man als Paartherapeut um diese Prozesse weiß, kann man der Phase der Instabilität gelassen zusehen.

Es geht also beim Bild vom Paar nicht um ein aristotelischer Logik gemäßes „Richtig" oder „Falsch", „das ist noch Ehe, das ist keine mehr". Sondern es geht vielmehr darum, im Sinne einer humanistischen Psychologie (*Rogers* 1972, 1973) sich auf die von den Klienten subjektiv erlebte Welt ihres Zusammenseins als Paar und deren Phänomene zu konzentrieren, also nicht von einer objektiven Welt auszugehen, so wie sie von externen Beobachtern oder „Eheexperten" gesehen würde.

Es sollen nicht innere Prozesse in Schritte der Informationsverarbeitung und deren Anbindung an beobachtbare Verhaltensweisen zerlegt werden, sondern es geht um die Art und Weise, wie innere Prozesse zu neuen Einsichten und Wertorientierungen führen. Es geht bei diesem „Ehebild" nicht um ein Objektivitätsideal, sondern einfach darum, normalen Menschen den Weg zu einer für sie reicheren und befriedigenderen Ehe zu zeigen. So wird in diesem Bild *„Fuzzy Logic"* (*Zadeh* 1965) als Kunst des unscharfen Denkens auf die Gestaltung der Ehe angewandt (*Sanders* 1997). Wissen über das Gelingen von Zusammenleben, Wahrscheinlichkeiten und Erwartungen an eine Ehe werden einbezogen.

Dieses „Ehebild" basiert in seiner Grundidee auf dem erstmals von *Leary* entworfenen *Interpersonal Circle* (1957) zum Erfassen zwischenmenschlichen Beziehungsverhaltens. Er wurde später von *Cöllen* auf die Diagnostik von Interaktionsstörungen im Paar hin weiterentwickelt (1989). Dabei wird davon ausgegangen, daß die Dynamik eines Paares und die innere Dynamik jedes Einzelnen als Gestaltungsfeld betrachtet werden können. Dieses Feld ist ein dynamisches Ganzes in einem umgrenzten Lebens- und Aufgabenbereich im Gesamtkontext der Gesellschaft. Es ist gekennzeichnet durch in multiplen Kausalbeziehungen stehende Feldkräfte, die Pole.

Ganz wichtig ist es dabei, jeweils beiden Polen ein gleichberechtigtes Nebeneinander zuzuordnen und keinesfalls eine innere Wertung vorzunehmen, im Sinne von z.B., der Pol „aktiv" sei gut und der Pol „passiv" sei schlecht.

Ehe als Gestaltungsfeld mit ambivalenten Polen

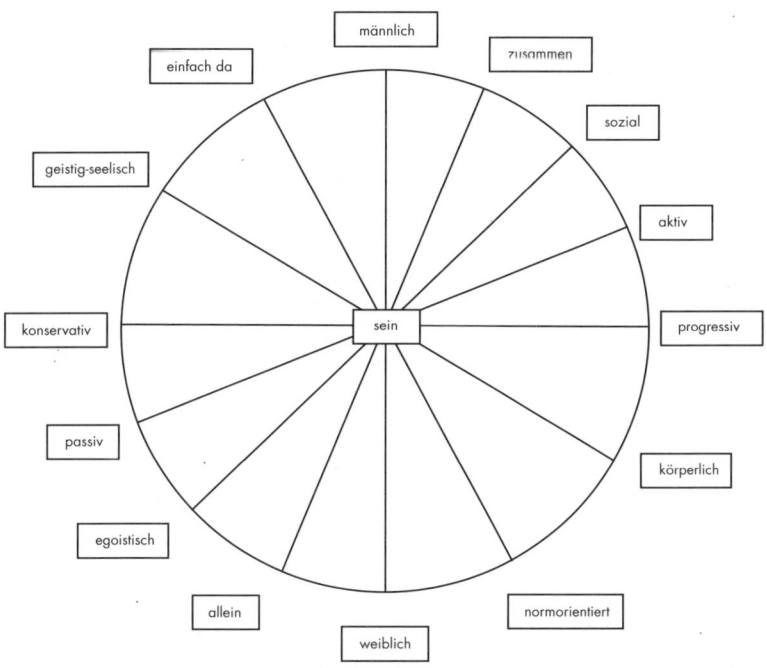

Jeder dieser Pole hat sowohl *„affordances"* (*Gibson* 1988), Aufforderungsmomente, als auch Begrenzungen, *„constraints"* (*Warren* 1990). So genießt z. B. ein Paar die Innigkeit des Zusammenseins, erstickt aber in ihr, wenn nicht auch der Gegenpol des Alleinseins gelebt wird, d.h. der Autonomie-Teil (siehe auch „Ich-Treue", Kap. 5.2) in jedem Menschen, der nicht auf den Partner bezogen ist. *Buber* beschreibt dieses Phänomen folgendermaßen: *„Und die Liebe selber kann nicht in der unmittelbaren Beziehung verharren, sie dauert, aber im Wechsel von Aktualität und Latenz. Der Mensch, der eben noch einzig und unbeschaffen nicht vorhanden, nur gegenwärtig, nicht erfahrbar, nur berührbar war, ist nun wieder ein Er oder eine Sie, eine Summe von Eigenschaften, ein figurhaftes Quantum geworden"* (*Buber* 1962, 24-25).

Ein anderes Beispiel: Das „einfache Da-Sein", das Sicheingebundenfühlen in den Kosmos zu genießen könnte nicht durchgehalten werden, wenn nicht auch der Alltag pflichtbewußt, mit Geldverdienen und täglichem Kleinkram, gelebt würde. Ein Vorschlag zur Charakterisierung der Pole findet sich in Kap. 17.10.

Das Bild der Pole macht deutlich, welche Vielfalt an menschlichen Verhaltensweisen in einem Paar zur Lebendigkeit dazugehören kann. In der **PARTNERSCHULE** wird das Bild ferner als Folie benutzt, um Probleme bei einem Paar zu beschreiben: Wie sieht die Polverteilung aus? Gibt es Einseitigkeiten? Ist einer z.B. immer traurig, depressiv (Pol: passiv) und der andere immer lustig, fröhlich (Pol: aktiv)?

„Kleben" beide aneinander (Pol: zusammen), und hat keiner den Mut, sich abzugrenzen, eigene Dinge zu tun (Pol: allein)?

Solche Einseitigkeiten der Verhaltensweisen in einem Paar bieten auf der Ebene der Phänomene Hilfen zur Beschreibung der Schwierigkeiten des Paares. Ziel der Therapie ist es, im Paar ein Fließgleichgewicht zwischen den verschiedenen Polen zu erreichen. In der Gruppenarbeit „erwandern" sich die Klienten dieses Ehe-Bild, indem sie sich, je nach Interesse, mit einzelnen Polen, deren Darstellung in einem Kreis auf der Erde liegt, identifizieren und darüber in einen lebendigen Austausch kommen. *„Ich bin am liebsten immer mit dir zusammen und genieße es, ganz eins mit dir zu sein!"* oder: *„Ich fühle mich tot; erst wenn du das kennst (etwa durch Depression), weißt du, was Leben heißt!"*

Kritisch betrachtet besteht bei diesem „Bild von Ehe" allerdings die Gefahr der „Ganzheitssuggestion" des Begriffes von Partnerschaft und Ehe, dann nämlich, wenn die Identität des einzelnen Individuums zugunsten eines Einheitsbegriffes vom Paar geopfert wird (*Tyrell & Hertel* 1994). Damit dies nicht geschieht, sei bei der Arbeit mit diesem Bild vom Paar auf die Betonung stabiler interner Grenzziehungen und Subsystembildungen unterhalb des Paares verwiesen, so wie sie in der Tradition der Familientherapie (*Minuchin* 1977) als Voraussetzung für das gute Gelingen von Familien gesehen werden. Und diese Grenzen müssen „klar" sein. *„Klarheit bedeutet nun in diesem Zusammenhang, daß die Grenzen weder unangemessen starr sind – die Subsyteme wären dann voneinander losgelöst bzw. isoliert – noch diffus. Minuchin spricht hier von ‚Verstrickung'. Positiv formuliert kann bei klaren Grenzen das Subsystem seine Funktion ohne eine unzulässige Einmischung von außen vollziehen und gleichzeitig Kontakt nach außen haben"* (*Kriz* 1985, 285).

Zusammenfassung:

Bei der kognitiven Arbeit am Bild der Ehe werden scheinbare Gegensätze, die im Zusammenleben eines Paares auftauchen, als lebendige Realitäten in einer Beziehung gleichberechtigt nebeneinandergestellt und als zusammengehörig definiert. Dadurch wird ein Modell geboten, mit dessen Hilfe sich die vielen scheinbar gegensätzlichen Lebenswirklichkeiten eines Paares nicht als Zerstörung der Gemeinsamkeit betrachten, sondern als Realitäten integrieren lassen.

5.6 Das Bild der Ehe bei *Arnold Lazarus*

Beruhte das zuvor beschriebene Bild der Ehe hinsichtlich der Blickrichtung auf die Probleme eines Paares eher auf einer philosophischen Sichtweise, so handelt es sich bei dem nun folgenden eher um eine pragmatische und bewältigungsorientierte Anschauung.

Lazarus (1978, 1989) stellt fest, daß durch die Erwartungen an eine Ehe Menschen emotional überfordert werden können, insbesondere dann, wenn die „Ehe" mit einer „Freundschaft" verwechselt wird. Freundschaft sei dadurch gekennzeichnet, daß in ihr ein Klima vorherrsche, in dem eine ständige und angemessene Klärung der Gefühle stattfinde, unter großzügiger Freiheit des Ausdrucks. Auch Ärger werde nicht unterdrückt, sondern in einer spontanen, konstruktiven Weise ausgedrückt. Zweifler mögen dies für ein sehr idealistisches Bild halten, doch ist es wichtig, dies im Vergleich zur Ehe so pointiert auszudrücken. Freundschaft wird als *„anteilnehmende Intimität"* bezeichnet, wohingegen Ehe als eine *„intime gegenseitige Teilnahme"* beschrieben wird (*Lazarus* 1978).

Ehepaare teilen viele tägliche Ereignisse miteinander, bei denen die Stimmung des einen direkt auf die Stimmung des anderen Auswirkung hat. Allein das Zusammensein per se hat schon Einfluß auf den Einzelnen (*Allport* 1924). Dagegen erwartet man von Freunden nicht, daß sie über Jahre zusammenleben und -wohnen. *Lazarus*: *„In der Ehe verlangen die ständige physische Nähe und all die gemeinsamen Lasten und Verantwortlichkeiten einen emotionalen Intimbereich von einem bestimmten Ausmaß. Während die ideale Freundschaft eine Von-A-bis-Z-Beziehung ist, sollte die ideale Ehe nicht weiter als von A bis W gehen. Ehe bedeutet nicht Eigentumsrecht. Jeder Partner hat das Recht auf seine Individualität, seine emotionale Intimsphäre und .... eine beträchtliche psychische Bewegungsfreiheit"* (1978, 96). Die Grenzen dieser Freiheit werden dort gesehen, wo *auf „rechtmäßig zustehende Territorien"* des Partners übergegriffen wird. Diese Sichtweise korrespondiert direkt mit der „Ich-Treue" (Kap. 5.2).

In der **PARTNERSCHULE** wird mit den Partnern erarbeitet, daß jeder sich diese emotionale Intimsphäre erst einmal gegen jede „Wir machen, denken, fühlen alles gemeinsam"-Sehnsucht und -Ideologie gestattet und dann überlegt wird, wie sie individuell gestaltet und gelebt werden kann. So war es z.B. für manche Frauen, die an Vorstandstrainings für Mitarbeiterinnen der Kath. Frauengemeinschaft teilnahmen, nach Erfahrung des Autors sehr entlastend, „offiziell" (also vom Referenten) zu hören, wie wichtig es ist, neben „Mann und Kindern" noch einen oder mehrere Bereiche zu haben, die nur etwas mit ihnen selbst zu tun haben und über die sie keine Rechenschaft ablegen müssen, also etwa ihr ehrenamtliches Engagement in der Frauengemeinschaft.

Sein Bild der Ehe entfaltet *Lazarus* (1982) anhand praktischer Regeln, die sich sehr gut für die Hand der Klienten eignen, in seinem Buch *„24 Fallstricke der Liebe"*. So weist er etwa anhand von *„Irrtum Nr. 5: Ein Paar sollte alles gemeinsam tun"* auf den möglichen *„emotionalen Erstickungstod"* hin, der einem Paar droht, das in *„selbstver-gessener Einheit"* verschmilzt (a.a.O. S. 31). Partner sehen sich nach einer solchen „Horizonterweiterung", wie sie im Bild der Ehe in der **PARTNERSCHULE** oder im Bild von *Lazarus* aufgezeigt wird, oft ganz neu. Sie entdecken, wo es bei ihnen „klemmt". Das ist in der Regel dort der Fall, wo eine Starre aufgetreten ist, wo einzelne Pole nur von einem Partner besetzt werden: Wo bleiben die Tränen des einen, wenn nur der andere „depressiv" ist? Oder was bleibt im Alltag der Familie für den einen zu tun, wenn der andere doch alles „sauberer" putzt oder wo beide über „Fallstricke der Liebe", etwa das: „Wir machen alles gemeinsam", stolpern?

> **Zusammenfassung:**
>
> *Lazarus* ermuntert in seinem Ehebild, sich von unrealistischen Erwartungen an den Partner zu verabschieden. Insbesondere betont er die Autonomie jedes Partners, die sich durch eigene, völlig unabhängige Bereiche und Aktivitäten auszeichnet.

6. Probleme im Zusammen- leben als Ausgangsbasis für Entwicklungsprozesse

Im folgenden soll aufgezeigt werden, wie die Phänomene, die ein Paartherapeut aus dem Leben eines Paares mitbekommt, als Ausgangsbasis für mögliche Veränderungsprozesse genommen werden können. Ziel ist dabei, dem Paar zu helfen, unbewußte Regeln ihres Beziehungsverhaltens zu klären. Diese Klärung ist dann Ausgang für Veränderungen. Einleitend werden einige grundlegende Aussagen und Begriffe, soweit sie für die **PARTNERSCHULE** von Bedeutung sind, erläutert.

6.1 Der Weg des Verstehens

Ohne die hierzu vorhandene Grundsatzdebatte nachzuzeichnen, sei doch festgestellt, daß eine immer wieder bedeutsame Frage lautet: Wie wird der Mensch eigentlich, wie er ist? Wieviel Einfluß hat die Erziehung, wieviel die Vererbung?

In der Paartherapie ist das eine wichtige Fragestellung. Denn der Mensch tritt nicht als „unbeschriebenes Blatt" in die Ehe bzw. Lebensgemeinschaft ein; das bisherige Leben hat ihn geprägt. Mit all seinen Sinnen, mit Sehen, Hören, Schmecken, Fühlen hat der einzelne Partner sich bisher in dieser Welt und in seinen Kontakten und Beziehungen zu anderen Menschen orientiert. All diese Wahrnehmungen sind keine in sich abgeschlossenen Prozesse, sondern sie geschehen in einer Wechselwirkung (*Watzlawick* et al. 1974).

Deshalb ist auch ein gestörtes, auffälliges, unangemessenes, vielleicht psychopathologisches Verhalten nicht für sich zu betrachten, sondern der Blick muß sich immer auf die Beziehung zwischen den Einzelelementen hin weiten. In der Sozialpsychologie besteht die Erkenntnis, „*daß der Einzelne als solcher, ohne seine Beziehungen zu anderen, nicht adäquat, vielleicht gar nicht verstanden werden kann* " (*Sbandi* 1973, 18). So hatte *Allport* (1920) festgestellt, daß allein schon das Zusammensein mit anderen, auch ohne eine gemeinsame Aufgabe, einen Einfluß auf den Einzelnen hat. Zusammengefaßt hat *Watzlawick* (1974) dies in dem metakommunikativen Axiom: „*Man kann nicht nicht kommunizieren!* " Selbst der Partner, der auf einem Sessel in der Ecke sein Buch liest, teilt mit: „*Ich will jetzt nicht gestört werden, sondern in Ruhe mein Buch lesen* ". – Oder auch nicht? Vielleicht will er auch sagen: „*Ich fühle mich allein, verkrieche mich hinter meinem Buch. Ich hoffe, daß mich jemand stört, damit ich mich mit ihm wegen der Störung streiten kann; so habe ich wenigstens Kontakt."*

Neben dieser Korrespondenz sind der Bezugsrahmen, die umgebenden Umstände, der Kontext zu betrachten, in dem korrespondiert wird, und dieser ist situationsabhängig (*Laing, Phillipson & Lee* 1973). Das bedeutet für das obige Beispiel, daß der, der das Buch liest, dies im Hause seiner Schwiegereltern tut, obwohl er sonst keine Leseratte ist. Und diese Korrespondenz, mit diesem Kontext, findet statt in einem Kontinuum (*Petzold* 1993), im obigen Beispiel dem Lebensabschnitt des jährlich stattfindenden Pflichtbesuchs.

Menschen korrespondieren nicht allein über die Sprache, sondern mit ihrem ganzen Körper: mit ihrer Gestik, Mimik, Stimme, mit der Atmosphäre, die sie ausstrahlen, mit dem Geruch, den sie verströmen, und auch mit der Art und Weise, wie sie die ausgesendete Nachricht empfangen. Im therapeutischen Prozeß ist als Reaktion auf die Körpersprache eine bewußt wahrnehmende Offenheit nicht allein für den Inhalt der Worte, sondern auch für all diese Signale notwendig: für den tiefen Seufzer des Klienten, mit dem er sich auf dem Stuhl niedersetzt, für die leise, weinerliche Stimme, mit der jemand sich über den Partner beklagt. All diese „Mitteilungen", die jedermann bewußt wahrnehmen könnte, werden als Phänomene bezeichnet.

Diese werden als Abbildungen des Klienten von dessen Realität verstanden und sind für den Therapeuten Wegweiser an der Oberfläche. Die Wegweiser können zu dahinterliegenden Strukturen, im Sinne von gebündelten Begegnungserfahrungen dieses Menschen, führen. Ob dies tatsächlich der Fall ist, hängt ab von der Gewichtung – und auch diese Gewichtung ist korrespondierender Prozeß zwischen Klient und Therapeut, ein *„Aushandeln der Wahrheit"* (*Rahm* 1993). Es ist also entscheidend, ob auch der Klient den Eindruck hat, daß das Phänomen bedeutsam ist, das dem Therapeuten – aus der unendlichen Zahl möglicher Phänomene – ins Auge gesprungen ist, z.B. daß eine Frau mit völlig ineinander verschlungenen Beinen auf dem Stuhl sitzend ihrem Partner ihre Sehnsucht nach mehr körperlicher Nähe mitteilt und ihm vorwirft, ihm ginge es ja nur um Sex.

Man könnte aber auch fragen, wieso gerade dieses Phänomen dem Berater ins Auge fällt. Das führt zu der wichtigen Feststellung, daß die phänomenale Realität nicht „draußen" in der Umgebung existiert, sondern in einem Menschen – auch im Therapeuten – selbst. In einem mehrstufigen Transformationsprozeß werden die verschiedenen äußeren und inneren Signale empfangen und verarbeitet: integriert, ausgeblendet oder mit ganz anderen inneren Erregungsmustern verknüpft, die vielleicht nichts mit dem Signal zu tun haben – und lösen dadurch wieder innere und gegebenenfalls äußere Prozesse und Verhaltensweisen aus. Denn menschliches Verhalten – als Ergebnis von Transformationsprozessen – ist darauf ausgerichtet, subjektive Wahrnehmungen ganz bestimmter Qualität zu erzeugen. Es geht nicht um das Herstellen eines objektiven Umgebungszustandes! Und deshalb gilt zu klären, ob das Phänomen auch für den Klienten Bedeutung hat.

Vielleicht nimmt er es überhaupt erst einmal wahr, und der Partner ergänzt: *„Jetzt, wo Sie das sagen, fällt es mir auch auf, meine Frau sitzt eigentlich immer so"*, dann ist es möglich, diesem Phänomen Raum zu geben, mit „Awareness" (*Süss* et al. 1978), der wachen Bewußtheit gegenüber inneren wie äußeren Ereignissen, es leiblich zu spüren.

Die Klientin könnte die mangelnde Durchblutung ihrer Beine spüren, den dauernden Schmerz, den sie sich selbst, ohne ihn jedoch zu bemerken, damit zufügt. Und dieses „Dem-Phänomen-Raum-Geben" kann zu den dahinterliegenden Strukturen dieses Menschen führen. Damit ist allerdings nicht etwas Statisches gemeint, sondern Persönlichkeitsstrukturen sind entstanden auf dem Hintergrund von Interaktionen, Begegnungserfahrungen, seit dieser Mensch die Welt betreten hat. Solches „Betreten" meint auch schon die Zeit im Mutterleib, in der ein Mensch bei normal verlaufender Schwangerschaft allmählich, d.h. mit dem Aufbau der Verarbeitungszentren, die grundlegende Erfahrung machen kann, daß er das, was er für seine Reifung und Entwicklung braucht, auch bekommt. Der genetisch und physiologisch gut vorbereitete Interaktionsprozeß im Mutterleib kann sich dann fortsetzen im Interaktionsprozeß der Familie (*Petzold* 1990).

In diesem Prozeß lernt der Mensch nicht nur Gehen und Sprechen, sondern auch Regeln für das Gestalten von Beziehungen, emotionaler Reaktionsbereitschaften und Regeln für das Ausdrucksverhalten. Diese nonverbalen Äußerungen im Beziehungsverhalten konnten erst durch Filmaufnahmen der Interaktionen zwischen Mutter und Säugling durch eigens dafür entwickelte mikroanalytische Methoden nachgewiesen werden (zusammenfassende Übersicht bei *Dornes* 1993, 39ff). Ebenfalls läßt sich eine Dynamik, lassen sich regelhafte Abläufe in der dyadischen Interaktion in einem Paar nachweisen. Die Betroffenen selbst haben in der Regel kein Bewußtsein davon, weil dies unterhalb der bewußten Wahrnehmungschwelle abläuft (*Ekmann* & *Friesen* 1969). Durch die vorsprachlichen Interaktionen mit seinen nächsten Bezugspersonen erwirbt ein Mensch implizite – d.h. nicht dem Bewußtsein zugängliche – Gedächtnisinhalte, die sich im Sinne von Regeln auf sein späteres Verhalten auswirken.

Verlaufen diese frühen Interaktionen aber ungünstig oder schädigend, ist ein Kind z.B. nicht erwünscht oder kann eine depressive Mutter das Kind in seiner Entwicklung nicht entsprechend fördern und gibt es keine Kompensation, so schleifen sich Interaktionstendenzen zwischen diesem Menschen und seiner Umwelt ein, die prägend wirken und alle nachfolgenden Entwicklungen entscheidend beeinflussen können (*Spitz* 1946, 1967).

• Deshalb sind wahrgenommene „Realitäten" immer das Ergebnis eines inneren Konstruktionsprozesses auf der Grundlage der bisherigen Erfahrungen, ja, Menschen haben sogar die Eigenschaft, Wahrnehmungen auf dem Hintergrund ihrer Intentionen aktiv zu gestalten. *„Während unsere Sinnesorgane vieles ausblenden, was in der Außenwelt passiert, enthält umgekehrt unsere Wahrnehmungswelt auch ihrem Inhalt nach sehr vieles, was keinerlei Entsprechung in der Außenwelt hat. Dazu gehören scheinbar einfache Wahrnehmungsinhalte wie Farben und räumliches Sehen (Objekte in unserer Umwelt sind nicht farbig; unsere Umwelt ist nicht perspektivisch aufgebaut, d.h., entfernte*

Objekte sind nicht klein). Insbesondere aber gehören hierzu alle Kategorien und Begriffe,
mit denen wir die Welt (unbewußt oder bewußt) ordnen, alles Bedeutungshafte in unserer
Wahrnehmung (die Ereignisse in der Umwelt sind an sich bedeutungslos), Aufmerksam-
keit, Bewußtsein, Ich-Identität, Vorstellungen, Denken und Sprache. Wir wenden diese
hochkomplexen Konstrukte auf die Welt an, sie sind ihr aber nicht entnommen" (Roth
1995, 232).

Solchen Persönlichkeitsstrukturen als Ansammlung von Beziehungserfahrungen,
die die „Realität" einer Interaktion zweier Partner ausmachen, gilt es mit Hilfe der
Phänomene auf die Spur zu kommen.

Denn mit dem oft noch verborgenen Wunsch, „sich auf die Spur zu kommen",
kommen Menschen in die Beratung. Sie wollen verstehen, wer man ist, wie man so geworden ist, warum man so handelt und welche Dynamik im Miteinander geschieht.
Die Klienten wollen also die Regeln verstehen, die sie zwar anwenden, von deren Existenz sie aber keinerlei Bewußtsein haben. Und insbesondere wollen sie lernen, diese
Regeln zu kontrollieren und so zu verändern, daß sie in der Lage sind, angemessener
zu reagieren und zu interagieren.

Dabei geht es zunächst weniger um den Inhalt des Verstehens, sondern um die Tatsache als solche, nämlich besser zu verstehen, was mit einem los ist und die Situation
irgendwie wieder in den Griff zu bekommen, also den Wunsch nach Selbstkontrolle.
Denn unangenehmer als ein aversives Ereignis selbst (z.B. bösartige Vorwürfe vom
Partner) kann es sein, plötzlich aus heiterem Himmel ohne erklärlichen Grund mit
aversiven Ereignissen konfrontiert zu werden. Dann ist es nämlich nicht möglich, sich
darauf vorzubereiten und Kontrolle über die Situation zu haben. So fügen sich Menschen lieber selber Schmerzen zu, als einflußlos darauf zu warten, wann der Schmerz
eintritt: „Ich verlasse dich lieber, bevor du mich verläßt!" Z.B. kann man als Berater
feststellen, daß Menschen, die sich sehr eine nahe Beziehung wünschen, manchmal alles tun, um Nähe zu vermeiden. Ihre (unbewußte) Kontrolle schützt sie vor einer (erwarteten) unkontrollierbaren Enttäuschung.

• Der Weg des Ergründens, des Entdeckens der hinter den Phänomen liegenden
Strukturen wird als **Hermeneutik** bezeichnet. Diese ursprünglich aus der Theologie
stammende Bezeichnung für die Kunst der Auslegung wird seit *Dilthey* (1973) philo-
sophisch und historisch als universale Lehre des Verstehens und Auslegens verstanden
– im Gegensatz zur naturwissenschaftlichen Erklärung auf Grundlage von Gesetzes-
hypothesen.

Das Wort selbst ist abgeleitet von „Hermes", dem Götterboten der griechischen Sa-
genwelt, der den Menschen die oft unergründliche Absicht der Götter nahebringen
wollte. Mit der Geschichte von Hermes verstehen auch die Paare diesen „hermeneutischen Prozeß". Sie betrachten ihre Lebens-, Liebes- und Leidensgeschichte, indem sie
sie erzählen, sie miteinander und mit anderen interpretieren, ihren Sinn zu verstehen
suchen: „Warum habe ich so viel Sehnsucht nach meinem Mann? Aber statt ihm meine Liebe zu zeigen, zeige ich ihm nur Spott und Verachtung – ?!"

In diesem Verstehensprozeß wird den Klienten ein *„plausibles Modell"* (*Frank* 1987) für die Entstehung und den Verlauf ihres Problems vermittelt. Das ist gerade in der Anfangsphase einer Therapie wichtig, wenn es den Klienten noch weniger um konkrete Veränderungen, sondern vielmehr um eine subjektiv einleuchtende Erklärung für ihr Problem geht (*Kadushin* 1969). Ein plausibles Modell hat insofern große Bedeutung, als dadurch eine neue kognitive Strukturierung des Problems erfolgt. Dabei gilt zu beachten, daß das entscheidende Kriterium für die Richtigkeit eines solchen Modells dessen Plausibilität aus Sicht der Klienten ist (*Kanfer* et al. 1996).

• Dieser Erkenntnisprozeß ist nicht in sich abgeschlossen, denn mit jeder Erkenntnis wächst auch der eigene Verstehenshorizont, wird immer offener für neue Wahrnehmungen, die erfaßt, verstanden und erklärt werden wollen. So läßt sich der hermeneutische Erkenntnisweg mit einer nach oben sich weitenden Spirale vergleichen. In diesem Erkenntnisprozeß wird dem Einzelnen deutlich, daß sein Verhalten darauf ausgerichtet ist, Wahrnehmungen im Sinne ganz bestimmter Ziele herzustellen, und ferner, daß ein Mensch immer gleichzeitig mehrere Ziele verfolgt.

Beispielsweise will jemand
- seinem Partner zugewandt sein,
- mit ihm zusammen sein und Zeit verbringen,
- mit diesem Ziel aber auch Erholung erreichen
- sowie von der Arbeit ausspannen
- und evtl. eine Lieblingsmusik anhören
- oder einen gemeinsamen Spaziergang machen,
- auf dem er sich am Gesang der Vögel erfreuen kann.

Er ist also in der Lage, gleichzeitig mehrere Intentionen zu verfolgen. Kommt es bei einem Paar zu einem Konflikt, könnten beide das Zusammensein mit unterschiedlichsten Intentionen verbinden. So könnte im obigen Fall z.B. der andere Partner mit dem Zusammensein als Paar die Hoffnung verbinden: „Da ist jemand nur für mich da, sorgt sich um mich, liest mir meine Wünsche von den Augen ab und verwöhnt mich ..."

Das Tempo und den Umfang hermeneutischer Erkenntnisprozesse bestimmt der Einzelne im Paar und das Paar für sich. Der Therapeut hat bei diesem Weg mit seiner Kompetenz und seinem Fachwissen eine begleitende Funktion. Er selbst wird aber aus dem Prozeß nicht unverändert hervorgehen, denn auch er reift in seinem eigenen Erkenntnisprozeß. Und dieses Reifen hat für ihn wieder Auswirkungen, z.B. auf die Gestaltung seiner eigenen Paarbeziehung. Diese Art, den Weg gemeinsam zu gehen, setzt seitens des Therapeuten das Gefühl einer menschlichen Gleichwertigkeit mit dem Paar voraus.

Zusammenfassung:

Menschen entwickeln ihr Beziehungsverhalten auf der Grundlage ihrer mitmenschlichen Erfahrungen von Kindertagen an. Es ist ferner geprägt von den jeweiligen äußeren Umständen. Aufgrund obiger Erfahrungen bilden sich in jedem Menschen Strukturen, die wiederum den äußeren Phänomenen des Verhaltens zugrunde liegen. Im hermeneutischen Erkenntnisprozesse werden diese Phänomene wahrgenommen und ihre Gründe erkannt.

Dieser Erkenntnisprozeß läßt Menschen zu den Regeln vorstoßen, die ihr Erleben und Handeln beeinflussen.

6.2 Die Bedeutung von Ordnung und Chaos

Läuft bei einem Paar alles nach festgefügten Regeln ab, hat jeder seine scheinbar „vereinbarte" Rolle, ist also alles „wohlgeordnet" (auch der regelmäßige Tobsuchtsanfall, wenn Spielsachen der Kinder auf dem Boden verstreut liegen, ist in sich noch eine Regelmäßigkeit oder Ordnung), dann droht dem Paar gerade durch diese Starre das Ende der Beziehung.

Ist auf der anderen Seite nichts geregelt, ist unklar, ob die Partner noch übermorgen zusammensein wollen oder ob irgend etwas Unvorhersehbares sofort die Existenz der Beziehung in Frage stellt, dann ist ein ähnliches Ende vorprogrammiert.

Den Sinn der Spannung zwischen Ordnung und Chaos versucht die Chaosforschung (*Gerok* 1990; *Haken* 1992) zu beschreiben. Das Wissen um diese Spannung hat in der Paartherapie eine wichtige Bedeutung, denn viele Paare haben die Tendenz, „die Flinte zu früh ins Korn zu werfen", wie die seit 1960 stetig steigenden Scheidungsziffern eindeutig zeigen.

Mit seinem Wissen kann sich der Therapeut auf das Chaos einlassen, ja, es als lebenswichtigen Prozeß des jeweiligen Paares verstehen. Sein Verstehen und Akzeptieren wird dem Paar Mut machen, sich den eigenen Schwierigkeiten zu stellen und sie zu bewältigen.

Die Welt ist entstanden und entwickelt sich immer weiter in einem evolutionären Prozeß, den *Darwin* (1859) als Mutation, Selektion und Artaufspaltung beschrieb: Die Natur läßt durch Mutation und Artaufspaltung auf der bisherigen Grundlage etwas ganz Neues entstehen, das sich in der Selektion bewähren muß, sonst verschwindet es wieder. Bezieht man diesen sehr vereinfacht dargestellten evolutionären Vorgang auf ein Paar, so könnte man feststellen: Auch das Paar, das in der Therapie vor dem Therapeuten steht, ist Endpunkt einer evolutionären Entwicklungsgeschichte. Jeder von beiden hat in seinen Genen vier Millionen Jahre Gattungsgeschichte und damit Überlebensverhalten der Spezies „Mensch" (*Fisher* 1993) gespeichert.

Deutlich wird dies z.B. im menschlichen Werbeverhalten. In westlichen Kulturen, die den Blick zwischen den Geschlechtern gestatten, schauen Männer und Frauen einen möglichen Partner oft zwei bis drei Sekunden lang direkt an. Dabei können sich als Zeichen höchsten Interesses die Pupillen weiten. Danach senkt der oder die Starrende die Lider und schaut weg (*Eibl-Eibesfeldt* 1986). Dieses Angeschautwerden läßt sich nicht ignorieren. Eine Antwort geschieht durch Lächeln und Anknüpfung eines Kontaktes oder durch Wegschauen und Rückzug. Diese Kontaktaufnahme durch den Blick und das Werbeverhalten konnte *Smuts* (1985, 1987) auch bei Pavianen beobachten, obwohl diese Affenart sich möglicherweise schon vor mehr als neunzehn Millionen Jahren von unserem menschlichen Entwicklungsstammbaum abzweigte. Der als „Kopulationsblick" bezeichnete Augenkontakt scheint also von der Evolution her tief in der menschlichen Psyche verankert zu sein. So kommt *Fisher* zu der Meinung, *„daß vielleicht das Auge – und nicht Herz, Genitalien oder Hirn – ein Liebesabenteuer einleitet, veranlaßt doch der Blick oder das Anstarren den Menschen oft zum Lächeln"* (1993, 25).

Eine weitere Betrachtungsweise von Lebensprozessen ist die des Systems (*Tjaden* 1971). Ein System ist eine Form, die in sich etwas Eigenes ist, aber sich mit der Umgebung im Austausch befindet. Das System kann sich weiterhin in Subsysteme untergliedern. Als ganzes kann es mit anderen Systemen in Korrespondenz treten. Auch ein Paar ist ein solches System, bestehend aus zwei Teilen. Jeder Teil bildet für sich alleine bereits ein Subsystem; mit anderen zusammen, etwa mit Arbeitskollegen, andere Systeme. Je nach dem Blickwinkel des Betrachters werden diese anderen zu Subsystemen. So wird etwa in der Paartherapie das System „Arbeitsplatz" als Subsystem untergeordnet. Diese Subsysteme gilt es mit in Betracht zu ziehen, da sie sehr großen Einfluß auf das Paar haben können. Man denke nur an den Arbeitgeber, der regelmäßige unbezahlte Überstunden bei seinen Angestellten für selbstverständlich hält.

Systeme haben die Eigenschaft, sich über einen gewissen Zeitraum selbst zu erhalten, d.h. hier: Die Partner schwören bei der Hochzeit, zusammenzubleiben, bis daß der Tod sie scheidet. Und trotz des Wissens um die Gefahr des Scheiterns heiraten Paare mit dieser Vision. Die Vision ist es, die Kraft geben kann, sich den Herausforderungen, denen das System „Paar" ausgesetzt ist, zu stellen und sich soweit auf Änderungen einzulassen, daß das Paar Bestand hat und damit im Sinne der Evolution in Hinblick auf „an Leib und Seele gesunde Kinder" fruchtbar wird.

Solche Herausforderungen haben viele Gesichter: z.B. ein Kind kündigt sich an, Depression eines Partners, ein dritter Partner taucht auf, die Briefmarkensammlung nimmt zuviel Zeit in Anspruch ... Herausforderungen, die das Paar in seiner Existenz bedrohen können. Die bisherige „Ordnung" stimmt nicht mehr, „Chaos" tritt ein. In dieser Phase werden Kräfte mobilisiert, eine neue Art des Miteinanders wird ausprobiert. Dabei wird nach *Thorndikes* (1898) Grundregel von *„Versuch und Irrtum"*, vor allem aber durch eine plötzliche neue Einsicht („der Groschen ist gefallen"), ein evidentes Erlebnis eine neue „Ordnung" des Paares erreicht. *Köhler* (1921) beschrieb diesen Vorgang der Einsicht in seinem berühmten Experiment, bei dem Affen plötzlich anfingen, Kisten aufzutürmen bzw. Stöcke zusammenzustecken, um an eine sonst nicht erreichbare Frucht zu gelangen. *Kanfer* et al. (1996) sprechen in diesem Zusammenhang von dem Phänomen „substantieller Sprünge". Damit sind qualitative Veränderungen und spontane Änderungen und Lösungen bedeutenden Ausmaßes gemeint, die plötzlich auf unvorhersehbare Art zustande kommen.

Die Chaosphase ist für manche Paare so neu und unbekannt, hat manchmal eine solche Heftigkeit, daß eine Begleitung durch Paartherapie angezeigt ist, um ein vorschnelles Auseinandergehen zu verhindern. Das Wissen um den Wechsel zwischen Chaos und Ordnung macht dem Therapeuten Mut, sich mit dem Paar der scheinbaren Hoffnungs- und Perspektivlosigkeit zu stellen und deren Sinn für die jetzige Ordnung des Paares zu ergründen. Damit kann das Paar zu einer neuen Ordnung, zu einer neuen Gestalt mit einer größerer Komplexität gelangen.

Dieser evolutionäre Vorgang, in welchem ein System eine bestehende, nicht mehr tragfähige Ordnung durch Chaos zu einer neuen, komplexeren verändert, wird als „*synergetische Selbstorganisation*" (*Haken* 1992) bezeichnet.

Zusammenfassung:

Ein Paar läßt sich als ein System aus zwei Subsystemen betrachten. Dieses System hat die Eigenschaft, sich zu erhalten. Treten existentielle Bedrohungen auf, reagiert das System, das Paar, mit Chaos. Dabei kann die Hilfe eines Paartherapeuten angezeigt sein, damit das Paar aus dem Chaos zu einer komplexeren Ordnung des Miteinanders kommen kann. Dieser Vorgang wird synergetische Selbstorganisation genannt.

7. Störungen der Kommunikation und Interaktion

törungen der Interaktion und Kommunikation in einem Paar und das Leiden, das sie beim Einzelnen auslösen, sind Anlaß, eine Eheberatung oder Paartherapie zu konsultieren. Bevor dieser Schritt getan wird, haben die Partner in der Regel schon vielfältige Möglichkeiten der Bewältigung versucht. Neben dem Studium einschlägiger Literatur gehört dazu das Gespräch mit nahen Verwandten oder Freunden zur Klärung der Situation. Oftmals helfen deren verständnisvolles Zuhören und Ratschläge, um die Situation wieder zu entspannen.

Die Störungen können aber auch so erlebt werden, daß beide Partner davon reden, als ginge es um völlig verschiedene Sachverhalte oder Ereignisse. Jeder ist heftig erregt, wirft dem anderen eventuell sogar vor, den Sachverhalt zu verdrehen, zu lügen etc. ... Störungen dieser Art bedürfen therapeutischer Hilfe, sonst führt dies Phänomen leider häufig zur Trennung. Um es zu verstehen, soll im folgenden menschliches Funktionieren aus grundlagenwissenschaftlicher Sicht unter verschiedenen Aspekten beleuchtet werden. Die Ausführungen basieren insbesondere auf den Arbeiten von *Grawe* (1998), der den aktuellen Forschungsstand zu diesem Thema zusammengetragen hat.

7.1 Zum Verständnis von Störungen

Bevor auf einzelne Aspekte der Störung in einem Paar eingegangen wird, sei grundsätzlich festgestellt, daß es beim psychischen Funktionieren des Einzelnen mindestens zwei qualitativ unterschiedliche Funktionsweisen gibt: eine implizite und eine explizite/konzeptuelle. Die konzeptuelle ist von Ideen, Willen, Bewußtsein geprägt, also von inneren Konzeptionen, die implizite dagegen ist nicht von Bewußtheit begleitet, sie geschieht eher automatisch. Ferner können im impliziten Funktionsmodus mehrere Prozesse gleichzeitig ablaufen. So stellt die Gleichzeitigkeit mehrerer zielorientierter innerer Prozesse eines der offensichtlichsten Merkmale psychischer Aktivität dar. Dies ist nach *Grawe* (1998) ein Schlüssel zum Verständnis des menschlichen Seelenlebens und damit auch ein Schlüssel zum Verständnis der Konflikte in einem Paar. (Spüren die Partner, daß ihr Therapeut über ihre Störungen gut Bescheid weiß, keine Angst davor hat, dann trägt dies zur Induktion positiver Erfolgserwartungen und allein schon damit zu einem guten Behandlungsergebnis bei.)

Paare kommen zur Beratung, weil etwas zwischen beiden stört. Diese Störung in der interpersonellen Beziehung hat ihrerseits wieder Bedeutung im psychischen Geschehen des Einzelnen. Insofern ist in der Paarberatung die intrapsychische Perspektive unverzichtbar, auch wenn es um Probleme im Miteinander geht. Eine Verkürzung auf eine systemische Perspektive wird dem Einzelnen und damit dem Paar nicht gerecht. Psychisches Leiden besteht immer aus bestimmten neuronalen Erregungsmustern, und diese ereignen sich im psychischen Geschehen des Einzelnen. Allerdings ist das intrapsychische Geschehen eines Menschen immer auf andere Menschen bezogen, weil die Grundbedürfnisse nur im zwischenmenschlichen Kontext befriedigt werden können.

Dieser zwischenmenschliche Bezug ist für die motivationalen Schemata so zentral, daß *Grawe* (1986) sich veranlaßt sah, diese Schemata als Beziehungsschemata zu bezeichnen. Denn innere Motive bringen das Individuum in einen bestimmten Austausch mit seiner Umgebung, insbesondere mit Menschen und ganz besonders mit denen, die in der Lebensgeschichte des Einzelnen zu seinen wichtigsten Bezugspersonen geworden sind. In der Beziehungsgestaltung mit diesen Menschen hat der Einzelne seine Beziehungsmuster gelernt. So bildet sich im Einzelnen intrapsychisch eine Abfolge von Erregungsmustern in ganz bestimmten Beziehungabläufen, die ihrerseits wieder im Miteinander stattfinden.

Daraus folgt, daß Beziehungsabläufe und intrapsychische Abläufe eng miteinander verkoppelt sind. Will man also die Beziehungsmuster, die ein Mensch eingeht oder herstellt, verändern, gilt es, die motivationalen Schemata eines Menschen zu ändern. Da beide sich gegenseitig beeinflussen, sind sowohl die Veränderung von Beziehungsmustern als auch die Veränderung motivationaler Schemata zentrale Ansatzpunkte in der Paartherapie.

Zum Verständnis der Störungen in einem Paar sind vergangene und gegenwärtige Beziehungsmuster der Einzelnen von eminenter Wichtigkeit. Denn diese Beziehungsmuster passen wie ein Deckel auf einen Topf zu den motivationalen Schemata. Sie sind die Bühne eines Menschen, auf der er seine Probleme manifestiert, und gleichzeitig sind sie die wichtigste Ressource für die Befriedigung seiner Bedürfnisse. Die Veränderung der Beziehungsmuster ist wichtig, um die psychische Befindlichkeit des Einzelnen zu verbessern. So geben die Beziehungsmuster eines Partners nicht nur Aufschluß über seine motivationalen Schemata, sie sind gleichzeitig das Mittel, mit dem diese Schemata beeinflußt werden können (*Grawe* 1998).

7.2 Lernen von Verhaltensregeln

Powers (1973) versteht menschliches Verhalten als Ergebnis eines inneren, hierarchisch geordneten Systems, das auf mehreren Ebenen Rückkoppelungsprozesse auslöst. Nur ein sehr kleiner Teil dieser Prozesse dringt für uns Menschen in unser Bewußtsein vor. Wir sprechen, wir vollziehen mit der Hand eine Bewegung, wir stehen, und all dies ist mit hochkomplexen neuronalen Erregungsmustern in unserem Gehirn verbunden, die z.B. Muskelbewegungen auslösen, die uns beim Gehen einen Schritt vor den anderen setzen lassen.

Die Fähigkeit zu unseren Handlungen haben wir zum Teil ererbt. Zum Beispiel die Angst vor einer Schlange: Obwohl wir vielleicht nie etwas von einer Schlange gehört haben, ist diese Angst wegen der Gefährlichkeit von Schlangen im Laufe der 4 Millionen Jahre Menschheitsgeschichte als Überlebensstrategie in unser menschliches Erbgut eingegangen.

Andere Fähigkeiten, wie z.B. den aufrechten Gang, haben wir mit Unterstützung unserer Eltern erworben. Auch die grammatisch recht schwere deutsche Sprache wird in der Regel von Kindern mit zehn Jahren fehlerfrei beherrscht, ohne daß sie in der Lage wären, über die Syntax, die Regeln für den Satzbau oder den Gebrauch der Fälle Auskunft zu erteilen. Sie können und beherrschen sie einfach.Diese Fähigkeiten gehören zum nicht dem Bewußtsein unterliegenden impliziten Modus des Verhaltens. Sollen diese impliziten Sprachregeln dem Bewußtsein zugänglich gemacht werden, bedarf es schulischen Unterrichts, in dem Sätze analysiert und deren Regeln erklärt werden. Die Erklärungen werden vom Kurzzeitgedächtnis registriert und können im Langzeitgedächtnis gespeichert werden. Diese Regeln stehen dann dem Menschen, etwa für das Abfassen eines Textes, zur Verfügung.

An solchen Lernvorgängen, dem Stehen, Gehen, Sprechen ..., sind in unserem Gehirn eine Vielzahl von Zellen beteiligt, wobei jede einzelne Nervenzelle gewissermaßen als eine Art „Detektor" für ein ganz bestimmtes Merkmal eines ganz bestimmten Objektes anzusehen ist. Neue Reize von außen werden wieder von Nervenzellen wahrgenommen und in den bisherigen Erfahrungsschatz integriert, oder es bilden sich neue Muster. Diese werden als neuronale Erregungsmuster bezeichnet. Die meisten dieser unbewußten und automatisierten Prozesse sind durch spätere Erfahrungen nicht mehr modifizierbar (*Roth* 1995). Durch die Ansammlung neuronaler Erregungsmuster bildet sich im Menschen seine je eigene Sicht der Welt ab, ja, der gesamte Organismus in seiner Art zu funktionieren kann als eine implizite Theorie über die Welt angesehen werden. Mit dieser Theorie – man könnte auch sagen: mit dieser Erwartung – tritt der Mensch der Welt, seiner Umgebung gegenüber (*Epstein* 1991).

Kommen wir zur Ausgangsfrage des Kapitels zurück: Wie kommen gänzlich unterschiedliche Wahrnehmungen ein und desselben Sachverhaltes innerhalb eines Paares zustande?

Die menschliche Wahrnehmung ist gekoppelt mit Wahrnehmungserwartungen. Und es kann sein, daß Mann und Frau an den gleichen Sachverhalt mit völlig unterschiedlichen Wahrnehmungserwartungen herangetreten sind. Bevor dies in einem Beispiel verdeutlicht werden kann, ist noch etwas zu den Grundbedürfnissen eines jeden Menschen zu sagen, die als oberste Sollwerte jeder psychischen Aktivität verstanden werden.

> **Zusammenfassung:**
>
> Menschen lernen ihr Beziehungsverhalten wie ihre Muttersprache in den ersten Lebensjahren. Da ihnen dieses in „Fleisch und Blut" übergegangen ist, handeln sie danach, ohne die Regeln ihres Handelns zu kennen, ebensowenig wie sie die grammatikalischen Regeln ihrer Sprache ohne schulisches Lernen benennen können.

7.3 Die Grundbedürfnisse des Menschen

Zuerst ist das Grundbedürfnis nach **Orientierung und Kontrolle** zu nennen (*Flammer* 1990). Menschen wollen wissen, was mit ihnen los ist, ob es sich lohnt, sich für etwas einzusetzen, etwas zu tun. So kann z.B. das Warten auf einen möglichen lebensbedrohlichen ärztlichen Befund schlimmer sein als das schlimme Ergebnis selbst, weil man danach wieder anfangen kann, etwas zu tun ..., Chemotherapie etc. Ähnlich ist es bei einem Paar in der Beratung; nichts ist schlimmer als das Nichtverstehen der dauernden Eskalationen im Miteinander. Schafft es der Therapeut, diese plausibel zu erklären, befriedigt er also das Bedürfnis nach Verstehen, dann kommt er einem zentralen Anliegen des Paares nach.

Als zweites Grundbedürfnis gilt das bereits von *Freud* (1911) postulierte Streben nach **Lustgewinn** und **Unlustvermeidung,** demzufolge Menschen bestrebt sind, Lust zu empfinden und unlustvollen Situation aus dem Weg zu gehen.

Ein drittes ist das insbesondere von *Bowlby* (1969, 1975, 1976, 1983) beschriebene Grundbedürfnis des Menschen nach **Bindung.** Menschen haben das angeborene Bedürfnis, die Nähe einer Person zu suchen oder aufrechtzuerhalten, die das Leben besser meistern kann als das Kind selbst. Wird dieses Bedürfnis befriedigt, kann das Kind sich anderen Aktivitäten zuwenden. Ist diese Sicherheit, die Nähe und Erreichbarkeit der Bezugsperson aber nicht gegeben, wird die gesamte psychische Aktivität darauf ausgerichtet, Nähe herzustellen.

In empirischen Untersuchungen zum Bindungsverhalten konnte *Ainsworth* (1982) nachweisen, daß diese sichere Basis für das psychische und physische Wohlergehen eines Menschen lebenslang wichtig bleibt. In der Paartherapie haben diese Untersuchungen zentrale Bedeutung, weil die Art und Weise, wie jemand seine Partnerbeziehung sucht und gestaltet, maßgeblich von den im impliziten Modus gespeicherten Beziehungserfahrungen mit den ersten Bezugspersonen abhängt. So konnten *Collins* & *Read* (1990) nachweisen, daß Menschen mit dieser sicheren Basis in einer Paarbeziehung mehr Nähe zulassen können und geringere Angst vor dem Verlassenwerden haben als solche, die sich nicht auf eine sichere Bindung zu zentralen Bezugspersonen verlassen konnten.

Zusammenfassend läßt sich nach dem jetzigen Stand der Forschung sagen, daß eine unsichere Bindung in frühen Kindertagen mit großer Wahrscheinlichkeit einen der hauptsächlichen Nährböden für die Entwicklung psychischer Störungen bildet (*Strauss* & *Schmidt* 1997). Zumindest ist bei Menschen mit psychischen Störungen eine Verletzung des Bindungsbedürfnisses nachzuweisen (*Fonagy et. al* 1994). Da diese Bindungsmuster zum impliziten inneren Gepäck eines Menschen gehören, spürt dieser zwar, daß er Schwierigkeiten im Gestalten seiner Beziehungen hat, weiß aber fast nie, wie er selbst diese Schwierigkeiten immer wieder aktiv herbeiführt und aufrechterhält.

Ein weiteres Grundbedürfnis, das nach **Selbstwerterhöhung** – ein Streben des Menschen nach Erhöhung des Selbstwertes und nach Überwindung eines Minderwertigkeitsgefühles –, wurde erstmals von *Adler* (1920, 1927) als zentrale Motivationsquelle gesehen. Wie kommt es aber, daß Menschen schlecht über sich denken, daß z.B. die Komplimente des Mannes an seiner Frau abprallen und sie eher ihren eigenen negativen Innenbildern glaubt?

Sullivan (1953) führte dies darauf zurück, daß das Bindungsbedürfnis seitens der primären Bezugspersonen nicht hinreichend befriedigt wurde. Da aber in der Gedankenwelt des Kindes als Reaktion auf Frustration die Idee: „Mutter ist schlecht, und ich bin gut" wegen der existentiellen Abhängigkeit unmöglich ist, entwickelt es ganz im Sinne des Grundbedürfnisses nach Sicherheit und Kontrolle die Umkehr: „Mutter ist gut, und ich bin schlecht." Solche Beziehungserfahrungen – als neuronale Erregungsmuster im Gehirn gespeichert – führen dann dazu, daß die Frau im obigen Beispiel den Komplimenten keinen Glauben schenken kann, weil ein entsprechendes neuronales Erregungsmuster: „Ich bin in Ordnung, ich bin toll, mein Mann sieht das, das tut mir gut, ich fühle mich wohl" (noch) nicht vorhanden ist.

Tragisch ist es, wenn Menschen, die nicht wissen, wie sie ihren Selbstwert stabilisieren und erhöhen können, Vermeidungsverhalten aktivieren, um sich vor erwarteten Enttäuschungen: („Keiner liebt mich") zu schützen. So nimmt dann in einem Paar ein destruktiver Rückkoppelungsprozeß seinen Lauf. Zwar ist der Wunsch da, geliebt zu werden. Da aber der Betroffene selbst sich nicht liebenswert findet, kann er sich auch nicht vorstellen, von anderen geliebt zu werden. Und so werden „Liebesbeweise" nicht registriert. Im Rahmen der Paartherapie werden die Betroffenen direkt darauf angesprochen: „Haben Sie gehört, daß Ihr Mann gerade was ganz Liebes gesagt hat?" Die Antwort darauf lautet dann oftmals: „Nein! Wann denn?"oder: „Das tut er nur, weil wir hier in der Beratung sind!" Ein solcher Teufelskreis führt Partner oft zur Trennung. Leider wird bei einem neuen Partner nicht alles anders, sondern auch hier beginnt, meist etwas schneller, der selbstzerstörische Weg der Selbstabwertung.

Im Hinblick auf die eingangs erwähnten inneren Hierarchien (*Powers* 1973) sind Prinzipien, die zu Intentionen werden, in diesen Hierarchien weit oben angeordnet. Eine solche Intention könnte z.B. sein: „Sei ein liebevoller Ehemann", und das Verhalten gegenüber der Partnerin ordnet sich dieser unter. Menschen haben aber nicht nur eine Intention, sondern sie sind in der Lage, mehrere gleichzeitig zu verfolgen. So kann die Intention: „Sei selbstbewußt und handle autonom!" durchaus gleichzeitig mit der vorgenannten gelebt werden. Widersprechen sich allerdings im konkreten Fall bei dem Betroffenen diese beiden Intentionen, kann es zu innerer Spannung kommen und in Folge zu negativen Konsequenzen für die psychische und physische Gesundheit.

Es kann also sein, daß Grundbedürfnisse miteinander in Konflikt geraten. Der Mann, der ein liebevoller Ehemann sein will, spürt vielleicht, daß sein Bedürfnis nach Bindung kollidiert mit seinen Bedürfnissen nach Lust, weil das Zusammensein mit seiner Frau nicht nur Lust, sondern auch Unlust bereitet. Da er dies nicht versteht, ist sein Bedürfnis nach Kontrolle der Situation unstillbar. Vielleicht macht er sich auch Gedanken, seiner Frau nicht zu genügen, nicht „der Richtige" zu sein, und beginnt so einen Prozeß der persönlichen Selbstabwertung.

Betrachtet man solche Situationen des einzelnen Partners bzw. des Paares aus der Systemperspektive, so ist es Aufgabe der Paartherapie, mit dem Einzelnen und mit dem Paar wieder zu einer Konsistenz dieser (scheinbaren) Widersprüche zu kommen, dahin, daß der Einzelne wieder mit sich und damit mit seinem Partner in einen Gleichklang kommt. [Was nicht heißt, daß beide das gleiche fühlen oder denken müssen, sondern daß sie im Sinne einer Philosophie der Dialogik (Kapitel 5) lernen, daß Gegensätze erst das Ganze ausmachen.] Deutlich wird hier, warum das Vorhandensein mehrerer – insbesondere gegensätzlicher – Intentionen von *Grawe* als Schlüssel zum Verständnis des menschlichen Seelenlebens bezeichnet wird (1998).

Das eingangs beschriebene Paar, bei dem jeder meint, der andere würde von einem anderen Sachverhalt sprechen, lügen etc., kommt vielleicht mit dem Wunsch, der Berater möge vermitteln, Recht sprechen. Aber dies ist nicht Aufgabe eines psychologisch-pädagogisch orientierten Therapeuten, sondern wäre Aufgabe eines Mediators bzw. des Familienrichters.

Neben dieser Intention nach Vermittlung, Rechtsprechung gibt es in jedem Einzelnen auch noch andere Intentionen. Geht man davon aus, daß dieses Paar sich einmal sehr geliebt hat, daß sie vielleicht in einer „Hoch-Zeit" ihrer Beziehung geheiratet und Kinder bekommen haben, dann darf man als Berater getrost auch folgende am Prinzip der Lustgewinnung orientierte Intention unterstellen, etwa: „Wir beide wollen lernen, das, was im Miteinander stört, zu verstehen. Wir wollen lernen, so miteinander umzugehen, daß unsere Ehe eine ‚Zugewinngemeinschaft' wird, an der jeder teilhat. Wir wollen uns wieder gut miteinander fühlen."

Wenn diese Unterstellung die Zustimmung des Paares findet, kann man als Berater an dieser Intention anknüpfen und hat es mit der Beratung leicht! Erstens lassen sich gute Erfahrungen im Miteinander des Paares als tragende Ressource aktivieren und aufbauen. Zweitens ist das genannte Ziel in hohem Maß anziehend und gibt Kraft für die mit den Klärungs- und Bewältigungsprozessen verbundenen Mühen und Anstrengungen. Und zuletzt (oder vielleicht zuerst) initiiert eine Verbindung des Beraters mit gerade dieser Intention Hoffnung. Mit dem Prinzip Hoffnung werden positive Erwartungen auf Besserung induziert; sie geben dem Paar wieder Glauben an seine Zukunft. Allein dieses Gegengewicht gegen die vorhandene Perspektivlosigkeit und Demoralisierung setzt durch die damit beabsichtigte Veränderung von Erwartungen Selbstheilungskräfte frei (*Frank* 1961/1982).

Hoffnung kann entstehen, wenn im Erstkontakt für den Klienten deutlich wird, daß der Berater in seinen Augen kompetent ist und klare Vorstellungen über das Behandlungsvorgehen hat. Kollegen, die im institutionellen Rahmen arbeiten, können ein weiteres Plus zur Hoffnungsinduktion verbuchen, da bereits ein solcher Rahmen (Beratungsstelle, Klinik etc.) in sich vertrauensbildend wirkt.

Zusammenfassung:

Als zentrale Intentionsquelle menschlichen Handelns wird die Befriedigung der Grundbedürfnisse nach Orientierung und Kontrolle, nach Lusterfüllung und Unlustvermeidung, nach Bindung und nach Selbstwerterhöhung angenommen. Da mehrere Intentionen gleichzeitig verfolgt werden können, bietet deren mögliche Inkongruenz einen Schlüssel zum Verständnis von Paarkonflikten. Unterstützend für den paartherapeutischen Klärungs- und Bewältigungsprozeß ist es, wenn sich der Berater mit den auch im Paar vorhanden „Lustintentionen" verbündet.

7.4 Störungen und ihr Eigenleben

Wir kommen wieder zum roten Faden, dem streitenden Ehepaar, zurück. Legt der Berater den Fokus seiner Aufmerksamkeit weniger auf den Inhalt des Streits als aufs Zuschauen, betrachtet also den Prozeß, der sich vor seinen Augen zwischen beiden Personen abspielt, dann fallen ihm eventuell Verhaltensweisen, Reaktionen auf, die zum impliziten Modus beider Partner gehören.

Die Frau beschwert sich z.B. wortgewaltig und langatmig darüber, daß ihr Mann ihr nicht zuhöre, sich nicht in sie einfühlen könne usw., und merkt selbst gar nicht dessen geduldiges Aushalten ihres Wortschwalles und seine zaghaften Bemühungen, sich auch zu Wort zu melden. Der Mann merkt nicht, wie es ihm unmöglich ist, dem Wortschwall Einhalt zu gebieten, etwas dagegenzusetzen; vielmehr lauscht er wie ein „treuer Hund" auf die Stimme seiner Herrin.

Die zentrale Frage an dieser Stelle lautet: Warum verhalten sich Menschen so, wie sie sich verhalten, und nicht anders? Warum kann die Frau nicht weniger reden und dem Mann seinen Platz (zum Reden) lassen? Warum merkt er denn nicht, wie seine Frau ihn bestimmt? Warum kann er sich nicht dagegen wehren?

Interaktives Verhalten wird in Interaktionen vom ersten Moment des Lebens an in der Kindheit bei der Mutter gelernt. Und Säuglinge sind dabei sehr aktive und kompetente Partner (*Dornes* 1993). Wenn die primären Bezugspersonen „gut drauf" sind und auf ihre Kinder mit einem intuitiven, angemessenen Erziehungsverhalten reagieren, kann das Kind sich gut entwickeln (*Papoušek* & *Papoušek* 1995). Ist das aber nicht der Fall, muß das Kind sich vielleicht „verrückte Dinge" antrainieren, die in dieser Situation passend sind. Denn Menschen sind von Säuglingszeiten an *„problem solvers"* (*Rovee-Collier* 1993). Sie zeichnen sich durch eine hohe Verhaltenselastizität, Originalität und Durchsetzungskraft aus. So benutzen sie diese Elastizität und Originalität, um unter den gegebenen „verrückten" Umständen zu überleben. Kommen Mutter oder Vater also ihrem Auftrag, Bindung herzustellen, nicht nach und bieten sie keine sichere Basis, dann bemüht sich der Säugling selbst etwa durch Schreien, Weinen etc. immer wieder darum, auf sich aufmerksam zu machen und diese Bindung herzustellen. Wenn dieses Mühen oft von ihm verlangt wird, geht in seinen impliziten Modus folgendes ein: „Wenn ich mit einer nahen Person zusammensein will, muß ich mich ganz schön anstrengen und aufpassen, daß sie nicht wegläuft."

Solche Störungsmuster haben in sich eine Ordnung, die aus mehreren Komponenten – Kontrollparametern – besteht. In der obigen Situation sind es vielleicht die folgenden: Die primäre Bezugsperson ist schlecht gelaunt, raucht, schreit manchmal laut, geht und kommt in schnellem Wechsel ins Zimmer, hat keine Aufmerksamkeit für das Kind, dieses aber eine volle Windel ...

So bilden sich seit frühester Kindheit eine Vielzahl ganz bestimmter Ordnungsmuster ab, Attraktoren genannt, die das Verhalten in Interaktionen bestimmen. Diese können später in bestimmten Situationen aber möglicherweise nicht mehr angemessen sein, werden dysfunktional, zu „Störungsattraktoren". So wäre es nicht passend, wenn ein Mann immer dann, wenn seine Frau das Haus verläßt oder in der Wohnung ihren eigenen Beschäftigungen nachgeht, mit „Verlustangst" reagiert und alles Mögliche und Unmögliche inszeniert, nur damit sie ihm ihre Aufmerksamkeit widmet – und sei es, daß sie mit ihm zankt.

Tragisch kann es für eine Paarbeziehung sein, daß möglicherweise störende Verhaltensmuster – Störungsattraktoren – ein Eigenleben führen. Dann reicht bereits eine Komponente – zum Beispiel ein lautes Wort, eine Flasche Bier auf dem Couchtisch, ein blondes Haar, ein „komischer Blick" –, und der gesamte Attraktor mit all seinen negativen Emotionen ist plötzlich präsent. Der andere versteht seinen Partner nicht mehr, meint, im falschen Film zu sitzen.

Der im Gedächtnis in Form von Erregungsbereitschaften gespeicherte Attraktor hat sich so von seinen Entstehungsbedingungen gelöst und wird funktional autonom (*Allport* 1937). Da Störungsattraktoren einmal in der Lebensgeschichte dieses Klienten eine wichtige Funktion hatten, lassen sie sich nicht einfach verändern. Insbesondere Emotionen wie Jähzorn oder Eifersucht haben oftmals den Charakter eines funktional autonom gewordenen emotionalen Attraktors. Beide Gefühle sind durch alle möglichen Situationen auslösbar, ja, sie steigern sich durch positive Rückkoppelung zu einer Intensität, die für Außenstehende nicht mehr durch die konkrete Situation gerechtfertigt zu sein scheint.

So kann es passieren, daß ein Ehepaar gemeinsam fernsieht und beim Erscheinen einer blonden Frau die Ehefrau plötzlich heftigste Gefühle der Eifersucht bekommt, ohne daß der Mann diese blonde Frau überhaupt wahrgenommen hätte. Beide leiden an der Situation – die Frau, weil sie von heftigsten Emotionen überwältigt wird und keine Kontrolle über dieses Gefühl hat, der Mann, weil er nicht weiß, was er machen soll, denn seine Frau findet überall Anlässe zur Eifersucht.

An dieser Situation zeigt sich, wie sich eine bestimmte Emotion gewissermaßen verselbständigt hat. Es handelt sich hierbei nicht mehr um Varianten normaler psychischer Aktivität, sondern offensichtlich um Fehlprodukte der psychischen Aktivität des betreffenden Menschen. Das soll nicht die systemische Perspektive leugnen, der zufolge auch äußeren Umständen eine wichtige Rolle in der Entstehung psychischer Störungen zukommt, doch ist es oftmals nicht die objektive Umgebung als solche, sondern die subjektiv repräsentierte Wirklichkeit, die das Erleben und Verhalten bestimmt. Eine bestimmte Konstellation neuronaler Erregungsmuster versklavt das Gefühlsleben des betreffenden Menschen. Sie führt gewissermaßen ein Eigenleben neben anderen bewußt verfolgten Zielen. Gerade bezüglich des Phänomens der Eifersucht sprechen Betroffene davon, daß sie sich in ihrem Seelenleben ausbreitet, nicht gewollt ist und sie sie außerhalb ihrer Kontrolle erleben. Ähnlich kann sich auch z.B. das Phänomen des Verliebtseins auswirken, wenn es nicht als normale Entwicklungsphase im jugendlichen Alter durchlebt wird, sondern im Erwachsenenalter das Gefühlsleben eines Menschen zwanghaft bestimmt beziehungsweise versklavt.

Der Paartherapeut sollte mit Gelassenheit auf Gefühle wie Jähzorn, Eifersucht oder dauerndes Sichverlieben eines der beiden Partner in Außenstehende reagieren, um in der Therapie die Kontrollparameter der jeweiligen emotionalen Attraktoren herauszufinden. Erst dann ist es möglich, diese zu verändern oder die Selbstkontrolle des Klienten zu stärken.

In dem Beispiel mit der Eifersucht könnte als wichtige dahinterliegende Dimension eine Angst vor Verlassenwerden stecken. Wird dies der betroffenen Klientin klar, kann sie lernen, mit auslösenden Momenten, z.B. „blonde Frau", in Zukunft anders umzugehen, sie anders zu bewerten. Sie kann sich zum Beispiel ganz bewußt sagen: „Mein Mann wird mich wegen dieser blonden Frau nicht verlassen!"

Deutlich wird an diesem Beispiel ferner, daß eine Klärung und Bewältigung solcher Störungen nur in einem gemeinsamen therapeutischen Prozeß beider Partner möglich ist, da für einen Erfolg der Behandlung beide umeinander wissen müssen.

Es gilt zu beachten, daß Kontrollparameter nicht nur in der Kindheitsgeschichte des jeweiligen Partners zu suchen sind, sondern sich auch in aktuellen Konflikten oder Notsituationen finden lassen. So sind die Ankunft eines Kindes, Arbeitslosigkeit, Älterwerden, Krankheit oder der Tod eines nahen Verwandten mögliche Kontrollparameter für Störungen. Beispielsweise lösten sich in einem Paar die massiven Interaktionsprobleme, als der Therapeut dafür sorgte, daß der Familie mit ihren sechs schulpflichtigen Kindern vom Jugendamt eine kostenlose Haushaltshilfe gestellt wurde. So gilt es oftmals in Beratungssituationen, keine Scheu davor zu haben, auch Hilfe bei der konkreten Lebensbewältigung zu leisten.

Die prozessuale Aktivierung, Bewußtmachung und Veränderung von Störungsattraktoren erstreckt sich über einen längeren Prozeß. In solchen Situationen wird den Partnern parallel durch eine gegenwartsbezogene störungspezifische Beeinflussung geholfen. Dazu werden im Übungsteil des Buches viele Anregungen gegeben.

> **Zusammenfassung:**
>
> Störungen setzen sich aus Mustern zusammen, die aus verschiedenen Kontrollparametern bestehen. Unabhängig von der tatsächlichen Situation kann bereits ein Parameter das Störungsmuster auslösen. So entstehen heftige Auseinandersetzungen, ohne daß die Partner Auslöser benennen können bzw. die Situation in irgendeiner Weise adäquat bewältigen könnten.

7.5 Die Produktion von Wahrnehmung und Erinnerung

Bei unserem Beispiel des streitenden Ehepaares, bei dem man als Außenstehender den Eindruck hat, beide erzählen von völlig verschiedenen Sachverhalten, spielen Wahrnehmung und Erinnerung eine wichtige Rolle.

Fragen wir uns, was Wahrnehmung und Erinnerung sind, so werden die meisten Menschen sie als Spiegel der aktuellen oder vergangenen Realität verstehen. Das ist aber nicht so. Die psychologische Grundlagenforschung konnte nachweisen, daß wir im wesentlichen dasjenige wahrnehmen, was wir selbst an die Umwelt herantragen, und daß ferner unsere ganze psychische Aktivität darauf ausgerichtet ist, Wahrnehmungen im Sinne ganz bestimmter Ziele herbeizuführen. Das bedeutet, daß unsere „Realität" immer eine im Dienste ganz bestimmter Ziele hergestellte subjektive Wirklichkeit ist. Unsere Wahrnehmung wird durch unsere Vorerfahrung bestimmt, und je selbstverständlicher wir unsere Intentionen an die Umgebung herantragen, desto mehr neigen wir dazu, sie als Anforderung seitens der Umwelt zu verstehen. Da die Intentionen durch unsere neuronalen Erregungsmuster gut eingespielt sind und zum impliziten Modus gehören, sind sie dem Bewußtsein nicht zugänglich.

„Bewußte" Wahrnehmungen sind das Ergebnis einer „figuralen Synthese". Durch einen Prozeß von Hypothesenbildung und -prüfung wird auf einem Wahrnehmungshintergrund eine Figur erzeugt. Auf zweierlei Weise nehmen unsere vorhandenen Wahrnehmungsbereitschaften Einfluß auf das, was wir schließlich bewußt wahrnehmen: zum einen, was wir aus der Fülle der Eingangsinformationen auswählen, worauf sich also unsere fokale Aufmerksamkeit richtet, zum anderen, was wir im Prozeß der figuralen Synthese auf der Basis bisheriger Erwartungen, Wahrnehmungsbereitschaften, Hypothesen oder Schemata als Wahrnehmungsinhalt konstruieren. Entscheidend ist, daß uns lediglich das Ergebnis dieses Konstruktionsprozesses bewußt wird, nicht der Prozeß als solcher (*Neisser* 1974).

Diese Tatsache kann mit folgendem recht einfachen Experiment Klienten nahegebracht werden. Man zeigt ihnen folgendes Bild:

aus: *K. Antons,* Praxis der Gruppendynamik. Hogrefe: Göttingen 1973. Original von W.E. Hill (1905)

Es handelt sich um eine der bekannten „Kippfiguren". Fast alle Menschen erkennen darauf entweder eine junge oder eine alte Frau. Der Prozeß des Erkennens eines eindeutigen Gesichts dauert aber meist etwas länger. Hat man allerdings ein Gesicht erkannt, ein altes oder ein junges, so dauert es recht lange, bis man auch die andere Figur in dem Bild entdecken kann. Man spricht von einer „Versklavung" der Wahrnehmung. Sind erst einmal beide Wahrnehmungszustände etabliert, kann man in der Regel beide auch willentlich herbeiführen.

Nach dieser Erfahrung ist es einfach, dem Klienten zu erklären, warum Äußerungen der Partner nie „Dokumentarberichte" sind, sondern immer aktive Konstruktionsprozesse, die zwar mit der bisherigen Lebensgeschichte konsistent sind, aber nicht immer funktional im partnerschaftlichem Miteinander. Jetzt wird deutlich, warum beide Partner unterschiedliche, ja, widersprüchliche Wirklichkeiten haben. Der Therapeut kann auch auf seine Wirklichkeit mit dem Paar verweisen, nämlich den jetzigen Augenblick, in dem er ihr Miteinander erlebt.

Aufgabe einer Paartherapie ist es, die **im** Prozeß des Miteinanders auftauchenden Störungen als Wegweiser an der Oberfläche für darunterliegende Strukturen zu deuten, neuronale Erregungsmuster zu dechiffrieren und Angebote (**PARTNERSCHULE!**) zu schaffen, um diese Muster zu überschreiben.

Eine Frau lernt z.B. zu unterscheiden, daß ihr Mann eine ganz andere Person ist als ihr Vater, welcher ihr eine sichere Basis nicht geben konnte. Darum kann sie beginnen, sich – etwa im Rahmen der Gruppentherapie – anderen Personen anzuvertrauen, die für sie zur sicheren Basis werden, bis der Zeitpunkt kommt, daß sie diesen Stand in sich selbst ausgebildet hat. Ferner beginnt sie wahrzunehmen – konfrontiert mit den ihren Wahrnehmungen widersprechenden Rückmeldungen der Gruppenmitglieder –, daß ihr Mann tatsächlich präsent ist, ihr zuhört und sie deshalb auf ihren Wortschwall immer mehr verzichten kann. Ihr altes Beziehungsmuster „Mann in naher Beziehung ist kaum da, hört nicht zu; da muß ich ganz viel sagen, wenn ich ihn erreichen will ..." kann sie so verändern und dann ein neues trainieren. So lernt sie, auf Bindungen einzugehen, Nähe zuzulassen und auch selbst zu geben.

> **Zusammenfassung:**
>
> Entgegen der herkömmlichen Meinung sind Wahrnehmung und Erinnerung keine objektiven Tatsachen, sondern innere Produkte, entstanden aus ganz bestimmten Erwartungen. Deshalb hat auch jeder von zwei Partnern „Recht", wenn er von ein und derselben Sache unterschiedlich erzählt. Die Konfrontation mit der augenblicklichen Wirklichkeit des Therapeuten bzw. anderer Gruppenmitglieder ermöglicht den Klienten, den subjektiven Wahrnehmungshorizont zu erweitern.

7.6 Die Bedeutung von Emotionen

Das Wahrnehmen von und der Umgang mit Emotionen spielen in einem Paar eine wichtige Rolle. Die Aussage: „Ich fühle nichts mehr für meinen Partner" ist für nicht wenige Menschen **der** Auslöser zur Trennung. Die Nachfrage, was sie denn mit „fühlen" meinen, was sie denn zuvor für den Partner gefühlt hätten, läßt die Befragten oft ins Nachdenken, manchmal auch ins „Schwimmen" kommen, weil ihnen eine passende Antwort darauf fehlt.

Emotionen haben im psychischen Geschehen eine wichtige Funktion, anhand deren ein Mensch feststellen kann, ob er mit sich im Einklang ist oder nicht. Verfolgt eine Frau die Intentionen:

a) Ich bin eine „treue" Ehefrau ...

b) Ich habe auch „Lust" auf andere Männer ...

und passen diese nicht mit ihren bisherigen Vorstellungen überein, so kann es als Folge von Inkongruenzsignalen zu negativen Emotionen kommen.

Wenn man einmal davon ausgeht, daß bisher gebildete Vorstellungen in Form von neuronalen Erregungsmustern im Gehirn repräsentiert sind, kann es interessant sein zu fragen: Wie kommt es, daß z.B. der gleiche Sachverhalt, „treue Ehefrau" und „Lust auf andere Männer" bei einer anderen Frau keinerlei negative Emotionen, gespeist durch Inkongruenzsignale, auslöst? Neues Lernen, auch das Umgehen mit neuen Situationen (sie entdeckt: Ich habe auch „Lust auf andere Männer") hängt also nicht nur von der äußeren Reizeinwirkung „schöner fremder Mann", sondern im wesentlichen auch von der vorhandenen Lernbereitschaft, den vorgebahnten neuronalen Erregungsmustern ab. Wir nehmen interessante Sachen (aus unserer subjektiven Sicht) locker und leicht auf; Langweiliges muß gepaukt werden, bis es zu unserem Gedächtnisinhalt gehört. So sind unsere Gefühle im Alltag ein wichtiger Indikator, sowohl für die Offenheit gegenüber neuen Lernerfahrungen wie auch für deren Abwehr und auch im Hinblick auf das Erwerben von Gefühlsreaktionen selbst.

In der therapeutischen Aufarbeitung der negativen Emotionen jener Frau, die sich durch ihr Interesse an zwei Männern zerrissen fühlte (verbunden mit körperlichen Symptomen wie Schlafstörungen, Depressionen, unkalkulierbaren Wutausbrüchen), wurde folgendes eruiert: Als Kind schon fühlte sie sich innerlich zerrissen – auf der einen Seite gab es einen schlappen, von der Mutter unterdrückten, langweiligen Vater, auf der anderen Seite eine kinderlose Nachbarsfamilie, die ihre Kinderliebe diesem Kind schenkte. Es machte dort regelmäßig die Hausaufgaben, wurde zu Ausflügen mitgenommen und hatte dort ein Nest, das es zu Hause so nicht hatte. Das wurde von den Eltern zwar offiziell geduldet (man war ja ein freundlicher Nachbar), nonverbal aber kam es zu ablehnenden Äußerungen, so daß das Kind mit etwa neun Jahren – aus Solidarität zum Elternhaus – den Kontakt minimierte und damit sein inneres Gleichgewicht wiederherstellte.

Was passierte 30 Jahre später, als sie sich plötzlich in einen anderen Mann „verliebte"?

Ihre Situation als kleines Mädchen, abgebildet in ihren neuronalen Erregungsmustern, verband sich nun mit ähnlichen Wahrnehmungen bezüglich der neuen Situation und löste die betreffende Emotion aus: Zerrissensein zwischen zwei Familien – ihrer eigenen jetzigen, in der sie meinte (ohne konkrete Gründe nennen zu können), es nicht mehr aushalten zu können, und einer „neuen Familie" mit diesem „fremden schönen" Mann.

Diese Frau hatte also in ihrer Kindheit durch die wiederholte Wahrnehmung (häufige Besuche bei der Nachbarsfamilie), gekoppelt mit Gefühlen der Unvereinbarkeit (Zerrissenheit zwischen zwei Familien), eine Bereitschaft für ähnliche Wahrnehmungen erworben, die für sie lebensgeschichtlich mit den entsprechenden Emotionen verbunden war. Ihre Wahrnehmung: „sich verlieben, schwärmen für den anderen Mann" löste die betreffende Emotion aus, obwohl keine tatsächliche Unvereinbarkeit vorlag. Denn die Frau wollte weder ihren Mann noch ihre Familie verlassen, noch hatte ihr Mann irgendwelche Probleme damit, wie sie die Bekanntschaft mit dem anderen Mann gestaltete.

An diesem Beispiel wird deutlich, wie Emotionen und deren (oftmals eigenständiges) „Gefühlsleben" in einem Paar eine zentrale Rolle spielen. „Ich hasse dich, ich fühle mich von dir bedroht, deine Nähe macht mich ganz verrückt!" Oder: „Ich fühle nichts mehr für dich!" Was sie auch immer genau damit meinen, ist den Beteiligten oft unklar, aber es scheint ihre Meßlatte für weitreichende Entscheidungen zu sein.

Angesichts der Konsequenzen von Trennung und Scheidung ist es manchmal erschütternd, wieviel Bedeutung solchen Gefühlen beigemessen wird, im Vergleich etwa zu anderen „objektiven" Tatbeständen, wie dem tatsächlichen Vorhandensein von Nahrung, Wohnung, Geld ... Der Blick wäre in der Paartherapie also darauf zu richten, wie solche negativen Emotionen entstehen und wie sie gegebenenfalls veränderbar sind.

Emotionen gehören als Regulationsmechanismen zu unserer artspezifischen Ausstattung als Mensch (*MacLean* 1970). Sie können das psychische Geschehen augenblicklich auf bestimmte überlebenswichtige Ziele hin ausrichten. In der Regelung der sozialen Interaktion lösen bestimmte affektive Signale auf die jeweiligen Bedürfnisse bezogene Verhaltensweisen aus. Z.B. wird ein Mann – zumindest im Regelfall – seiner Frau, die während eines Spaziergangs plötzlich einen Schwächeanfall erleidet, unterstützend zur Seite stehen. So gibt es kulturübergreifend Grundmuster des mimischen Ausdrucks für bestimmte Gefühle. Dazu gehören als „primäre Emotionen" Überraschung, Freude, Ärgernis, Ärger, Traurigkeit, Niedergeschlagenheit, Furcht und Ekel (*Scherer* 1984). „Primär" deshalb, weil sie den älteren Strukturen unseres Gehirns zugerechnet werden, während kulturell gesteuerten Emotionen jüngere Gehirnstrukturen zugrundeliegen (*Buck* 1984). Als Kombination der primären Emotionen und damit als ein Ergebnis komplexer kognitiver Bewertungen werden Verachtung, Scham, Schuldgefühle, Interesse, Verlegenheit, Stolz, Dankbarkeit, Eifersucht, Treue betrachtet und deshalb als „sekundär" bezeichnet (*Ekmann* 1989). Zur Unterscheidung von primär ausgelösten Reaktionen im Vergleich zu komplexen, unter Beteiligung kognitiver Prozesse ausgelösten emotionalen Reaktionen bezeichnet *Grawe* (1998) diese als Affekte. Sie haben Bewertungsfunktion (Werden meine angeborenen Grundbedürfnisse befriedigt?), Motivationsfunktion (Es brennt – nichts wie weg aus dem Haus!), Kommunikationsfunktion (Ich habe Lust, mit ihr zusammen zu sein!).

Sind also diese Affekte sozusagen menschliche Grundausstattung, werden die emotionalen Erfahrungen des Menschen im Laufe seines Lebens zum Inhalt des persönlichen Gedächtnisses. Sie werden in emotionalen Schemata gespeichert (*Greeberg, Rice & Elliott* 1993), die nicht nur die emotionalen Reaktionsbereitschaften enthalten, sondern auch die auslösenden Bedingungen für diese Reaktionen. Diese können persönlich oder aber auch durch Beobachtungslernen erworben werden. Wenn z.B. der Vater losbrüllte, weil Mutter das Essen nicht pünktlich auf dem Tisch hatte, kann sich im Kind und späteren Erwachsenen aufgrund von Unpünktlichkeit beim Essen eine aggressive Stimmung einstellen.

Bedeutsam ist, daß das Bewußtsein auf diese emotionalen Schemata keinen Zugriff hat, weil diese dem impliziten emotionalen Gedächtnis zugeordnet werden. Es wird vermutet, „daß das Gedächtnis für die emotionale Bedeutsamkeit von Ereignissen tatsächlich durch andere Hirnstrukturen vermittelt wird als das Gedächtnis für die Ereignisse selbst ... Daß konditionierte Ängste oft über Monate und Jahre persistieren und außerordentlich resistent gegenüber Veränderungen durch bewußte Einsichten sind, könnte also daran liegen, daß sie auf einem ‚impliziten Emotionsgedächtnis‘ beruhen, das durch Hirnstrukturen vermittelt wird, die unabhängig vom deklarierten Wissensgedächtnis operieren" (Goschke 1996a, 402).

So kann in der therapeutischen Arbeit auf emotionale Reaktionsbereitschaften, die im impliziten Gedächtnis gespeichert sind, allein durch Gespräche darüber kein Einfluß genommen werden. Da aber für die zwischenmenschliche Beziehungsregulation der implizite Modus von herausragender Bedeutung ist – der größte Teil der Kommunikation und Interaktion ist nonverbal, wird implizit wahrgenommen und nicht bewußt verarbeitet –, ist es wichtig, diese unbewußten Regeln dem Bewußtsein zugänglich zu machen und sie gegebenenfalls zu überschreiben.

Geht man davon aus, daß eine hauptsächliche Funktion der Emotion die Bewertung einer augenblicklichen Individuums-Umgebungs-Beziehung ist, so stellt diese also eine Bewertung im Hinblick auf aktivierte Ziele dar (*Lazarus* 1991). Da *Lazarus* die Ziele als erwünschte Bezüge eines Individuums zu seiner Umgebung bezeichnet, läßt sich im Umkehrschluß von den Emotionen, die einer der Partner oder beide erleben, auf deren Ziele schließen. Zeigt ein Partner also eine starke emotionale Reaktion, ist ein wichtiges Ziel von ihm berührt worden. So werden in der beraterischen Praxis starke Emotionen zu Wegweisern für dahinterliegende Ziele und Intentionen der Partner.

Die starke Eifersucht eines Mannes seiner Frau gegenüber kann gespeist sein aus dem Ziel, sie nicht zu verlieren. Ist dieses Ziel erst einmal benannt, wird es für den Mann möglich zu prüfen, ob er wirklich dieses Ziel in bezug auf seine Frau verfolgen muß oder ob es nicht zu seinem impliziten Modus gehört, der aus frühen Beziehungserfahrungen etwa mit seiner Mutter herrührt. Deshalb ist es unabdingbar, daß die Szenen, die ein Paar quälen, – und die damit verbundenen Emotionen – in der Beratung aktiviert werden. Dann wird es möglich, mit Hilfe des Beraters die dahinterliegenden Ziele und deren Entstehungsgeschichte zu erschließen.

Der Berater könnte sich z.B. in der Eifersuchtsszene hinter den Mann stellen und an seiner Stelle zu der Frau gewandt sagen: „Wenn ich so eifersüchtig bin, dann habe ich ganz viel Angst, dich zu verlieren!" Wenn diese durch den Therapeuten vorgegebene und verbalisierte Intention durch den Klienten bestätigt wird, besteht die Möglichkeit, mit dem Klienten zu überlegen, wem diese Botschaft eigentlich gilt. Dieser kann dann in der Rückschau auf das gerade Erlebte seine emotionalen Erregungsmuster durch die Aktivierung im Kurzzeitgedächtnis registrieren und dadurch im Langzeitgedächtnis speichern. So kann er eine neue emotionale Geschichte mit seiner Frau beginnen, die nicht von Eifersucht behindert wird. Damit diese neue emotionale Geschichte erfolgreich wird, ist es hilfreich, den Prozeß durch „Nachnährung" zu unterstützen, indem z.B. der Mann für eine begrenzte Zeit in der Rolle des ängstlichen Kindes von damals liebevolle mütterliche Präsenz von seiner Ehefrau erfährt (Kap. 16.2).

Eine Schwierigkeit bei der Arbeit mit starken Emotionen besteht darin, daß der immanente emotionale Bewertungsprozeß von Ereignissen automatisch abläuft. Der Klient stellt einfach dieses oder jenes Gefühl fest und nimmt es als gegeben hin. Menschen haben in der Regel kein Bewußtsein dafür, daß sie durch ganz bestimmte Bewertungen diese Gefühle selbst erzeugen. Da aber kognitive Bewertungen immer auch bewußte Verarbeitungsprozesse enthalten, läßt sich – nach der Aktivierung jenes Gefühls und des Betrachtens der damit verbundenen Bewertungen – fragen, ob das Gefühl wirklich zu der Situation, in der es aufgetreten ist, paßt oder nicht. Vielleicht wäre ein anderes Gefühl angemessener, wenn dem Ereignis, welches das Gefühl ausgelöst hat, eine andere Bewertung zugeschrieben wird. Die neue Bewertung würde dann ihrerseits zu einem anderen Gefühl führen.

So wurde ein Paar wegen Depressionen des Mannes überwiesen, die sich immer dann aktualisierten, wenn die Ehefrau das Haus verließ, um einer Freizeitbeschäftigung nachzugehen. Im Erstkontakt mit dem Paar fiel dem Therapeuten eine Bewegung der Hand des Mannes auf, die ungewöhnlich war und ihm bedeutsam erschien. Deshalb machte er diese Beobachtung zum Gegenstand der bewußten Aufmerksamkeit des Mannes. Weder ihm noch der Ehefrau war die Bewegung bisher aufgefallen. Er wurde gebeten, einmal die Augen zu schließen und diese Bewegung der Hand einige Male zu wiederholen und zu intensivieren. Plötzlich kam dem Mann das Bild eines Hampelmanns in Form eines Chinesen vor Augen. Diesen hatte seine Mutter ihm zurückgelassen, als sie ihn im Alter von drei Jahren im Kinderheim abgeben mußte. Der Hampelmann hing über dem Bett des Kindes, und wenn er darin lag, griff er regelmäßig danach. Eines Tages wurde im Heim aufgeräumt, und der Hampelmann war verschwunden. Übrig geblieben war die Suche nach dem Hampelmann und die Suche nach der Mutter, die sich automatisiert hatte und zum impliziten Modus des Klienten gehörte, von dem er keinerlei Bewußtsein hatte.

In der Arbeit mit dem Paar wurde deutlich, daß der Weggang der Mutter traumatische Folgen für das Kind hatte. Diese wirkten bis in die Beziehung des Paares heute hinein, da der Mann im impliziten Modus – also auf der Ebene seiner unbewußten Spielregeln für Beziehungsverhalten – das Weggehen seiner Frau mit dem Weggehen seiner Mutter verwechselte und sich deshalb Gefühle der Niedergeschlagenheit und Traurigkeit in ihm ausbreiteten.

Werden in der therapeutischen Arbeit, wie es bei diesem Mann der Fall war, vorhandene Erregungsbereitschaften aktiviert, so handelt es sich dabei immer um aktuelle, nicht um solche aus der Vergangenheit. In diesem Beispiel traten heftige Emotionen (depressive) bezüglich der Ehefrau auf. Diese sind den Emotionen der Vergangenheit sehr ähnlich, weil diese inzwischen nicht mit neuen Erfahrungen überschrieben wurden, aber trotzdem handelt es sich nicht um dieselben Emotionen, die das Kind zu der Zeit hatte, als es von der Mutter verlassen wurde, weil diese Emotionen heute in einem anderen Kontext ausgelöst werden. Es können also nur heute bestehende neuronale

Erregungsbereitschaften aktiviert werden und nicht diejenigen, die ehemals das psychische Funktionieren bestimmt haben. Deshalb bedeutet Erinnerung immer eine Transformation. Ein Zurück auf die Stufe damaligen Funktionierens ist nicht möglich, weil die Gedächtnisspuren der Vergangenheit mit neuen neuronalen Bahnungen überschrieben wurden.

Ausgelöst durch ein Bild, welches der Mann nach einer Trance zur Induktion von Kindheitserinnerungen (Kap. 15.1) malte, schrieb er folgende Zeilen, die diese Situation im Kinderheim und die dazu gehörigen Gefühle benannten. Deutlich wird in diesem Gedicht, daß es ein Erwachsener ist, der die Gefühle und die Traumatisierungen des Kindes von damals ausdrückt:

> Mein Name wird nicht gerufen, nur der Gong ruft!
> Bin ich überhaupt existent?
>
> Warum hat man mir nicht meinen Chinesen gelassen?
> Er ist doch das einzige, was ich noch habe!
> Ich will ihn wiederhaben!!
>
> Gebt ihn mir wieder!!
>
> Ich will nicht mehr nur immer zurückstehen!
> Ich will meinen Chinesen wiederhaben.
>
> Ich bin so klein und unwichtig, daß man
> mich überhaupt nicht zur Kenntnis nimmt.
> Ich kann nicht über den Graben, die Gruppe
> läuft einfach weiter. Mich hört niemand.
>
> Aber ich bin doch da!
>
> Ich will wahrgenommen werden. Ich will!!!

In der therapeutischen Arbeit mit dem Mann konnte die für ihn kritische Situation, wenn seine Frau das Haus verließ, nun aufgrund seiner Erinnerung an das frühe Verlassenwerden durch seine Mutter neu bewertet werden. So lernte er, mit dieser Situation anders umzugehen und in ihr neue Gefühle zu entwickeln. Derartige Neubewertungsprozesse werden von *Lazarus* als Reappraisal bezeichnet (1991). Sie können schon im Laufe der Entwicklung einer Emotion zu einer Neubewertung führen, so daß die Emotion – in diesem Beispiel die depressive Stimmung – erst gar nicht entstehen muß.

Folgende Emotionen sind Wegweiser für dahinterliegende Bewertungen (nach *Lazarus* 1991):
▶ Ärger – für eine Verletzung der Selbstachtung oder des Ansehens,
▶ Schuldgefühle – für die Verletzung eines moralischen Wertes, dem man sich verpflichtet fühlt,

- Scham – für Abweichung vom Ich-Ideal,
- Stolz – für die Erhöhung der Selbstachtung oder des sozialen Ansehens,
- Trauer, Niedergeschlagenheit – für den Verlust eines wichtigen Teils der Ich-Identität,
- Glück – wenn man sich in allen wichtigen Teilen seiner Ich-Identität sicher fühlt.

Für das Glück eines Paares ist es wichtig, in der Beratung mit den Partnern den Blick auf das Gelingende zu richten, das, was gut läuft, zu trainieren und zu lernen, nicht auf das fixiert zu sein, was nicht zum Besten steht. Bei gestörten Paaren sollte zumindest dafür gesorgt werden, daß die Mängel in der Beziehung keine Dominanz erfahren. Dabei wird nicht dem Phänomen, „die Probleme unter den Teppich zu kehren", Vorschub geleistet, sondern es wird überhaupt erst eine Grundlage dafür geschaffen, diese zu klären und zu bewältigen. Ist diese Grundlage vorhanden – denn es gibt in jedem Paar Dinge im Miteinander, die gelingen –, so lassen sich auch negative gegenseitige Emotionen der Partner auf ihre dahinterliegenden Bewertungen überprüfen.

Im Laufe der Therapie werden dann neue Leitsätze entwickelt, die andere Bewertungen beinhalten, und durch Einüben zu automatisieren versucht. (War der alte Leitsatz des Mannes in obigem Beispiel: „Meine Frau verläßt **mich**, wenn sie aus dem Haus geht, und dann bin ich mutterseelenallein; ich weiß nicht, ob sie wiederkommt", so bedeutet der neue Leitsatz: „Meine Frau verläßt **das Haus**, ich kann jetzt die Zeit für mich alleine gestalten und genießen.") Neue Bewertungen der Situationen führen dann zu anderen Emotionen. (Der Mann empfand es in der Folge als entspannend, einfach für sich zu sein. Er konnte zu Dingen kommen, die sonst liegengeblieben wären.)

Therapeutisch bedeutsam ist, darauf zu achten, daß konkret mit dem Klienten (hier mit dem Mann) im Vorfeld überlegt wird, zu welcher Gestaltung die veränderte Bewertung der emotional kritischen Situation ihn auch tatsächlich führen kann. Es wird eingeübt, wie er mit der zunächst belastenden Szene situations- und problemgerecht fertig werden kann.

Zusammenfassung:

Emotionen gehören zur artspezifischen Ausstattung des Menschen; sie geben ihm Signale zur augenblicklichen Orientierung. Sie können Wegweiser für dahinterliegende Bewertungen sein. Da unterschiedliche Bewertungen von Situationen oftmals eine Quelle für Paarkonflikte sind, gilt es, diese Bewertungen zu benennen, auf ihre angemessene Relevanz zu überprüfen und gegebenenfalls zu verändern.

7.7 Bedeutung der Emotionsveränderung für den therapeutischen Erfolg

Will man in der Beratung dysfunktionale Verhaltensweisen verändern, so ist entscheidend, daß die Klienten ihre **echten** Emotionen wahrnehmen und zulassen lernen. Das wichtigste therapeutische Mittel dazu ist das Lenken der Aufmerksamkeit auf echte Emotionen (*Greenberg* et al. 1993). Bevor auf die Möglichkeiten dazu eingegangen wird, sollen Mechanismen beschrieben werden, welche im psychischen Funktionieren dysfunktionale emotionale Schemata aufrechterhalten. Dabei handelt es sich um folgende vier Eigenarten:

» Reize aus der Umwelt werden im Sinne des emotionalen Schemas selektiert; beispielsweise wird jemand, der sich von seinem Partner ungeliebt fühlt, in dessen Äußerungen ständig Anzeichen für Zurückweisung finden.

» Informationen aus der Umwelt, die nicht das bestehende Schema bestätigen, werden verzerrt wahrgenommen. Sie können deshalb auch nicht zu korrigierenden Erfahrungen führen. Jemand, der sich selbst nicht liebenswert findet, wird positiven Äußerungen des Partners, etwa Komplimenten, keinen Glauben schenken.

» Möglichkeiten, neue Erfahrungen zu machen, werden vermieden. So kann eine Frau sich intensiv darüber beschweren, daß ihr Mann ihr den Kontakt mit anderen Männern verbiete, ohne zu merken, daß sie selbst gar nicht weiß, wie sie Kontakt zu anderen Männern herstellen und gestalten kann. (Ihr Mann hat nämlich überhaupt nichts dagegen, daß sie auch Kontakt mit anderen Männern pflegt.) Sie kann also in abstrakter Weise ihrem Mann Vorwürfe machen, ohne selbst zu spüren, mit wieviel Angst und Unsicherheit der Kontakt mit anderen Männern für sie verbunden ist.

» Wenn erst einmal ein emotionales Schema aktiviert ist, kann der Einzelne von den ausgelösten Gefühlen so besetzt sein, daß er keine Kapazitäten mehr hat, darüber hinausgehende, nicht bestätigende Informationen zu verarbeiten. So wird lediglich die Emotion wiederbelebt, ohne daß es jedoch zu korrektiven Erfahrungen kommt.

Zu der entscheidenden Frage, **wie diese emotionalen Schemata verändert werden können**, schlagen *Greenberg* et al. (1993) folgende Vorgehensweisen vor:

» In der Therapiebeziehung muß sich der Klient sicher und aufgehoben fühlen. Dadurch kann er seine Aufmerksamkeit auf seine inneren Erfahrungen richten, ohne daß seine interpersonalen Ängste ihn in dieser (Therapie-)Beziehung auf Dauer daran hindern können.

» Die inneren Erfahrungen stehen im Vordergrund der Aufmerksamkeit des Klienten. Seine Aufmerksamkeit darauf zu richten kann durch geeignete Fragestellungen seitens des Therapeuten unterstützt werden (Kap. 12.1).

» Insbesondere helfen dem Klienten nonverbale Übungen, aufgrund der dadurch erfolgenden Stimulierung und Aktivierung emotionaler Schemata, Zugang zu impliziten Gedächtnisinhalten aus lebensgeschichtlichen Beziehungserfahrungen zu bekommen.

▶ Hinsichtlich realer Angstsituationen ist es hilfreich, den Klienten Mut zu machen, sich diesen auszusetzen, damit sie sich zunächst neue Erfahrung verschaffen, dann ihre bewußte Aufmerksamkeit auf diese richten, um so auf Dauer eine Umstrukturierung ihrer Erwartungen in Gang zu setzen.

▶ Im Rahmen der Therapie ist es wichtig, daß die Paare Situationen erleben, in denen sie sich in neuer Weise verhalten. Sie können lernen, wie sie etwa Gefühle ausdrücken können, die sie bisher noch nie zum Ausdruck gebracht haben. Kommt z.B. ein Partner alleine zur Eheberatung, wird er aufgefordert, seinen Ärger über den Partner nicht dem Therapeuten zu erzählen, sondern in Richtung eines leeren Stuhls, auf dem in der Vision sein Partner sitzt. Durch diese erlebnisaktivierende Vorgehensweise kann der Klient gezielt erfahren, auf welche Weise (unter vielen möglichen, vielleicht auch noch nicht gelernten Weisen) er den Kontakt mit seinem Partner gestaltet.

▶ Werden in der Therapiesitzung – und hier bietet insbesondere die therapeutische Arbeit in und mit Gruppen hervorragende Möglichkeiten – emotionale Schemata aktiviert, leitet der Therapeut zu korrigierenden Erfahrungen an.

Zusammenfassung:

In einer sicheren therapeutischen Atmosphäre ist es den Klienten möglich, ihren echten Emotionen auf die Spur zu kommen und die bewußte Aufmerksamkeit darauf zu lenken. Dieser Prozeß wird durch erlebnisaktivierende Übungen unterstützt. Das Bewußtmachen ermöglicht, Emotionen zu verändern und damit Einfluß auf die selbstproduzierte Wahrnehmung zu nehmen.

8. Psychotherapieforschung als ein Wegweiser

Obwohl erst wenige wissenschaftliche Untersuchungen über die Ergebnisse von Eheberatung und Paartherapie vorliegen, lassen die bisher vorhandenen doch Schlüsse auf wichtige Handlungsanweisungen für das Vorgehen zu. Diese Ergebnisse der Psychotherapieforschung sollten in das praktische beraterische Vorgehen mit einbezogen werden, um therapeutisches Tun relativ rational begründbar zu machen und nicht nur „aus dem Bauch heraus" zu agieren (*Westmeyer* 1979).

Orlinsky et al. konnten in Prozeß-Outcome-Studien über 2.000 signifikante Zusammenhänge zwischen Therapieeffekten und bestimmten Merkmalen des Therapieprozesses feststellen (1994). *Grawe* et al. berichteten über die Ergebnisse fast aller bisher durchgeführten psychotherapeutischen Wirksamkeitsstudien und werteten diese detailliert aus (1994). Ehe- und Partnerschaftsprobleme werden in diesem Kontext als Beziehungs- und Interaktionsstörungen bezeichnet (*Hahlweg* 1994). Diese lassen sich aufgrund der Ergebnisse der Psychotherapieforschung (*Grawe* et al. 1994) signifikant am besten an dem Ort, wo sie entstehen, also im Paar und in Form der Gruppentherapie, heilen.

„*Es gibt eine große Anzahl von Hinweisen darauf, daß die Schwierigkeiten eines Patienten am besten in einem Setting behandelt werden können, in dem eben diese Schwierigkeiten aktualisiert werden: Partnerprobleme unter Einbeziehung beider Partner; ... generalisierte zwischenmenschliche Schwierigkeiten in einer Gruppentherapie; ... Eine Gruppentherapie bietet ... noch reichere Übertragungs- bzw. Aktualisierungsmöglichkeiten als eine Einzeltherapie und ist daher, wie in unseren Ergebnisberichten für eine ganze Anzahl verschiedener Therapiemethoden festgestellt wurde, noch besser geeignet, Veränderungen des zwischenmenschlichen Erlebens und Verhaltens herbeizuführen*" (*Grawe* et al. 1994, 704). „*Für Patienten, bei denen Veränderungen im zwischenmenschlichen Bereich erwünscht sind, ist das gruppentherapeutische Setting aber dem einzeltherapeutischen auf jeden Fall vorzuziehen*" (a.a.O. S. 706).

Wie schon oben erwähnt, gibt es weltweit nur wenige Untersuchungen zur Ergebnisqualität von Paartherapie. Ein Ergebnis allerdings ist für *Grawe* et al. (1994, 555f) richtungsweisend: eine „*sehr gute Untersuchung von Snyder und Wills* (1989)". In dieser war eine herkömmliche Verhaltenstherapie mit einer „*Insight Oriented Marital Therapy*" verglichen worden. In der letzteren ging es darum, daß die Partner mehr

Verständnis füreinander gewannen, indem sie kennenlernten, wie jeder Einzelne von ihnen aufgrund seiner Herkunftsfamilie und seiner Lebensgeschichte **so** geworden war. Es handelte sich im Gegensatz zur **bewältigungsorientierten** Verhaltenstherapie (dem Erlernen besserer Kommunikations- und Problemlösungsstrategien etc.) hier um eine **einsichtsorientierte** Therapie. Die Wirksamkeit beider Methoden war, mit leichter Überlegenheit der VT, auch bei der Katamnese nach 6 Monaten etwa gleich gut. Völlig überrascht waren *Snyder* et al. (1991) allerdings bei der Vierjahreskatamnese. 39% der mit VT behandelten Paare waren geschieden, aber lediglich 3% der Paare, deren Therapie auf ein größeres gegenseitiges Verständnis ausgerichtet war. Damit hatte die verständnisorientierte Therapie langfristig den Paaren zu größerer Zufriedenheit verholfen als die problemlösungsorientierte Therapie.

Grawe et al. schließen daraus*: „Die Studien ... deuten an, daß klärungsorientierte Vorgehensweisen der Paartherapie Wirkungen erzielen können, die mit bewältigungsorientierten Vorgehensweisen nicht zu erzielen sind. Dies könnte auch in der Paartherapie dafür sprechen, die Vorzüge beider Vorgehensweisen miteinander zu verbinden. Dafür bestehen aber bisher weder ausgearbeitete Konzepte, noch liegen dazu Untersuchungen vor ... Deshalb wäre es wünschenswert, auch in der Paartherapie durch die Verbindung bewältigungs- und klärungsorientierter Vorgehensweisen neue Wege zu erproben, die bisher noch gar nicht zu gehen versucht wurden"* (1994, 556).

Ferner schlägt *Grawe* (1994/1995) aufgrund der Forschungsergebnisse gesicherte Elemente einer allgemeinen psychotherapeutischen Veränderungstheorie vor. Diese ist therapieschulenübergreifend und erklärt viele der festgestellten Zusammenhänge zwischen bestimmten therapeutischen Vorgehensweisen und ihren Wirkungen. Insbesondere expliziert *Grawe* (1995) 4 Elemente, die er als *„gesicherte Bestandteile einer allgemeinen psychotherapeutischen Veränderungstheorie"* (a.a.O., S.134) bezeichnet. Im folgenden werden diese „gesicherten Bestandteile" vorgestellt und ihre Umsetzung in der **PARTNERSCHULE** dargelegt.

8.1 Ressourcenaktivierung

Dieser empirisch breit abgestützte Wirkfaktor weist darauf hin, daß man Klienten besonders gut helfen kann, wenn man an ihre positiven Möglichkeiten, Eigenarten, Fähigkeiten und Motivationen anknüpft.

Deshalb sollen sich Klienten in der Therapie gerade auch mit ihren Stärken und positiven Seiten erfahren. Ferner lassen sie sich auf die therapeutische Vorgehensweise dann bereitwilliger ein, wenn diese mit ihren eigenen mitgebrachten Zielen, Eigenarten und Gewohnheiten übereinstimmt, als wenn sie verunsichert und gezielt mit ihrer Unfähigkeit konfrontiert werden oder wenn der therapeutische Prozeß andere Ziele hat, als man von sich aus eigentlich will.

Selbstverständlich ist natürlich der Inhalt der Not, mit der ein Paar kommt, wichtiges Gesprächsthema, aber der Berater darf sich von dieser Not nicht paralysieren lassen, indem all sein Denken um diese Störung kreist. Eine Äußerung zu einem Paar in der ersten Sitzung nach dem Motto: „Wenn eine Schüssel erst einmal einen Sprung hat, dann hat es keinen Zweck mehr!" zeugt nicht von hoher Kompetenz auf seiten dieses Beraters.

In diesem Zusammenhang ist es interessant, auf wissenschaftliche Vergleichsstudien hinzuweisen, in welchen Laientherapeuten gleich gute oder annähernd gleich gute Therapieerfolge erzielten wie fachlich ausgebildete Therapeuten (*Strupp & Hadley* 1978). Diese Laientherapeuten waren danach ausgewählt, daß sie besonders beliebt waren. In ihrer Beziehungsgestaltung waren sie eher ressourcenorientiert als defizitorientiert-kritisierend. Die professionellen Therapeuten in dieser Studie dagegen waren ausgebildete Psychoanalytiker, die in ihrem Denken eher defizit- und konfliktorientiert waren.

Deshalb kann es im Erstgespräch weit mehr Sinn machen, auch wenn man noch keine klare Vorstellung von den vorliegenden Störungen im Paar hat, den Klienten trotzdem Mut zuzusprechen nach dem Motto: „Schwierigkeiten in einer Ehe sind etwas ganz Normales; fassen Sie nur Mut, wir werden das schon gemeinsam schaffen!" Dieser Satz klingt zwar etwas banal, wird aber mit hoher Wahrscheinlichkeit bei den Klienten Besserungserwartungen und Hoffnung auslösen, so daß Selbstheilungskräfte aktiviert werden.

Entscheidend für ein gutes Therapieergebnis ist, daß der Klient seinen Therapeuten als ihn unterstützend, aufbauend, in seinem Selbstwert positiv bestätigend erlebt.

Das ist unter dem Aspekt der Ressourcenaktivierung deshalb so wichtig, weil die höchste Korrelation für den Therapieerfolg **nicht** im Therapiebeziehungsverhalten des Therapeuten, sondern in dem des Klienten gefunden wurde (*Orlinsky & Howard* 1986; *Orlinsky* et al. 1994). Also ist es Aufgabe des Therapeuten, dafür zu sorgen, daß der Klient sich in seinem Beziehungsverhalten, etwa den Gruppenmitgliedern gegenüber, als wertvoller und fähiger Beziehungspartner erlebt. Insbesondere die Erfahrung, ein akzeptierter und wichtiger Teil einer Gruppe zu sein, die sich durch eine gute Gruppenkohäsion auszeichnet, ist ebenso wichtig wie das „therapeutische Bündnis" in der Einzelbeziehung.

Betrachtet man, wie dieser Wirkfaktor in der **PARTNERSCHULE** umgesetzt wird, dann ist bereits hier der erste Kontakt zu erwähnen, in dessen Verlauf das Paar nach Schilderungen seiner Probleme danach gefragt wird, was denn alles miteinander **gelingt**. Haben die Partner Schwierigkeiten, etwas zu nennen, dann wird nach solchen aus Sicht der Klienten „Kleinigkeiten" oder „Selbstverständlichkeiten" gefragt, wie etwa, ob jemand das Geld erwirtschaftet, ob die Kinder ihr Mittagessen bekommen oder ob man im Krankheitsfall sich gegenseitig Beistand leistet. Diese Dinge werden dann durch den Therapeuten in ihrer Wichtigkeit, die sie ja tatsächlich für das Zusammenleben haben, betont. Solches Konfrontieren mit den Ressourcen hat in der Regel eine im Aufatmen der Klienten sichtbare Reaktion: „So schlimm sieht es also nicht mit uns aus; es ist also etwas da, auf das aufgebaut werden kann." Im weiteren Verlauf der therapeutischen Arbeit wird dann oftmals gefragt: „Erzählen Sie einmal, was Ihnen seit unserem letzten Gespräch alles gelungen ist, alleine oder für sich als Paar."

Diese Vorgehensweise des Therapeuten, sein bewußter Seitenwechsel – hin zu dem, was gelingt, was schon mal schön miteinander war, oder die Aktualisierung der Erinnerung des Paares an die erste Zeit des Kennenlernens und Verliebtseins durch die Frage im Erstkontakt: Wie war das eigentlich, als Sie sich kennenlernten? – hat unter dem Gesichtspunkt der nonverbalen Beziehungsregulation einen positiven Effekt auf das Paar und dessen augenblicklichen emotionalen Umgang, ohne daß überhaupt ein Wort über diesen verloren wurde.

Eine empirische Absicherung der Auswirkungen eines solchen positiven „Leitaffektes" seitens des Therapeuten auf den Therapieerfolg wurde von *Krause* (1997) vorgelegt. Er wies nach, daß jenseits der therapeutischen Orientierung die Ergebnisse dann am besten waren, wenn der Berater auf einen negativen Leitaffekt seitens des Klienten mit einem positiven reagierte. Nicht-reziprokes Beraterverhalten – also **nicht** sich darauf einzuschwingen, daß in der Beziehung zum Partner alles zum Schlechten bestellt sei und daß man deshalb gekommen sei, um eine „Scheidungsberatung" in Anspruch zu nehmen – kann also dem Klienten wirksam helfen, aus eingeschliffenen emotionalen Reaktionsmustern herauszukommen (*Kiesler* 1982).

Unter Umständen können zwar die Klienten ärgerlich auf den Berater werden, weil er scheinbar nicht die gleichen Anliegen vertritt wie sie. Wenn er z.B. im Erstgespräch nicht ohne weiteres ihrem Wunsch nach „Scheidungsberatung" nachkommt, sondern Trennung und Scheidung als mögliches Ergebnis eines noch offenen Prozesses bezeichnet.

Die Hauptverantwortung für eine förderliche Therapiebeziehung liegt beim Berater, was nicht ausschließt, daß er den Klienten auch Dinge sagen muß, die unangenehme Gefühle auslösen können.

Das nonverbale Beziehungsmuster der ersten Sitzung korreliert so hoch (.69) mit dem Therapieerfolg, daß aufgrund des nonverbalen Geschehens in der ersten Sitzung Aussagen über das Therapieergebnis möglich sind. Läßt sich der Berater von dem negativen Leitaffekt des Klienten anstecken („Oh, wie schrecklich, es hat auch keinen Zweck mehr mit Ihnen. Ist erst mal ein Sprung in der Schüssel ..."), so hat dies negative Auswirkungen auf den Therapieerfolg (*Krause* 1997).

In der Paartherapie in und mit Gruppen wird bewußt bereits in der ersten Runde an die Ressourcen der Teilnehmer angeknüpft. Sie werden darauf aufmerksam gemacht, daß der Erfolg der Gruppe nicht allein vom Therapeuten abhängt, sondern immer ein Erfolg aller ist; daß er davon abhängt, daß sich jeder mit seinen Fähigkeiten in den Prozeß einbringt. Auch hier handelt es sich in der Anfangsrunde um das Setzen eines positiven Leitaffektes, der jenseits einer „schweren Atmosphäre" Leichtigkeit induziert, die auch durch gymnastische Übungen, Kennenlernspiele etc. unterstützt wird. So läßt sich in der Regel bei mehrtägigen Gruppen spätestens am 2. Tag, nach der er-

sten Nacht, ein Stimmungswechsel zu Hoffnung und Mut beobachten. Bei Seminaren, die über mehrere Abende in der Beratungsstelle laufen, setzt die Wirkung dieses
positiven Leitaffektes etwa beim 3. Treffen ein. Er wird hier noch dadurch unterstützt,
daß jeder Teilnehmer etwas zum gemeinsamen Abendbrot mitbringt und sich so positiv einbringen kann.

Zusammenfassend sieht *Grawe* (1998) folgende positive therapeutische Funktionen der Ressourcenaktivierung:

▶ Die Ressourcenaktivierung hat eine bedürfnisbefriedigende Wirkung, die Wohlbefinden und Selbstvertrauen verbessert und zu eigenen Problemenbewältigungsver-
suchen ermuntert.

▶ Die positiven Erfahrungen mit dem Berater geben dem Paar Vertrauen in diesen
und führen zu einer beiderseitigen guten Therapiebeziehung .

▶ Der verbesserte Zustand der Klienten aufgrund der Inkongruenzreduktion („Es
sieht alles ja doch nicht ganz so schlimm mit uns aus, wie wir zunächst befürchtet
haben!") und der guten Therapiebeziehung macht sie aufnahmebereiter für therapeutische Vorschläge und bewirkt, daß sie bereitwillig und aktiv dabei mitmachen.
So sind Klienten oft bereits nach zwei bis drei Sitzungen bereit, sich neuen Erfahrungen auszusetzen und auch an einer Gruppe teilzunehmen, obwohl dieser Schritt
für viele mit großer Scheu und Überwindung verbunden ist.

▶ Jedesmal, wenn Ressourcen der Klienten und damit positive Gefühle aktiviert wer-
den, werden die zugrundeliegenden neuronalen Erregungsmuster besser gebahnt.
Deren leichtere Erregungsbereitschaft führt dann dazu, daß die wünschenswerten
Erregungsmuster immer häufiger aktiviert werden und mehr Raum im psychischen
Geschehen der Klienten einnehmen. Es bleibt weniger Raum für problematisches
Erleben und Verhalten. So ergänzen sich Ressourcenaktivierung und Destabilisie-
rung störenden Verhaltens (durch gezielte partnerschaftsfördernde Übungen) ge-
genseitig.

8.2 Problemaktualisierung

In der Therapie ist es wichtig, daß das, was verändert werden soll, auch real erlebt
wird. *„Reden ist Silber, real Erfahren ist Gold"* (*Grawe* 1995, 136).

Aus diesem Grund wird in der **PARTNERSCHULE** Paartherapie nicht mit getrennten Partnern, sondern mit beiden Partnern gemeinsam durchgeführt, also nicht
gesonderte Beratungsstunden für die Frau und den Mann einzeln. Wenn ein Paar
kommt, wird weniger auf die Geschichte des Miteinanders von gestern geachtet, sondern das „Problem" sitzt ja leibhaftig vor dem Therapeuten. Er achtet also besonders
auf das **Wie** des Miteinanders. Es geht nicht darum, daß ein Paar erzählt, wie sie sich
gestern gestritten haben, sondern daß sie sich **jetzt** streiten. Dann ist konkret erlebbar,
wie einer dem anderen etwa durch „Du-Botschaften" (*Gordon* 1972) ein Bild über-
stülpt, das der andere nur zurückweisen kann, und wie in der Folge ein end- und er-

folgloses Streiten entsteht. Die Problemaktualisierung, die prozessuale Aktivierung des Problems, ist also ein zentrales diagnostisches Instrument.

8.3 Aktive Hilfe zur Problembewältigung

Dieser Faktor wurde durch die größte Anzahl von Forschungsbefunden bestätigt (*Grawe* et al. 1994). Danach ist es Aufgabe des Therapeuten, den Klienten mit geeigneten Maßnahmen zu unterstützen oder ihn direkt anzuleiten, mit einem bestimmten Problem besser fertig zu werden.

In dem zuvor geschilderten Beispiel könnte der Therapeut den Klienten den Unterschied zwischen Du- und Ich-Botschaft erklären (*Engl* & *Thurmaier* 1992) und sie anschließend bitten, das Gespräch so fortzusetzen, daß jeder nur noch von sich und seinen Gefühlen spricht. Also: „Ich denke, fühle, meine, will ..." statt: „Du bist ..." Sollten die Klienten dazu nicht in der Lage sein, weil sie bisher noch gar nicht gewöhnt waren, von sich selbst zu sprechen, dann stellt der Therapeut sich hinter den Stuhl des Klienten, versucht, sich in ihn einzufühlen und für ihn einen Satz zu sprechen, der mit „ich" anfängt. Anschließend wird der Klient gebeten, den Satz zu überprüfen und, wenn er für ihn zutrifft, zu wiederholen. Anschließend werten die Klienten ihre Erfahrungen mit diesem „neuen" Gesprächsstil aus. Im Verlauf der Therapie reicht es später, dem Klienten leise während eines Gesprächs mit dem Partner ein „ich" zuzuflüstern, damit er wieder anfängt, von sich zu reden. So macht der Klient die konkrete, reale Erfahrung, daß er im Sinne seiner Intention (das Zusammenleben positiv zu verändern) besser mit dem neu gelernten Gesprächsstil zurechtkommt. Diese Erfahrung ist für die therapeutische Wirkung entscheidend. Die Therapie vermittelt ihm das Erlebnis, etwas lernen zu können, was er vorher nicht konnte, oder etwas zu tun, was er sich bisher nicht zutraute.

Die Betrachtung dieses Wirkprinzips unter der Perspektive des „Könnens" versus „Nichtkönnens" ist roter Faden überhaupt. Da das Binnenverhältnis zwischen Frau und Mann in den letzten tausend Jahren von der Vorherrschaft des Mannes geprägt war (*Barabas* & *Erler* 1994), haben die Partner keine Modelle, wie es gehen könnte, gleichberechtigt und partnerschaftlich zusammenzuleben. Es ist erklärtes Ziel der PARTNERSCHULE, solche Modelle mit dem jeweiligen Paar zu erarbeiten.

8.4 Klärungsperspektive

Der Wirkfaktor der Klärungsperspektive beinhaltet, daß sich der Klient über die Bedeutung seines Erlebens und seines Verhaltens im Hinblick auf seine bewußten und unbewußten Ziele und Werte klarer wird. Es geht um eine Explikation impliziter Bedeutungen (*Sachse* 1992) oder um ein Aufspüren der alten Quellen für heutiges Verhalten, Denken, Fühlen, Wollen (*Petzold* 1993).

Beispielsweise lernen Klienten zu unterscheiden, ob ihre augenblickliche Wut gegenüber dem Ehepartner oder den Kindern einem vorliegenden Anlaß angemessen ist oder ob diese Wut nicht alten, unabgeschlossenen Gestalten (*Perls* 1980) gilt.

Durch solche Klärungsarbeit werden Bedeutungen verändert, in denen sich der einzelne Partner im Verhältnis zu sich selbst und seiner Umwelt erfährt. Diese Klärung alter, in die Beziehung mitgebrachter pathogener Erfahrungen ermöglicht oftmals erst ein Erlernen von neuem, partnerschaftsfördernden Verhalten dadurch, daß sich Übertragungen in der Beziehung auflösen. Denn solange alte, unbewußte Quellen noch heutiges Fühlen und Verhalten nähren, sind neues Lernen, neue Verhaltensweisen nur ausgesprochen schwer möglich (*Petzold* 1993).

Zusammenfassung:

Die PARTNERSCHULE orientiert sich in ihrem therapeutischen Handlungsmodell am theoretischen Wissensstand empirischer Psychologie und Pädagogik. Deshalb sind Basis für ihre Vorgehensweise die vier Elemente Ressourcenaktivierung, Problemaktualisierung, aktive Hilfe zur Problembewältigung, Klärungsperspektive sowie die methodische Anlage als Gruppentherapie.

9. Therapeutische Hintergründe der PARTNERSCHULE

Wenn man Paare fragt, warum sie es im Miteinander nicht mehr aushalten, warum sie sich trennen wollen, können sie in der Regel konkrete Gründe nicht benennen. Wenn auch in 69% der Fälle eine sexuelle Außenbeziehung als der Tropfen bezeichnet wird, der das Faß zum Überlaufen brachte und zur Trennung führte (*Rottleuthner-Lutter* 1992), so ist doch dieses Faß irgendwie anders voll geworden.

Da, wie zuvor dargelegt wurde (Kap. 7), Wahrnehmung von Realität, Störungen im Miteinander, negative Emotionen füreinander oftmals in impliziten – also nicht mit Bewußtheit versehenen – Beziehungsregeln wurzeln, gilt es, im Prozeß der Beratung vielfältige Gelegenheiten zu bieten, damit Störungen, Wahrnehmungen, Emotionen, implizite Verhaltensmuster aktualisiert werden können. Denn diese machen nach *Epstein* (1991) das implizite Selbst aus. *Epstein* konzipiert das Selbst als „persönliche Realitätstheorie". Damit ist nicht das Bild gemeint, das ein Individuum von sich selbst hat. Denn das Selbstbild ist für *Epstein* ein Teil der Konzepte eines Menschen über sich und wird aus verfügbaren Gedächtnisinhalten hergestellt. Das implizite Selbst dagegen ist diesem Selbstbild vorgeordnet, und wenn dessen Veränderung gelingt, dann verändert sich auch das Erleben und Verhalten und infolgedessen auch das bewußte Selbstbild. Insofern ist primäre Aufgabe einer Therapie, sich auf Veränderung dieses impliziten Selbst zu zentrieren. Klienten müssen also im Rahmen der Therapie Gelegenheit erhalten, dieses implizite Selbst, das aus emotional bedeutsamen Lebenserfahrungen abgeleitet wird, zu verändern.

Dazu ist es zunächst notwendig, die gezielte Aufmerksamkeit der Klienten auf Wahrnehmung von Realität, Störungen im Miteinander, negative Emotionen zu lenken. So werden die dahinterliegenden impliziten Regeln dem Kurzzeitgedächtnis und, über eine Speicherung im Langzeitgedächtnis, der bewußten Steuerung und Veränderung zugänglich gemacht. Dadurch werden die Klienten immer mehr zu Fachleuten in bezug auf ihre eigenen Störungen, können Bewertungen, die hinter negativen Emotionen stecken, verändern und so für gute Gefühle sorgen. Sie beginnen, die Störungen im Miteinander zu klären und neues Verhalten zu lernen, so daß sich ihr Miteinander zum Guten wendet.

Um diese Ziele paartherapeutisch zu erreichen, werden folgende psychologische, soziologische und pädagogischen Annahmen, Schulen und Techniken zur Grundlage der **PARTNERSCHULE**. Ferner werden Probleme des Zusammenlebens als natürliche Erscheinungsformen im Sinne der Chaos-Theorie (Kap. 6.2) verstanden.

9.1 Psychologische und pädagogische Vorgehensweisen

Mehrere psychologische Schulen, deren Menschenbild bzw. deren Technik kommen im Rahmen der **PARTNERSCHULE** zum Tragen. Ziel ist es dabei, das Therapiegeschehen aus verschiedenen Perspektiven zu betrachten und zu handhaben.

Grundsätzlich kann man drei Bereiche unterscheiden:

▶ Die zugrundeliegende Haltung zum Klienten sieht im Individuum eine ständige Tendenz nach Entwicklung und Realisierung der eigenen Fähigkeiten und orientiert sich an der humanistischen Theorie (*Rogers* 1972).

▶ Als klärungsorientierte Vorgehensweise wird auf die Vorstellung von der „Störung als Kompetenz" rekurriert (*Mentzos* 1984; *Fiedler* 1996). Hier geht es darum, die Grundmuster des heutigen dysfunktionalen Verhaltens aus seinem lebensgeschichtlichen Kontext heraus zu verstehen und Lernprozesse für ein angemesseneres Verhalten zu initiieren. Um diesen Lernprozeß auszulösen, werden vielfältige Möglichkeiten gegeben, störendes Verhalten zu aktualisieren. Wenn sich dieses Verhalten zeigt, wird versucht, es auf der Prozeßebene zu verstehen und seine lebensgeschichtlichen Quellen zu eruieren. Durch das Bewußtmachen dieses Verhaltens im Kurzzeitgedächtnis wird es im Langzeitgedächtnis gespeichert und somit einem bewußten Umgehen damit zugänglich gemacht.

▶ Bei der konkreten Bewältigung der vorhandenen Probleme und zum Aufbau eines partnerschaftsfördernden Verhaltens kommen vielfältige Methoden der Verhaltenstherapie zum Tragen. „Verhaltenstherapie" ist ein Sammelbegriff für eine heterogene Gruppe therapeutischer Methoden, die auf einem gemeinsamen Hintergrund aufbauen. Grundkonzept der Verhaltenstherapie ist die Annahme, daß Verhalten erlernt wird. In der Therapie geht es dabei um die Modifikation von Verhalten. Ferner werden physiologisch-organische sowie verdeckte Reaktionen (Kognitionen, Emotionen) ins therapeutische Veränderungsbemühen einbezogen (*Kessler* 1984). Vergangene Reaktionen werden dann einbezogen, wenn sie für die Aufrechterhaltung momentaner Reaktionen von Relevanz sind. Im Vordergrund der Therapie stehen übende Verfahren (*Baumann, von Wedel* 1981).

Diese drei Bereiche fließen zu einem integrativen paartherapeutischen Modell, der **PARTNERSCHULE**, zusammen. Schon *Lazarus* (1978) empfahl dieses schulenübergreifende Vorgehen in seinem Buch *„Verhaltenstherapie im Übergang – Breitbandmethode für die Praxis"*. Für ihn gehören zu den wichtigsten Eigenschaften eines effektiven Therapeuten die Beweglichkeit und Vielseitigkeit, die die Fähigkeit einschließen, *„viele Rollen zu spielen und viele Techniken anzuwenden, um die Therapie nach den Bedürfnissen und Idiosynkrasien jedes Patienten auszurichten"* (a.a.O., S. 35). Ziel ist dabei, wirksames Copingverhalten in den verschiedensten Lebenssituationen des Einzelnen und des Paares aufzubauen oder zu unterstützen.

Eine integrative Vorgehensweise wird durch die vorliegenden empirischen Untersuchungen zur therapeutischen Wirksamkeit, die ein breit angelegtes und flexibles therapeutisches Vorgehen nahelegen, bestätigt (*Grawe* et al. 1994). Abzugrenzen gilt es sich allerdings vom Synkretismus, d.h. einer unkritischen und unsystematischen Kombination von Auffassungen und Methoden unterschiedlichster Herkunft (*Norcross* 1995). *Eysenck* bezeichnete Synkretismus als *„theoretischen Mischmasch und methodisches Durcheinander"* ohne jede Grundlage und jeden empirischen Nachweis (1970, 145).

Die Klientenbezogene Gesprächspsychotherapie

Das Basisverhalten, die innere Einstellung des Therapeuten zum Klienten beruht auf der von *Rogers* (1942/1972) begründeten klientenbezogenen Gesprächspsychotherapie. Für *Rogers* zielt diese Therapieform auf die Entwicklung der Fähigkeit, menschliche Beziehungen eigenverantwortlich zu gestalten, weil sich heute der Einzelne nicht mehr vornehmlich auf die Bräuche und Traditionen seiner Gesellschaft verlassen kann. Dadurch verunsichert, entdeckt er viele der grundlegenden Probleme in sich selbst. Der moderne Mensch ist herausgefordert, Fragen und Probleme allein auf sich gestellt zu lösen.

Die Notwendigkeit, sein Leben selbstbestimmt in die Hand zu nehmen, scheint aber manche Menschen zu überfordern. Für die beraterische Arbeit bedeutet das, daß der Klient die Fähigkeit zur Selbstbestimmung aus dem Vertrauen in sich selbst vielfach erst entwickeln bzw. entdecken muß. Voraussetzung dafür ist, daß der Therapeut Vertrauen in die Fähigkeit des Individuums hat, seine Probleme selbst zu lösen, und daß er z.B. dessen Recht auf Selbstlenkung achtet. Dieses Vertrauen ist genährt aus dem *„grundlegenden Vertrauen in die sich vorwärts bewegenden Tendenzen im menschlichen Organismus"* (*Rogers* 1972, 47). *Rogers* geht sogar soweit, daß nach seiner Vorstellung der Therapeut **jede** Möglichkeit und **jede** Richtung des Individuums als Kapazität zur konstruktiven Handlung erkennt. *„Wenn er ganz damit einverstanden ist, daß unter Umständen auch der Tod gewählt wird, dann wird das Leben gewählt werden; wenn die Neurose ebenfalls zur Wahl steht, dann wird die gesunde Normalität gewählt"* (a.a.O., S.59).

Für die Paartherapie bedeutet diese Aussage, daß der Therapeut für jede Entwicklung des Paares, also auch für den Tod der Beziehung, offen sein muß. Paradoxerweise mobilisiert diese Offenheit meist die von Rogers beschriebene Tendenz, das Leben, d.h. hier: den Fortbestand der Beziehung, zu wählen.

Damit das Vertrauen in die eigenen Selbstheilungskräfte auch vom Klienten entwickelt wird, konzentriert sich der Therapeut (statt auf diagnostischen Scharfsinn und professionelle Wertbestimmung) nur auf ein Ziel: *„zu tiefem Verstehen und zur Akzeptierung der Einstellungen zu gelangen, die der Klient in dem Augenblick bewußt ein-*

nimmt, in dem er Schritt für Schritt in das gefährliche Gebiet eindringt, das er bislang seinem Bewußtsein gegenüber geleugnet hat" (*Rogers* 1972, 43).

Dieses Verstehen und dieses Akzeptieren bewirken im Klienten eine Änderung seiner Einstellung zu sich selbst in Richtung größerer Akzeptanz und zu mehr Mut, seine Probleme mit den ihm zur Verfügung stehenden Mitteln zu lösen. Für ein Paar bedeutet es, daß Endlosschleifen von projektiven Vorwürfen unterbrochen werden, d.h., die Partner hören damit auf, dasjenige, was sie an sich selbst nicht mögen, besonders vehement dem anderen zum Vorwurf zu machen. *„Das Wesentliche scheint zu sein, daß das Individuum sich auf drei generelle Arten verändert. Es nimmt sich als adäquatere Person mit mehr Wert und mehr Möglichkeit, dem Leben zu begegnen, wahr. Es läßt mehr Erfahrungstatbestände in das Bewußtsein dringen und gelangt so zu einer realistischeren Bewertung seiner selbst, seiner Beziehungen und seiner Umgebung. Es neigt dazu, die Grundlage für seine Maßstäbe in sich selbst zu legen, und erkennt, daß, Gutsein' oder, Schlechtsein' einer Erfahrung oder eines wahrgenommenen Objektes nichts ist, was dem Objekt innewohnt, sondern ein Wert ist, den es, das Individuum selbst, ihm beimißt"* (*Rogers* 1972, 137).

Hinsichtlich dessen, was „Liebe" ist (und dies ist ja für Paare ein zentraler Wert), meint *Rogers*, abgeleitet aus der Haltung des Therapeuten: *„,Geliebt' hat hier vielleicht seine tiefste und allgemeinste Bedeutung – nämlich die, tief verstanden und tief akzeptiert zu werden"* (a.a.O., S.154). In der Therapie mit Paaren wird es oftmals eine fundamentale neue Erfahrung für die Klienten, wenn der Therapeut scheinbare „Fehltritte" eines Partners nicht verurteilt, sondern sie als Ausdruck eines inneren Entwicklungsprozesses und in Beziehung auf die Dynamik des Paares zu verstehen sucht. Als Folge entwickeln die Partner im Laufe der Zeit ein geändertes Bild von dem, was sie als „Liebe" bezeichnen.

Untersuchungen zur psychotherapeutischen Wirksamkeit der Gesprächstherapie ergaben, daß bei der Behandlung einer phobischen Symptomatik im Vergleich zu einer ausdrücklich symptombezogenen Verhaltenstherapie gleich starke Syptomverbesserungen erzielt wurden, obwohl das von dem Gesprächstherapeuten angewandte Vorgehen sich **nicht** auf die phobische Problematik bezog, sondern sich an der von *Rogers* vorgegebenen therapeutischen Haltung orientierte (*Grawe* 1976). Ebenfalls konnte *Teusch* (1995) eine hochsignifikante Verringerung agoraphobischer Symptomatik durch Gesprächstherapie feststellen. Daraus läßt sich schließen, daß diese Haltung in sich einen hohen therapeutischen Effekt hat.

Die von Rogers empfohlene therapeutische Haltung gilt als Basisverhalten des Beraters für die **PARTNERSCHULE**. Die bestätigt auch ein Zitat von *Tausch*, der diese Therapieform vor allem im deutschsprachigen Raum bekannt gemacht hat: *„Die Beeinträchtigungen von Klienten können – wie wir heute wissen – auf unterschiedliche Weise befriedigend vermindert werden. Ein klientenzentriertes Vorgehen bedeutet daher heute für mich ein multimodales Vorgehen, also eine Kombination verschiedener geprüfter therapeutischer Angebote. Ich fühle die Verpflichtung, alles das, was wissenschaftlich überprüft und von den allgemeinen theoretischen Grundlagenkenntnissen her einsichtig ist, zu ver-*

wenden. Wir haben ja eine erstaunliche Vielfalt von Möglichkeiten. Etwa die Muskelent-spannung nach Jacobson, die Atementspannung (Meditation nach Benson), das Autogene Training – all diese Verfahren sind in ihren Auswirkungen vielfältig überprüft, mit teil-weise ähnlichen Ergebnissen wie therapeutische Gespräche. Ferner haben wir gute über-prüfte Möglichkeiten zur Streßverminderung oder die vielen Möglichkeiten der Verhal-tenstherapie. Des öfteren werden diese Verfahren noch ignoriert, obwohl vielfältig erwiesen ist, daß z.B. körperliche Entspannung sich günstig auf die psychische Befindlichkeit, auf Kognitionen und Verhalten auswirkt" (1991, 32ff).

Zusammenfassung:

Die offene, akzeptierende Haltung, wie sie von *Rogers* beschrieben wurde, bildet die Grundhaltung des Therapeuten. In dieser Haltung bezieht er auch andere Techniken und Schulen integrierend ein und verwendet sie im Sinne der Entwicklung des Einzelnen und des Paares.

Die Störung als Kompetenz

In manchen interaktionellen Kontexten, Atmosphären oder Stimmungen werden bei einem Paar immer wieder Konflikte ausgelöst, ohne daß die Beteiligten diese einord-nen oder verstehen können. Durch eine offene Atmosphäre in der Therapiesitzung, durch eine Vielzahl an erlebnisorientierten Übungen werden dem Einzelnen und dem Paar Möglichkeiten geboten, diese Störungen in Anwesenheit des Therapeuten zu ak-tualisieren. Solches Aktualisieren ist wichtig, um aus der Außenperspektive des Thera-peuten (und anwesender Gruppenmitglieder) auf der Prozeßebene festzustellen, was genau zwischen den Partnern abläuft und wo die Hintergründe für das dysfunktionale Verhalten liegen können. Da dieses störende Verhalten in der Regel dem impliziten Beziehungsmuster der Klienten zuzurechnen ist – keiner will im Grunde den Partner verletzen oder ihn schädigen –, muß Raum gegeben werden, gerade dieses Verhalten zu aktualisieren.

Um solche Szenen zu verstehen und zu klären, wird auf das Verständnis der Stö-rung als einer einmal erworbenen Lebenskompetenz zurückgegriffen, um so diese dann einer Neubewertung zu unterziehen.

Aus psychoanalytischer Sicht weist *Mentzos* (1984) darauf hin, dysfunktionales Verhalten immer in seinem ursprünglichen Lernzusammenhang zu sehen: *„Eine der Hauptthesen dieser Einführung in die psychoanalytische Neurosenlehre ist die Auffassung, daß das Neurotische nur ein (unter ungünstigen Bedingungen fast zwangsläufig) abge-wandeltes „Normales" ist; daß neurotische Abwehrvorgänge, neurotische Symptome und Charaktere also zwar verfehlte, aber trotz allem oft respektable adaptive Ich-Leistungen sind. Weder die neurotisch verfestigten Konflikte noch die neurotischen Modi ihrer Verar-*

beitung sind ‚vom Himmel gefallen‘. Die ersten entstehen aus der rigiden Polarisierung normaler, obligatorisch vorkommender Entwicklungskonflikte; die zweiten entwickeln sich aus regelrechten Ich-Funktionen und Bewältigungsmechanismen" (S. 19).

Die Betrachtung der individuellen Lerngeschichte wird auch von *Fiedler* (1994) nahegelegt. Er faßt „problematische" Verhaltensweisen als einmal erworbene Kompetenzen auf, mit Hilfe derer auf psychosoziale Anforderungen, einschneidende Lebensereignisse oder zwischenmenschliche Krisen reagiert wurde. Sie lassen sich als Teil eines Bemühens begreifen, gegenüber diesen Belastungen und Krisen zu bestehen und/oder sich angesichts der eigenen Vulnerabilität zu schützen. Bei der Eskalation interpersoneller Konflikte und Krisen wird oftmals auf diese Verhaltensweisen zurückgegriffen. Das Problem besteht dann besonders darin, daß solche Verhaltensweisen (etwa Trotz, sozialer Rückzug oder aggressive Abwehr sozialer Anforderungen) für die Bezugspersonen gar nicht als Vulnerabilitätsschutz verstehbar sind, sondern als Verletzung „normaler" interpersoneller Umgangsformen interpretiert werden.

Betrachtet man die „Störung" eines Menschen unter diesem Aspekt, dann bekommt sie ein ganz neues Gewicht. Durch ihre Deutung als eine früh erworbene Kompetenz zur Lebensbewältigung des Ratsuchenden wird sie ein Anknüpfungspunkt, ihm Mut zu machen und an seine Fähigkeit zu glauben, auch heute wieder die notwendigen Kompetenzen für sein Leben, auch in einer Partnerschaft, zu lernen.

Wenn die Partner dysfunktionales Verhalten des anderen erleben, benennen sie es z.B. folgendermaßen: „Du verhältst dich wie ein drittes Kind!" oder: „Deinen dauernden Trotz könntest du von deiner Tochter abgeschaut haben!" Derartige Phänomene lassen sich als Reaktivierung eines „inneren Kindes" (*Orth* & *Petzold* 1993a) beschreiben, welches, je nach Reaktivierungsalter, unterschiedliche Ausprägungen annehmen kann. Bei Konfliktpaaren ist vielfach zu beobachten, daß der eine Partner über das „kindische Verhalten" des anderen ärgerlich ist, während jener es weit von sich weist, sich in dieser Weise zu verhalten. Dann wird der Konflikt auf der Ebene der Verunglimpfung, des Ärgers und der Mißverständnisse ausgetragen.

Aufgabe des Beraters ist es, den „Störenfried" auf dem Hintergrund des jeweiligen „inneren Kindes" zu verstehen. Er wird das heutige dysfunktionale Verhalten in seinem frühen Kontext interpretieren und es im Rahmen der damalig gegebenen Situation als Kompetenz deuten, die heute allerdings nicht mehr ganz passend ist, da sich ja der Kontext geändert hat. Für Ratsuchende klärt sich dann immer mehr, wie prävalent pathogene Szenen sich in ihrer Paarbeziehung aktivieren können. Die Betroffenen verstehen in der Regel diesen Vorgang sehr gut und können sich durch dieses Verständnis langsam aus den Verstrickungen lösen. Z.B. merkt ein Partner, daß der „Trotz" des anderen nicht ihm gilt, sondern daß er selbst „nur" Auslöser für den Trotz wurde, der ursprünglich einmal dem Vater des Partners gegolten hat.

Solches „Erkennen" – der Weg Freuds in der klassischen Psychoanalyse – reicht aber nicht allein aus. Es ist ebenso wichtig, *„Nachnährungsprozesse", „reparentage"* (*Iljine* 1942), *„parentage"* (*Petzold* 1993) zu initiieren. In diesen Prozessen begegnet der Therapeut dem Klienten, dessen gerade aktiviertem „innerem Kind" in der Rolle des

„guten Vaters", der „guten Mutter" mit wohlwollenden Blicken, guten Worten, trö-stenden Händen. Es geht dabei für den Klienten um die Erfahrung eines „sozioemo-tionalen Mikroklimas", in dem einem einstmals erlebten Mangel ein Angebot entge-gengesetzt wird, das das Fehlende ergänzt, auffüllt, zumindestens aber teilweise kom-pensiert oder substituiert (*Petzold* 1993).

In der Paarbeziehung geschieht dies häufig unbewußt und intuitiv, indem ein Part-ner dem anderen in die Regression mit eigener Regression folgt. Partner steigen in das Kinderland des Partners herab, um empathisch erfassen zu können, was der andere braucht. Es besteht dann allerdings die Gefahr, daß die Fähigkeit und Kompetenz des Erwachsenen verlorengeht und symbiotische Konfusion eintritt. Da einem solchem gegenseitigen „bemuttern" und „bevatern" durchaus ein wichtiger Platz im Miteinan-der eines Paares zukommt, gilt es, dieses als bewußtes, zielgerichtetes Handeln anein-ander zu lernen (Kap. 16.2). So wird es annäherungsweise möglich, „alte" Sehnsüchte aus Kindertagen nach Angenommensein, Wahrgenommenwerden, Berührtwerden etc. zu stillen.

Wenn man Klienten die Funktionsweise des impliziten Modus und seine Bedeu-tung für das Miteinander nahebringen will, bietet der szenentheoretische Ansatz von *Petzold* (1993) ein plausibles Modell. Nach diesem Konzept wird die Lebenswelt als eine Bühne angesehen, auf der alle Ereignisse gleichsam wie „Theaterstücke" insze-niert werden. *„The whole life is a stage"* (*Shakespeare*, Macbeth, 5. Akt). Die erlebten Szenen und Ereignisse mit den dazugehörigen Atmosphären werden zu einer „Struk-tur" (einer Gestalt) kondensiert, die sich im Lebenskontinuum eines Menschen an unterschiedlichen Orten homolog reinszeniert.

Dazu ein Beispiel: Genauso wie eine Ehefrau ihren Vater wahrgenommen hat, nämlich schlapp und unzuverlässig, nimmt sie auch „Männer", mit denen sie eine nä-here Beziehung hat, wahr. Diese spezifische Art der Wahrnehmung (ihr Schema für Männer) ist die Quelle der dauernden Auseinandersetzungen mit ihrem Ehemann. Sie inszeniert unbewußt auf der Lebensbühne ihr Drama. Dadurch, daß dies der Klientin durch die prozessuale Aktivierung im Rollenspiel deutlich wird, begreift sie, wie sie ihr eigenes Vaterbild mit anderen Menschen reinszeniert. Ebenso kann sie dann im Rollenspiel – evtl. durch das Vormachen anderer Gruppenmitglieder – neues Verhalten lernen. Das kann mit der Zeit bewirken, daß sie ihr Beziehungsschema Männern gegenüber verändert.

Elemente der Gestalttherapie

Techniken und Vorstellungsweisen der Gestalttherapie bieten von ihrem Ansatz her Möglichkeiten, implizite Modi durch Richten der Aufmerksamkeit auf das Hier und Jetzt bewußtzumachen. Denn die Gestalttherapie ist ihrem Charakter nach experi-mentell, sie richtet sich auf die augenblickliche persönliche Erfahrung des Klienten. Seine Erfahrung und die des Therapeuten stehen im Mittelpunkt, mit dem Ziel, daß dem Einzelnen in einem Paar bewußt wird, **was** er jetzt tut und **wie** er etwas tut und welche Auswirkungen das im Miteinander hat (*Zinker* 1997).

So könnte der Therapeut z.B. einem Klienten zurückmelden: „Wenn Sie mit Ihrem Partner reden, schauen Sie ihn gar nicht an. Merken Sie das selber?" Ziel des Bewußtwerdens dieser Interaktion ist nicht ein erzieherischer Aspekt nach dem Motto: „Eigentlich sollten Sie aber ihren Partner anschauen", sondern ein Übergang zur Reflexion der Prozeßebene. Durch dieses Verdeutlichen kann der Klient sich dann dahinterliegender Strukturen bewußt werden. So könnte er z. B. antworten: „Ich schaue eigentlich nie jemanden an, wenn ich mit ihm spreche." Ein nächster, der klärungsorientierte Schritt wäre dann, gemeinsam die Quellen zu suchen, wo dieses Verhalten entstanden ist. Der Klient könnte sich erinnern: „Wenn meine Eltern mit mir sprachen, hatte ich immer Angst, etwas falsch gemacht zu haben." Aufgrund dieses Bewußtwerdens ist in der Folge Lernen neuen Verhaltens leichter möglich. Der Klient könnte feststellen: „Ja, wenn ich nun meinen Partner anschaue, merke ich, daß das ja gar nicht Vater oder Mutter ist, und ich brauche auch kein schlechtes Gewissen zu haben, weil ich mein Tun selbst verantworten kann."

Solches zunehmende Bewußtwerden bezieht sich auf die Gesamtheit der Bedürfnisse eines Menschen. In einem Paar ermöglicht es, ehrlicher und authentischer miteinander umzugehen; z.B.: „Ich kann dir jetzt noch nicht zuhören, da ich von der Arbeit ganz geschafft bin, aber in einer Stunde habe ich mich erholt, und dann kannst du mir von den Problemen mit den Nachbarn erzählen." So spürt ein Partner seine Müdigkeit und teilt es offen mit, statt sich noch „Mühe zu geben" und doch nicht mehr mit voller Aufmerksamkeit während einer Problemschilderung innerlich dabei zu sein. Denn solche Situationen enden dann oftmals mit der enttäuschten Feststellung des Partners: „Du hörst mir auch nie richtig zu!"

Als weiteres wichtiges Element aus der Gestalttherapie findet das Wahrnehmen von Kontakt und Grenze Anwendung. Alle Beziehungen, besonders die eines zusammenlebenden Paares, sind auf Kontakt und Nähe angewiesen. Dieser Kontakt ist aber nur dann erfahrbar, wenn auch Grenze erfahrbar ist. Denn an der Grenze, etwa wenn zwei sich berühren, spüren sie sich selbst und den anderen.

So ist zu beobachten, daß ein Partner sich oftmals nichts sehnlicher wünscht als ein klares: „Nein, das will ich nicht", weil er nicht weiß, wo er mit dem anderen „dran" ist. Oder ein Partner hält dem andern vor, was er noch alles im Haushalt und Garten tun könne. Dieser dagegen müht sich doch so ab, tut alles, es dem anderen recht zu machen. In dieser Situation kann der Therapeut sich z.B. hinter den „überforderten" Partner stellen und, statt sein dauerndes Bemühen zu dokumentieren, jetzt etwa deutlich sagen: „Mir reichen deine Forderungen. Da ich es dir ja doch nie recht machen kann, tue ich nur noch das, was ich will, und das ist für mich gut, wie ich es mache, wie ich z.B. den Teppich sauge." So zeigt er seine Grenzen auf: „Bis hierher und nicht weiter." Die Erfahrung zeigt, daß der fordernde Partner in der Regel über diese Reaktion befriedigt ist. Es scheint, daß er sich nach klaren Grenzen gesehnt hat.

Schließlich ist für die klärungsorientierte Vorgehensweise noch das Element der Gestaltwerdung wichtig. Damit ist das Streben danach gemeint, etwas nicht Vollendetes, eine „offene Gestalt" (*Perls* 1980) zu vollenden, zu schließen.

So verstand ein Klient nicht sein tiefes Hingezogensein zu einem aidskranken Menschen, trotz der Gefahr, beim ungeschützten Geschlechtsverkehr selbst infiziert zu werden. Auf die Frage, an was ihn das augenblickliche Gefühl erinnere, fiel ihm folgendes ein: Als der Klient sieben Jahre alt war, starb ganz plötzlich, in seinem Beisein, sein Vater. Er hatte eine sehr enge Beziehung zu ihm, denn der Vater hatte ihn vor den Wutausbrüchen der Mutter bisher immer geschützt. Die hinzugezogene Krankenschwester gab ihm in der damaligen Situation den „Auftrag": „Jetzt mußt du dich um deine Mutter kümmern!" Auf dem Hintergrund der Theorie der „offenen Gestalt" kann man vermuten, daß er die plötzliche tödliche Erfahrung mit seinem Vater „langsamer" wiederholen möchte.

Deutlich wird an diesem Beispiel noch ein weiteres Prinzip, das des „Figur-Hintergrund-Modells". Im Vordergrund steht die unerklärliche Hingezogenheit zum Freund, im Hintergrund das plötzliche Verlassenwerden durch den Vater. In der therapeutischen Arbeit gilt es, diese Emotionen im Hintergrund, die Wut und Trauer über das Verlassenwordensein, kennenzulernen, um den verdrängten Gefühlen endlich Raum zu geben. Dadurch wird ein Schließen dieser Gestalt, ein Beenden der alten, unverarbeiteten Szene möglich. Wenn das geschieht, läßt sich vermuten, daß auch die Vordergrundszene, das Hingezogensein zu dem Freund, sich verändern kann.

Elemente des Psychodramas

Eine weitere Möglichkeit, um intrapsychische Vorgänge sowie extrapsychische Beziehungen und Interaktionen zu verstehen und zu bearbeiten, ist deren szenische Darstellung im von *Moreno* (1973) begründeten Psychodrama. Dabei werden die Konflikte des Einzelnen oder des Paares nicht allein verbalisiert, sondern auch in Szene gesetzt. Einmal Erlebtes oder Erfahrungen, „So erlebe ich meinen Alltag", oder auch in die Zukunft hinein Gedachtes, Phantasien, etwa: „So würde ich gerne mit dir zusammenleben", werden im Spiel möglichst spontan und konkret dargestellt. In der Gruppe können einzelne Teilnehmer in die Rolle von Eltern, Geschwistern oder auch des eigenen Partners schlüpfen. So besteht die Möglichkeit, daß der Protagonist durch das Spiel mit verteilten Rollen hier und jetzt mit den Personen spricht, die sein Leben bestimmt haben. Es kann auch ein innerer Dialog der Hauptperson mit verteilten Rollen aufgeführt werden, oder die Hauptperson spielt selbst verschiedene eigene Anteile.

Z.B. wünschte sich ein Klient angesichts seiner vermeintlichen Misere nichts sehnlicher als den Tod. Er wurde aufgefordert, den Stuhl zu wechseln und hier den „Toten" zu spielen. Aus dieser Sichtweise heraus mußte er plötzlich über seine „Misere" lachen.

Die Wahrnehmung von verschiedenen Rollen, auch der des Gegners oder Partners, dient, über das Erlebnis der Bewußtwerdung und Verarbeitung hinaus, auch dem Ausprobieren und Kennenlernen eigener Lebensmöglichkeiten. Bei diesem Ausprobieren handelt es sich um kreative Akte, welche nach der Definition *Morenos* (1990a) bedeuten, daß der Mensch *„auf eine alte Situation in neuer Weise und auf eine neue Situation adäquat"* zu reagieren vermag.

Wenn der Klient in die Haut des Partners schlüpfen kann, wird er empfänglicher für die Gefühle des anderen. In der Gruppenarbeit kommen auch die Mitspieler und Zuschauer zu Selbst- und Du-Erfahrungen. In der Auswertung ist es deshalb wichtig, alle Gruppenmitglieder nicht nur darüber berichten zu lassen, was sie beim Protagonisten erlebt haben, sondern auch, was das Spiel in ihnen selbst bewegt hat.

Ferner ist es möglich, Ideen über sich selbst im Spiel einmal auszuprobieren, z.B. die Idee: „Ich habe Angst, meinem Partner meine Wünsche zu sagen." Genau das wird ausprobiert: „Wünsche zu sagen". Seitens des Beraters wird genau hingeschaut, **wie** es ausprobiert wird, also wie erfolgversprechend jemand seine Wünsche an den Partner richtet bzw. wie er vielleicht durch seine Art, sie auszudrücken, eine Ablehnung inszeniert. In einer Gruppe ist es möglich, mit verschiedenen Partnern zu trainieren. Es ermöglicht das Einüben neuer Verhaltensmuster: „Das wünsche ich mir von dir." Durch den erlebten Erfolg: „So kann ich also mit meinem Partner reden" und durch das Bewußtmachen seitens des Therapeuten bzw. des Partners und der Gruppenmitglieder wird neues, angemesseneres Verhalten gezielt verstärkt.

Elemente der Verhaltenstherapie

Oftmals hindern sich Klienten durch unangemessene Ängste an einem freien und selbstbestimmten Leben (*Wolpe* 1958). So ließ sich z.B. ein Ehemann aus Angst vor der schimpfenden Ehefrau davon abbringen, sich mit seinen Freunden zu einem Segeltörn zu verabreden. Oder er kann, falls er sich doch dazu durchgerungen hat, mitzufahren, die Fahrt wegen seiner inneren Spannung nicht genießen. Oder aber er ist in der Zeit, während die anderen auf Reise sind, zu Hause mit seiner Frau mehr als unzufrieden. Um einen Zugang zu den sich widersprechenden Intentionen in ihm zu bekommen, sollte er zunächst in eine körperliche Entspannung kommen. Aus dieser heraus kann er seine Inkongruenzsignale wahrnehmen.

Danach ist es ihm vielleicht möglich festzustellen, daß er seine alten Ängste vor seiner schimpfenden Mutter auf seine Frau überträgt. Diese Erkenntnis allein reicht allerdings noch nicht aus, auch ein neues Körpergefühl zu entwickeln, sich seiner Spannung zu entledigen und angstfreier und selbstbestimmter zu leben. Hier sind jetzt verhaltenstherapeutische Techniken zur Bewältigung angezeigt.

Zentrales Verfahren zur Entspannung ist das Erlernen einer mit Angst nicht zu vereinbarenden Reaktion, wie der progressiven Muskelrelaxation nach *Jacobson* (1938). Hier lernt der Klient, durch bewußtes An- und Entspannen einzelner Körperregionen in einen entspannten Gesamtzustand zu kommen. Von dieser entspannten Ausgangslage her ist ihm neues Verhalten, etwa der angstauslösenden Ehefrau gegenüber, möglich. Nachgewiesenermaßen sind die Fähigkeit und das Wissen, sich entspannen zu können, wichtig für den Erfolg der Verhaltensänderung (*Fliegel* et al. 1981).

Die Bedeutung der Entspannung für positive Veränderungseffekte innerhalb der Ehe hat auch *Gottman* (1995) beschrieben. In den letzten 20 Jahren untersuchte er in Langzeitstudien das kommunikative und physiologische Geschehen zwischen Ehepartnern. Er versuchte, die Unterschiede zwischen Paaren, die zusammenbleiben, und solchen, die sich trennen, herauszufinden. Insbesondere fiel ihm auf, daß Männer die Tendenz haben, physiologisch stärker auf Spannungen in der Ehe zu reagieren als Frauen. Beim Streit steigen Pulsschlag und Blutdruck beim Mann eher an als bei der Frau und bleiben länger auf einem hohen Stand. Konfliktklärungen, so hat *Gottman* festgestellt, sind dann völlig unproduktiv und verschlimmern die eheliche Situation. Durch die erhöhte Pulsfrequenz setzt der Körper deutlich größere Mengen Adrenalin als gewöhnlich frei und löst damit eine panikhafte Kampf- oder-Flucht-Streßreaktion aus, die es dann unmöglich macht, aufzunehmen, was der Partner sagt. Grundvoraussetzung für eine positive Entwicklung des Miteinanders in der Partnerschaft ist für *Gottman* das Erlernen von Entspannungstechniken, wie etwa die Konzentration auf den Atem oder die progressive Muskelrelaxation. Ferner empfiehlt er, destruktive Kognitionen, wie etwa: *„Ich werde nie verzeihen und vergessen, was er (sie) gesagt und getan hat"*, durch solche wie z.B.: *„Es geht eigentlich nicht gegen mich"* zu ersetzen (a.a.O., S. 223/224).

Als weitere Technik bei der Behandlung von Ängsten ist die Reizkonfrontation zu nennen. Nachdem in der klärungsorientierten Arbeit die Angst vor früheren Personen deutlich wurde, lernt z.B. eine Klientin, sich zunächst in der Imagination diesen zu stellen. Der trinkende, prügelnde Vater, vor dem die Klientin, obwohl er schon lange tot ist, noch heute vor Angst zittert, wird in der Vorstellung auf einen leeren Stuhl gesetzt. Eine weitere Möglichkeit wäre im Rahmen der Gruppentherapie, daß die Teilnehmerin einen anderen Teilnehmer bittet, die Rolle des Vaters zu spielen. Im anschließenden psychodramatischen Rollenspiel beginnt die Konfrontation mit dem angstauslösenden Reiz. Hier macht die Klientin die Erfahrung, daß sie die Situation ertragen kann, indem sie beginnt, sich mit dem Vater auseinanderzusetzen, und indem sie spürt, daß unangenehme Folgen ausbleiben. Solange sie den Vater, der noch in ihr lebendig ist, meidet und vor ihm flieht, verfestigt sich ihre Angst. Dadurch, daß sie Wut und Ärger gegen den Vater jetzt – aus sich heraus – auszudrücken lernt, verringert sich ihre Angst immer mehr, und zusätzlich verschwindet z.B. auch ihre unspezifische Wut gegenüber dem Ehemann.

Selbstsicherheit ist eine wichtige Fähigkeit im partnerschaftlichen Kontakt zwischen Mann und Frau. Selbstunsicherheit bei einem Partner beruht auf der Angst vor Ablehnung, Beleidigung oder Verletzung. Auch hier ist es sinnvoll, nach einer klärungsorientierten Arbeit, die die möglichen Ursachen für die Selbstunsicherheit aufdeckt, eine bewältigungsorientierte anzuschließen, die dem Klienten neue Erfahrungen ermöglicht (z.B. Kap. 16.9).

So wurde im Rahmen einer Gruppentherapie deutlich, daß ein Großteil der Schwierigkeiten eines Paares mit der Angst bzw. der Idee des Mannes zusammenhing, von seiner Frau abgelehnt zu werden. Er glaubte auch wohlwollenden Worten seiner Frau nicht, sondern interpretierte vieles aus der gemeinsamen Interaktion als: „Ich mache etwas falsch, ich bin nicht in Ordnung, ich kann dankbar sein, daß meine Partnerin überhaupt noch mit mir zusammen ist." Er wurde daraufhin gefragt, ob er sich auf ein Experiment einlassen könne. Zögernd stimmte er zu. Da zwischen ihm und dem Therapeuten ein gutes Vertrauensverhältnis bestand, lud dieser ihn ein, zu den einzelnen Gruppenmitgliedern – die Gruppe saß in einem Kreis – hinzugehen und zu fragen, was sie von ihm hielten. Hier hörte er ehrliche Äußerungen, die ihm zumeist sehr viel Sympathie und Wohlwollen für seine Art, so wie er war, vermittelten. Anschließend wurde er vom Therapeuten gefragt, ob er den anderen glauben könne. Zögernd bestätigte er es, aber es war für ihn noch völlig ungewöhnlich. In der weiteren Arbeit mit dem Paar wurde diese Erfahrung rückblickend zu einem zentralen Erlebnis von mehr Selbstsicherheit für den Klienten. Die negative Eskalation: „Ich werde abgelehnt, und alles, was mein Partner sagt, unterstreicht dies!" verwandelte sich in eine positive Entwicklung für das Paar.

Dieses Beispiel ist auch geeignet, die fließenden Übergänge zum „Training der sozialen Kompetenz" deutlich zu machen. Dies Training geht davon aus, daß angemessenes Verhalten in der Vergangenheit nicht gelernt wurde, daß zu wenig Übungsmöglichkeiten bestanden oder daß es dem Klienten an Möglichkeiten fehlte, Rückmeldungen aus der Umgebung, die das Selbstbewußtsein stützen könnten, adäquat zu verarbeiten (*Fliegel* et al. 1981). Weil Symptome oft in Interaktionen mit anderen Personen erworben und aufrechterhalten wurden, ist es wichtig, in die Behandlung andere Personen mit einzubeziehen. Dies geschieht insbesondere in Gruppen durch die anderen Teilnehmer.

Um die innerpsychischen Prozesse und die daraus folgenden Handlungs- und Erlebensweisen im zwischenmenschlichen Miteinander zu beschreiben, spricht *Grawe* von Beziehungsschemata (1986). Er betont damit den relationalen Aspekt von Schemata, die für ihn die wichtigste Grundlage der menschlichen Beziehungsgestaltung bilden. Diese sind darauf ausgerichtet, den Menschen immer wieder in ganz bestimmte Arten zwischenmenschlicher Beziehungen zu bringen. Ist ein Schema aktiviert, bedeutet das, daß die psychische Aktivität darauf ausgerichtet ist, Wahrnehmungen im Sinne der Zielkomponente des Schemas herzustellen. Menschen suchen solche Situationen auf oder stellen sie her, die für ihre Schemata relevant sind.

Hat man langjährige Erfahrungen als Paartherapeut und lernt dadurch auch Zweitpartner (nach einer Trennung des ersten Paares) kennen, so ist es oft verblüffend, wie sich die Beteiligten wieder ganz ähnliche Partner ausgesucht haben. So machen nicht wenige Partner nach einer Trennung die schmerzliche Erfahrung, daß sie durch die Trennung „das Problem" meist noch nicht gelöst haben, sondern daß es sich auch in der neuen Beziehung wieder einstellt. Mit dieser Tatsache läßt sich gut begründen, daß es sinnvoll ist, Probleme nicht sofort durch eine „Scheidungsberatung" zu lösen, sondern im Sinne einer persönlichen Entwicklung der Beteiligten dahingehend zu arbeiten, daß die tatsächlichen Probleme im Angesicht des auslösenden Partners geklärt und bewältigt werden. Ist das geschehen, hat es nicht selten zur Folge, daß die Partner sich mit neuen Augen sehen lernen und sich wieder ineinander verlieben.

Nach *Grawe* (1994) entstehen Schemata aus der tätigen Auseinandersetzung des Einzelnen mit seiner Umwelt. Sie sind darauf ausgerichtet, das Individuum in ganz bestimmte intendierte Bezüge zu seiner Umgebung zu bringen. Ziel eines Schemas ist es also, erwünschte Beziehungen des Individuums mit seiner Umgebung herzustellen. Da die wichtigsten Motive eines Menschen sich auf solche Ziele beziehen, die sich in seinen zwischenmenschlichen Bezügen realisieren, spielt das Bewußtmachen von Beziehungsschemata in der Paartherapie eine zentrale Rolle.

Daß ein Schema ein spezieller Teil des Selbstkonzeptes ist, das je nach Situation bei der Informationsverarbeitung, hier für die Situation, „als Paar zu leben", aktiviert wird, haben *Markus* & *Smith* (1981) empirisch belegt. Die handlungssteuernden Komponenten der Schemata werden von *Grawe* et al. (1994) als Plan bezeichnet. Aber nicht nur in umgebungsbezogenen Handlungen wirken sich die jeweiligen aktivierten Schemata aus, auch in Phantasien, Erinnerungen und die Art der Wahrnehmung der Realität. *Grawe* et al. beschreiben: *„All unser Erleben und Verhalten ist Produkt der jeweils aktivierten Schemata. Es entsteht im Bemühen, Wahrnehmungen im Sinne der aktivierten Schemata zu erzeugen"* (1994, 758). Zusammenfassend kann man sie als Grundlage der zwischenmenschlichen Interaktionen begreifen.

Wenn nun Beziehungsschemata als wichtigste Grundlagen zwischenmenschlicher Beziehungsgestaltung zu betrachten sind, so fragt sich, welche Rolle sie bei den Konflikten in einem Paar spielen.

Ein zentrales Thema in jedem Paar ist z.B. die Gestaltung von Nähe und Distanz. Auf der einen Seite ist der Wunsch da, mit dem Partner verbunden zu sein, auf der anderen aber auch, Dinge selbständig zu entscheiden und zu erledigen, die nichts mit dem Partner zu tun haben. Führt dieses Thema zu einem Konflikt, läßt sich vermuten, daß die zugrundeliegenden Konfliktschemata der Partner in der Geschichte der Autonomieentwicklung des Einzelnen entstanden sind.

Beispielsweise könnte ein Konfliktschema sich folgendermaßen gebildet haben: Zu der Zeit, als ein Partner (oder beide) als Kind Anstalten machte, unabhängige Schritte zu unternehmen, wurde dies seitens der primären Bezugsperson, in der Regel der Mutter, durch Botschaften wie: „Du darfst mich nicht allein lassen" behindert. Welche Gründe auch immer die Mutter dazu veranlaßt haben, für den Betroffenen hatte es die Auswirkung, daß seine Unabhängigkeitsintentionen mit Schuldgefühlen (man verläßt Mutter nicht) gekoppelt wurden. Diese Koppelung kann durch zeitliche Kontingenz erfolgen, aber auch auf symbolischer Ebene. Wann in der Folge bei diesem Menschen der Wunsch auftaucht, etwas unabhängig zu unternehmen, wird ein neuronales Erregungsmuster aktiviert, das Schuldgefühle repräsentiert. Es übt dann einen hemmenden Einfluß auf das noch nicht aktivierte Unabhängigkeitsstreben aus.

So bilden sich in einem Menschen Beziehungsschemata aus, die von verschiedenen konkurrierenden Intentionen geprägt sind: der Wunsch nach Nähe und Beziehung und der Wunsch, sich autonom zu verhalten. Da aber beide im Konflikt miteinander stehen, lösen diese Inkongruenzen Schuldgefühle und in der Folge Vermeidungsstrategien aus. Es handelt sich hierbei um implizite Beziehungsregeln; deshalb sind die betroffenen Partner nicht in der Lage, die verschiedenen Intentionen wahrzunehmen oder zu benennen. Sie berichten statt dessen von schlechten Atmosphären oder von Nichtigkeiten, die zu Katastrophen in der Ehe führen können, ohne daß den Beteiligten die Ursachen bewußt wären.

Derartige Atmosphären sind von starken Verletzungen und negativen Emotionen, wie Enttäuschung und Scham, geprägt. Sie können immer dann entstehen, wenn gerade ein Wunsch aktiviert wird, der einem persönlich sehr wichtig ist. Enttäuscht wird man, wenn man für die Erfüllung des Wunsches auf einen anderen angewiesen ist. Die Themen Geld, Kindererziehung und Gestaltung der Sexualität sind Bereiche, in denen es zu oftmals schwer beschreibbaren Konflikten kommt. Insbesondere dann, wenn man sich bedürftig fühlt, ist man am leichtesten verletzbar. Daher ist leicht zu begreifen, daß Kerne dieser Konfliktschemata in der Kindheit – dann, wenn Menschen am bedürftigsten sind –, angelegt werden.

Die therapeutischen Erfahrungen, vor allem in Gruppen, zeigen, daß die Klienten in der Paartherapie zum überwiegenden Teil Traumatisierungen und Verletzungen in ihren Grunddürfnissen in der Kindheit erfahren haben und das über einen längeren Zeitraum. Durch das Erinnern in der hypnoiden Trance (Kap. 15.1), durch das anschließende Malen und Aufschreiben ihrer Erinnerungen, das Erzählen ihrer Lebensgeschichte und das Zuhören bei den Lebensgeschichten anderer bekommen sie Verständnis für und Zugang zu ihren eigenen Beziehungsmustern. Auf der anderen Seite besteht aber auch gerade im Rahmen der Paartherapie und insbesondere, wenn diese in und mit Gruppen geschieht, die Gelegenheit, Konfliktschemata zu aktualisieren. Die Klienten beschreiben das mit den Worten: „Die gleichen Probleme wie zu Hause." Oftmals ist es ihnen peinlich, daß sie sich streiten oder sich von ihrer „negativen" Seite zeigen. Wichtig ist dann, ihnen Mut zu machen, gerade das, was sie zu Hause quält, im Rahmen der Therapie zuzulassen. Es hilft, ihnen zu erklären, daß sie ja gerade deshalb hier seien und daß es gut sei, daß sie sich hier mit ihren Schwierigkeiten präsentieren.

Um Konfliktschemata zu verändern, ist es unabdingbar, diese prozessual zu aktivieren. Es wäre eine Illusion zu meinen, geäußerte Gefühle seien bereits eine Aktivierung eines relevanten Konfliktschemas. Vielmehr handelt es sich dabei um eine Aktivierung der erinnerbaren Gedächtnisinhalte. Konfliktschemata aber zeichnen sich dadurch aus, daß sie noch nicht zum konzeptionellen Gedächtnisinhalt gehören. Innerhalb der Paartherapie ist es besonders wichtig, daß diese Konfliktschemata in der Gegenwart anderer als nur des Therapeuten aktualisiert werden, damit nicht der Berater in die Rolle eines Schiedsrichters gedrängt wird oder einer der beiden Partner ihn aufgrund seiner Rückmeldungen als parteiisch ablehnt.

Beispielsweise beschwerte sich ein Ehemann dahingehend über seine Frau, daß sie ihm seit der Geburt ihrer Kinder nicht mehr genug Aufmerksamkeit schenke. Als er ihr dies vorwarf, konnten ihm die anderen Gruppenmitglieder mitteilen, daß sie im Moment erlebten, daß seine Frau ihm voller Aufmerksamkeit zugewandt zuhöre. In der anschließenden therapeutischen Arbeit, ausgelöst durch die Frage: „Woher kennen Sie das sonst noch, daß Ihnen keine Aufmerksamkeit geschenkt wird?", aktualisierte sich eine Verbindung zu seinem Erleben in der Herkunftsfamilie mit seiner Mutter. Der Klient konnte anschließend seine Enttäuschung darüber der Mutter, die er in seiner Vorstellung auf einen leeren Stuhl gesetzt hatte, mitteilen. Für die Beziehung zu seiner Frau hatte dies zur Folge, daß er deren Zuwendungen wahrzunehmen lernte.

Oftmals verdichten sich Schemata zu Leitmotiven einer Ehe, mit einer Steuerungsfunktion, derer sich die Partner meist nicht bewußt sind. Erst durch eine „top-down"-Analyse, also von den Leitmotiven zu den Taten, werden sie der therapeutischen Bearbeitung zugänglich. Sprichwörter, die die Ratsuchenden verwenden, machen z.B. deutlich, wie die eigene augenblickliche Situation im Paar oftmals ein Produkt der inneren Leitmotive ist:

- In der Ehe geht immer das Kreuz voraus!
- In der Ehe ist der Mann das Haupt und die Frau der Hut darauf!
- E H E = errare humanum est! (lateinisches Sprichwort – Irren ist menschlich)

Oder Paare stellen in einer ersten Bilanz fest: „Eigentlich wollten wir es doch ganz anders machen als die Eltern: Wir wollten uns nie streiten, und unsere Familie sollte einmal ein richtiges Nest werden."

Solche Leitbilder werden oft zu Leidbildern einer Ehe, die zu ihrem Scheitern führen. Sie werden als Grundüberzeugungen auf die Normen des Zusammenlebens im Paar bezogen und so als verbindlich angesehen (*Janis & Mann* 1977).

Es kann aber auch geschehen, daß Leitbilder, zumal dann, wenn die eigenen Erfahrungen schrecklich waren, aus Defiziterfahrungen erwachsen. Es entsteht eine Dominanz des Mangels: Alles Miteinander der Partner wird z.B. nur noch unter dem Maßstab der eigenen Sehnsucht nach Geborgenheit erlebt. So wünschte sich ein Mann nichts sehnlicher als eine „wohlgeordnete und harmonische" eigene Ehe und Familie und stand dann völlig verzweifelt vor einem Scherbenhaufen. Er wollte es doch alles besser machen als zu Hause erlebt, ihm standen aber keine anderen Verhaltensmuster als die selbsterlebten zur Verfügung. Das alte, bekannte Muster der mangelnden Geborgenheit in der Familie wurde wieder zur eigenen Realität.

Wenn alte Bilder nicht mehr leiten, werden in der Therapie neue erarbeitet, mit dem Ziel, den Horizont (die Schemata) der Klienten darüber, „was alles in einer Beziehung sein darf", zu erweitern. Dieses „Erarbeiten" geschieht zum einen auf der kognitiven Ebene, indem u.a. das Ehebild der **PARTNERSCHULE** vorgestellt wird. Es vollzieht sich zum anderen in dem Stadium der Beratung, in welchem die alte Verhaltensweise und ihre schädigende Auswirkung auf die Partnerschaft evident werden. Dann wird neues Verhalten ausprobiert, in seiner Wirksamkeit überprüft, und die Klienten werden für ihr neues Verhalten verstärkt. Das Verstärken geschieht sowohl durch den Therapeuten als auch innerpsychisch durch den Erfolg der neuen Erfahrung der „self-efficacy" (*Bandura* 1977).

Ein Beispiel: Ein Mann war gewohnt, alles regelnd und bestimmend in die Hand zu nehmen. In seinem dreizehnten Lebensjahr war ihm der Vater gestorben. Dadurch wurde er plötzlich für die Mutter und die drei Geschwister der Mann im Haus. In der Therapie entdeckte er seine damalige Überforderung. Er begann neu zu lernen, wie es geht, Verantwortung abzugeben und sich für seine eigene Sehnsucht nach Ruhe, Entspannung und Gehaltensein zu öffnen. Dazu legte er seinen Kopf ausruhend in den Schoß seiner Frau und entspannte sich immer mehr.

Auf Nachfragen des Beraters konnte er seine frühe Überforderung und seine Sehnsucht nach Ruhe thematisieren. Anschließend wurden die anderen Gruppenmitglieder befragt, was sie augenblicklich erlebten. Der Klient erfuhr sehr viel Empathie für diese Überforderungsszene, ganz viel Freude, aber auch Neid auf seinen Mut, sich gegenüber seiner Partnerin in seiner Schwäche und Hilfsbedürftigkeit zu zeigen.

Anschließend machte der Therapeut das gemeinsam Erlebte noch einmal bewußt: rückblickend vom Ausgangspunkt der Therapie, dem Dominanzverhalten des Klienten seiner Frau gegenüber und dem Verstehen dieser Verhaltensweise als frühe Kompetenz, dann über die Arbeit in der Regression, sein Sich-Öffnen für seine Sehnsucht nach Versorgtwerden und über die Rückmeldungen durch die Gruppe bis hin zum Entdecken der eigenen Schwäche und Hilfsbedürftigkeit in der Beziehung. Das Ausprobieren des Zulassens eigener Schwäche im Kontakt mit der Partnerin wurde als wichtiger Baustein für eine Änderung der Paarbeziehung verstärkt.

Solches Bewußtmachen des Erlebten, auf der Grundlage der intersubjektiven Beziehung „Klient – Therapeut", ist für die Therapie ein wichtiger Schritt. Das Geschehene bleibt nicht im nebulösen Raum, sondern der Klient wird sich seiner Verantwortung und Entscheidung als handelnden Subjekts in seiner Beziehung immer wieder bewußt.

Solch erfolgreiches Neugestalten bisher scheinbar nicht veränderbarer „Theaterspiele" im Beziehungsmuster zwischen Frau und Mann ermöglicht diesen die Erfahrung der Selbstwirksamkeit, daß jemand sich in seinen Lebenssituationen angemessen verhalten kann. Und diese Erfahrung ist auf andere Lebenssituationen generalisierbar (*Bandura* 1977).

Zusammenfassung:

Jeder Partner bringt aufgrund seiner Erfahrungen ganz bestimmte Schemata mit in die Beziehung, die zum Teil die positive Entwicklung der Partnerschaft behindern können. Der Entstehungsgeschichte dieser Schemata nähern sich das Paar und der Therapeut durch ein Verstehen heutiger dysfunktionaler Verhaltensweisen als frühgelernter „Lebensbewältigungs-Kompetenzen". Mit Hilfe der Konzepte der Gestalttherapie, des Psychodramas und Techniken der Verhaltenstherapie können der Einzelne und das Paar ihren impliziten Beziehungsregeln auf die Spur kommen und anschließend neue Erfahrungen miteinander machen. Der Theorie der Selbstwirksamkeit zufolge werden positive Erfahrungen generalisiert.

9.2 Die Bedeutung der Gruppe

Ein zentrales Element der **PARTNERSCHULE** für die klärungs- und bewältigungsorientierte Vorgehensweise ist die Arbeit in und mit der Gruppe (*Fiedler* 1997). Zu Beginn dieses Kapitels soll allerdings betont werden, daß dies keine Ausschließlichkeit bedeutet. Auch der Einzelkontakt zwischen Berater und Klient ist wichtig. Im Einzelkontakt geht es auch darum, zum Mitmachen in Gruppen zu motivieren und Erfahrungen von dort zu gewichten und aufzuarbeiten.

Aber wie sollen sich die Probleme, die ein Mann mit seiner Frau deshalb hat, weil er im impliziten Beziehungsmodus sich ihr gegenüber immer wieder wie seiner strengen, herrschsüchtigen Mutter gegenüber verhält, auf der konkreten Beziehungsebene verändern, wenn er seine Eheprobleme lediglich im Einzelkontakt mit einem netten, wohlwollenden Berater verbalisiert? Es geht also darum, mögliche Therapiesettings vorteilhaft miteinander zu kombinieren, um ihre jeweiligen Stärken zu nutzen und ihre Schwächen zu kompensieren. Erfahrungsgemäß ist es schon im Erstkontakt wichtig, Klienten darauf hinzuweisen, daß für die erfolgreiche Behandlung ihrer Störungen im Miteinander das Arbeiten in und mit Gruppen vorrangig ist. Wird diese „Verschreibung" nachvollziehbar begründet, können sich die Klienten in der Regel darauf einlassen. So werden sie in der ersten Beratungsstunde durch aufklärende Information, verbunden mit dem Aushändigen eines Veranstaltungsprospektes über das Gruppensetting, unterrichtet (Kap. 17.1).

So entdecken Paare in einer Gruppentherapie, daß das, was sich dort abspielt, ihnen zum einen vertraut ist: „Der gleiche Ärger wie zu Hause"; zum anderen sind sie erstaunt über die Möglichkeit, ganz neue Erfahrungen miteinander machen zu können: „So hätten wir zu Hause nie über Sexualität gesprochen." Im zweiten Teil der Aussage wird deutlich, daß die Gegenwart anderer die Lösung von Problemen erleichtert (*Allport* 1920). Der therapeutische Effekt von Gruppen wurde von *Pratt* in Boston (*Rosenbaum* & *Berger* 1963) beschrieben. Als er an seine therapeutischen Grenzen gekommen war, stellte er verwundert fest, daß seine niedergeschlagenen Tuberkulo-se-Patienten sich selbst durch Gespräche über ihre Probleme halfen.

Auf ein ähnliches Phänomen kann man immer wieder in den Gruppen der **PART-NERSCHULE** stoßen, daß nämlich Klienten aneinander heilsam werden. So ist es ein wichtiges „Kapital" für den Paartherapeuten, die Fähigkeiten und Ressourcen der Klienten mit einzubeziehen. Es gilt, sie im Entdecken und Ausprobieren ihrer Fähig-keiten und Ressourcen zu unterstützen und zu fördern. Weil das Heilsame der zwi-schenmenschlichen Dimension nicht nur auf „offizielle" therapeutische Zeiten be-schränkt ist, sind ebenso informelle Gelegenheiten wichtige Räume für die Klienten, sich als kompetente Beziehungspartner zu erfahren. Hier bieten bei langfristigen Se-minaren die Pausen oder die Abendgestaltung eine Fülle an Gelegenheiten.

Das Konzept, Probleme in der Gruppe selbst zu diagnostizieren und zu heilen, wur-de historisch gesehen erstmalig von *Burrow* (1924) in einem Rahmen für Gruppen-therapie entworfen. Er führte Störungen des Gefühlslebens auf ungelöste zwischen-menschliche Probleme zurück, die besser erkannt werden könnten, wenn der Patient in einem Kreis mehrerer Personen agiert, als es in der traditionellen Zweier-Beziehung zwischen Arzt und Patient der Fall ist. Diese alte Erkenntnis ist deshalb bedeutsam, weil oftmals in einzeltherapeutischen Settings die Therapiebeziehung als **das** diagnos-tische Instrument zur Identifizierung unbewußter motivationaler Konflikte des Klienten verstanden wird. Dieses Instrument ist aber weder zuverlässig noch objektiv, es kann zu „Fehlanzeigen" oder „Nichtanzeigen" kommen. Alles in allem ist es ein sehr unsicheres Instrument zur Identifizierung motivationaler Konflikte. Wie im folgen-den aufgezeigt wird, bestätigt die spätere Therapieforschung ausdrücklich das Be-handlungskonzept von *Burrow*.

Nach den empirischen Befunden der Bindungsforschung (*Ainsworth* et al. 1978; *Grossmann* et al. 1985, 1989) ist eine Veränderung der zwischenmenschlichen Bezie-hungsgestaltung ein wichtiger Schlüssel dafür, daß es Klienten nach einer Behandlung dauerhaft besser geht. Insofern ist es wichtig, neben der Behandlung der Störung auch dem Beziehungsverhalten der Klienten explizit und systematisch Raum zu widmen. Unter diesem Aspekt hat gerade eine längerfristige Gruppentherapie mit Paaren einen großen Stellenwert, wie dies empirisch nachgewiesen wurde (*Sanders* 1997). Hier be-steht in reichlichem Maße die Möglichkeit, anderes Verhalten zwischen Frau und Mann bei anderen Paaren „abzugucken" und aus diesem Abschauen heraus auch – im Sinne eines Modellernens – selber neue Verhaltensweisen auszuprobieren.

So setzen sich Klienten plötzlich neuen Erfahrungen aus, die sie bisher vermieden haben, weil sie befürchteten, diese könnten ihre Bedürfnisse verletzen. Dies geschieht bewußt oder auch unbewußt, ähnlich wie diese Befürchtungen bewußt oder unbe-wußt sein können. Die Ängste und das damit verbundene Vermeidungsverhalten sind oftmals das Ergebnis früherer Erfahrungen, oder sie wurden ebenfalls durch Modell-lernen erworben. Hat Mutter dem Mädchen z.B. immer erzählt, daß Männer (z.B. Vater) nur „das Eine" wollen oder daß diese sich in ihrer Lust wie wilde Tiere auf die Frauen stürzen, dann übt das für das Verhalten der erwachsenen Frau Männern gegenüber einen wichtigen Einfluß aus, denn das Vorbild der Mutter, verbunden mit ihren Äußerungen, hat in dieser Frau bestimmte neuronale Erregungsmuster begründet.

Aufgrund solcher Vorgaben können sich Erregungsmuster fortschreiben, weil sie nicht mit anderen Erfahrungen überschrieben wurden. Der Umgang dieser Frau mit ihrem Ehemann wird durch diese Angst und Vorsicht Männern gegenüber geprägt. Menschen, die durch reale Erfahrungen der Vergangenheit oder aber durch Modelllernen Vermeidungsmuster entwickelt haben, probieren in der Regel später nicht mehr aus, ob die gegenwärtigen Lebensumstände das Vermeiden immer noch erforderlich machen. Selbst wenn die gegenwärtigen Lebensbedingungen die Möglichkeit zu anderen, positiven Erfahrungen bieten, werden durch das Vermeiden eigentlich gegebene glückliche Situationen nicht wahrgenommen.

So kann man, um in einem Bild zu sprechen, als Berater den Eindruck gewinnen, daß Menschen vor einer vollen Obstschüssel sitzen und verhungern, statt zuzugreifen und zu genießen. Das alte Vermeidungsschema hat eine solche Macht über sie, daß es nicht zu korrektiven Erfahrungen kommt. Der Einzelne ist noch nicht in der Lage, unter seinen heutigen Lebensbedingungen mögliche positive Erfahrungen hinsichtlich seiner Wünsche zu machen. Gerade hier bietet das Erleben in einer Gruppe über einen längeren Zeitraum die Chance, zum einen durch gezielte Übungen und anschließendem Austausch über diese korrektiven Erfahrungen, zum anderen durch die Rückmeldungen anderer Gruppenmitglieder zu neuen Wahrnehmungen zu kommen. Diese neuen Wahrnehmungen lösen dann wieder positive emotionale Stimmungen im Miteinander des Paares aus, so daß positive Rückkoppelungsprozesse in Gang gesetzt werden.

Die Bedeutung der Gruppe ist noch unter einem anderen Gesichtspunkt wichtig. Es gibt Verhaltensweisen von Klienten, die unter einer „objektiven" Brille nicht korrekt sind, ja, auch einen Therapeuten das Gruseln lehren können. (So weigerte sich eine Mutter während eines 14tägigen paartherapeutischen Seminars, abends der zweijährigen Tochter noch einen Gute-Nacht-Kuß zu geben, weil an diesem Abend ja der Ehemann mit dieser Aufgabe dran war.) Teilt hier der Therapeut seine Betroffenheit mit, kann sich das negativ auf die Therapiebeziehung auswirken, ja, es könnte in einem paartherapeutischen Dreier-Setting (Paar und Therapeut) als Parteinahme mißverstanden werden und zum Abbruch der Therapiebeziehung führen.

Im gruppentherapeutischen Setting aber kommen korrektive Rückmeldungen von seiten der anderen Teilnehmer. Wenn die Regeln für das Gelingen einer Gruppe (Kap. 17.2) eingehalten werden, fallen diese in der Regel auf fruchtbaren Boden. (So konnte im obigen Beispiel die betreffende Mutter die Rückmeldung einer anderen Frau gut annehmen und feststellen, daß sie die Auseinandersetzung mit ihrem Mann verwechselt hatte mit dem originären Bedürfnis ihrer Tochter.)

Bedeutung der Gruppenarbeit aus der Sicht der vergleichenden Psychotherapieforschung

Die Erkenntnisse der Kleingruppenforschung werden heute durch die vergleichende Psychotherapieforschung ausdrücklich bestätigt. *Grawe* et al. (1994) schreiben, daß die Gruppentherapie noch reichere Übertragungs- bzw. Aktualisierungsmöglichkeiten als eine Einzeltherapie bietet und daher noch besser geeignet ist, Veränderungen des zwischenmenschlichen Erlebens und Verhaltens herbeizuführen.

Das Zusammenleben in der Gruppe, insbesondere in einem zeitlich längeren Kontext (5 bis 14 Tage) und soweit wie möglich unter Einbeziehung der Kinder der Teilnehmer, bietet eine Fülle an Erfahrungsmöglichkeiten in bezug auf die Wahrnehmungs-, Verhaltens- und emotionalen Reaktionsbereitschaften der Klienten. Ein solches Setting entspricht der natürlichen Umgebung der Klienten (Kinder sorgen für die Alltagsrealität!), und es birgt gleichzeitig in sich vielfältige Situationen mit einem reichhaltigen Aufforderungscharakter. Somit ist diese Art des Zusammenlebens ein hervorragender Zugang zu den impliziten Gedächtnisinhalten der Klienten, die ja deren Beziehungsverhalten, ihre individuellen Motive und ihre Emotionen stark beeinflussen.

Grawe (1998) bedauert es deshalb ausdrücklich, daß das einzeltherapeutische Setting als **das** natürliche Setting der Psychotherapie behandelt wird, so daß Gruppentherapie, Paar- und Familientherapie eher als Ausnahmen oder Abweichung von der Regel erscheinend: *„Mit der Wirkungsweise von Psychotherapie scheint es mir nur viel seltener als Setting der ersten Wahl zu begründen zu sein, denn das Wirkungspotential anderer therapeutischer Settings ist wohl eher größer einzuschätzen"* (S. 129).

Regeln für die beraterische Arbeit in und mit einer Gruppe

Wegen der immensen Bedeutung von Gruppenarbeit ist es wichtig, einige Bedingungen für das erfolgreiche Arbeiten in und mit Gruppen einzuhalten (*Fiedler* 1997), hier bezogen auf paartherapeutische Gruppen. Hält sich ein Berater an diese Leitlinien, so gelingt in der Regel die Gruppenarbeit und ist für alle Teilnehmer mit viel Freude, Spaß und Hoffnung verbunden. Die letztgenannten Seelenzustände sind ausgesprochen wichtig, denn sie sind mit einer Aktivierung positiver motivationaler Schemata verbunden. Diese bieten eine Grundlage, auf der einen Seite die anstehenden Probleme zu klären und zu bewältigen, auf der anderen Seite aber auch, sich korrektiven Erfahrungen, die nicht mit den bisherigen Erwartungen übereinstimmen, auszusetzen. Eine solche Atmosphäre löst dann wiederum positive Rückkoppelungsprozesse bei den Klienten aus.

Die Leitlinien für Gruppenarbeit im einzelnen:

▶ Ein Paartherapeut geht mit einem Paar einen Dienstvertrag ein. Das Paar erwartet, daß sich der Berater in seinem therapeutischen Handeln auf der Grundlage empirisch gesicherter Konzepte bewegt.

▶ Klienten wissen am besten selbst, was für sie gut ist. Deshalb werden sie an keiner Stelle gezwungen, etwas gegen ihren eigenen Willen zu tun. Alle Interventionen sind Vorschläge, die vom Klienten angenommen werden können oder auch nicht. Bei allen Interventionen von seiten des Therapeuten gilt es, etwa durch eine genaue Beschreibung der Übung, deutlich zu machen, welche Absicht dieser damit in Hinblick auf die Intentionen des Klienten verfolgt. Die Intentionen können allerdings nicht einfach vorausgesetzt werden, sondern der Therapeut muß versuchen, sie zu aktivieren, zu stärken und zu fördern.

▶ In einer Gruppe äußert sich jeder Teilnehmer nur insoweit, wie er es selbst möchte. Es ist sogar möglich, auch nur „zuschauend" an einer Gruppe teilzunehmen.

▶ Jede Gruppenarbeit ist einzelfallorientiert. Das heißt, es geht immer um die Beziehungskonflikte des Einzelnen, des einzelnen Paares. Entstehen Konflikte der Gruppenteilnehmer untereinander, so werden diese auf ihre Relevanz für das sonstige Alltagsleben des Klienten untersucht: „Kennen Sie ähnliche Konflikte auch außerhalb dieser Gruppe? Wie erleben Sie diese? Wie gehen Sie damit um?" Der Berater sorgt also dafür, daß eine Beziehungsanalyse nicht dadurch behindert wird, daß die Gruppenmitglieder in eine gruppendynamisch inspirierte Diskussion ihrer Konflikte und Interaktionsprobleme untereinander eintreten. Vielmehr sorgt er dafür, daß Beziehungsprobleme möglichst individualisiert auf den Einzelnen bzw. das einzelne Paar hin betrachtet werden. Dadurch wird für den Einzelnen bzw. das Paar eine möglichst geschützte Situation hergestellt, in der über ihre Beziehungsschwierigkeiten ohne voreilige Interpretation und Störungen durch die übrigen Gruppenteilnehmer in aller Ruhe reflektiert werden kann. Werden die anderen Gruppenteilnehmer eingeladen, ihre Wahrnehmungen mitzuteilen, geht es immer um konstruktives Feedback. Soweit wie möglich wird versucht, das in der Gruppe gezeigte Verhalten zu alltäglichen Verhaltensmustern in einen sinnvollen Zusammenhang zu stellen.

▶ Keinesfalls werden durch die Leitung Konflikte der Teilnehmer untereinander provoziert oder intendiert. An dieser Stelle gilt es, sich von konfliktorientierten Gruppenansätzen abzugrenzen, die für sich in Anspruch nehmen, daß die Bearbeitung von gruppeninternen Konflikten bereits therapeutisch wirksam sei. Hierbei handelt es sich um einen Mythos, der bisher in keiner Weise belegt werden konnte.

▶ Eine klare Struktur und Transparenz des therapeutischen Vorgehens sind im Hinblick auf das Bedürfnis nach Orientierung und Kontrolle auf seiten der Klienten von positiver Bedeutung. Dadurch wird explizit deren Würde geachtet und ihre Autonomie verstärkt. Dem Einzelnen und den Paaren wird ein Raum bereitgestellt, in dem sie sich selbst orientieren und aktiv sein können. Ihre eigene Aktivität wird im Sinne der Therapieziele gefördert.

Zusammenfassung:

Die Arbeit in der Gruppe hat in der PARTNERSCHULE einen zentralen Stellenwert. In den Ressourcen der Teilnehmer steckt ein wichtiges Potential zur Klärung und Bewältigung der Interaktions- und Kommunikationsprobleme eines Paares. Die Psychotherapieforschung bestätigt, daß eine Gruppentherapie besser als eine Einzeltherapie geeignet ist, Veränderungen des zwischenmenschlichen Erlebens und Verhaltens herbeizuführen. Hält sich der Leiter an zentrale Regeln, so wird eine therapeutische Gruppe in der Regel ein Erfolg für alle Beteiligten.

9.3 Wie erwachsene Menschen lernen

Bei der Gestaltung von Beratungsprozessen darf man die simple Tatsache nicht aus den Augen verlieren, daß es sich beim Gegenüber um erwachsene Menschen handelt. Das hat für die Interaktionsprozesse zwischen Klient und Berater vor allem folgende Bedeutung (*Mader & Weymann* 1975):

▶ Der Ratsuchende bringt in den Prozeß seine lange und komplexe Lebensgeschichte mit ein. Dabei handelt es sich nicht nur um spezifische Lernerfahrungen, sondern auch um spezifische Einstellungen und Verhaltensweisen zum Gestalten von Lernprozessen überhaupt. Über diese ist er sich selbst oftmals nicht im klaren. So meinen viele Klienten, ihre Äußerungen in der Gruppe würden wie in der Schule nach „richtig" oder „falsch" bewertet. Andere, wenn sie aufgefordert werden, ein Problem mit Farben und Formen oder in Ton auszudrücken, haben von sich die Idee: „In der Schule konnte ich auch nie malen, da habe ich immer nur schlechte Zensuren bekommen."

▶ Erwachsene haben für ihr alltägliches Miteinander praktikable Anwendungsmodelle für Wissen entwickelt. Sie neigen dazu, diese Modelle in allen Lebenssituationen für richtig und anwendbar zu halten. So haben manche Menschen die Erfahrung gemacht, daß im beruflichen Alltag persönliche Schwierigkeiten und Probleme besser nicht benannt werden, da dies ihnen zum Nachteil in ihrer Karriere gereichen könnte. Daraus folgern sie für ihre persönliche Situation: „Unsere Probleme gehen Dritte nichts an." So gilt es z.B. dann, wenn ein Partner nur widerwillig mit zur Therapie kommt, dessen Bedenken ausdrücklich zu benennen und immer wieder auch zu überprüfen. Als Folge solcher Überprüfung kann jener dann vielleicht feststellen, daß die berufliche Situation eine andere als die private mit dem Ehepartner ist und daß es hier sehr wohl sinnvoll sein kann, mit Dritten über Probleme zu sprechen.

▶ Erwachsene haben in der Regel eine gesellschaftliche Position erreicht. Daran geknüpft ist ein Status mit Verhaltenserwartungen. Dieser Status ist ausgesprochen identitätsstiftend. Konkret können sich daraus Probleme für Interaktionsprozesse ergeben, wenn der Klient selbst einen helfenden Beruf als Arzt, Lehrer oder Therapeut ausübt. So kann es für ihn unter seiner Würde sein, Hilfe in Anspruch zu nehmen in einem Bereich, wo er eigentlich auch Fachmann sein könnte und müßte.

Die Beachtung vorgenannter Punkte bildet eine hervorragende Grundlage, an vorhandene Ressourcen der Klienten anzuknüpfen. Denn will man in einem Paar Veränderungen erreichen, kommt man ohne eine Ressourcenaktivierung nicht aus. Störungsspezifische Interventionen bleiben erfolglos, wenn nicht zumindestens eine Basis da ist, auf der sich der Klient gut fühlt, von der aus er seine Schwierigkeiten und Probleme anschauen und dann klären und bewältigen kann.

Für eine erfolgreiche Gestaltung von Beratungsprozessen ist ferner wichtig, die genannten Hintergründe einzubeziehen. So werden die Klienten zu Beginn der Therapie darauf hingewiesen, daß sie nicht in der Schule sind und ihre Äußerungen nicht nach Noten bewertet werden. Sie werden durch eine gezielte Hinführung und Anweisung, z.B.: „Formen Sie den Ton mit geschlossenen Augen", angeleitet, mit einem unbekannten kreativen Material wie Farben und Ton erfolgreich zu arbeiten. In den seltensten Fällen verweigern Klienten die Arbeit mit kreativen Medien. In der Regel sind sie erstaunt und freuen sich wie Kinder über ihre Werke. Hinsichtlich ihres eigenen „Expertenstatus" werden alle Teilnehmer ausdrücklich motiviert, ihr Wissen, ihre Sichtweisen in den Prozeß mit einzubringen, da sie selbst durch ihre Lebenserfahrung Experten in Sachen Ehe, Liebe und Beziehung seien.

Insbesondere gilt zu beachten, daß menschliches Lernen und Verhalten meistens im impliziten Modus, also in nicht unmittelbar dem Bewußtsein zugänglicher Weise, geschieht. Um die Verhaltensweisen bewußt werden zu lassen und sie zu verändern, müssen sie zunächst (bottom-up) durch Herstellung entsprechender Situationen prozessual aktiviert werden. Erst dann können sie Gegenstand der bewußten Aufmerksamkeit und über den Kurzzeitspeicher Teil des konzeptionellen Langzeitgedächtnisses werden. Durch diesen Transformationsprozeß werden implizite Einstellungen, Erwartungen, Verhaltensweisen der bewußten Planung und Handlungssteuerung zugänglich. Man muß also diejenige Störung, derentwegen die Paare um Beratung nachsuchen, hervorrufen, um sie zu beseitigen. Dabei handelt es sich, mit *Grawe* (1995), gesprochen um das Wirkprinzip der Problemaktualisierung.

Dieser Aktualisierung wird dadurch Raum gegeben, daß z.B. der Therapeut gelassen bleibt, wenn ein Paar sich vor seinen Augen streitet. Ja, er könnte es sogar als einen besonderen Vertrauensbeweis deuten, daß das Paar sich so verhält wie zu Hause. Auf keinen Fall verläßt er den Raum, wie es etwa von *Schindler* et al. (1998, 269) empfohlen wird, weil dies deren strukturierten verhaltenstherapeutischen Ablauf stören würde. Er läßt vielmehr den Streit zu, aber nicht, um sich inhaltlich zu beteiligen, sondern um den Streit zu nutzen, damit er mit den Klienten in die Metaebene steigen und über den Prozeß, der sich gerade zwischen beiden abgespielt hat, sprechen kann (nach dem Motto: „Wir schauen uns jetzt einmal gemeinsam an, wie Sie gerade miteinander gestritten haben und was Sie dabei erlebt haben; anschließend können Sie sich weiter streiten und feststellen, ob sich durch unser Anschauen etwas in Ihrem Miteinander geändert hat.").

Vielleicht bietet der Therapeut auch dem Partner, der am meisten emotional engagiert ist, eine Gelegenheit, seinem Ärger stärker Ausdruck zu verleihen. Er bittet vorher den anderen Partner, einmal den Stuhl zu wechseln, und den Zornigen, daß er jetzt den Zorn und Ärger in Richtung „leerer Stuhl" äußern möge. Diese kleine Intervention bewirkt bei den Betreffenden oft eine plötzliche Neuorientierung. Sie merken, daß ihr Zorn in Wirklichkeit jemand ganz anderem (z.B. Vater oder Mutter) gilt. Mit dieser Übung ist allerdings nicht ein Training gemeint, das etwa zum Ziel hat, den (alten) Eltern nach der Therapiestunde gehörig die Meinung zu sagen. Vielmehr lernen die Klienten, sich mit möglichen inneren Gestalten, also alten inneren Bildern, auseinanderzusetzen und sich auf Dauer von diesen zu lösen. So bekommen die Klienten Zugang zu ihren impliziten Modi. Sie lernen, bewußter zu handeln, (unberechtigten) Zorn nicht mehr am Partner auszulassen, neu damit umzugehen und Ärger, Wut, Enttäuschung, ungestillte Sehnsucht an die ursprüngliche Adresse zu richten.

Nicht immer ist aber das Problem so offenkundig sichtbar. Deshalb wird je nach Situation, d.h. nach der „Themenlage", die von den Klienten im diagnostischen Prozeß oder durch eine thematische Schwerpunktsetzung des Beraters vorgegeben ist, auf verschiedene körper- und/oder erlebniszentrierte und/oder bewußtseinserweiternde Techniken zurückgegriffen, für die sich im Übungsteil dieses Buches eine Fülle an Anregungen findet (Kap. 12ff).

Hier bieten sich dann Möglichkeiten, gerade auch in einer Gruppe, frühere und heutige reale Beziehungssituationen zu aktivieren, sie durch Reflexion (durch genaue Beschreibung dessen, was erlebt wurde) bewußtzumachen und förderliche Verhaltensweisen zu erlernen. So geschieht die korrektive Erfahrung durch forcierte Fokussierung auf neue, nicht erwartungsentsprechende Wahrnehmungsinhalte. Dadurch werden die im Langzeitgedächtnis dauerhaft gespeicherten Bereitschaften zu bestimmten neuronalen Erregungsmustern geändert. Insbesondere dann, wenn diese überschrieben werden sollen, ist aber entscheidend, daß es nicht bei einer einmaligen Erkenntnis und einmaligen neuen Erfahrung bleibt. Dies reicht nicht als Grundlage für eine andauernde Veränderung des Erlebens und Verhaltens. An das neue Erregungsmuster müssen viele Erfahrungen assimiliert werden, bis ein stabiles neues Muster sich etabliert hat. Insofern bietet gerade das therapeutische Setting einer längeren Zeit bestehenden Gruppe, die mitbekommen hat, warum der Einzelne sich bisher so verhalten hat, wie er sich verhalten hat, und was er jetzt anders versuchen will, dafür einen optimalen Rahmen.

Z.B. war es wichtig für eine Frau, die große Sehnsucht hatte, sich an ihren Mann anzulehnen, also auch einmal schwach zu sein, dieses neue Muster nicht nur mit ihrem eigenen Mann auszuprobieren und zu erlernen. Sie wurde deshalb vom Therapeuten aufgefordert, das, was sie gerade gelernt hatte, nämlich sich anzulehnen, im Laufe der Tage des paartherapeutischen Seminars auch mit anderen Männern auszuprobieren. So stabilisierte sich in ihr ein neues Muster, überschrieb das alte, von Erfahrungen mit dem schwachen Vater geprägte. Jetzt kann sie die Botschaft leben: Ich bin eine starke Frau, aber wenn ich es will und brauche, kann ich mich auch bei (m)einem Mann ausruhen, ihm meine Schwäche zeigen.

Wenn Erwachsene so durch Erleben und darüber Nachdenken ein kompliziertes Problem verstanden und gelöst haben, dann haben sie sich damit Gedächtnisinhalte geschaffen, auf die sie später zurückgreifen können. Solches erwachsenengemäße Lernen geschieht in tätiger, selbstbestimmter und zielorientierter Auseinandersetzung mit der Mitwelt. Es beschränkt sich keinesfalls auf rationales Lernen. Dadurch, daß auch unbewußte Bereiche, wie die Intentionen, vorher transparent werden, kann sich der Einzelne selbstbestimmt diesen neuen Erfahrungen aussetzen, auch solchen, die mit heftigen Emotionen verbunden sind. So gelangt er zu einer Veränderung seiner bisherigen Wahrnehmungs-, Verhaltens- und emotionalen Reaktionsbereitschaften. Dann wirken sich veränderte Erwartungen (z.B. an eine Ehe, Kap. 17.10) dauerhaft auf zukünftiges Verhalten aus. Zusätzlich wird er spüren, daß der vor ihm liegende Raum, die Zukunft, als ein Entwicklungsraum zu begreifen ist, mit noch vielen offenen Möglichkeiten.

> **Zusammenfassung:**
>
> Die Ratsuchenden haben bisher ihr Leben nach bestem Wissen und Können gelebt und gestaltet. Die Achtung vor dieser Tatsache wird zur (ressourcenorientierten) Plattform, veränderte und neue Verhaltensweisen zu erlernen.

9.4 Ansatzstellen beraterischen Handelns

Paartherapie bedarf immer einer doppelten Perspektive. Zum einen geht es um die Art der Interaktion und Kommunikation im Paar, die beide gestalten. Zum anderen geht es um das Individuum, das leidet. Es sind immer die Individuen, die an der Beziehung, so wie sie im Moment ist, leiden, auch wenn ein Paar sich wegen Paarproblemen vorstellt. Da Wahrnehmungen das Ergebnis eines aktiven inneren Prozesses sind, gilt es Einfluß darauf zu nehmen, welche Wahrnehmungen die Klienten mit sich selbst und miteinander als Paar machen.

Ausgangspunkt dafür ist die Aktivierung neuronaler Erregungsmuster, die im impliziten Gedächtnis gespeichert sind. Durch bewußte verbale Kommunikation mit den Klienten werden bestimmte Bewußtseinsprozesse in Gang gesetzt, um die bewußte Aufmerksamkeit dahin zu lenken, wo es für sie etwas Neues zu erfahren gibt. Das könnten z.B. implizite Prozesse sein, die zuvor auf nonverbalem Weg durch eine erlebnisaktivierende Übung ausgelöst wurden. An dieser Stelle kann den Klienten eine Rückmeldung bezüglich des gerade von ihnen gezeigte Verhaltens gegeben werden. So kann ein aktiviertes Schema gezielt bestätigt und/oder der Klient kann mit noch nicht assimilierbaren Wahrnehmungen konfrontiert werden. Über den impliziten und über den bewußten Funktionsmodus nimmt der Therapeut Einfluß auf das Verhalten des Klienten. Somit ist es möglich, ihn sowohl mit Hilfe von Übungen anzuregen als auch auf sein Verhalten zu reagieren.

Im Rahmen einer Paartherapie gilt es darüber hinaus, Beziehungsabläufe und deren nonverbale und implizite Muster bewußtzumachen. Insbesondere im Interagieren vor den anderen Gruppenmitgliedern ist dies möglich, etwa wenn diese ihr Erleben des Paares nachspielen und so dem betroffenen Paar Störungsmuster wie in einem Spiegel vorhalten.

Um die vielfältigen Möglichkeiten des Interagierens miteinander auszuschöpfen, aber auch um Gelegenheit zu geben, korrektive Erfahrungen miteinander zu machen, wird in der paartherapeutischen Arbeit auf eine Vielzahl von erlebnisaktivierenden Übungen zurückgegriffen. Damit eine dauerhafte Veränderung motivationaler Schemata erreicht wird, sollen vielfältige Möglichkeiten einer Veränderung des realen umgebungsbezogenen Verhaltens eingeübt werden. Eine Erklärung des Vermeidungsverhaltens, ein persönliches Verständnis seiner Entstehungsgeschichte reichen nicht aus, wenn weiter Situationen und Verhaltensweisen vermieden werden, die für ein Herbeiführen bedürfnisbefriedigender Erfahrungen notwendig sind. Z.B. sind für manche Teilnehmer des sexualtherapeutischen Seminars (Kap. 11.12) manche Übungen mit viel Widerstand verbunden. Deshalb werden die Teilnehmer intensiv darüber aufgeklärt und somit motiviert, daß ein lustvolles sexuelles Miteinander auch mit einem lebendigen Atem gekoppelt ist und daß, wenn sie ihr sexuelles Empfinden verändern wollen, sie auch lernen müßten, durch ein tiefes Atmen ihren Körper mit Lebendigkeit anzufüllen (Kap. 16.17).

So wird es möglich, durch Ausprobieren, auch durch Vormachen mit Hilfe anderer Teilnehmer eine Änderung der dysfunktionalen Beziehungsabläufe in einem Paar einzuleiten. Schälen sich gute Interaktionsmuster heraus, werden diese verstärkt und eingeübt. Gleichzeitig werden vorhandene Erregungsbereitschaften beider Partner auf diese Weise mit neuen Erfahrungen überschrieben.

Es gilt also, durch gezielte Beeinflussung der Kontrollparameter destruktive Beziehungsabläufe in einem Paar zu destabilisieren. Werden Partner zum Beispiel gebeten, nicht das Wort: „**Man** sollte, **man** fühlt …“ zu benutzen, sondern von sich selbst zu sprechen: „**Ich** denke, **ich** fühle …“, bewirkt dies in sich schon eine Destabilisierung störenden Verhaltens.

Wenn sich die Klienten auf einen Vorschlag des Therapeuten eingelassen haben und diesen mit positiven korrigierenden Erfahrungen verknüpfen können, läßt sie das offen für weitere Änderungsvorschläge des Therapeuten werden. Sie beginnen, neue Erfahrungen wirklich zuzulassen und sogar selbst aktiv herbeizuführen – z.B. indem sie zu Hause versuchen, neu gelernte Gesprächsregeln in ihrem Alltag anzuwenden. Dies geschieht in einem Kontext, den sie als Annäherung an ihre eigenen Ziele erleben, nämlich besser miteinander klarzukommen. Das Wissen um dieses Ziel, wohin man sich als Paar entwickeln kann, ist oft wichtiger als die problembezogene Arbeit.

Es ist Teil der therapeutischen Kunst, die Klienten auf ein für sie erstrebenswertes Ziel hin zu motivieren. Voraussetzungen dafür sind allerdings die vertrauensvolle Therapiebeziehung und immer wieder der Blick des Beraters auf das, was in einem Paar gelingt.

Zusammenfassung:

Die Aktivierung störenden Verhaltens in einem Paar wird dazu genutzt, mit den Klienten den Prozeß seiner Entstehung gemeinsam anzuschauen und dessen Abläufe bewußtzumachen. Dies schafft die Basis dafür, neues Verhalten einzuüben.

9.5 Lernziel Partnerschaft oder: Training förderlicher Qualitäten für eine Paarbeziehung

Wenn die Partner die Ursachen für Störungen im Miteinander entdeckt haben, sind sie in der Regel sehr motiviert, zu lernen, wie das geht, in Partnerschaft als Frau und Mann zusammenzuleben.

Die nun folgende Beschreibung von „förderlichen Qualitäten" füreinander orientiert sich an den „Heilenden Wirkfaktoren" der *„Integrativen fokalen Kurzzeittherapie"* (*Petzold* 1993b), wobei die Benennung der Faktoren übernommen wird und diese auf die **PARTNERSCHULE** übertragen werden. Soweit möglich wird auf Literatur verwiesen, die die förderliche Wirksamkeit der jeweiligen Beziehungsqualität belegt. Diese Belege stammen aus der Beziehungsforschung, die das therapeutisch/pädagogische Klient/Schüler-Verhältnis untersucht, lassen sich aber, auch wenn es sich zwischen Ehepartnern **nicht** um ein therapeutisch-pädagogisches Verhältnis handelt, wegen ihrer Allgemeingültigkeit für die Gestaltung von Beziehungen auf ein Paar übertragen. Denn wenn diese Qualitäten wechselseitig gelebt werden, führen sie zu einer Förderung des persönlichen und partnerschaftlichen Wachsens.

Einfühlendes Verstehen

Hierbei handelt es sich um Mitgefühl, Empathie und Wertschätzung. Jeder fühlt sich in seinem „Sosein", in seiner Existenz vom anderen verstanden. Dies Erleben von stimmiger Empathie fördert beim Einzelnen auch das Verständnis für sich selbst. *Gottman* (1995) kommt in seinem „Eheratgeber", den er aufgrund seiner Langzeitforschungen über das Gelingen und Mißlingen von Paarbeziehungen geschrieben hat, zu dem Schluß, daß es insbesondere wichtig sei, Gefühle des Partners zu verstehen und sie als legitim zu betrachten, auch wenn man sie selber nicht teilt. Er empfiehlt, sich in die Gefühle und den Standpunkt des Partners hineinzuversetzen, sich in seine Lage hineinzudenken und seine Gefühle sozusagen von innen heraus zu verstehen.

Emotionale Annahme und Stütze

Diese Fähigkeit läßt sich beschreiben als Ermutigung, Trost, Akzeptanz, Auffangen, positive Zuwendung und Förderung positiver Gefühle und Kognitionen hinsichtlich der eigenen Person, wie z.B. Selbstsicherheit, Selbstakzeptanz, Selbstvertrauen. Natürlich ist dieser Faktor mit dem vorhergehenden eng verbunden, denn nur aus dem einfühlenden Verstehen erwächst emotionale Annahme und Stütze. Für *Adler* (1930) ist die „Ermutigung" zum Leitmotiv seiner Individualtherapie geworden.

Allerdings ist hier für Paare eine Falle verborgen, dann nämlich, wenn solche „Stütze" den Partner „dumm, klein und abhängig" hält, wenn sie mißbräuchlich dazu benutzt wird, eigene Schwäche zu kaschieren und sich selbst auf ein Podest zu stellen. Umgekehrt mag jemand alle „Stütze" vom Partner erwarten, um sich weiterhin regressiv verhalten zu können. Wenn sich solche Fallen zeigen, sollten sie im diagnostischen Prozeß aufgedeckt werden, damit „Fehlempathierungen" nicht immer wieder zur Reinszenierung belastender oder verletzender Situationen der Vergangenheit des Einzelnen oder des Paare führen.

Hilfen bei der realitätsgerechten praktischen Lebensbewältigung

Jeder kennt die kleinen und großen Sorgen des Alltags: Welches Kleid ziehe ich an? Was schenken wir Oma zum Geburtstag? Wie organisieren wir die Kinderbetreuung, wenn ...? So klein diese Probleme für Außenstehende zu sein scheinen, können sie doch für den Einzelnen sehr belastend sein, wenn er z.B. vor dem vollen Kleiderschrank steht und nach einer Stunde immer noch nicht weiß, was er zum Besuch der Mutter anziehen soll. Gerade hier kann der Partner auf sehr unkomplizierte Weise durch einen Rat, eine persönliche Meinung oder durch ein mutmachendes Wort praktische Lebenshilfe bieten. Dadurch lassen sich zum Beispiel endlose Entscheidungsprozesse radikal verkürzen, und der Blick für die Realität wird verstärkt.

So konnte bei der empirischen Untersuchung von Langzeitpsychoanalysen nachgewiesen werden, daß die aktive Unterstützung des Patienten durch den Therapeuten die größte Rolle bei der Herbeiführung der tatsächlich festgestellten Veränderungen spielte (*Wallerstein* 1996, 1989). *Matakas* (1992) wies darauf hin, daß für die klinische Praxis der „analytische Raum" und der „Raum der Lebensqualität" sich keineswegs ausschließen. *Bock* benennt dies so: *„Pädagogisches Tun soll dem Menschen Hilfestellungen geben, sein Leben in einer konkreten Umwelt zu realisieren"* (1991, 100).

Förderung emotionalen Ausdrucks

Emotionen sind Reaktionen auf Situationen, Personen, Erlebnisse. Sie zeigen dem Einzelnen und dem Partner, wie diese bewertet werden. Vielfach haben Klienten keinen Zugang zu ihren Emotionen. Der Partner kann zwar am Ausdruck des anderen ablesen, daß etwas „nicht in Ordnung" ist, er weiß aber nicht, auf was und wen die Emotion sich bezieht. Oft ging der bewußte Zugang zu den Gefühlen schon in der

Kindheit eines Menschen verloren, weil es aufgrund der persönlichen Entwicklungsgeschichte nicht angebracht war, Gefühle zu zeigen; z.B. war es für einen Klienten, der
von seinem Vater geprügelt wurde, überlebenswichtig, die Schläge des Vaters, das eigene Ausgeliefertsein und die Wut darüber nicht zu spüren. Dieses Anästhesieren der
Gefühle (*Petzold* 1993) führt auch zu einem Nichtfühlen positiver Emotionen, wie
Freude, Glück etc.

In der Therapie lernt nun der Einzelne, wieder Kontakt mit seinen Emotionen aufzunehmen und diese auszudrücken. Dabei kommt es oft zu einer Überschwemmung
mit Emotionen und damit zu einer Katharsis. Wird die vor den Emotionen liegende
Bewertung erkannt, ist es wichtig, daß die Gefühle in der Therapie in die richtige
Richtung gelenkt werden, in bezug auf obiges Beispiel also im psychodramatischen
Rollenspiel gegen den Vater von einst. Damit lernt der Klient, seine Emotionen nicht
nur auszudrücken, sondern auch die Richtung, in die sie gewendet werden, zu erkennen. Bekommt der Einzelne wieder Zugang zu seinen Gefühlen und zu deren Ausdruck und Unterscheidung, so bedeutet dies für die Partner, daß auch sie lernen und
damit beginnen, sich gegenseitig ihre Emotionen mitzuteilen, etwa das Gefühl ihrer
Liebe füreinander. Falls Emotionsäußerungen aufgrund der Sozialisation gar nicht gelernt worden sind (etwa der Ausdruck von Wut, Zorn oder auch nur das Lautwerden-
lassen der eigenen Stimme), dann werden sie in der Therapie durch Körperübungen
trainiert und damit dem Verhaltensrepertoire der Partner eingefügt.

Förderung von Einsicht, Sinnerleben, Evidenzerfahrungen

Paare leiden oft daran, daß sie sich ja eigentlich lieben und bis zum Tod zusammenbleiben wollten, aber nun kognitiv nicht verstehen, warum dies nicht gelingt, obwohl
sie sich beide doch „so viel Mühe" geben. Dadurch, daß sie im therapeutischen Prozeß
immer mehr Einsicht in Verdrängtes und/oder dysfunktionale implizite Verhaltensmuster bekommen, wird ihnen klar, warum sie als Paar zwangsläufig an diesen Punkt
gelangen mußten, der scheinbar ein Ende ihrer Beziehung bedeutet. Sehr hilfreich ist
es an dieser Stelle für die Paare, ihre Krise im Sinne der Chaos-Theorie (Kap. 6.2) einordnen zu können. Oftmals führt dies zu einer Evidenzerfahrung, wenn „der Groschen endlich gefallen" ist. Hier geht es um eine hermeneutisch-pragmatische Theoriebildung (*Gudjons* 1993), eine Sinnvergewisserung, die sich auf die Lebenswirklich-
keit des Paares und sein Handeln bezieht.

Förderung kommunikativer Kompetenz und Beziehungsfähigkeit

Viele Partner leiden unter ihrer Unfähigkeit, Gefühle, Wünsche, Meinungen klar, direkt und situationsbezogen auszutauschen. Sie haben z.B. nicht gelernt, „ich" statt
„man" bzw. „wir" zu sagen oder eine konkrete Befindlichkeit angemessen mitzuteilen.
So beschreiben sie eine persönliche Situation mit den Worten: „Man findet hier auch

niemals seine Ruhe!", statt zu sagen: „Ich bin von der Arbeit völlig kaputt und brauche dringend Erholung und Ruhe."

Hier geht es darum, das Gesprächsverhalten der Partner zu fokussieren, sie erleben zu lassen, wie es sich (für beide Partner!) anhört und anfühlt, „ich" zu sagen, oder sie zu bitten, im Sinne des „kontrollierten Dialogs" (*Antons* 1974) zunächst den Inhalt dessen, was der Partner gesagt hat, zu wiederholen, bevor schon die eigene Antwort kommt.

Erst an dieser Stelle des Therapieverlaufs kann es, je nach Bedarf, sinnvoll sein, Elemente aus Kommunikationstrainings einzusetzen, etwa das von *Schindler* et al. (1982/1998). Zuerst muß der Sinn des „Chaos im Paar" entschlüsselt worden sein, bevor mit „Kommunikationsregeln" versucht werden kann, das Chaos an den Symptomen zu verändern. Lediglich bei sehr jungen Paaren, die noch wenig gemeinsame Paargeschichte haben, kann ein solches Kommunikationsprogramm unmittelbar eingesetzt werden, wie etwa „*EPL – Ein Partnerschaftliches Lernprogramm*" (*Engl* & *Thurmaier* 1992).

Förderung leiblicher Bewußtheit, Selbstregulation und psychophysischer Entspannung

Das Spüren der Befindlichkeit des eigenen Leibes, seiner Bedürfnisse, seiner Regungen und Empfindungen wird geschult, damit der Klient lernt, das, was seinem Leib gut tut, auch zu tun. Das bedeutet konkret: Wenn der Klient eigentlich müde ist, soll er lernen, dies wahrzunehmen, um im Sinne einer Selbstregulation des Organismus auch dafür zu sorgen, daß er Schlaf bekommt, oder daß er, wenn er satt ist, auch tatsächlich mit dem Essen aufhört. Er lernt wieder, zwischen Spannung und Entspannung zu wechseln. *Petzold* beschreibt das Phänomen des Nichtwahrnehmens als „*Anästhesierung des perzeptiven Leibes*" (*Petzold* 1993, 1157).

Für Paare ist das Wahrnehmen des eigenen Leibes besonders wichtig, damit sie bei der Gestaltung ihrer Sexualität immer mehr der Sprache und Ausdrucksform ihres Körpers folgen können, so daß sie spüren, was sie wirklich wollen; daß sie etwa keinen Sex miteinander haben, wenn sie eigentlich „nur" körperliche Nähe und Berührung suchen. Auf dieses häufige Mißverständnis weisen *Masters* & *Johnson* in folgendem Beispiel hin:

> „*Sobald sie eine sexuelle Beziehung eingegangen sind, gebrauchen die meisten jungen Paare Berührungen meist nur noch, um einander auf wortlosem Weg die Bereitschaft, den Wunsch oder das Verlangen, miteinander zu schlafen, mitzuteilen. Berührungen sind funktional; ansonsten scheint ihr Wert begrenzt, und besonders Männer sehen sie als vergeudete Zeit und Energie an, als eine unnötige Verzögerung des Geschlechtsverkehrs.*
>
> *Interessanterweise geben viele Männer und Frauen aber zu, die Männer meist ein wenig verlegen, daß sie wirklich gern mehr nichtsexuellen Körperkontakt hätten. Die Männer fragen sich jedoch, ob ein solcher Wunsch für einen Mann überhaupt normal ist, und befürchten, ihre Partnerin zu ermutigen, sexuell aktiv zu werden. Ein Mann drückte das so aus:*

Ich glaube nicht mehr daran, daß Männer keine Berührungen brauchen. Ich weiß, daß ich gern in die Arme genommen werde, ohne Sex zu wollen. Aber ich habe Angst, daß die Frau erregt wird und mit mir schlafen will. Und wenn mir nicht danach ist, wird sie auf mich sauer oder ist zumindest enttäuscht. Ich halte es einfach nicht für richtig, ihr falsche Hoffnungen zu machen.

Und lesen Sie nun, was die Frau, mit der dieser Mann zu jener Zeit zusammen war, zu sagen hatte: Ich glaube, ich bin ziemlich altmodisch, aber ich mag es einfach, berührt und in die Arme genommen zu werden. Für mich ist das viel wichtiger als Sex. Aber ich habe Angst davor, Ralph zu berühren. Er glaubt, ich will Sex, und unser Vorspiel nimmt seinen gewohnheitsmäßigen Gang... Das Problem bestand darin, daß keiner von beiden um etwas bat, zumindest nicht so, daß es für den anderen verständlich war. Sie waren beide damit beschäftigt, nicht das zu bekommen, was sie wollten, obwohl sie beide dasselbe suchten, nämlich Körperkontakt" (1983, 94).

Das körperliche Wahrnehmen und die Selbstregulation zwischen Spannung und Entspannung sind für Paare noch aus einem anderen Grund sehr wichtig: Partner sind auch dafür verantwortlich, daß sie füreinander körperlich attraktiv bleiben! Ein körperlich unansehnlicher, von FastFood ernährter und vom Fernsehen zugedröhnter „Fettsack" ist nicht gerade anziehend. Durch Körper- und Bewegungsarbeit lernen die Klienten, von einem passiven zu einem bewegungsaktiven Lebensstil zu kommen.

Förderung von Lernmöglichkeiten, Lernprozessen und Interessen

Das pädagogische Prinzip der Bildsamkeit des Menschen, das die Identität des Menschen im Werden begreift und ihn nicht auf Einseitigkeit und Vorbestimmtheit festlegt, sondern seine Vielseitigkeit und Offenheit fördert, dieses Prinzip ist von der Erwachsenenbildung im Postulat eines „lebenslangen Lernprozesses" (*Brocher* 1967) betont und in der Verhaltenstherapie zur Grundlage des therapeutischen Ansatzes gemacht worden. Auf diesem Hintergrund geht es darum, den Klienten Mut zu machen, das eigene Leben unter dem Aspekt des Lernens zu sehen, denn vielen ist die Chance gar nicht bewußt, daß sie sich weiterentwickeln, sich verändern und ihr Leben selbst in die Hand nehmen können. (So sagte eine Schülerin im Rahmen der Vorbereitung auf die Schulentlassung wörtlich: „Heiraten und dann fertig!")

Mit den Klienten wird bisher Gelerntes überprüft und festgestellt, ob Vorstellungen über die „richtige Ehe und Partnerschaft" bisher hilfreich waren oder nicht, und dann mit intrinsischer Motivation nach stimmigen Lösungen gesucht für die Herausforderungen und die Schwierigkeiten, eine befriedigende Gestaltung und letztlich das Glück in der **eigenen** Beziehung zu finden. Dabei kann ihnen auch Mut gemacht werden, sich für neue Einsichten zu öffnen, z.B. konkret für den Abschied von der Orgasmusfixiertheit in ihrem sexuellen Miteinander.

Solches Lernen geschieht durch konkretes Üben, dann, wenn es paßt; d.h., wenn im Therapieverlauf ein Thema in den Vordergrund tritt. So wäre z. B., wenn sich das Gespräch auf den Komplex zentriert, die eigene Meinung durchzusetzen bzw. Widerstand zu leisten, die „Ja-Nein-Übung" (Kap. 16.9) angezeigt. In dieser Übung können die Partner erfahren, welche Gefühle, Stimmungen, Atmosphären sich in ihnen aktivieren, wenn sie einen Wunsch äußern oder eine Forderung zurückweisen. Aufgrund dieser Erfahrung ist es leichter, Fehlverhalten zu eliminieren und angemessene Verhaltensweisen einüben.

Förderung kreativer Erlebnismöglichkeiten und Gestaltungskräfte

Viele Klienten sind nicht in der Lage, das, was sie als Paar quält, auszudrücken. In der Regel haben sie schon in nächtelangen Diskussionen versucht, sich ihre Misere zu erklären, gewannen aber den Eindruck, sich immer wieder im Kreis zu drehen.

In der konkreten Arbeit mit kreativen Medien, wie z.B. Ton und Farben, durch das Handeln im psychodramatischen Rollenspiel erleben die Klienten einen völlig neuen Zugang zu ihren Schwierigkeiten, ihren Erlebnissen. Die Förderung der Kreativität dient aber auch dem Entdecken und Entwickeln von Möglichkeiten, dem Partner seine „Liebe mitzuteilen", etwa durch Gedichte oder durch Symbole und Zeichen, die in der Natur gefunden wurden.

Erarbeitung von positiven Zukunftsperspektiven

Viele Paare, die zur Beratung kommen, denken an Trennung oder Scheidung. Sie fühlen sich einander entfremdet und sehen keine Perspektiven in der Fortsetzung ihrer Beziehung. Deshalb gilt es anzuknüpfen an eine Ahnung, ein Erinnern an eine „Hoch-Zeit", das die Partner motivieren könnte, eine Paartherapie „auf sich zu nehmen". Denn dies ist nicht nur ein angenehmes Unterfangen, da aversive emotionale Zustände, die an Traumata erinnern, aktiviert werden können (*Gasiet* 1980). Oftmals kann aber auch an die Visionen und Träume aus der Anfangszeit der Beziehung angeknüpft werden.

Die Partner lernen, von unerfüllbaren Erwartungen Abschied zu nehmen, weil sie erkannt haben, daß z.B. der Partner nicht die richtige Adresse für den Zorn gegen den wütenden Vater ist oder der Partner auch nicht die damals abwesende Mutter ersetzen kann. Statt dessen können sie den Partner wieder deutlicher als den wahrnehmen, der er ist, und das genießen, was er an Schätzen in die Beziehung mitgebracht hat. Das erschließt dem Paar Perspektiven für eine gemeinsame Zukunft.

Förderung eines positiven, persönlichen Wertebezugs

Als „politisches Lebewesen" (*Aristoteles,* Politika III.6) ist der Mensch, das Paar eingebunden in eine Gemeinschaft, eine Gruppe, eine Glaubensrichtung. Da kein Paar für sich alleine leben kann, sollten die Werte und Normen dieser Gruppen in ihrer Auswirkung auf das Leben des Paares überprüft werden. Positive Werte, wie tätige Solidarität, Freiheit in der Lebensgestaltung, verantwortungsvolle Fruchtbarkeit, gilt es ausdrücklich zum Thema zu machen und somit zu verstärken. Die „gesellschaftliche Treue" (Kap. 5.2) wird damit bewußtgemacht und Verantwortungsgefühl dafür geweckt und verstärkt.

Hier ist es dann auch Pflicht und Aufgabe institutioneller Beratung, als Seismograph gesellschaftspolitisch auf die verheerenden Auswirkungen einer kinderfeindlichen Tendenz in unserer Gesellschaft (*Petropulos* 1994; *Gaschke* 1999) hinzuweisen. So kann sich dann Politik an den Erfahrungen in und aus der Beratung orientieren, so daß bei jungen Paaren der Mut geweckt wird, eine Ehe einzugehen und sich einem Kinderwunsch zu öffnen.

Förderung eines prägnanten Selbst- und Identitätserlebens

Viele Paare sind stark symbiotisch verbunden; zunächst heißt das: „Wir machen alles gemeinsam!" oder: „Du bist ein Teil von mir!", später: „Ich kann mich nicht entfalten, weil du mich immer bremst!" oder: „Auch wenn du nicht da bist, fühle ich mich von dir kontrolliert." Die Problematik macht eine Trennung der Konturlosigkeit in Richtung auf eine klar unterscheidbare Identität jedes Einzelnen notwendig, sowie die Förderung von Autonomie und Souveränität, um zu emotionaler Unabhängigkeit zu gelangen (Kap.5). Oftmals lautet der gutgemeinte zwischenmenschliche Rat unter Freunden bei Paarproblemen: „Ihr müßt auch einmal Kompromisse schließen!" Aber wie soll ein Kompromiß möglich sein, wenn der Einzelne gar nicht sagen kann, was er genau fühlt, denkt und dann will?

Sich als eigenes, vom anderen getrenntes Subjekt zu fühlen und zu erleben bildet die wichtigste Voraussetzung, um in Partnerschaft zusammenleben zu können. Dies wird auch im „Treue-Konzept" (Kap. 5.2) betont, wenn die „Ich-Treue" als Grundlage für die „Du-Treue" angesehen wird, oder im Paarbild von *Lazarus* (Kap. 5.7), der die Autonomie des Einzelnen im Paar unterstreicht.

Ein Selbst- und Identitätserleben wird schon dadurch ermöglicht, daß gleich zu Beginn einer Therapie darauf hingewiesen wird, daß alles, was jeder Partner über sein Erleben, über die Geschichte des Paares erzählt, „wahr" ist. Denn es handelt sich dabei um verschiedene Wahrnehmungen der Wirklichkeit, und die Sichtweisen jedes Einzelnen, auch die des Therapeuten, sind, auch wenn sie ganz verschieden klingen, jede für sich „wahr". Dieser Hinweis entlastet die Partner enorm und nimmt ihnen den Druck, gegen die Aussage des anderen angehen zu müssen, weil sie aus symbiotischer Sehnsucht nach Harmonie streben. Statt dessen fangen sie nun an, sich mit der Sichtweise des anderen auseinanderzusetzen.

Bei körperzentrierten Paarübungen wird z.B. immer darauf geachtet, daß die Klienten den folgenden Unterschied wahrnehmen: „Gerade haben Sie mit ihrem Partner diese Übung gemacht, und jetzt stehen Sie wieder allein auf ihrem Platz. Spüren Sie den Unterschied? Wie fühlt sich das an, allein zu stehen?"

Auch die Identität als Mann, als Frau tritt auf diese Weise deutlicher hervor, ohne die Vorgabe: „So muß ein Mann, eine Frau sein", sondern: „Das bin ich, als Mann, als Frau." Dies wird vor allem im Bereich der Auseinandersetzung über die Gestaltung der Sexualität erlebt. Bei der in Kap. 16.23 beschriebenen Übung tauschen nacheinander die Männer und die Frauen in einem Innenkreis sich über ihre sexuellen Phantasien aus, und das andere Geschlecht ist als stummer Zuhörer im Außenkreis anwesend. Die Erfahrungen über das Gespräch der Männer oder der Frauen bieten in der späteren gemeinsamen Auswertung viele Anregungen für die Entwicklung der eigenen geschlechtsspezifischen Identität.

Für das prägnante Selbst- und Identitätserleben, gerade im Bereich der Geschlechtsidentität, gibt das Persönlichkeitskonzept von *C.G. Jung* (1939/1984) wichtige Hinweise. Er spricht von einem Konflikt zwischen männlichen und weiblichen Anteilen in einer Person. Danach besitzt jeder Mann weibliche Anteile (Anima) und jede Frau männliche (Animus). Als Lernziel sieht *Jung* für einen Mann (und für eine Frau entsprechend umgekehrt), nicht nur seine „männlichen" Anteile zu leben, also etwa: Machen, Bestimmen, Fordern, sondern auch sich für seine „weiblichen", wie: Sorgen, Behüten, Schwäche zeigen, zu öffnen. Es bleibt eine Lebensaufgabe, diese gegensätzlichen Kräfte zu integrieren und in Harmonie miteinander zu bringen.

Förderung tragfähiger sozialer Netzwerke

Jedes Paar bringt, bewußt oder nicht, ein ganzes Bündel von sozialen Vernetzungen mit in die Beziehung: Eltern, Geschwister, Nachbarn, Arbeitskollegen ... Diese Bündel sind z.T. Last, z.T. aber auch Stütze für das Paar. Hier gilt es, die verschiedenen Bindungen auf ihre Relevanz zu überprüfen und zu klären, welche Rolle das Paar in diesen Beziehungen spielt, wie es selbst sich seine Netzwerke gestaltet. Auf die therapeutische Bedeutung sozialer Netzwerke und Supportsysteme wird von *Keupp* & *Röhrle* (1987) und *Nestmann* (1988) hingewiesen.

Der Therapeut muß sich auch im klaren darüber sein, daß seine Arbeit Auswirkungen auf diese sozialen Netzwerke der Klienten hat. Am deutlichsten wird das, wenn nur ein Ehepartner zur Therapie kommt. Aufgabe des Therapeuten ist es, den fehlenden Partner nicht aus dem Auge zu verlieren, insbesondere sich nicht die subjektive Sichtweise des vor ihm Sitzenden zu eigen zu machen, sondern immer wieder den Sinn des Chaos im Paar zu entschlüsseln. Das Nichterscheinen eines Partners muß nicht nur an dessen „bösem Willen" liegen, sondern kann auch sehr geschickt (unbewußt) durch den Anwesenden inszeniert sein. Sehr hilfreich kann sein (nach Rücksprache mit dem Ratsuchenden!), den Abwesenden anzurufen oder anzuschreiben und ihn zumindest zu einem Informationsgespräch einzuladen. Dies zeigt meistens Erfolg.

Der Aufbau tragfähiger sozialer Netzwerke ist eng verknüpft mit positiven Lernerfahrungen aus dem folgenden Bereich:

Ermöglichen von Solidaritätserfahrungen

Ein Paar braucht jedenfalls tragfähige soziale Netzwerke, die im Hintergrund allein durch ihr Dasein Stütze für das Paar sind: „Denen könnten wir unsere Kinder anvertrauen; die würden beim Umzug helfen; bei denen könnte sich einer ausweinen; mit denen feiern wir Feste ..." Vielen Paaren, die zur Therapie kommen, fehlen solche lieben Menschen. Sie sind einsam.

Sbandi (1973) verweist auf das Grundbedürfnis und die Urwirklichkeit des Menschen, in Gruppen zu sein, *Schachter* (1959) auf die Bedeutung von Gruppen zur Abwehr existentieller Ängste.

In der therapeutischen Gruppe lernen die Menschen (wieder), wie das ist, mit anderen zusammen zu sein. Sie sitzen bei den Mahlzeiten zusammen, verbringen die Freizeit gemeinsam und erleben in den Therapiesitzungen ganz konkret, wie sie auf andere Menschen angewiesen sind und daß sie einander brauchen. Das führt z.B. dazu, daß sich zwei Frauen während eines Paarkibbuz (14 Tage Dauer) verabreden, damit die eine der anderen zeigt, wie es geht, sich „schicke, weibliche" Kleidung zu kaufen; daß in einem anderen Kurs (abends) immer ein Paar im Wechsel für die Pause einen Abendimbiß mitbringt. Aber auch dazu: Ein zu Unrecht entlassener Arbeitnehmer erzählt in der Gruppe mit hilflosen Worten von seinem Mißgeschick und bezieht diese Entlassung nur auf sich – einige Gruppenmitglieder kümmern sich solidarisch um ihn (Gang zum Rechtsanwalt).

Zusammenfassung:

Folgende Fähigkeiten sind für das Gelingen einer Partnerschaft hilfreich. Diese werden in der PARTNERSCHULE im und für das Miteinander gefördert und eingeübt.

▶ Einfühlendes Verstehen
▶ Emotionale Annahme und Stütze
▶ Hilfen geben bei der realitätsgerechten praktischen Lebensbewältigung
▶ Emotionale Ausdrucksfähigkeit
▶ Offenheit für Einsicht, Sinnerleben und Evidenzerfahrungen
▶ Kommunikative Kompetenz und Beziehungsfähigkeit
▶ Leibliche Bewußtheit, Selbstregulation und psychophysische Entspannung
▶ Offenheit für Lernprozesse
▶ Kreative Erlebnismöglichkeiten und Gestaltungskräfte
▶ Ein optimistischer und positiver Blick in die Zukunft
▶ Ein positiver persönlicher Wertbezug
▶ Ein prägnantes Selbst- und Identitätserleben
▶ Der Wille, tragfähige soziale Netzwerke mitzugestalten
▶ Offenheit, solidarisch zu sein und sich Solidarität schenken zu lassen

10. Das Theorie-Praxis-Problem

Als was versteht sich die **PARTNERSCHULE**? Dieses Buch beschreibt „nur" einen augenblicklichen Wissensstand; es soll anderen Beratern Mut machen, ihre Gedanken aufzuschreiben, die Erfahrungen zu evaluieren und so die Theorie zur Verbesserung der Therapieform weiterzuentwickeln. Wie entwickelt sich nun eine beraterische Vorgehensweise wie die **PARTNERSCHULE**?

In diesem Zusammenhang gibt es ein Problem im Selbstverständnis zwischen dem alltäglichen Handeln des Praktikers und dem theorieerzeugenden Wissenschaftler. Ja, manchmal hat man den Eindruck, daß beide einander mit Skepsis betrachten, so daß es am notwendigen Austausch mangelt.

Betrachtet man es als Aufgabe eines Paartherapeuten oder Eheberaters, einem Paar als Fachmann bei der Klärung und Bewältigung seiner Probleme zu assistieren, so ist solche Skepsis dabei hinderlich, denn: verantwortungsvolle Beratung darf sich nicht allein auf persönliche Erfahrung, Intuition, eigene Wertsysteme etc. verlassen. Wegen der blinden Flecken des Therapeuten und eigener Fehleranfälligkeit in der klinischen Urteilsbildung wäre es eine grandiose Selbstüberschätzung, ausschließlich auf der Basis privater und beruflicher Lebenserfahrung und Intuition tätig sein zu wollen (*Kanfer* et al. 1996). Die Notwendigkeit von Qualitätssicherung therapeutischer Arbeit widerspricht einer solchen Haltung.

Ein wichtiger Schritt zur Verbindung von Theorie und Praxis ist sicherlich die kollegiale Fallbesprechung und Supervision, die ja immer die Sichtweise hin zu einem theoriegeleiteten Handeln weitet. Bei der Verbindung von Theorie und Praxis besteht allerdings das entscheidende Problem, daß man nicht von einer direkten Anwendung theoretischer Modelle sprechen kann. Deshalb spricht z.B. *Schmelzer* lediglich von einer „Affinität" der Verhaltenstherapie zu wissenschaftlichen Vorgehensweisen (1985). Nichtsdestoweniger bilden Theorien einen entscheidenden heuristischen Hintergrund für das praktische Vorgehen. Außerdem liefern sie wichtige theoretische Begründungen für systematisches, zielorientiertes, logisch begründetes Vorgehen. Die praktische Umsetzung dieser theoretischen Modellvorstellungen ist dann wieder ein Prüfstein für das theoretische Modell (*Bastine* et al. 1989, *Grawe* 1988).

So liefert das hier beschriebene paartherapeutische Modell die theoretische Begründung für den Praktiker – dieser arbeitet damit in seiner Praxis, er überprüft und verändert das Modell im Sinne einer Optimierung mit dem Aspekt der Orientierung am Klienten.

Ein Modell, das Wissenschaft und Praxis miteinander verbindet, wurde 1949 in den USA mit dem Ideal des „Scientist-practitioner" geboren (*Barlow* et al. 1984; *Kanfer* 1990). Es war lange Leitbild der klinischen Psychologenausbildung in den USA und verband den Wissenschaftler mit dem als praktischen Therapeuten ausgebildeten Psychologen. Neue Computerprogramme geben eine gute Möglichkeit, diesem Leitbild näherzukommen. So ist es mit relativ wenig Aufwand – bei aller Fülle der Arbeit an einer Beratungsstelle – möglich, die Effektivität und Effizienz der eigenen Arbeit zu evaluieren und diese Ergebnisse als Grundlage zur Theoriebildung zu nutzen (*Klann* & *Hahlweg* 1994). Im Sinne einer klaren Beschreibung des Feldes „Eheberatung" ist dies dringend geboten.

Dabei wird allerdings nicht außer acht gelassen, daß unterschiedliche Tätigkeitsanforderungen und Zielvorstellungen von universitären Wissenschaftlern einerseits und Praktikern an einer Eheberatungsstelle andererseits eine Realität sind. Schaut man auf die Alltagswirklichkeit in einer Eheberatungsstelle, scheint ein „kooperatives Verhältnis" als realistisches Ziel möglich. Ein gutes Beispiel ist die Zusammenarbeit zwischen der *Universität Braunschweig* und der *Kath. Bundesarbeitsgemeinschaft für Beratung* im Rahmen der beratungsbegleitenden Forschung (*Klann* & *Hahlweg* 1994). So konnte *Klann* nach diesen Erfahrungen schreiben: *„Jede Beratungsstelle ein Forschungszentrum"* (1996).

Ein solches kooperatives Verhalten macht es möglich, die oben beschriebene Spannung zwischen dem alltäglichen Handeln des Praktikers und dem theorieerzeugenden Wissenschaftler zu verringern.

Auch die Theorie der **PARTNERSCHULE** läßt sich niemals mit der „Realität" des Paares in der Beratungsstelle gleichsetzen. Aber die Theorie hilft, die Situation des Paares adäquat zu erkennen, zu strukturieren und zu ordnen. Sie ist also eine Art Filter, mit dem der Therapeut eine Situation mit hochkomplexen Variablen für sich strukturieren kann. Dabei gibt sie durch ihre erkenntnisleitende Funktion Hinweise auf relevante bzw. irrelevante Elemente der Therapiesituation; sie ist handlungsleitend und legt dem Therapeuten, etwa auf der Ebene von Techniken, nahe, was er machen kann, um ein bestimmtes Ziel zu erreichen. Schon 1921 verglich *Wittgenstein* (1980) eine Theorie mit einer Leiter, mit deren Hilfe man auf eine andere Ebene gelangt. Ohne dieses Instrument wäre das Ziel nicht erreicht worden. Ist es erreicht, ist die Leiter überflüssig; sie wird in einem Schuppen abgestellt, bei Bedarf wieder hervorgeholt oder manchmal einfach vergessen.

Jeder Praktiker weiß aus der eigenen Erfahrung und findet das auch im heute gängigen Wissenschaftsverständnis (*Popper* 1969; *Stegmüller* 1974) bestätigt, daß Theorien keine endgültigen und unumstößlichen Wahrheiten enthalten. So ist es für manche „therapeutischen Neulinge" schwer, sich von der Idee zu lösen, Theorie könnte eine

Art „Letztbegründung" therapeutischen Handelns liefern. Die entscheidende Beurteilung einer Theorie hängt von der zweckorientierten Kontrolle ihrer Effektivität und Nützlichkeit ab.

Manchmal kann man die Kritik hören, daß eine Theorie die tatsächlichen Bedingtheiten einer paartherapeutischen Situation doch nur grob oder selektiv beschreibe, da es sich dabei um ein höchst komplexes Interaktionsgeschehen handele. Dieser Vorwurf trifft zwar zu, geht aber insofern ins Leere, als ein Merkmal einer guten Theorie gerade darin besteht, daß sie den fraglichen Sachverhalt auf ein noch überschaubares Komplexitätsniveau reduziert. Neben der instrumentellen Funktion von Theorien für den Praktiker bieten sie relativ rationale Begründungen von Therapieentscheidungen (*Westmeyer* 1979). Diese sind deshalb relativ rational, weil sie jederzeit durch Weiterentwicklung des theoretischen – methodischen – und Tatsachenwissens überholt und durch neue, adäquatere Begründungen abgelöst werden können.

Auf die Frage, was eine „wissenschaftliche Therapieform" ausmacht, hat z.B. *Perrez* (1989, 130) folgende Kriterien vorgeschlagen:

▶ Evaluationsverpflichtung: Nachweis der Effektivität
▶ Keine Widersprüche zur allgemeinen Befundlage der empirischen Psychologie
▶ Bezüge zu anerkannten Theorien, die Effekte erklären
▶ Ethisch legitime Therapieziele
▶ Ethische Akzeptanz der Therapiemethode
▶ Angaben zu Art und Wahrscheinlichkeit der zu erwartenden Nebeneffekte
▶ Vertretbare Kosten-Nutzen-Relation

Inhaltlich haben neben anderen insbesondere *Grawe* et al. (1994) und *Grawe* (1998) die wichtigsten aktuellen Befunde der empirischen Therapieforschung zusammengetragen. Da die ratsuchenden Paare einen Anspruch darauf haben, nach dem neuesten Stand der Wissenschaft sachgerecht behandelt zu werden, finden diese Erkenntnisse auch in der PARTNERSCHULE ihre Resonanz.

Aber die besten wissenschaftlichen Theorien und Methoden allein helfen noch nicht, die Probleme eines Paares zu klären und zu bewältigen. Genauso wichtig sind systematisch und/oder sporadisch gesammelte Alltagserfahrungen, ad hoc entwickelte Hypothesen oder mit Erfahrungswissen angereicherte Spekulationen (*Krapp* & *Heiland* 1993). Da Probleme im Verlauf einer Beratung plötzlich auftreten können und entschieden werden müssen, ist seitens des Therapeuten ein hohes Maß an Flexibilität und Kreativität zur Auswahl und Kombination der verfügbaren Wissensbestände notwendig. Deshalb reicht die Suche nach allgemeinen Gesetzmäßigkeiten nicht aus, praktische Probleme zu lösen. Die Alltagsrealität des Praktikers enthält nicht nur rationale und wissenschaftliche Komponenten, sondern ebenso künstlerische, intuitive und in der konkreten Situation neu zu erfindende Bestandteile. So ist es ein zentrales Ziel dieses Buches zur PARTNERSCHULE, die Grundlage für eine Kunst der Paarberatung zu liefern.

Dieser Begriff der „Kunst" wurde bereits von *William James* (1899) hinsichtlich des Schulunterrichtes aufgezeigt. Da seine Gedanken sich gut auf die Beratungssituation übersetzen lassen, seien sie wiedergegeben: *„Darüber hinaus möchte ich sagen, daß Sie einen großen, einen sehr großen Fehler machen, wenn Sie glauben, daß man von der Psychologie als Wissenschaft von den Gesetzen der Seele ganz bestimmte Programme, Schemata oder Methoden des Unterrichts für den unmittelbaren Gebrauch im Klassenzimmer ableiten kann. Psychologie ist eine Wissenschaft, und Unterrichten ist eine Kunst. Wissenschaften entwickeln praktische Kunstfertigkeiten niemals unmittelbar aus sich selbst. Ein erfinderischer Geist muß dazwischengeschaltet werden, um die Anwendung zu bewerkstelligen. Eine Wissenschaft legt nur Leitlinien fest, innerhalb derer sich die Regeln der Kunstfertigkeit bewegen müssen; es sind Gesetze, die der Anwender der Kunstregeln nicht verletzen darf. Was er innerhalb dieses Rahmens im einzelnen konkret tun soll, bleibt seiner schöpferischen Kraft überlassen. Psychologisches Wissen ist deshalb absolut keine Garantie für einen guten Unterricht. Um dieses Ziel zu erreichen, brauchen wir zusätzliche Fähigkeiten: Einfallsreichtum und eine glückliche Hand zeigen uns, was wir konkret sagen und tun sollen, wenn der Schüler vor uns steht. In diesem Sinne liefert eine an der Praxis orientierte Erziehungswissenschaft exemplarische Interpretationsmuster und Detailinformationen von z. T. hohem Differenziertheitsgrad. Handlungsrelevant wird es, wenn der Anwender dieses situationsgerecht einsetzen kann. In einer schöpferischen Leistung bezieht der Praktiker verschiedene Wissensgebiete aufeinander und verbindet sie so, daß das aktuelle Problem optimal gelöst werden kann"* (1899, 7ff).

Auf diesem Hintergrund löst sich vielleicht das eingangs dieses Kapitels skizzierte Problem zwischen Wissenschaftlern und Praktikern dadurch, daß beider Tun je eigene Schwerpunkte und eine eigene Würde hat und sich fruchtbar im Interesse der Klienten ergänzen kann. Zumindest erfordert die politische Situation eine Zusammenarbeit. Die öffentliche Hand als Träger von Beratungsstellen hat – nicht nur unter dem Gesichtspunkt knapper werdender öffentlicher Gelder – ein Recht darauf, zu wissen, was mit dem Geld geschieht, d.h., wie effektiv Paarberatung und Paartherapie sind. Um diese Anliegen: Effektivitätsnachweis, Praxiskontrolle und Qualitätssicherung zu erreichen, ist eine Hand-in-Hand-Arbeit zwischen Praktiker und Theoretiker dringend erforderlich.

Zusammenfassung:

Oftmals stehen Theoretiker und Praktiker nicht in Beziehung zueinander. Im Sinne einer Qualitätssicherung und Optimierung der Arbeit mit Klienten ist ein kooperatives Verhältnis dringend notwendig. So hat eine an der Praxis orientierte Wissenschaft die Aufgabe, exemplarische Interpretationsmuster und Detailinformationen von z.T. hohem Differenziertheitsgrad zu liefern. Praktiker haben die Aufgabe, mit Einfallsreichtum in einer schöpferischen Leistung verschiedene Wissensgebiete aufeinander zu beziehen und sie so miteinander zu verbinden, daß das aktuelle Problem optimal gelöst werden kann. So ergänzen sich Theorie und Praxis im Interesse der Klienten.

II

PARTNERSCHULE
in der Praxis

11. Drei Handlungsmodelle

Nachdem die theoretischen Grundlagen der **PARTNERSCHULE** aufgezeigt wurden, sollen im folgenden drei konkrete Ablaufpläne, die einzelnen Schritte, mit Hilfe eines Phasenmodells dargestellt werden.

Dabei sind diese Pläne nicht statisch zu verstehen, wie die Anleitung zur Herstellung eines Werkstückes, sondern eher so, wie es in einem Vergleich von *Shulman* (1983) deutlich wird. Dieser verglich die Rolle des Wissenschaftlers mit der eines Kundschafters in unwegsamem Gelände, dessen Aufgabe darin besteht, für eine Fahrt das vorhandene Terrain zu untersuchen. Ein guter Scout wird nicht mit einem einzigen, in allen Details ausgearbeiteten Routenvorschlag zurückkommen, sondern mit einem sehr komplexen Abbild der Gegend, mit sehr vielen Detailkenntnissen über Geländeformationen, Unwegsamkeiten und mögliche Streckenführungen. Nun kann derjenige, der vor dem Betreten dieses Geländes steht, die zur Verfügung stehenden Informationen sichten, ordnen und nach Maßgabe seiner Handlungsziele auswählen. In diese Planung wird er seine eigenen früheren Erfahrungen mit einbeziehen.

Andragogik (die Lehre von der Erwachsenenbildung) bedeutet u.a. Wahrnehmung des Erlebten mit dem Ziel, dieses durch Theoriebildung zu verstehen und durch Lernangebote zu verbessern. Deshalb wird als Ausgangspunkt die Alltagspraxis des jeweiligen Paares genommen. Soweit wie möglich sollten Übungen, Zentrierungen auf die jeweiligen Teilnehmer, die jeweilige Gruppe, die augenblickliche Situation hin immer „neu" geschrieben werden.

Dabei gilt es, in der ersten Interventionsphase mit dem Paar gemeinsam ein Bild von seiner augenblicklichen Situation mit seinen Schwierigkeiten und Konflikten, aber auch mit seinen Ressourcen zu gewinnen. Diese Situationsbeschreibung geschieht zum einen verbal, zum anderen durch den Einsatz kreativer Medien beim Malen oder der Arbeit mit Ton (vgl. Kap. 14.5).

Die psychische Situation des Einzelnen, die Frage danach, warum der Einzelne sich im Moment so und nicht anders verhält bzw. nicht anders verhalten kann, wird in der zweiten Interventionsphase in den Vordergrund gestellt. Es geht dabei um die Frage, durch welche impliziten Regeln jemand seine Beziehungen gestaltet (z.B. Kap. 15.1).

Die ersten beiden Interventionsphasen sind klärungsorientiert, d.h., es gilt festzustellen, **wie** genau das Paar interagiert und kommuniziert und warum sich der Einzelne aufgrund seiner Herkunftsgeschichte und seiner bisherigen Beziehungserfahrungen **so** verhält. In der dritten Phase, in der es um die jeweiligen Intentionen geht, die jemand mit einer Ehe verknüpft, werden die inneren Leitbilder und Kognitionen für das Zusammenleben überprüft und gegebenenfalls korrigiert. Diese Vorgehensweise ist bewältigungsorientiert, da sie das Schwergewicht auf eine mögliche Einstellungs-änderung legt bezüglich der Art und Weise, wie Frau und Mann zusammenleben können (z.B. Kap. 17.10).

Die vierte Phase stellt das Einüben für eine Paarbeziehung förderlicher Qualitäten in den Vordergrund. Sie ist überwiegend bewältigungsorientiert. Überwiegend deshalb, weil auch durch die Übungen immer wieder neuronale Erregungsmuster akti-viert werden können, die durch ihre Wahrnehmung zu einer Erhöhung der Komple-xität des Wissens um das eigene Verhalten beitragen. Hier kommen insbesondere Techniken der Verhaltens- und Kommunikationstherapie und einer teilnehmer-orientierten Erwachsenenbildung mit körperorientierten, erlebnis- und bewußtseins-erweiternden Vorgehensweisen zum Tragen.

Diese Phase ist jedoch als vierte nicht chronologisch zu verstehen, sondern sie zieht sich wie ein roter Faden durch den gesamten Verlauf der Intervention. Bereits wenn ein Paar in der ersten Sitzung unter Beobachtung und Anleitung von seinen Schwie-rigkeiten erzählt, handelt es sich dabei um die Einübung von „kommunikativer Kom-petenz".

Während der gesamten Therapie muß das Erlernen neuer Verhaltensmuster dort einsetzen, wo implizite Beziehungsregeln – also solche, die dem bewußten Handeln noch nicht zugänglich sind – im Prozeß aktualisiert werden. Deshalb reicht in der Be-ziehungstherapie eine einseitige Orientierung am Training von Kommunikationsfer-tigkeiten nicht aus, da es gilt, auch nonverbale Defizite zu verändern. Diese verlangen eine eigene Beachtung und besondere Maßnahmen.

Das Neugestalten, das Ausprobieren anderer, befriedigenderer Formen des Mitein-anders wird vornehmlich durch psychoedukatives Lernen in und mit Gruppen einge-übt (*Fiedler* 1996). Eine wichtige Leitlinie dabei ist das Einüben und Erlernen der Ei-genverantwortung, wie es das folgende Beispiel aus der konkreten Arbeit mit einem Paar deutlich machen kann:

Eine Frau, die sich über den Druck von seiten des Partners beschwerte: „Ich muß zu Hause den ganzen Tag räumen, weil sonst mein Mann nicht zufrieden ist", wurde ge-beten, das Wort „muß" durch das Wort „will" zu ersetzen. „Ich will zu Hause den gan-zen ..." Durch diesen kleinen Hinweis konnte dann sehr viel an Veränderungsprozes-sen hinsichtlich mehr Selbstbestimmung und Eigenverantwortung in Gang gesetzt werden. (Er ermöglichte auch, zu reflektieren und zu fragen, wer früher immer „Du mußt" gesagt hat).

Durchgehendes Element dieses integrativen beraterischen Ansatzes ist für den Klienten die Erfahrung, nicht nur mit allem angenommen zu sein, also nicht mit Vor-haltungen konfrontiert zu werden, sondern auch, daß man mit Hilfe des Beraters ent-deckt lernt, welche „Kompetenz" in dem, was heute stört, einmal gesteckt haben kann (*Fiedler* 1995). Aufgrund dieser Erfahrung eines Seitenwechsels hin zu den eigenen Ressourcen lassen sich erst Veränderungsprozesse in Gang setzen (*Grawe* 1998). (Siehe auch Kap. 7.)

Außerdem sind Erfahrungen der gelebten Gemeinschaft mit anderen Menschen in der Gruppentherapie oft die entscheidenden heilenden Erlebnisse, etwa die Erfahrung, mit der eigenen Kompetenz anderen Hilfe zu sein, anderen Mut machen zu können.

Bei dem Verständnis und der Bewältigung von Interaktions- und Kommunikationsstörungen in der Ehe spielt die Gestaltung der Sexualität eine zentrale Rolle, denn Störungen in diesem Bereich korrelieren signifikant mit anderen Paarproblemen. Deshalb wird in der Eheberatung auf Grundlage der **PARTNERSCHULE** dem Gestalten einer für das jeweilige Paar angemessenen Sexualität großer Wert beigemessen.

In der Methodik steht im Vordergrund der Blick auf die Situation des einzelnen Paares vor, während und nach der Therapie. Gruppendynamische Prozesse und deren Ent- oder Verwicklungen (manche Klienten haben Gruppen mit solchem Schwerpunkt bereits erlebt und sie oft in unguter Erinnerung) treten in den Hintergrund. Man kann also von einer Einzelfallorientierung unter Einbezug der Möglichkeiten einer Gruppe sprechen. Die Gruppenarbeit verläuft in einem ausgesprochen angenehmen und akzeptierenden Gruppenklima. Gruppenkonflikte und gruppendynamische Verwicklungen kommen so gut wie nie vor. Das hat zur Folge, daß nach Beendigung der „offiziellen" Gruppentherapie die Klienten oft in Eigenverantwortung den Prozeß als Selbsthilfegruppe fortführen.

Die Gruppentherapie wird entweder als Abendveranstaltung in vierzehntägigem Abstand in den Räumen einer Beratungsstelle durchgeführt oder als Internatsveranstaltung in Kooperation mit Einrichtungen der Erwachsenenbildung eine Woche lang oder über mehrere Wochenenden verteilt (z.T. mit der Möglichkeit gleichzeitiger Kinderbetreuung). Maximal nehmen 8 Paare an einer Gruppe teil, manchmal auch Einzelpersonen, deren Partner verhindert ist oder eine Teilnahme ablehnt. Allein schon der Ortswechsel bietet mit neuer Umgebung eine andere Atmosphäre für das Paar und die Familie. Untersuchungen über einen Zeitraum von sieben Jahren belegen, daß die Anwesenheit der Kinder für die Gesamtinteraktion in der Familie einen ausgesprochen heilsamen Effekt hat (*Sanders* 1997).

Denn für manche kann es schon eine Last sein – und diese Tatsache wird zum möglichen Kontrollparameter für Störungen –, wenn man täglich für andere kochen muß, wenn die Wohnung mit 60 m² bei vier Kindern sehr klein ist, wenn man keine Gelegenheit hat, die Kinder sorglos zum Spielen auf die Straße zu schicken, wenn die Schwiegermutter über einem wohnt ... So können unbewußt destruktive psychische Prozesse aktiviert werden durch Wahrnehmungen, die immer nur in einer bestimmten Umgebung ablaufen, gekoppelt mit Gedanken, Erinnerungen und Vorstellungen. Insofern bieten allein schon die Räumlichkeiten der Beratungsstelle oder der Tagungshäuser einen wichtigen äußeren Rahmen für positive Veränderungsprozesse. Der Volksmund spricht von den Vorzügen des „Tapetenwechsels".

Inhaltlich werden drei aufeinander aufbauende Typen der **PARTNERSCHULE** angeboten. Durchgehende Elemente aller drei sind: bewegungsorientierte Übungen (eine Art von Gymnastik, bezogen auf die jeweiligen inhaltlichen Themen), Übungen, die das partnerschaftliche Miteinanderumgehen fördern, und Reflexionen, die einladen, das Geschehen in der Gruppe mitzusteuern.

Das Basisseminar: „Anleitung zur Selbsthilfe" (mit insgesamt 40-60 Stunden): Hierbei geht es insbesondere um die Themen: Was für ein Paar sind wir? Welche Schwächen, welche Stärken zeichnen uns aus? Welche Beziehungserfahrungen bringt jeder von uns mit in die Partnerschaft? Welche Ideen hat jeder von einer Ehe, einem partnerschaftlichen Zusammenleben? Welche Ziele setzen wir uns als Paar?

Ein aufbauendes Seminar: „Lebendigkeit, Sexualität und Sinnlichkeit" (an drei über einen Zeitraum von sechs Monaten verteilten Wochenenden): Es gliedert sich in drei Sequenzen. Bei der ersten wird ein wohlwollender Blick auf den eigenen Körper als den Ausgangspunkt der Sexualität geübt. In der zweiten stehen das Gespräch über Sexualität und die Bedeutung von Träumen und Phantasien als Wegweiser lebendiger Sexualität im Mittelpunkt. Im letzten Abschnitt geht es um die Integration der gegengeschlechtlichen Anteile, basierend auf der Idee, daß in jedem Mann Weibliches und in jeder Frau Männliches lebt.

„Paarkibbuz": Training von Autonomie und Zweisamkeit (vierzehn Tage): Beim Paarkibbuz handelt es sich um ein paar- und familientherapeutisches Seminar, das aufgrund seiner Rahmenbedingungen den Teilnehmern intensive Erfahrungs- und Lernmöglichkeiten bietet. In der Regel haben die Teilnehmer bereits vorher an einer paartherapeutischen Gruppe teilgenommen. „Offizielle" therapeutische Arbeit wechselt hier mit der Möglichkeit, mit anderen Teilnehmern gemeinsam Zeit zu verbringen und zu gestalten, aber auch sich allein für sich selbst zurückzuziehen. Dienste am Gemeinschaftsleben, wie Spülen oder Getränkedienst, werden abwechselnd wahrgenommen. Jeder ist an den Abenden eingeladen, sich mit seinen Fähigkeiten und Künsten in die Gruppe einzubringen.

Im folgenden wird die Gestaltung der therapeutischen Gruppen ausführlicher beschrieben. Es soll vermittelt werden, wie diese didaktisch angelegt werden können, und auch ein atmosphärischer Eindruck von ihrer Gestaltung entstehen. Insbesondere soll dazu ermutigt werden, diese Vorschläge durch eigene Erfahrungen in der Arbeit mit Gruppen weiterzuentwickeln.

11.1 Das Basisseminar: Anleitung zur Selbsthilfe

Leitung: zwei Paartherapeuten, Frau und Mann
Teilnehmer: max. 16 Personen (Paare und Einzelpersonen)
Dauer: fünf Tage oder über 10 Abende verteilt (40-60 Therapiestunden). Wenn der Kurs an Abenden stattfindet, so hat sich ein Beginn um 18 Uhr bewährt. Es wird mit 15 Minuten Bewegung (durch den Raum gehen, sich strecken, dehnen ...) begonnen. Danach folgt eine Runde, in der jeder etwas zur eigenen Person sagen kann, damit alle Teilnehmer voneinander wissen, wie es um jeden von ihnen im Moment steht. Gegen 19.30 Uhr findet ein gemeinsames Abendbrot statt, zu dem jeder etwas mitgebracht hat. Dann ist noch zwischen 20 Uhr und 22 Uhr weitere therapeutische Arbeit möglich.

→ 1. Tag morgens

Die Anwärmphase des paartherapeutischen Seminars

Bereits der erste Moment, in dem die Kursteilnehmer das Seminarhaus, den Seminarraum betreten, ist für sein Wohlbefinden wichtig. Deshalb ist eine sorgfältige Planung dieser „Anwärmphase" durch die Leitung zu gewährleisten. Denn eine positive Stimmung und Atmosphäre begünstigen in hohem Maße das Aufnehmen neuer Informationen und die Flexibilität des Denkens sowie die Informationsverarbeitung (*Kanfer* et al. 1996).

Dabei wird auf folgende Ziele geachtet:

▶ Die Teilnehmer sollen nicht nur körperlich, sondern auch mit ihrer inneren Aufmerksamkeit ankommen können.

▶ Sie sollen durch eine freundliche und sie willkommen heißende Atmosphäre ein erstes Vertrauen in die für sie ungewohnte und in der Regel verunsichernde Situation gewinnen.

▶ Sie sollen Sicherheit finden, um sich mit ihren leidauslösenden Themen aufgehoben zu fühlen, und Mut bekommen, sich damit und mit ihren Ressourcen einbringen zu können.

Im Gegensatz zu gruppendynamischen Laboratorien, die die mitgebrachte Verunsicherung der Teilnehmer als Ausgangspunkt bewußt einplanen bzw. diese zusätzlich induzieren, setzt hier das Therapeutenpaar auf eine bewußt freundliche und akzeptierende Atmosphäre. Ganz im Sinne von *Rogers,* der empfahl: *„Wenn ein Katalysator-Leiter eine gewährende Atmosphäre schafft, wenn die Verantwortung wirklich dem Einzelnen oder der Gruppe übergeben wird, wenn grundlegender Respekt vor der Fähigkeit des Einzelnen oder der Gruppe vorhanden ist, dann wird das Problem verantwortlich und angemessen analysiert, tritt verantwortliche Selbstlenkung zutage, sind Kreativität, Produktivität und Qualität der Produktion den Resultaten anderer vergleichbarer Metho-*

den überlegen, entwickeln sich beim Einzelnen und bei der Gruppe Moral und Selbstvertrauen" (1972, 71).

Die klinische Erfahrung zeigt, daß diese vom Therapeutenpaar vorgegebene Haltung im Sinne eines Beobachtungslernens von den Teilnehmern aufgenommen wird und sich positiv auf das Verhalten der Partner miteinander und anderen Teilnehmern gegenüber auswirkt. So wird in der Regel bei einer ersten Zwischenreflexion nach 3-4 Stunden durch viele Teilnehmer erstaunt die vertrauensvolle Atmosphäre wahrgenommen und benannt.

Zu Beginn des Seminars haben die Teilnehmer Gelegenheit, einen Stehkaffee einzunehmen. Im Gruppenraum läuft schon Musik, auf dem Tisch sind Bücher über seminarrelevante Themen locker ausgebreitet.

Das Seminar beginnt offiziell mit der Vorstellung der Leitung. Wegen der sehr persönlichen Art der Arbeit wird vorgeschlagen, sich mit „du" und Vornamen anzureden. In ganz wenigen Fällen möchten Teilnehmer auch beim „Sie" bleiben. Dies wird als wichtige Aussage bzw. als Schutz des Klienten vor zuviel Nähe durch ein „Du" akzeptiert. Zusätzlich kann es als Ausdruck eines möglichen Widerstandes bzw. im Sinne einer Stärkung der „Ich-Treue" (Kap. 5.2) ausdrücklich begrüßt werden. Denn hier ist jeder frei, nur das mitzumachen, was er auch will und für sich als angemessen empfindet.

Nachdem das Therapeutenpaar sich kurz vorgestellt hat, wird auf folgende Regeln hingewiesen:

▶ Alle Angebote der Gruppenarbeit sind freiwillig, und es besteht nirgends und niemals ein Zwang zur Teilnahme.

▶ Alles, was in diesem Raum geschieht und an persönlichen Aussagen gesagt wird, unterliegt dem Schweigegebot der Leitung und aller Teilnehmer.

▶ Die Grenzen und Widerstände eines jeden Teilnehmers in der Arbeit werden geachtet und ernst genommen, d.h., niemand kann hier etwas falsch machen; alle Äußerungen, Handlungen sind „richtig", soweit sie sich auf die eigene Person beziehen.

▶ Wenn jemand bei der therapeutischen Arbeit anderer Teilnehmer plötzlich selber sehr erregt ist aufgrund dessen, was er erlebt, kann er, wenn es ihm zuviel wird, jederzeit zeitweise den Gruppenraum verlassen.

Die Therapeuten gebrauchen für die Gruppe und das, was in diesem Seminar geschieht, das Bild von einem Schiff: Sie selbst führen das Steuer, aber sie bitten die Teilnehmer, auch zu rudern, damit die Gruppe am gemeinsamen Ziel ankommen kann. Dabei wird von Anfang an auf die positiven Auswirkungen innerer Bilder (*Lazarus* 1980) gesetzt. Das Bild vom Schiff, dem Steuermann und den Ruderern gibt zum einen durch die klare Rollenverteilung (Therapeut = Steuermann) Sicherheit in bezug auf die fachliche Kompetenz, macht aber auch durch das Bild des gemeinsamen „Ruderns" deutlich, daß alle, im Sinne einer emanzipatorischen Erwachsenenbildung (*Meueler* 1982), für das Erreichen des Zieles mitverantwortlich sind.

Anschließend lernen anhand eines Spiels (Kap. 13.1) alle Teilnehmer schnell die einzelnen Vornamen. Dabei geschieht auch, daß zum ersten Mal jeder Teilnehmer sich laut in der Runde äußert; es ist also auch ein Schritt zu einem prägnanten Selbst- und Identitätserleben.

Damit nun den Teilnehmern wichtige Atmosphären, Szenen, innere (oftmals vorbewußte) Ziele, die im Sinne eines erfolgreichen Seminarablaufes wichtig sind, deutlicher werden, wird im folgenden versucht, sie ganzkörperlich und nicht nur intellektbezogen anzusprechen (Kap. 13.3).

Dazu bewegen sich alle ohne besondere Vorgabe frei im Raum (möglichst ohne Schuhe). Jeder geht umher, in seiner eigenen Gangart, jeder, wie er es möchte, in welche Richtung auch immer, um einfach den Raum einmal kennenzulernen und um sich körperlich zu spüren.

Durch die bewußt angeleitete und gesteuerte Bewegung sollen die Teilnehmer über ihre sinnliche Erfahrung Kontakt zu sich selbst bekommen (*Brooks* 1979) und dadurch zu den eigentlichen vorbewußten Motivationen ihrer Teilnahme gelangen (*Höhmann-Kost* 1991). Nach einiger Zeit wird dieser Prozeß durch folgende Fragen, deutlich in den Raum gesprochen und mit Pausen zwischen den Fragen, angeregt:

▶ Wie bewege ich mich?
▶ Wie schnell oder langsam gehe ich?
▶ Spüre ich den Kontakt meiner Füße mit dem Boden, wie ich den Fuß aufsetze, ihn abrolle?
▶ Wie fließt mein Atem, tief oder flach?
▶ Wie wirkt der Raum auf mich? (Jeder probiert aus verschiedenen Perspektiven, auf dem Boden liegend, auf einem Stuhl stehend, gebückt etc., den Raum wahrzunehmen.)
▶ Und wie fühle ich mich jetzt, im Augenblick?
  Dann wird die Aufmerksamkeit auf die anderen Teilnehmer gelenkt:
▶ Wen nehme ich hier noch alles im Raum wahr?
▶ Was sind das für Menschen?
▶ Vom wem fühle ich mich angezogen? Wen finde ich attraktiv? Wen langweilig?
▶ Mit wem möchte ich am liebsten nichts zu tun haben?

Hier werden erste Eindrücke, mögliche Übertragungen, Erinnerungen durch Benennen bewußtgemacht und so einer Nutzung in der späteren Diagnostik des Paares und des Einzelnen zugänglich und dadurch ggf. abrufbar.

Danach wird die Aufmerksamkeit wieder auf jeden selbst gelenkt durch eine Konzentration auf die eigene Bewegung und durch Ausprobieren verschiedener Gangarten, wie Laufen, Bewegen im Zeitlupentempo etc. Wenn dann jeder wieder bei seiner gewöhnlichen Gangart angekommen ist, werden während des Gehens folgende Fragen, mit den nötigen Pausen dazwischen, gestellt:

▶ Wie bin ich hier angereist, mit welchen Erwartungen bin ich zu diesem Seminar gekommen?

❱ Welche Ängste habe ich mitgebracht?

❱ Welche Hoffnungen habe ich mitgebracht?

❱ Was darf keiner von mir hier wissen? Was möchte ich unbedingt geheimhalten? Wo sind meine Schamgrenzen?

In der letzten Frage wird Widerstand, eine wichtige Fähigkeit des Individuums, sich gegen Einflüsse auf die Identität und das Selbst abzuschirmen, als Realität eines jeden benannt. Durch das Benennen und damit das Bewußtwerden wird oftmals eine Überprüfung des Widerstandes beim Einzelnen in Gang gesetzt. Diese ermöglicht meist eine tiefere Bearbeitung, gerade wenn es sich im Verlaufe der Therapie zeigt, daß der Widerstand dysfunktional ist, er notwendige Veränderungen blockiert bzw. eine Auseinandersetzung mit der Realität behindert. *„Widerstände zu brechen, zu durchbrechen, reproduziert negative Erziehungsstrategien und führt zur Deformation einer freien, kreativen Persönlichkeit. Deshalb arbeiten wir ,vor' dem Widerstand oder ,mit' ihm, mit abschmelzenden Strategien, mit Akzeptanz"* (*Petzold* 1993, 1132). Beachtet wird bei dieser Art des Umgangs mit Widerstand, daß hinter jeder Abwehr das Trauma liegt (*Iljine* 1942).

Nach einer kleinen Pause, immer während des Herumgehens, werden die gleichen Fragen in bezug auf den Partner gestellt:

❱ Und wie ist mein Partner wohl hier angereist, mit welchen Erwartungen?

❱ Was mag mein Partner wohl hier befürchten?

❱ Was darf wohl keiner von ihm wissen? Was will er unbedingt geheimhalten? Wo sind seine Schamgrenzen?

(Wer allein anreist, kann sich dies in bezug auf den abwesenden oder auch einen möglichen Partner fragen.)

Hier wird ein erstes Sich-Identifizieren mit dem Partner angeregt, eine wichtige Voraussetzung zu Kommunikation und zu einer intersubjektiven Beziehung, die ein Zusammenfließen der Kräfte beider ermöglicht (Kap. 5.1).

Zum Schluß dieser Eröffnungsrunde, in der sich die Teilnehmer ihrer Motivation zur Teilnahme, ihrer Befürchtungen und ihrer persönlichen Ziele bewußter werden sollen, geht es nun darum, ersten „offiziellen" Kontakt mit anderen Teilnehmern aufzunehmen. Durch diese Kontaktaufnahme zu anderen besteht die Möglichkeit, sich selbst, die eigene Identität, prägnant in der Erfahrung der Abgrenzung zu erleben. So wird die *„Grenze"* (hier der Rücken eines Partners) *„Ort von Berührung und Trennung in einem"* (*Petzold* 1993a, 1126). Denn ohne Berührung, sei sie sanft oder aggressiv, mit einem Partner, ist der fortwährende Prozeß der Ich- und Identitätsentwicklung nicht möglich (Kap. 16.22).

Die Teilnehmer versuchen, sich Rücken an Rücken mit einem fremden, nicht mit dem eigenen, Partner zu begrüßen, sich mit den Rücken – ohne Worte – etwas zu erzählen. Diese Übung dauert einige Minuten und wird dann auf Ansage noch einmal mit einem anderen Partner wiederholt. Es ist dabei gleichgültig, ob Männer oder Frauen sich zusammenfinden.

Danach bildet die Gruppe einen Stuhlkreis. Hier hat jetzt jeder die Möglichkeit, von seinen gerade gemachten Erfahrungen zu berichten. Gleichzeitig wird angeregt zu sagen, welche Ziele jeder mit seinem Kommen verbindet, warum er hier ist, was er erwartet und was er befürchtet.

Allein dieser verbale Ausdruck von Ideen und Gefühlen führt schon zu einer ersten emotionalen Entlastung. Ferner eröffnet er die Möglichkeit zur Entwicklung von Alternativen auf kognitiver, Verhaltens- und affektiv-emotionaler Ebene (*Greenberg* & *Safran* 1989).

Phase 1: Diagnostik

Mit diesem ersten Kennenlernen finden die Teilnehmer sich allmählich in der für sie neuen und unbekannten Situation des Seminars zurecht. Die direkte paartherapeutische Arbeit kann mit der prozessualen Paardiagnostik beginnen.

Dazu wird vorgeschlagen, daß jeder Teilnehmer alleine, ohne seinen Partner, ins Freie geht, um dort über seinen Lebensweg zu meditieren:

▶ Ich bin alleine auf die Welt gekommen und werde sie auch alleine wieder verlassen.
▶ Was ist mein eigener Weg?
▶ Was ist der Weg meiner Partnerschaft in dieser Welt?

Diese Gedanken sollen jeden Teilnehmer auf einem halbstündigen Spaziergang begleiten. Dadurch wird ein eigendiagnostischer Prozeß angeregt, der später wieder aufgegriffen wird.

➜ 1. Tag nachmittags

Nach einer längeren Pause (Mittagessen) kommen die Teilnehmer wieder im Gruppenraum zusammen. Zu Beginn werden sie aufgefordert, stehenzubleiben, um eine weitere Übung zum Kennenlernen der Namen zu machen. Zunächst wird jedoch einiges zum „Stand" gesagt, der ein Grundausdruck eines prägnanten Selbst- und Identitätserlebens ist. So hat ein Mensch, der etwa mit eingezogenen, den Brustbereich verbergenden Schultern und mit durchgedrückten Kniegelenken steht, aufgrund dieser Haltung wenig Atemvolumen und ist leicht aus dem körperlichen Gleichgewicht zu bringen. Die Teilnehmer nehmen probeweise diese Haltung ein und erleben deren Auswirkungen auf ihr augenblickliches Empfinden. Ausgehend von dieser Erfahrung wird vermittelt und eingeübt, was es bedeuten kann, Stand zu haben.

„Stand" meint den tatsächlichen Stand, daß jemand auf der Erde steht und, wenn er richtig steht, nicht umfallen kann. Dieser erlebte Stand wird auch zu einer inneren Sicherheit und „Standhaftigkeit", die ermöglicht, Belastungen, Schmerzen, unangenehme Gefühle, wie sie durch die folgenden Übungen und die damit verbundenen Erlebnisse auftauchen können, durchzustehen. Deshalb wird im Seminarverlauf immer wieder an die Fähigkeit zum eigenen Stand erinnert und dieser wieder eingeübt.

Bei dem „richtigen Stand", der eine Erfahrung von „Standfestigkeit" ermöglicht, gilt es insbesondere auf folgendes zu achten:

▶ Die Füße stehen etwa schulterbreit,
▶ die Kniegelenke sind leicht gebeugt,
▶ Gesäß- und Kinnmuskeln sind entspannt.

Als Hilfe, solche Entspannung zu erreichen, ist ggf. eine kurze, bewußte Anspannung und Entspannung angezeigt. Nach den Erläuterungen zum „Stand" wird die weitere Übung zum Kennenlernen der Namen durchgeführt, deren spielerischer Charakter die Atmosphäre lockert und den Aufbau der Gruppenkohäsion fördert, die für den therapeutischen Erfolg ausgesprochen wichtig ist (Kap. 13.1).

Alle stehen im Kreis, und jeder einzelne Teilnehmer tritt mit einer für ihn typischen Geste oder Bewegung in die Mitte. Während er diese Geste macht, sagt er seinen Namen: „Ich bin der ..." oder: „Ich bin die ...", dann tritt er wieder zurück auf seinen Platz. Die übrigen Teilnehmer beobachten Gestik, Mimik und Sprachklang genau, treten jetzt alle gleichzeitig in den Kreis, imitieren die vorher gemachte Geste und das Nennen des Namens dieses Teilnehmers.

Wenn alle Teilnehmer sich auf diese Weise vorgestellt haben, wiederholen anschließend die Paare die Übung, indem sie sich nacheinander in die Kreismitte begeben, sich voreinander aufstellen und mit ihrer Geste und dem Nennen des eigenen Vornamens dreimal aufeinander zugehen. Dieses Aufeinanderzugehen der Partner, das Korrespondieren der Gesten miteinander hat eine zentrierende Wirkung: das Paar wird, auch für alle anderen Teilnehmer, zum erstenmal prägnant.

Jetzt werden die Teilnehmer gebeten, sich im Raum an den dort bereitstehenden Tischen in Ruhe einen Platz auszusuchen, an dem sie später mit Tonerde arbeiten werden (Kap. 14.5). Die Arbeit mit dem Ton ermöglicht eine Verdichtung, die oftmals **mehr** beinhaltet als eine Fülle von langen Erklärungen über die Situation, den Streit oder die Ressourcen des Paares. Ton bietet außerdem, wenn man ihn mit anderen kreativen Medien, wie dem Malen mit Ölkreide, vergleicht, die Möglichkeit der Fokussierung der „Paargestalt".

Die Teilnehmer setzen sich auf ihren Platz. Mit Hilfe einer Zentrierung werden sie auf die inneren Bilder, die Ideen, die sie von sich als Paar haben, hingelenkt. Diese Zentrierung (ca. 30 Minuten) ermöglicht einen hypnoiden Zustand, in welchem die Teilnehmer in einer Dissoziation sich aus ihrer momentanen Realität lösen können und sich selbst, vergleichbar dem Traum, bei irgendwelchen Handlungen „zuschauen" können (*Svoboda* 1984).

Sie wird mit einer Entspannung (Kap. 12.2) mit geschlossenen Augen begonnen. Dann folgt noch eine bewußte Wahrnehmung des Atems, des Kontaktes mit der Sitzfläche, wie und wo der Kontakt gespürt wird und wie genau man im Moment gerade sitzt. Die bewußte Wahrnehmung des eigenen Körpers durch die Aufmerksamkeit für den Atem und für die Außenbegrenzungen durch den Stuhl ist notwendige Voraussetzung für den hypnoiden Zustand.

Danach wird an den vorher gemachten Spaziergang angeknüpft, in dem es darum ging, den eigenen Lebensweg und den als Paar zu meditieren. Die Teilnehmer werden eingeladen, sich vorzustellen, sie seien eine Lerche, die draußen über dem Feld in der Luft steht und ihr Lied trällert. Das Bild der Lerche ermöglicht, in eine exzentrische Position zu gehen. Diese Exzentrizität ist eine Bewußtseinsfunktion des Ich, nämlich die Möglichkeit, sich selbst von außen zu betrachten (*Rahm* et al. 1993).

Plötzlich sieht diese Lerche unter sich zwei Menschen, ein Paar. Bei genauem Hinsehen fällt ihr auf, daß sie die beiden kennt; es sind die Teilnehmer selbst, als Mann und Frau. Nach einiger Zeit wird die „Lerche" aufgefordert, die beiden genau zu betrachten und wahrzunehmen, wie die beiden miteinander umgehen, wie sie sich lieben und streiten, wie sie sich berühren etc. Ganz zum Schluß wird die „Lerche" gefragt, was sie nun für ein Bild, was für einen „Geschmack" von diesem Paar sie bekommen hat.

Die Zentrierung wird mit einer Rückkehr zum eigenen Atem beendet, und die Teilnehmer werden angeleitet, mit **geschlossenen** Augen diese inneren Bilder, Atmosphären, Szenen in die schon zuvor verteilte und vor ihnen liegende Tonerde einfließen zu lassen und aus „den Händen heraus" eine Plastik zu gestalten. Das Geschlossenhalten der Augen ermöglicht zum einen, stärker der Intuition zu folgen, zum anderen verhindert es einen „Leistungsvergleich" mit dem Ehepartner oder mit anderen Teilnehmern.

Hilfreich ist auch der Hinweis, daß es beim Formen nicht auf „Schönheit" ankommt, es auch nicht wie in der Schule „Noten" dafür gibt und, vor allem, daß keiner etwas falsch machen kann. Denn viele Teilnehmer haben mit ihren Leistungen, besonders im kreativen Bereich, noch gar keine oder erheblich negative Vorerfahrungen gemacht. Deshalb ist dieser Hinweis ausgesprochen wichtig, weil er zum kreativen Ausdruck ermuntert. Der Hinweis, „nichts falsch machen zu können", wird von vielen Teilnehmern als sehr ermutigend empfunden.

Nach ca. einer halben Stunde, wenn alle ihre Tonarbeit beendet haben, werden die Teilnehmer ermuntert, sich von ihrem Kunstwerk, dem eigenen Ausdruck, beeindrucken zu lassen (*Orth* & *Petzold* 1993c). Durch die eigene Auseinandersetzung mit dem soeben geschaffenen Werkstück werden kreative Erlebnismöglichkeiten und Gestaltungskräfte angeregt. Hilfreich ist dabei die Vorstellung, daß man eine Werkschau junger Künstler besucht und die Plastik, die gerade vor einem steht, beschreiben soll. Wichtig ist, von allen Seiten genau hinzuschauen, sich beeindrucken zu lassen. Danach gibt jeder seinem eigenen Werk eine Überschrift, einen Titel oder schreibt vielleicht ein Gedicht – eine Verdichtung – oder auch mehr dazu auf (30 Minuten).

Anschließend geht es darum, auf der Grundlage der Tonplastiken und des dazu Aufgeschriebenen zu einer ersten, bewußten Paardiagnostik zu kommen. Dadurch, daß dieser Prozeß sich vor den anderen Gruppenmitgliedern abspielt und diese den „Ausdruck" verstehend aufnehmen, entsteht ein starkes Gemeinschaftsgefühl mit einer intensiven Gruppenkohäsion.

Alle Teilnehmer finden sich wieder in einer Runde sitzend ein, und es wird angeregt, daß jedes Paar sich gegenseitig unter den Augen und der liebevollen Aufmerksamkeit der Gruppe die eigenen Plastiken und die Gedichte dazu vorstellt. Der Ausdruck „liebevoll" steuert die Art der Wahrnehmung: es geht nicht um ein
„Sich-Weiden am Leid der anderen", sondern um eine innere Haltung, die den anderen, das Paar, welches sich gerade „auf der Bühne" der Gruppe darstellt, in seiner Würde, bei allen möglichen „Fehlern", ernst nimmt. Zusätzlich wird dadurch Ermutigung
für ein Paar geschaffen, sich als erstes für die „Vorstellung" zu melden.

Ein Einüben solcher Haltung ist ausgesprochen partnerschaftsfördernd, denn
wohlwollendes Angeschautwerden ist für die Entwicklung der menschlichen Kommunikation und Persönlichkeit von zentraler Bedeutung (*Stern* et al. 1974; *Keller* et al.
1985). So betont *Vyt*: *„The human infant is a creature that is ‚tuned' to eye contact and fi-
ne-grained forms of communication with his caregiver"* (1989, 148). Die Blickqualitäten
der Therapeuten und der Gruppenmitglieder bieten Klienten *„korrigierende Erfahrung"* (*Foulkes* 1972), insbesondere dann, wenn sie als Kinder mittels kri-
tisch-beobachtender, bewertender oder abweisender Blicke „erzogen" wurden. So suchen immer wieder Klienten in der therapeutischen Arbeit, wenn sie unsicher sind,
oder ganz besonders, wenn sie sich präsentieren, indem sie eigene Werke wie Tonfiguren, Bilder, Gedichte vorstellen, die versichernden Augen des Therapeuten. *Foulkes*
(1972) betrachtet die spiegelnde Funktion der Gruppe als einen der bedeutenden therapeutischen Wirkfaktoren in der Gruppenarbeit.

Bei der Vorstellung der Tonfiguren im Innenkreis wird darauf geachtet, daß die
Partner nicht der Gruppe, sondern **einander** vorstellen, was sie gebildet und was sie
aufgeschrieben bzw. gedichtet haben. Dieses Tun ermöglicht Einsicht in die Situation
der Beziehung. Der Austausch selbst fördert die kommunikative Kompetenz und Beziehungsfähigkeit der Partner.

In dieser Runde wird seitens der Therapeuten die (für den Fachmann oftmals of-
fenkundige) Problematik noch nicht vertieft. Eine Vertiefung, die schon an dieser
Stelle auf Hintergründe der Problematik eingine, würde die Klienten überfordern,
evtl. auch ihren Widerstand mobilisieren. Erst später, wenn sie in der Phase des Lernens von Beziehungsverhalten ein Mehr an Verständnis für sich und den Partner gewinnen konnten, ist Aufarbeiten und Verstehen der Problemlage angezeigt. Es wird
jetzt lediglich kurz auf das zutage kommende Thema, den Konfliktherd der Paarbeziehung, eingegangen, soweit es die Klienten schon innerlich nachvollziehen können.

Beispielsweise wurde in einer Tonplastik folgendes ausgedrückt: Beide Partner sind
mit ihren Unterleibern ineinander verschlungen, ihre Oberkörper streben auseinander, und die Hände sind in Abwehrhaltung. So könnte für dieses Paar der Konfliktherd, das heute zutage kommende Thema etwa so beschrieben werden: Beide sind an
den Wurzeln ihrer Beziehung sehr miteinander verwoben und wehren diese Nähe mit
den Händen und dem Oberkörper ab.

Um die anderen Teilnehmer am diagnostischen Prozeß zu beteiligen, wird zum
Abschluß die Frage gestellt, ob noch jemand etwas zu den vorgestellten Plastiken sa-

gen möchte. Dabei gilt es für die Therapeuten, die Rückmeldungen so zu steuern, daß diese *nicht:*

‣ konkurrierend, ironisierend, theoretisierend, aufdringlich, dramatisierend, bestrafend, belehrend,
sondern:
‣ einfühlsam, tolerant, akzeptierend, von der eigenen Betroffenheit erzählend, nicht moralisierend sind.

Das Vorstellen der Tonplastiken nimmt je Paar ca. 1 bis ½ Std. Zeit in Anspruch, setzt sich daher auch noch am 2. Tag fort.

→ *1. Tag abends*

Neben der einsichtsfördernden Arbeit ist es wichtig, daß die Paare gleich zu Beginn der Therapie die Erfahrung gemeinsamer förderlicher und salutogener Faktoren machen, daß sie im Erleben des Seminars also auch Gelegenheit haben, an ihre Ressourcen anzuknüpfen. Dazu eignet sich insbesondere folgende Übung (Kap. 13.5), weil sie auf der unbewußten Ebene an gemeinsame positive Vorerfahrungen des Paares anknüpft. Die jetzt und hier konkrete augenblickliche Erfahrung von emotionaler Annahme und Stütze ist für das Paar bedeutsam, um sich auf den weiteren Klärungsprozeß und auch auf weitere Übungen einlassen zu können. Dabei wird bewußt auf die Ressourcenaktivierung als einen bedeutenden psychotherapeutischen Wirkfaktor gesetzt (*Grawe* 1998). Zusätzlich ist die Übung geeignet, dem anstrengenden Tag einen entspannenden Abschluß zu geben.

Ein Partner sitzt so, daß er bequem etwa 20 Minuten lang in dieser Haltung sitzen kann. Der andere Partner liegt vor ihm und legt den Kopf in die Hände des ersten. Dieser hält ihn nur ruhig in seinen Händen. Im Hintergrund hört man entspannende Musik. Während dieser Zeit werden beiderseits die Worte und die augenblickliche Erfahrung: „Ich bin in deiner Hand, du bist in meiner Hand" meditiert. Diese Übung findet mit dem eigenen Partner statt. Nach 20 Minuten wird der Kopf vorsichtig auf den Boden gelegt. Beide spüren einige Minuten nach, wie das ist, jetzt wieder alleine zu liegen bzw. keinen zu halten, danach wird Rollenwechsel angesagt.

Dieses Bewußtmachen des Wechsels zwischen dem Erleben als Paar während des Haltens und dem „Alleinsein" in Gegenwart des anderen stärkt die Individuation im Paar, als wichtige Voraussetzung für eine intersubjektive bzw. partnerschaftliche Beziehung.

Zum Ende der Übung tauschen alle in der Runde aus, was sie erlebt haben.

Zusammenfassung:

Die erste Interventionsphase der PARTNERSCHULE ist dadurch gekennzeichnet, daß die Teilnehmer in der ihnen unbekannten Umgebung Sicherheit und Vertrauen gewinnen, um ihre „Themen" einbringen zu können. Durch Ausdrucksarbeit mit Tonerde und das anschließende Besprechen der Arbeiten vor der Gruppe werden erste Anhaltspunkte für eine prozessuale Diagnostik gesammelt.

➔ 2. Tag morgens

Weitere Arbeit mit der Vorstellung der Tonfiguren

➔ 2. Tag nachmittags

Phase 2, Partnerwerdung: Die Geschichte des Beziehungsverhaltens

Im ersten Schritt haben die Paare Zugang zu einer Beschreibung ihres Problems bekommen, haben angefangen, sich der *„Immanenten Theorie"* ihrer Praxis (*Heid* 1991) bewußt zu werden. In der zweiten Interventionsphase geht es nun darum, einen Zugang zu den Ursachen dieser Praxis des Miteinanders zu bekommen. Die Klienten sollen lernen, von den Phänomenen über die Strukturen zu den Quellen der Art ihres Verhaltens zu kommen, also vom *„deskriptiven Stadium"* über das *„analytische"* zum *„kombinatorischen"* zu gelangen (*Schmitz* 1989).

Wichtig bei dieser „Quellensuche" ist das In-Kontakt-Kommen mit alten Beziehungserfahrungen und Beziehungsmustern, da diese sich oftmals **heute** im Miteinander eines Paares als wesentlicher Störfaktor bemerkbar machen. Und es wird nicht nur darum gehen, dies wahrzunehmen, sondern auch ganz konkret neues Verhalten miteinander zu lernen. *„Das unbewußte Beziehungsmuster kann dem Patienten ‚einsichtig werden' (erster Weg der Heilung). Aber wird es dadurch auch geändert? ‚Einsicht ist der erste Weg zur Besserung' (Freud), aber ist sie schon die Heilung? Übertragung muß – und das ist die Auffassung der Integrativen Therapie – nicht nur bewußt erkannt und ‚gemeistert' werden, sondern ihre Quellen, die motivationalen Kräfte, die hinter ihr stehen (fortwirkende Defizite, unerledigte Konflikte, noch virulente Traumatisierungen, fixierte Störungsmuster), müssen zur Ruhe kommen, aufhören zu strömen. Die Antriebe, Impulse, Motivationen, die hinter der Übertragung stehen, müssen ‚erlöschen', indem die pathogene Valenz der alten Szene in korrigierenden Neuinszenierungen verändert wird ..."* (*Orth* & *Petzold* 1993a, 121).

Bei dieser Quellensuche ist darauf zu achten, sich nicht auf ein einzelnes traumatisches Ereignis oder z.B. die schlechte Mutter/Vaterbeziehung zu fixieren; es gilt vielmehr, Beziehungsstörungen immer im gesamten Kontext ihrer Entstehungsgeschichte zu betrachten. So betont *Papoušek* deshalb: *„Es soll jedoch nachdrücklich davor gewarnt werden, die Mutter als Hauptursache oder sogar als Schuldige für die Entstehung gestörter Beziehung herauszustellen. Konzepte wie die von der ‚psychotoxischen' Mutter oder*

der ,schizophrenogenen', der ,depressiogenen', der ,borderlinogenen' oder ,Auti-
sten'-Mutter haben in der Öffentlichkeit mehr Schaden und Verunsicherung angerichtet
als genutzt. Gestörte Beziehungen entwickeln sich in einem Beziehungsgeflecht, zu dem mit
ebensolchem Gewicht wie die Mutter oder der Vater auch Temperament, Konstitution und
abnorme Verhaltensbereitschaften des Kindes beitragen, ebenso wie die Geschwister, die
eheliche Beziehung und Kommunikation zwischen den Eltern" (1989, 121).

Im Rahmen dieser therapeutischen Tiefungsarbeit (*Rahm* et al. 1983) kommt man
mit den verschiedenen *„inneren Kindern"* (*Orth* & *Petzold* 1993a) der Klienten in Berührung. Die Tiefungsarbeit bedeutet ein „in die Tiefe, zu den Quellen Gehen", d.h.
konkret: Wenn Klienten durch bestimmte Erlebnisse im Seminarverlauf an eigene,
z.T. verdrängte pathologische Atmosphären bzw. Erlebnisse aus ihrer Geschichte rüh-
ren, wenn implizite Beziehungsmodi plötzlich sich aktualisieren, dann wird im Sinne
der von *Ferenczi* (1931) beschriebenen Aktiven Psychoanalyse versucht, angemessen
darauf zu reagieren. Durch die anderen Gruppenmitglieder ist eine reichliche Anzahl
an möglichen Übertragungsfiguren gegeben. Der Therapeut steuert diesen Prozeß, in
welchem vom Protagonisten ausgewählte andere Teilnehmer dann durch Stimmlage,
Wortwahl, Handlungen auf die gerade reproduzierte Szene und die Bedürfnisse des
Klienten eingehen und in diesem Übertragungsgeschehen mitspielen.

In der folgenden Phase der Gruppenarbeit sollen die Teilnehmer nun einen Zugang zu den Quellen ihres Verhaltens bekommen (Übung 14.7). Anfangs bewegen
sich alle Teilnehmer ca. 3 Minuten lang frei im Raum, ohne dabei jedoch Kontakt
miteinander aufzunehmen. Durch das freie Bewegen sollen sie stärker mit sich selbst
in Kontakt kommen (*Brooks* 1979). Aus der freien Bewegung heraus finden sich dann
zwei fremde Partner (es können auch zwei Frauen oder zwei Männer sein) zusammen,
die sich einander gegenüberstellen und mehrmals den Vornamen des anderen sagen.
Ein Partner fängt an. Der Name soll in verändertem Tonfall, in verschiedenen Lautstärken, mit kleinen Pausen dazwischen wiederholt werden. Ziel ist es, das Gegenüber
„innen" zu erreichen. Nach zwei Minuten wechseln die Rollen, und der andere sagt
den Namen des ersten. Danach wird ein neuer Partner gesucht, die Übung wird wiederholt, und es werden auch wieder die Rollen gewechselt.

In der dritten Runde wird das Namensagen mit dem eigenen Partner gemacht. Anschließend findet die Gruppe sich zu einer Feedbackrunde zusammen und tauscht
ihre Erfahrungen aus.

Durch diese Übung werden Kindheitserinnerungen wach; Mutter- oder Vaterrufe
werden erinnert; warme, erfreuliche, aber auch bedrohliche, beängstigende Gefühle
werden aktualisiert.

Nachdem die Teilnehmer durch die vorhergehende Übung bereits erste Kontakte
mit den *„inner states"* ihrer *„inneren Kinder"* bekommen haben (*Orth* & *Petzold*
1993a), soll dieses Erleben intensiviert und so einer möglichen Bearbeitung zugänglich gemacht werden.

Jeder bereitet sich zunächst einen Platz, an dem er 20 Minuten lang liegend einer
Zentrierung folgen kann. Ferner legt sich jeder in unmittelbarer Nähe Papierbögen

und Ölmalkreiden griffbereit, damit ohne große Unterbrechung aus der Zentrierung heraus der innere Eindruck gestaltet werden kann.

Alle legen sich flach auf den Boden. Wichtig ist der Hinweis, einengende Kleidung zu lösen, die Schuhe auszuziehen und die Augen zu schließen. Nach einer angeleiteten Entspannung (Kap. 12.2) spüren die Teilnehmer in ihren Körper hinein, spüren, wie sie sich im Moment fühlen, und stellen sich vor, daß der Boden, die Erde sie trägt und sie nicht fallen können. Dieses Bild, von der Erde getragen zu sein, knüpft an eine unbewußte, doch immer präsente Wahrnehmung des Menschen an, nämlich die von der Schwerkraft. Dieses Wissen wird verknüpft mit der augenblicklichen Übung und bietet so die Basis für eine angeleitete Regression.

Nachdem sich alle entspannt haben (ca. 5 Minuten), wird zur Zentrierung übergeleitet, die mit viel Zeit zwischen den einzelnen Sätzen erreicht wird (ausführlich in Kap.15.1).

Zunächst kann an die Übung mit den Namen angeknüpft werden. Es folgt dann eine Reise zurück in die Kindheit (ca. 20 Minuten), deren Fokus darauf liegt, wie nahe Bezugspersonen früher ihre Beziehungen zu diesem Kind gestaltet haben. Reaktionen des Kindes darauf, wie zum Beispiel Wut, Trotz oder Unterdrückung der Gefühle, werden als Kompetenzen interpretiert, die nötig und hilfreich waren, in der damaligen Lebenssituation zu bestehen.

Abschließend wird langsam aus der hypnoiden Trance herausgeleitet, mit Bewußtwerden des Atems, mit Recken, Strecken, wieder Zurückkommen.

Die Teilnehmer werden dann gebeten, mit Ölkreide durch Farben und Formen dem emotional Erlebten kreativen Ausdruck zu geben. Auch hier ist wieder der Hinweis wichtig, daß nichts „Falsches" gemalt werden kann und daß sich die Teilnehmer einfach von den Farben der Stifte ansprechen und leiten lassen können (ca. 30 Minuten).

Wenn die meisten Teilnehmer ihre Bilder fertiggestellt haben, werden alle gebeten, langsam zum Ende zu kommen. Dann läßt ein jeder sich von seinem Bild beeindrucken und gibt ihm einen Titel, schreibt vielleicht ein kleines Gedicht dazu oder einige Gedanken, die ihm dazu kommen.

Nach Beendigung der drei Schritte:

▸ Zentrierung „Status eines oder mehrerer Innerer Kinder",
▸ Malen als Expression,
▸ sich vom Erlebten und Gemalten beeindrucken lassen (Impression) und das als „Theorie" wieder verdichten

findet eine Blitzlichtrunde statt: Wie geht es mir **jetzt**? Wichtig ist, daß noch nicht inhaltlich über das Bild gearbeitet wird. Ziel ist eine augenblickliche Zustandsbeschreibung, damit evtl. traumatische Erinnerungen und die damit verbundenen Emotionen benannt werden können.

→ 2. Tag abends

Weil die vorhergehende Arbeit oftmals sehr viel Zugang zu traumatischen und erschütternden Erlebnissen eröffnet, soll in der folgenden Übung durch „nachnährende" Arbeit eine mögliche Antwort darauf gegeben werden. Die Technik des „Nachnährens" beinhaltet Handlungsweisen wie Verwöhnen, Streicheln, Gut-Zureden etc., wie sie eine liebevolle Mutter oder ein liebevoller Vater seinem Kind angedeihen läßt. Ihr therapeutischer Einsatz gründet sich auf die Erfahrungen von *Ferenczi* (1933).

Zunächst bewegen sich die Teilnehmer nach leichter, lockerer Musik in freiem Tanzen. Dabei finden sich fremde Partner zu folgender Übung (Kap. 16.35): Die Partner sitzen einander gegenüber, betrachten wechselweise zunächst schweigend das Gesicht des anderen, um in diesem das Kind von damals zu entdecken, und streicheln es anschließend.

Im Anschluß an diese Übung findet eine Feedbackrunde statt, in der die Teilnehmer über ihre Erfahrungen mit der Übung berichten. Da die Übung mit einem fremden Partner gemacht wurde, ist ein großes Bemühen festzustellen, dem anderen genau zu schildern, was man selber alles gesehen und erlebt hat: „Ich habe in deinem Gesicht das Gesicht eines zwölfjährigen Mädchens mit dicken langen Zöpfen gesehen, und plötzlich verwandelte es sich in das Gesicht eines Babys, das weinte. Ich habe dir über deine Wangenknochen gestreichelt, weil ich spüre, wie fest du die Zähne aufeinanderbeißt, und ich dir dort Gutes tun wollte."

Die Rückmeldungen werden in der Regel nicht vertieft, sondern als solche stehengelassen. Da diese Übung mit einem fremden Partner gemacht wird, bemühen sich die Teilnehmer sowohl bei der Durchführung als auch bei der Auswertung sehr. So wird diese zu einem hervorragenden Übungsfeld für die kommunikative Kompetenz, gerade auch was das intime Miteinander angeht.

In dieser Feedbackrunde fließen auch die Erfahrungen der letzten beiden Tage insgesamt ein, unter den Gesichtspunkten der Befindlichkeit, des intellektuellen Nachvollziehens, was geschehen ist, und der Vorgehensweise der Leitung. Der Schwerpunkt der Rückmeldungen liegt bei der gefühlsmäßigen Befindlichkeit der einzelnen Teilnehmer. Es werden aber auch Fragen gestellt hinsichtlich der Bedeutung der Kindheit für die heutige Fähigkeit, in einer nahen Beziehung zu leben. Aufgrund dieser Fragen findet eine theoretische Einordnung des bisher Erlebten und im Seminar neu Erfahrenen statt. Ganz im Sinne einer klärungsorientierten Vorgehensweise beinhaltet dies, die gestellten Fragen zu verbinden

▶ mit Antworten der „Chaos-Ordnung-Theorie" (Kap. 6.2), die das Chaos, die Krise als „natürlichen" Entwicklungsprozeß zu einer Ordnung auf einer komplexer strukturierten Ebene ansieht, sowie

▶ mit dem szenentheoretischen Ansatz, der das Leben als Bühne betrachtet, auf der sich alte Beziehungsmuster immer wieder neu inszenieren (*Petzold* 1993b).

→ 3. Tag morgens und nachmittags

Der Tag beginnt mit einer Bewegungsübung: Frühe Beziehungserfahrungen haben sich nicht nur in Kognitionen und in der für den Einzelnen typischen Art seiner Beziehungsgestaltung niedergeschlagen, sondern sie haben sich auch oftmals in der Physis eines Menschen verfestigt: der gebeugte Rücken, der suchende Blick, die zusammengezogenen Schultern, die niedergeschlagenen Augen ... oder auch die Haltung des Beckens (*Lowen* 1979). In der folgenden Übung (Kap. 16.30) soll die bewußte Wahrnehmung auf die Haltung des Beckens gelegt werden, welches im Rahmen des Erlebens der Sexualität eine zentrale Rolle einnimmt (*Lowen* 1970). Sie dient der Förderung leiblicher Bewußtheit. Die Übung beginnt mit Streck- und Dehnübungen, dann gehen alle frei im Raum umher. Bei diesem Umhergehen werden dreierlei Beckenhaltungen ausprobiert, die nacheinander angesagt werden, und ihrer körpersprachlichen Bedeutung nachgespürt. Durch diese Erfahrung merken die Teilnehmer beispielhaft, wie sich eine innere Haltung im körperlichen Ausdruck widerspiegelt. Es entsteht eine gute Motivation der Teilnehmer, von einem bewegungsarmen zu einem ausdrucks- und bewegungsreichen Leben zu kommen und dies mit Hilfe von Übungen, wie sie etwa von *Lowen* (1979) vorgestellt werden, zu erreichen. Eine Änderung der seelischen Verfassung korrespondiert mit der äußeren Bewegung.

Nach der Übung bilden die Teilnehmer einen Stuhlkreis und berichten über das, was ein jeder erlebt hat.

Die nun folgende Arbeit nimmt zeitlich einen breiten Raum ein. Die Paare stellen sich nacheinander im Innenkreis der Gruppe gegenseitig als Paar ihre Bilder vor, die sie nach der Zentrierung auf ihre frühe Beziehungserfahrungen gemalt haben.

In der Zeitplanung ist seitens der Kursleitung darauf zu achten, daß jedes Paar, soweit es möchte, im Rahmen des Seminars die Gelegenheit hat, an den Bildern zu arbeiten. Dabei ist pro Paar in der Regel ein Zeitvolumen von 1-2 Stunden zu berücksichtigen, je nachdem, wie intensiv die Teilnehmer an ihren Bildern arbeiten, d.h., wie sie in alte traumatische Szenen, die auf den Bildern dargestellt sind, durch Nacherleben wieder einsteigen. Manchmal reicht ihnen auch ein Erzählen ihrer Lebensgeschichte, um sich zutiefst verstanden zu fühlen. Durch die vorangegangene Zentrierung, das Malen und Schreiben dazu, hat diese Geschichte oftmals eine ganz neue Färbung bekommen, so daß der Partner, selbst wenn er schon viel vom anderen weiß, trotzdem Neues zu hören bekommt. Oftmals bildet dies aber erst den Beginn der Anteilnahme an der Geschichte des anderen. Manchmal wird diese Erfahrung auch erst überhaupt möglich, weil sie unter therapeutischer Leitung, Anregung und Nachfragen im „Schutzraum der Gruppe" geschieht.

Zum Abschluß jedes Gesprächs werden die übrigen Teilnehmer eingeladen, auch ihre Eindrücke zu den Bildern des jeweiligen Paares mitzuteilen.

In der Regel fördert diese Arbeit den emotionalen Ausdruck und die Einsicht in Verhaltensweisen, die heute die Beziehung belasten. Ferner kann dem Paar der Sinn aufgehen, warum ausgerechnet sie beide ein Paar sind, warum sie sich gesucht haben und welche Entwicklungschancen (*Sanford* 1989) für den Einzelnen in ihrer Beziehung stecken. Manchmal kommt es zu einer Evidenzerfahrung, wenn jemand etwas völlig Neues in seiner Beziehung ausprobiert, z.B., wenn eine Frau etwa ihre „Kontrolle" aufgibt und feststellt, daß sie sich tatsächlich in die Arme ihres Mannes fallen lassen kann und daß dieser sie tatsächlich auffängt.

Eine Frau malte einmal auf ihrem Bild folgende Einzelheiten: Sie selbst ist in einer Reihe mit Vater, Mutter und fünf Geschwistern beim Ausflug dargestellt – eine sehr schöne Erinnerung für sie. Daß sie den Kinderwagen mit dem Säugling schiebt und den Rucksack trägt, fällt ihr nicht auf. Erst in der gemeinsamen Aussprache weisen andere Gruppenmitglieder sie darauf hin. Beeindruckend für sie ist ferner ein gelber Kreis, der Kartoffelsalat. Diesen verzierte die Mutter zu Silvester immer besonders schön. Sehr drohend und mit Furcht besetzt sind die Erinnerungen an den Vater, der sich durch unvorhersehbare aggressive Ausbrüche gegenüber der Mutter und den Kindern auszeichnete, im Bild symbolisiert durch eine neunschwänzige Katze (eine Peitsche) und durch einen Gummischlauch. Das Bett der Mutter, groß ins Bild gesetzt, war der letzte Fluchtpunkt vor dem Vater. Und für die Mutter, wenn ihre Kinder mit im Bett waren, gleichzeitig Schutz vor ihrem Mann.

Während die Klientin vom Vater erzählt, läßt sich ihre Furcht und Angst vor diesem Mann an den Körperreaktionen des Geducktseins, der vorsichtigen, leisen Stimme ablesen. Ein Gegenüberholen des Vaters auf einen leeren Stuhl in der Imagination im psychodramatischen Rollenspiel (*Moreno* 1973), um so ihren inneren Empfindungen Ausdruck zu verleihen, lehnt die Teilnehmerin ab, da er doch auch „viel Gutes getan habe".

Ihr Widerstand schützt sie im Moment vor den sich widersprechenden Gefühlen zwischen der erinnerten Realität und der Sehnsucht nach einem liebevollen Vater. Diesen Widerstand durch eine „gepuschte" bioenergetische Arbeit (*Lowen* 1975) zu brechen, in der sie etwa aufgefordert würde, mit aller Kraft auf ein Kissen einzuschlagen, wäre unverantwortlich. Durch den Widerstand macht die Klientin deutlich, daß dies für sie nicht angezeigt ist. Therapeutisch ist darauf zu achten, daß nur das an Emotionen evoziert wird, was anschließend auch integrierbar ist.

Im Bild des Mannes dieser Frau ist viel Geborgenheit und Wärme in der Symbolik zu entdecken. Der Vater, der diese Wärme repräsentierte, spielte für den Klienten eine zentrale Rolle. Als der Klient 10 Jahre alt war, erkrankte der Vater lebensbedrohlich; und er starb zwei Jahre später. Für den Zehnjährigen war es sehr bitter, den Vater körperlich verfallen zu sehen. Nach dem Tod des Vaters nahm er für seine Mutter und die jüngeren Geschwister dessen Rolle ein. Noch bis in die Zeit seiner Verlobung fand er es „selbstverständlich", sonntags mit der Mutter spazieren zu gehen. Eigene Trauer um den Tod des Vaters hat bisher nicht stattgefunden.

In der anschließenden Arbeit mit dem Paar wird folgendes deutlich: Sie bekommt aus „nichtigen" Anlässen Wutausbrüche auf ihren Mann, fühlt sich von ihm verlassen und im Haushalt und bei der Kindererziehung (fünf Kinder) nicht unterstützt. Bei gemeinsamen Radtouren mit den Kindern hat sie oft den Eindruck, abgehängt zu werden.

Ihr Mann dagegen hat von sich selbst den Eindruck, neben seinem Beruf als Lehrer fast den gesamten Haushalt zu organisieren, es aber trotz seines Einsatzes seiner Frau sowieso nie recht machen zu können.

Bei der Deutung der beiden Geschichten fällt auf, daß die Frau die Wut und den Ärger über die durch den Vater erlittene Bedrohung und das Nicht-Ernstgenommen-werden im Wege der Übertragung ihrem Mann gegenüber auslebt. Im Vordergrund steht der Streit der Ehepartner. Dieser wird bei der Frau im Hintergrund genährt aus ihrer damals nicht lebbaren Wut dem Vater gegenüber. Ferner erlebt sie sich noch immer in der Rolle des Kindes, das in der Familie den Rucksack trägt und den Kinderwagen schiebt.

Der Mann dagegen scheint aufgrund seiner Hintergrunderfahrungen von seiner Frau zu erwarten, daß sie mit ihm unzufrieden ist. Er hat sich die alte Überforderungsszene wieder inszeniert: Früher, als Kind, konnte er tatsächlich nicht den Ehemann und Vater ersetzen und scheiterte immer wieder an seiner unzufriedenen Mutter. Heute läßt er sich durch seine Frau in diese Rolle drängen.

In der Arbeit mit dem Paar drängt sich die Frage auf: Wer ist heute Opfer? Wer Täter? Wer macht wen wie zum Täter bzw. Opfer?

Es war wichtig, daß beide einen Zugang zu ihren verdrängten Erlebnissen bekamen und begannen, unter therapeutischer Begleitung ihr Beziehungsknäuel zu entflechten. Dabei lernten beide, von unrealistischen Einstellungen Abschied zu nehmen: sie von der Vorstellung, daß ihr Mann sie tatsächlich wie ihr Vater schlecht behandelt und sie ihn so zum Täter werden läßt, an dem sie sich rächen kann, und er von der Erwartung, daß seine Frau wie eine gute Mutter sich liebevoll über seine Arbeitsergebnisse freut. Ferner lernte er, richtig zuzuhören, d.h., Anerkennung, die ihm seine Frau **auch** aussprach, wahrzunehmen, zuzulassen und anzunehmen. Er brauchte nicht mehr deshalb Lob abzuwehren, weil er auch früher nie Lob zu hören bekommen und so gar nicht gelernt hatte, damit umzugehen.

Durch eine solche klärungsorientierte Arbeitsweise lösen sich langsam die Übertragungen in einem Paar auf. Beide beginnen, einander verändert wahrzunehmen. So kann das, was an Nähe und Zuneigung möglich ist, sich realistisch entwickeln.

Die Arbeit mit den Bildern ist für alle Teilnehmer sehr erlebnisintensiv. Auch wenn nicht das eigene Bild „dran" ist, sind alle innerlich mitarbeitend dabei, weil sie eigene Erlebnisse mit denen des Protagonisten in Verbindung bringen. Bewältigungsstrategien werden durch die Zuschauer ganz im Sinne eines Modellernens übernommen (*Bandura* & *Walters* 1963).

Da eine solch hohe Konzentration sich nicht dauernd halten läßt, wird innerhalb der 2½ Tage, an denen die Bilder besprochen werden, die Arbeit zwischendurch mittels anderer partnerschaftsfördernder Übungen ergänzt, die sich aufgrund der angesprochenen Themen anbieten. Diese Übungen fördern den Dialog des Paares auf den Ebenen des Körpers und der Sprache. Sie werden aus den Übungen des Praxisteils übernommen oder aus der Situation der Gruppe „erfunden".

Wenn die Übungen abends in der letzten Einheit stattfinden, werden Sie eingeleitet mit einer „freien Bewegung" (15 Minuten) nach unterschiedlicher Musik. Klassische Musik, wie etwa der Bolero von *Ravel*, ist, je nach der anschließenden Übung, genauso geeignet wie Pop- oder Meditationsmusik.

→ 3. Tag abends

Zu Beginn der folgenden Übung (Kap. 16.2), die den Teilnehmern zeigen soll, wie sie mit emotionaler Annahme und Stütze ihren Alltag als Paar bereichern können, bewegen sich die Teilnehmer zum „Bolero" von *Ravel* und stampfen zu dessen Rhythmus. Das Stampfen hat eine stabilisierende Wirkung und „erdet" (wie etwa im Afrikanischen Tanz) die Teilnehmer.

Danach verteilen sich die einzelnen Paare im Raum. Jeder Partner eines Paares hat nun ½ Stunde Zeit für sich, und zwar für sein „inneres Kind", um das der andere Partner sich liebevoll kümmern möge. Der Partner soll gebeten werden, das „Kind" zu verwöhnen, mit ihm zu sprechen oder zu schweigen, es zu streicheln oder nicht oder ihm ein Märchen zu erzählen ... je nachdem, welche Wünsche jeder hat. Dabei ist es auch möglich, daß innerhalb dieser Zeit die Bedürfnisse verschiedener innerer Kinder aktuell werden, die dann nacheinander befriedigt werden wollen. Nach einer halben Stunde bedanken sich die „Kinder" bei ihrem Partner, weil dessen Tun nicht selbstverständlich ist. Danach findet ein Rollenwechsel statt.

Die gerade gemachte Erfahrung hat einen emotional dichten Charakter für das Paar. Um den Einzelnen gefühlsmäßig nicht zu überfordern, ist es sehr wichtig, diese Erfahrung einzubinden in eine Erfahrung von Solidarität in der Gesamtgruppe.

Denn damit ein Paar sich gegenseitig emotionale Annahme und Stütze sein kann, muß es eingebunden sein in eine Gemeinschaft von Menschen (siehe auch Wir-Treue in Kap. 5.2). Zur Entwicklung und Förderung braucht der Einzelne und auch das einzelne Paar die Gruppe und deren lebendige Gemeinschaft, denn schon die Gegenwart anderer erleichtert die Lösung von Problemen (*Allport* 1924).

Die Teilnehmer erleben das in den Übungen, im Erzählen und Zuhören, im Sich-klären von Konflikten und in den informellen Kontakten. Folgende Körperübung (Kap. 16.32) ist geeignet, diese Solidaritätserfahrungen zu bündeln und zu kristallisieren. Sie wird deshalb an den Abschluß des Abends gestellt.

Alle stellen sich im Grundstand, Füße schulterbreit, Knie locker, zu einem großen Kreis zusammen. Sie schließen die Augen und konzentrieren sich auf ihren Atem; nach einiger Zeit tiefen Ein- und Ausatmens wird der Atem zunächst in der Vorstellung durch die Fußsohlen hindurch in die Erde geschickt; bei jedem Ausatmen verlängert sich dann in der Vorstellung das Rückgrat, bis sein Ende den Erdmittelpunkt erreicht; im Erdmittelpunkt treffen sich alle Gruppenmitglieder und sind so miteinander verbunden. Danach wird bei jedem Einatmen in der Vorstellung das Rückgrat nach oben so verlängert, daß es den Zenit der Sonne erreicht; auch hier treffen sich wieder alle Gruppenmitglieder in ihrer Vision.

Es ist auch später möglich, wenn jemand die innere Kraft der Gruppe benötigt, sich an diese Übung zu erinnern, sie zu wiederholen, um sich verbunden zu fühlen. So kann die Erfahrung zu einem Ankerreiz werden (*Lauterbach* & *Sarris* 1980).

Abschließend werden die Erfahrungen mit beiden Übungen wieder in der Runde ausgetauscht.

➡ 4. Tag, morgens

Nach einigen gymnastischen Lockerungsübungen gehen alle Teilnehmer frei im Raum umher. Dann sucht sich jeder einen Partner, egal, ob Frau oder Mann, aber nicht den eigenen Partner. Ziel der folgenden Übung (Kap. 16.22) ist zum einen die Förderung leiblicher Bewußtheit, zum anderen, wenn sie mit wechselnden Partnern und zum Schluß mit dem eigenen Partner gemacht wird, Förderung eines prägnanten Selbst- und Identitätserlebens.

Die beiden Partner stellen sich Rücken an Rücken und kommunizieren so ohne Worte. Jeder spürt bei dieser Übung, wie der andere sich anfühlt. Jeder nimmt seine Empfindungen wahr, die die Berührung auslöst:

▶ Was ist möglich? Wie weit kann ich mich einlassen?
▶ Was erlebe ich? Erlebe ich etwas Schönes, Entspannendes, oder etwas Fremdes, vielleicht etwas Bedrohliches?

Die Übung endet damit, daß man sich ohne Worte, Rücken an Rücken verabschiedet und dann frei im Raum umhergeht, die Begegnung noch nachwirken läßt, sich dann innerlich vom Partner löst und wieder bei sich ankommt. Nach einigem Umhergehen wird die Übung mit einem anderen Partner, immer noch nicht mit dem eigenen Partner, wiederholt. Nachdem sich die Partner wieder mit ihrem Rücken voneinander verabschiedet haben, wird die Übung mit dem eigenen Partner durchgeführt.

Während des Alleingehens am Ende der dritten Begegnung werden folgende Fragen reflektiert:

▶ Welche Unterschiede habe ich in den Begegnungen erlebt?
▶ Was war identisch?
▶ Wie geht es mir jetzt?

Anschließend erfolgt in der Gruppe ein Austausch über diese Erfahrungen.

Zusammenfassung:

In der zweiten Interventionsphase der PARTNERSCHULE werden erste Ergebnisse der prozessualen Diagnostik durch den Blick auf die Fragestellungen vertieft: Welche Beziehungsregeln hat der Einzelne im Laufe seines Lebens bisher gelernt? Welche sind hilfreich, welche dysfunktional für seine Partnerschaft? Übungen zu förderlichen Qualitäten für eine Partnerschaft begleiten diesen Prozeß.

→ **4. Tag, nachmittags**

Phase 3: Das Bild vom (Ehe-)Paar

Die Teilnehmer erfahren im Laufe eines Seminars, daß manche ihrer Vorstellungen und Ideen über sich selbst und über die Weise des Zusammenlebens von Frau und Mann in Form der Partnerschaft ins Wanken kommen. In diesem Teil des Seminars sollen die inneren Leitbilder zu diesem Komplex (Kap. 5) bewußtgemacht werden, eine Horizonterweiterung erfahren und ggf. neue Seminarerfahrungen in sie integriert werden (Kap. 17.10).

Zunächst werden die Teilnehmer gebeten, spontan zu der Äußerung:
▸ „Eine ideale Ehe ist für mich ...“

Metaphern zu bilden. Hierbei erfolgen dann Äußerungen wie z.B.:
▸ *Ehe ist für mich Harmonie.*
▸ *Ehe ist für mich Gleichberechtigung.*
▸ *Ehe ist für mich grenzenloses Vertrauen.*
▸ ....

Viele dieser Äußerungen sind durch ein sehr idealistisches, unrealistisches Ehebild geprägt. Solche hohen Erwartungen lösen oft einen derartigen Druck aus, daß die reale Beziehung daran scheitert.

Anschließend werden die Begriffe des Ehebildes der **PARTNERSCHULE** vorgestellt und als ein mögliches Modell für das Miteinander von Frau und Mann in Form der Partnerschaft erklärt (Kap. 5.6).

Dann werden kleine Kartons mit den Benennungen der Pole in Kreisform auf den Boden gelegt, und zwar so, daß die jeweiligen Extreme der Pole sich gegenüberliegen; jeder Teilnehmer stellt sich hinter den Pol, mit dem er sich im Moment identifizieren möchte. Wenn jeder seinen Platz gefunden hat, beginnt er als Pol zu sprechen und dabei die Aufforderungsmomente, „affordances" (*Gibson* 1988), wie auch die Begrenzungen, „constraints" (*Warren* 1990), die in jedem Pol stecken, auszudrücken: z.B.:
Pol „Zusammensein":
▸ Ich bin ganz nah mit dir zusammen und finde es dann ganz warm und kuschelig.
▸ Ich bin so nah mit dir zusammen, daß mir die Luft zum Atmen wegbleibt.

Zusätzlich können auch weitere Teilnehmer sich hinter diesen Pol stellen und eigene Identifikationen mit diesem Punkt benennen. Werden keine Identifikationen mehr genannt, wird zum anderen Pol der Achse gewechselt:
Pol „Alleinsein":
▸ Ich bin allein und weiß, was ich will.
▸ Ich bin allein, und nur aus der Entfernung kann ich auf dich zugehen, wenn ich das will und mich dafür entscheide.

Das Sich-Erwandern der Pole ermöglicht den Teilnehmern, ihr persönliches Bild von Ehe zu erweitern. Oftmals ist diese Horizonterweiterung auch mit Evidenzerlebnissen verbunden. Im Anschluß daran ist noch Gelegenheit, die augenblicklichen

Probleme der Beziehung in dieses Bild einzuordnen; z.B.: „Ich spüre, daß ich mich in meiner Ehe viel zu stark an meine Frau geklammert habe und viel zuwenig autonom (im Pol des Allein-Seins) gewesen bin" oder: „Ich merke, wie wir beide uns nur über unsere Pflicht und Arbeit im Alltag definieren und das Genießen (im Pol des Einfach Daseins) noch gar nicht gelernt haben."

Abschließend wird noch ausgetauscht, wie der Vergleich zwischen den in den Metaphern zunächst genannten Ehebildern und den neu erfahrenen polaren Ehevorstellungen auf den Einzelnen gewirkt hat.

> **Zusammenfassung:**
>
> In der dritten Interventionsphase wird mit den Teilnehmern im Sinne einer Horizonterweiterung ein klareres und offeneres Bild von einer nahen Beziehung erarbeitet.

➜ 4. Tag, abends

Die weitere Förderung eines prägnanten Selbst- und Identitätserlebens wird durch folgende Übung (Kap. 16.31) ermöglicht. Ihr Ziel ist eine Sensibilisierung für die eigene Wirkung auf den anderen bzw. die Wirkung des anderen auf einen selbst. *Allport* (1924) hatte festgestellt, daß allein das Zusammensein mit anderen Menschen, auch wenn man keine gemeinsam zu lösende Aufgabe hat, einen Einfluß auf den Einzelnen hat. Gerade für Menschen, die tagein, tagaus als Paar zusammenleben, ist es wichtig, dafür sensibel zu werden und herauszufinden, was sie allein durch ihre pure Anwesenheit beim anderen auslösen. Eine Bezeichnung dafür ist die „Aura". Dieses Wort kommt aus dem Lateinischen und meint den Hauch, den Schimmer. Hier ist der atmosphärische Hauch, den ein Mensch ausstrahlt, gemeint.

In dieser Übung werden die Teilnehmer durch dreimaliges Aufeinanderzugehen mit geschlossenen Augen für diesen Hauch, diese Aura sensibilisiert. An dieser Stelle ist auch der Hinweis hilfreich, daß Wahrnehmung eine Produktion der bisher gemachten lebensgeschichtlichen Vorerfahrungen ist (Kap. 7).

Nach der Übung werden die Erfahrungen in der Runde ausgetauscht, und zwar so, daß, wenn ein Partner etwas erzählt hat, der andere sich gleich mit seinem Bericht anschließen kann. Dadurch ergibt sich ein sehr guter Spiegel der augenblicklichen Situation des Paares; mögliche Änderungen sind spürbar.

➜ 5. Tag, morgens

Der Prozeß des paartherapeutischen Seminars wird durch Zwischenreflexionen und durch eine Abschlußauswertung mit den Teilnehmern evaluiert. Wie die Therapeuten bereits vorher durch eine möglichst große Transparenz ihre Vorschläge erklärt haben, machen sie hier nochmals deutlich, warum sie wann und wie interveniert haben.

An dieser Stelle gilt es insbesondere, deutlich zu machen, wie das Gelernte in den Alltag umgesetzt werden kann, wie mögliche Rückfälle vermieden werden können. Es
geht also um einen Transfer auf die Situation außerhalb der Gruppe. Dadurch können
zum einen die Teilnehmer sich über das Erlebte ihre eigene Theorie ihrer Beziehungsgestaltung bilden. Ferner wird der therapeutische Prozeß nachvollziehbar und bietet
somit eine Grundlage dafür, daß die Klienten Fachleute in bezug auf ihre eigenen Störungen werden. Ihr Grundbedürfnis nach Orientierung und Kontrolle wird gestillt
und ihre Erfahrungen und neu Gelerntes werden verstärkt. Schließlich können die
Therapeuten anhand der Reflexionen auf den Erfolg des Seminars schließen und gegebenenfalls Feinabstimmungen vornehmen.

Konkret eingeleitet werden solche Zwischenreflexionen im Laufe des Seminars mit
einer kurzen Entspannung und einer Einleitung wie folgender: *„Schließt einmal die
Augen und kommt einen Moment ganz bei euch an, fühlt einmal, wie ihr mit dem Rücken
den Stuhl berührt, wie eure Arme auf der Lehne aufliegen oder wie ihr mit den Füßen die
Erde berührt. Dann laßt euch Zeit, das, was wir heute zusammen gemacht haben, nochmals in euch lebendig werden zu lassen, und geht den Fragen nach: Was war für mich bedeutsam, was habe ich gelernt, aber auch: Was habe ich nicht verstanden, worüber habe ich
mich vielleicht geärgert? Entscheidend ist, daß ihr es für euch selbst herausfindet. Dann
überlegt, was davon ihr den anderen mitteilen wollt. Das kann ein Wort, ein Satz oder
mehr sein, so viel oder wenig, wie jeder möchte. Wenn jemand nichts sagen will, soll er das
einfach mitteilen.“*

Am letzten Tag findet zusätzlich eine anonyme schriftliche Auswertung statt. Weil
die Teilnehmer den Prozeß der Reflexion kennengelernt haben, sind sie motiviert,
auch die ihnen ausgeteilten Fragebogen bereitwillig und gewissenhaft auszufüllen.

Zur Einleitung der schriftlichen Auswertung gehen die Teilnehmer locker im
Raum umher, wie zu Beginn der Gruppenarbeit. Wieder wird beim Umhergehen
nachgedacht und nachgespürt: Wie kam ich her? Was hatte ich für Hoffnungen? Was
für Ängste? Was für Wünsche? Wie stehe ich jetzt da? Was wollte ich erreichen? Was
sollte auf keinen Fall passieren? Was habe ich in bezug auf meine Partnerschaft ge-
hofft, was befürchtet? Welche Ergebnisse nehme ich mit nach Hause? Was gefiel mir
an den beiden Therapeuten? Was war hilfreich? Was hat mich gestört?

Nach diesem Umhergehen und Reflektieren werden Blätter (Kap. 14.6) ausgeteilt
mit den Fragen:

1. Wie ist es mir persönlich im Seminar ergangen?
2. Welche Erfahrungen habe ich hinsichtlich meiner Partnerschaft gemacht?
3. Welche Auswirkungen, vermute ich, hat die Paartherapie bei meinen Kindern
   oder in meiner Familie?
4. Welche kritischen Anregungen kann ich der Leitung geben?
5. Was möchte ich sonst noch sagen?

Jeder Teilnehmer kann anonym zu diesen fünf Punkten Stellung nehmen. Es wird
½ Stunde Zeit dafür gegeben.

Danach kommen alle Teilnehmer noch einmal im Stuhlkreis zusammen. Es wird gebeten, daß jeder die Essenz seines Hierseins in einem Wort, in einem Satz kurz ausdrückt. Auch die Therapeuten beteiligen sich an dieser Rückmeldung.

Zum Abschluß des Seminars findet eine Übung (16.32) statt, in der die Teilnehmer die in der Woche gemachten Solidaritätserfahrungen verdichtet noch einmal erleben können. Dazu stellen sich die Teilnehmer im Kreis auf, gehen, nachdem sie ihren eigenen Stand gespürt haben, langsam aufeinander zu und bilden durch Auflegen ihrer Hände auf die Schultern der anderen einen Innenkreis. Anschließend geht jeder langsam wieder auf seinem Platz.

Danach ist im Gruppenraum Gelegenheit, daß sich jeder von jedem in aller Ruhe verabschieden kann. Nach dem Mittagessen ist das Seminar beendet, und die Gruppe geht auseinander.

Evaluation der Basisseminare

Durch die schriftlichen Rückmeldungen der Teilnehmer in der Abschlußrunde des Seminars läßt sich ein guter Eindruck von den qualitativen Veränderungen am Verhalten des Einzelnen und der Partner zueinander gewinnen. Deshalb werden aus der Untersuchung zur PARTNERSCHULE einzelne Aussagen auf der Grundlage von 337 Fragebögen gebündelt vorgestellt (*Sanders* 1997, 253). Diese können als Effizienznachweis (*Seligman* 1996) angesehen werden. Sie erfüllen die Forderung nach „qualitativer" Forschung im Rahmen ethnographischer Methoden (*Erickson* 1986; *Smith* 1987).

Einzelne Aussagen werden hier aufgeführt:

I   Klärungsorientierte Aussagen:
Aufarbeiten alter Verletzungen
▶ *„Mir sind die Hinderungen meiner Liebesfähigkeit klargeworden, durch die Konfrontation mit den Problemen anderer. Alte Verletzungen konnte ich noch einmal durchleben und damit abschließen."*
▶ *„Ich kann jetzt die Ursachen für meine Probleme in der Partnerbeziehung, die in meiner Kindheit liegen, sowohl vom Verstand als auch vom Gefühl (Körpererfahrung) her klarer begreifen."*

II   Bewältigungsorientierte Aussagen:
Lernerfolge und persönliche Wachstumsprozesse
▶ *„Durch die Gruppe habe ich gelernt, auf andere Menschen zuzugehen, mich in einem größeren Kreis zu äußern, von meinen Ängsten zu erzählen. Mir gefielen besonders die praktischen Übungen, z. B. kreatives Formen oder tatsächlich auf „fremde" Menschen zuzugehen. Ich bin sicher, daß unsere Ehe ohne diese Therapie in den Alltagsproblemen steckengeblieben wäre."*

▶ *„Ich kann meinem Partner anders gegenübertreten. Ich bin nicht mehr verletzt, kann Kritik abwägen, bin aber – so empfindet mich mein Partner öfter – sehr aggressiv und lasse viel aus mir raus, was für ihn nicht angenehm ist. Aber es gibt viel weniger Leiden aus uns selbst, glücklichere Zeiten. Und die ,Tiefs' sind nicht mehr ganz so tief."*

Entwickeln eines lebbaren Ehebildes

▶ *„An den drei Wochenenden durften wir nur für uns da sein! Abseits von Beruf, Haushalt, Omas ..., abseits auch von einem traditionell geprägten Bild von Ehe, das unsere Liebe zu ersticken drohte!! Ohne diesen Kurs wäre unsere Ehe eine reine Versorgungsgemeinschaft geblieben. Wir haben gelernt, für uns selbst und unsere Gefühle Verantwortung zu übernehmen. Wir beginnen, uns selbst und den Partner so anzunehmen und zu lieben (!), wie er ist und wie er geworden ist. Wir sind dabei, uns mit unseren Eltern zu versöhnen und unsere Kinder anzunehmen. Wir entdecken viel Schönes, aber auch immer noch viel Schmerzhaftes."*

▶ *„Ich habe gelernt, vorhandene Angst, Sorgen und Leid nicht mehr als Scheidungsgrund zu sehen, sondern sie neu einordnen zu lernen und sie anders zu bewerten."*

Erlernen beziehungsfördernder Verhaltensweisen im Paar
 a) Wahrnehmen der Eigenverantwortung für die Beziehung

▶ *„Das ist für mich das Wichtigste: Nicht alles Glück ausschließlich vom Partner zu erwarten, sondern zunächst zu mir selbst gut zu sein."*

▶ *„Ich hatte die schmerzhafte Erkenntnis, daß ich Conny zunächst einmal loslassen muß, um überhaupt wirklich mir ihr zusammenkommen zu können. Für mich heißt das, mir erst einmal wieder meinen eigenen Raum zu entdecken, ihn zu gestalten und zu leben."*

 b) Erlernen von Kommunikationsregeln

▶ *„Ich kann Bert von meinen Gedanken erzählen, und zwar sofort. Ich verschiebe das Erzählen nicht auf später, wo ich es dann meistens vergesse oder keine Lust mehr habe. Ich achte bewußter darauf, Bert zu Ende reden zu lassen und wirklich das zu erfassen, was er sagt. Ich versuche, wirklich zuzuhören."*

▶ *„Ich habe begonnen, meine Wünsche und Forderungen meiner Partnerin mitzuteilen. Auch wenn sie nicht alle erfüllt werden können, so tut es doch gut, die Wünsche überhaupt zu artikulieren."*

 c) Bewertung von und Umgang mit Chaos, Krisen und Konflikten

▶ *„Zu wissen, es gibt immer wieder Konflikte und Ärger – doch die Beziehung geht weiter. Das Wissen, daß die Liebe daran wachsen kann."*

▶ *„Wir haben gelernt, vor Konflikten und Schwierigkeiten nicht wegzulaufen, sondern sie zu meistern und so wieder aufeinander zuzugehen. Unser Gefühlsleben ist dadurch angeregt worden, und wir können wieder zärtlich sein, wenn wir an uns selbst arbeiten."*

d) Hoffnung auf die Zukunftsperspektiven für den weiteren Lebensweg als Paar

▸ *„Wir haben jetzt gute Voraussetzungen, uns als Paar neu zu erleben, aus alten Verhaltensmustern auszubrechen und damit eine neue Basis für unsere Beziehung zu finden. Wir haben größere Klarheit über unsere Probleme und damit auch Perspektiven, sie zu lösen."*

▸ *„Ich habe das erste Mal in unserer 15jährigen Ehe unser gemeinsames Leben als eine Geschichte gesehen, nicht als eine Kurzausgabe vom Frühstück bis zum Abendbrot. Habe ich früher gefragt: ‚Warum um Gottes Willen bist du so?', frage ich heute: ‚Wer hat dich so gemacht, und wie schaffst du es, dich zu ändern?' (das gleiche gilt für mich). Wir werden ab morgen anfangen, unsere Schwarzweiß-Ehe bunt auszumalen."*

III Methodische Aussagen:
Die besonderen Heilungsmöglichkeiten durch die Therapiegruppe

▸ *„Da ich mich im Kreis von Gleichgesinnten befand, bei denen ich auch Parallelen zu meinen Ängsten und Gefühlen fand, hatte ich Mut, auch über meine Probleme zu reden, statt sie zu verdrängen."*

▸ *„Es war schön zu erleben, wie die Gruppe mir ‚Schutz'raum gegeben hat, um meine Gefühle entdecken, ja, neu gebären zu können – ohne Angst, ohne Scham. Ich habe gefühlt, welche Energie und Kraft in mir stecken, wenn ich sie erspüren und freisetzen kann. Ich habe aber auch gefühlt, wo noch Mauern sind und Ängste und Unsicherheiten."*

Bedeutung der kreativen Medien und der Körperarbeit

▸ *„Erst bekam ich einen Schreck, als ich hörte, daß wir mit Ton arbeiten würden, denn im Kunstunterricht war ich nicht gut. Das Ergebnis hat mich dann umgehauen, was ich so mit meinen Händen gestalten kann und wie wir als Paar in Ton anzusehen sind."*

▸ *„Durch die Bewegungsübungen habe ich gespürt, wieviel Lebendigkeit in mir vergraben ist. Ich glaube, diese brauche ich dringend in meiner Ehe."*

IV Sonstige Aussagen:
Auswirkungen auf die Kinder der Teilnehmer

▸ *„Es ist spürbar entspannter und harmonischer geworden. Ich übertrage die Wut auf den Partner nicht mehr auf die Kinder, da ich mutiger und offener geworden bin, mich abzugrenzen, wenn es über meine Gefühle geht, und für mein Glück besser sorgen kann. Ich habe die Verantwortung für mich übernommen und kann so den anderen auch mehr (ihren) Freiraum lassen."*

▸ *„Durch die Paargespräche und die Gruppenarbeit konnten wir uns gegenseitig öffnen und Nähe wieder zulassen. Dies ist für uns als Familie wohltuend. Als wir uns in der Küche ‚einfach mal wieder so' umarmten, fiel uns auf, daß Carolas (fünfjähriges Kind des Paares) Gesichtszüge sich entspannten und sie sich darüber freute."*

11.2 Aufbauseminar: Lebendigkeit, Sinnlichkeit und Sexualität

Aufbauend auf dem bzw. parallel zum Basisseminar findet das Aufbauseminar verteilt über ein halbes Jahr an drei Wochenenden jeweils von Freitagabend bis Sonntagmittag statt. Atmosphärisch, didaktisch und von der Haltung und Einstellung der Therapeuten den Klienten gegenüber ist es mit dem Basisseminar vergleichbar, lediglich der Fokus ist auf eine Entwicklung der sexuellen Kommunikation gelegt.

Im folgenden werden die konkreten Tageszeiten angegeben, da nicht jede Übung zu jeder Tageszeit passend ist; zum anderen wird deutlich, wie die zur Verfügung stehende Zeit strukturiert werden kann.

Teil 1: Der Körper als Ausgangspunkt der Lebendigkeit – erstes Wochenende

Ziele:

▶ Die Teilnehmer sollen neue Erfahrungen mit sich und ihrer Leiblichkeit machen.
▶ Sie sollen den Zusammenhang zwischen der Wahrnehmung und Empfindung ihres Leibes und ihrer gelebten Sexualität entdecken.
▶ Sie sollen beginnen, sich mit ihrem Partner darüber verbal auszutauschen.

Ablaufplan:

1. Tag

20-22.30 Uhr
a) Begrüßung, Kennenlernen
Nach einer kurzen Begrüßung durch die Leiter werden die Teilnehmer aufgefordert, sich frei im Raum zu bewegen und sich neugierig umzuschauen, um sich mit dem Raum und seiner Einrichtung vertraut zu machen. Dann suchen sich alle einen Platz im Raum, an dem sie sich wohl fühlen. Es erklingt einladende Tanzmusik; aber alle werden gebeten, sich noch nicht zu bewegen, sondern sich ganz steif hinzustellen. Nach einem ersten Hören der Musik werden die Teilnehmer aufgefordert, sich zunächst nur mit den Füßen zu bewegen; dieses Bewegen steigert sich dann über den ganzen Körper, bis jeder tanzt. Aus diesem Tanz heraus soll dann mit einem fremden Partner über den Rücken Kontakt aufgenommen und gemeinsam getanzt werden. Nach ca. 5 Minuten wird der Partner gewechselt. Mit dem neuen Partner stehen sich beide sich mit den Händen berührend gegenüber und bewegen sich gemeinsam. Zum Schluß, wenn die Musik verklungen ist, lösen sich die Paare, und jeder geht wieder allein für sich im Raum umher; während des Gehens werden Fragen nach Motivation zur Teilnahme und zur augenblicklichen Befindlichkeit gestellt.

b) Vorstellungsrunde, Namenkennenlernspiel (Kap. 13.1)

2. Tag

9.30-12.30 Uhr

Nach einigen gymnastischen Aufwärmübungen werden die Teilnehmer zu Atemübungen in Verbindung mit Bewegungen des Beckens (Kap. 16.17) angeleitet. Anschließend werden sie in eine Trance zum Thema: Meine Leiblichkeit (Kap. 15.3) geleitet. Diese geht davon aus, daß Menschen durch ihr gesamtes Leibwesen ihre Sexualität leben und erleben. Der Leib hat sie bis jetzt begleitet, alle Erinnerungen gespeichert. In der Trance soll versucht werden, bewußt die Wahrnehmung auf das Schöne des eigenen Körpers zu lenken als Ausgangspunkt für mögliche neue Erfahrungen. Dieses akzeptierende Selbstbetrachten ermöglicht ein sichereres Identitätserleben.

So werden die Teilnehmer in der Trance vor einen Spiegel geführt. Dabei wird der Spiegel als Auslösereiz genutzt, der die Aufmerksamkeit auf das Selbst lenkt (*Buss* 1980). Anschließend drücken die Teilnehmer in Bildern durch Farben und Formen das aus, was sie in der Trance erlebt haben.

Es schließt sich eine Feedbackrunde zum augenblicklichen Erleben an.

15.30-18.30 Uhr
Arbeit an den Bildern
Im Plenum, unter den „wohlwollenden" Augen und Ohren der anderen Teilnehmer, erzählen die Partner einander von sich, ihrem Leib und ihrer Sexualität anhand der nach der Trance gemalten Bilder.

Hierbei gibt die Gruppe Übungsfeld und Schutzraum für das bislang kaum geübte Gespräch als Paar über die eigene Leiblichkeit und Sexualität. Sehr prägnant wird an dieser Stelle die Förderung von kommunikativer Kompetenz und Beziehungsfähigkeit.

20-22.30 Uhr
Übung: Einem Partner etwas „Gutes" tun
Zunächst wärmen sich die Teilnehmer mit Tanzen auf. Beim letzten Titel wird ein fremder (oder der eigene) Partner gesucht. Dann wird folgende Übung (16.33) gemacht: Ein Partner bittet den anderen, einem Teil seines Körpers, den er an sich besonders mag, etwa durch Streicheln und Wärmen, gut zu tun. Danach findet ein Rollenwechsel statt. Diese Übung wird beendet mit einer Feedbackrunde zum augenblicklichen Erleben.

3. Tag

9.30-10.30 Uhr

Beginn mit Bewegungsübungen, diese werden dann übergeleitet in Übungen mit dem Atmen (Kap. 16.17). Hierbei wird mit Hilfe von Kognitionen versucht, eine sich auf die Geschlechtsorgane zentrierte Sexualität zu einer ganzkörperlichen zu weiten.

10.30-12 Uhr
Weiterarbeit mit den tags zuvor erstellten Bildern: „Meine Leiblichkeit".

12-12.45 Uhr
Gesamtauswertung des ersten Seminarabschnittes, Klärung offener Fragen, Hinweis auf die inhaltlichen Schwerpunkte des nächsten Abschnittes. Ende des ersten Wochenendes.
    Als Hausaufgabe soll jeder bis zum nächsten Treffen eine Kollage seiner sexuellen Phantasien erstellen.

Teil 2: Phantasien als Wegweiser lebendiger Sexualität – zweites Wochenende

Ziele:
1. Die Teilnehmer sollen durch Körperübungen sich selbst und ihren Partner sinnenhaft (neu) erleben können.
2. Sie sollen eine Verbindung zwischen ihrer Seele (Herz) und ihrem Körper (Geschlecht) herstellen lernen.
3. Sie sollen ihre Phantasien als Wegweiser für eine ihnen und ihrem Partner angemessene Gestaltung der Sexualität kennenlernen.
4. Sie sollen lernen, sich über ihre Phantasien und die tatsächliche Gestaltung ihrer Sexualität mit anderen Teilnehmern und mit ihrem Partner auszutauschen.
5. Sie sollen Mut bekommen, ihre Sexualität so zu entwickeln, daß diese sich in ihrer Kreativität durch Experimentierfreudigkeit und Angemessenheit auszeichnet.

Ablaufplan:

1. Tag

20-20.15 Uhr
Begrüßung, anschließend bewegen sich (gehen) die Teilnehmer durch den Raum. Dabei werden folgende Fragen in den Raum gesagt:
▸ Wie bin ich jetzt hier angekommen?
▸ Was hat sich seit dem letzten Seminar in unserer Beziehung getan?
▸ Welche Erwartungen/Befürchtungen habe ich, wenn ich an dieses Seminar denke?
▸ Was erhoffe ich mir von diesem Wochenende?

20.15-20.35 Uhr
Die freien Bewegungen werden übergeleitet in eine Körperzentrierung nach *Feldenkrais* (Kap. 16.13). Dadurch sollen die Teilnehmer auf eine größere Körperbewußtheit eingestimmt werden.

20.40-21.30 Uhr
Einstiegsrunde: Jeder erzählt von dem, was für ihn wichtig ist, was vielleicht durch die Fragen bzw. durch die Körpererfahrung ausgelöst wurde.

21.45-23.15 Uhr
Durch das Erzählen über das Erstellen der Kollagen entsteht eine große Neugierde auf die mitgebrachten „Kunstobjekte", so daß eine Vernissage zum Abschluß des Abends in lockerer Atmosphäre einen guten Einstieg in die weitere Arbeit des Seminars bietet.

2. Tag

9.30-10.15 Uhr
Bewegungsübungen, daran anschließend Übungen mit dem Atem (Kap. 16.17).

10.15-11.30 Uhr
Trance: Seele-Körper-Dialog (Kap. 15.5).
In dieser Trance wird eine Verbindung zwischen Herz und Geschlecht imaginiert. Beide unterhalten sich über Formen eines lebendigen Austausches der beiden Organe. Aus diesem Dialog heraus gestaltet jeder in einem Bild seine Visionen der eigenen einmaligen Sexualität.

11.45-12.30 Uhr
Feedbackrunde zur augenblicklichen Befindlichkeit.

15.30-17 Uhr
Männer-/Frauenkreis: Gespräch über Sexualität.
Durch Los wird entschieden, welche Gruppe (Männer bzw. Frauen) beginnt. Dann setzt sich eine Gruppe in die Mitte des Raumes und hat ca. 1½ Stunden Zeit, einander Bilder und Phantasien aus der Visualisierung zur Gestaltung der eigenen Sexualität zu erzählen. Der Therapeut des jeweiligen Geschlechts ist als Gesprächsleiter mit dabei. Die andere Gruppe hört im Außenkreis zu.

17.15-18.45 Uhr
Gruppenwechsel.

20-21.45 Uhr
Fortsetzung des Gesprächs, jetzt unter Männern und Frauen gemeinsam. Dies ist auch gut in Kleingruppen möglich.

21.45-22.30 Uhr
Reflexion der Erfahrungen aus den drei Gesprächsformen.

3. Tag

9.30-10.15 Uhr
Bewegungsübungen und Feedbackrunde zur augenblicklichen Befindlichkeit.

10.30-11 Uhr
Trance: Im Herzen aufräumen und Platz schaffen (Kap. 15.8).
Hier stellen sich die Teilnehmer das eigene Herz als ein Haus mit vier Räumen vor. Sie nehmen wahr, wer alles in diesen Räumen noch wohnt (Menschen aus heutigen und früheren Beziehungen); unliebsame Gäste werden mit Hilfe lieber Menschen verscheucht, damit Platz wird für die Menschen, die dort wohnen sollen. Die Teilnehmer werden ermuntert, innerlich die Türen für liebe Menschen zu öffnen.

11.15-12 Uhr
Auswertung der Erfahrungen mit der Trance.

12-12.30 Uhr
Gesamtauswertung der Tagung und Ausblick auf das letzte Wochenende.

Teil 3: Integration gegengeschlechtlicher Anteile – drittes Wochenende

Ziele:
a) Die Teilnehmer sollen die Gelegenheit haben, „Reste" aus dem vorigen Seminar zu benennen, insbesondere „Nachwirkungen" aus der kreativen Trance: Im Herzen aufräumen und Platz schaffen.
b) Sie sollen durch eine Trance ihre gegengeschlechtlichen Anteile als wichtige Voraussetzung dafür entdecken, den anderen Partner in seiner Leiblichkeit zu verstehen (*C.G. Jung* 1921/1984).
c) Die Teilnehmer sollen durch bewegungsorientierte Partnerübungen neue Verhaltensweisen für ein sexuelles Miteinander lernen.

Ablaufplan:

1. Tag

19.30-20.30 Uhr
Begrüßung: Jeder erzählt von dem, was für ihn wichtig ist, was sich zwischenzeitlich innerhalb der Paarbeziehung oder für ihn alleine ereignet hat.

20.30-20.50 Uhr
Bewegungsübungen.

20.50-21.30 Uhr
Trance: „Der Adler" (Kap. 15.18).
Diese Trance ermuntert die Teilnehmer, sich von einengenden Vorstellungen zu befreien und mutig die Verantwortung für das eigene Leben zu übernehmen.

21.30-22.30 Uhr
Feedbackrunde zur augenblicklichen Befindlichkeit.

2. Tag

9.30-10.20 Uhr
Bewegungsübungen, danach Anleitung zur Entspannung des Körpers im Liegen. Dabei wird besondere Aufmerksamkeit auf das Geschlecht gerichtet und zum Training des Pubococcygeus-Muskels nach dem Gynäkologen *Kegel* (Kap. 16.20) angeleitet. Dieses Training ermöglicht eine bewußte Steuerung des Geschlechtsverkehrs. Es ist hilfreich bei verschiedenen sexuellen Funktionsstörungen, wie etwa vorzeitigem Samenerguß und Anorgasmie.

10.20-10.45 Uhr
Feedbackrunde zur augenblicklichen Befindlichkeit.

11-12.30 Uhr
Trance: Mein innerer Mann – meine innere Frau (Kap. 15.4).
In dieser Trance nimmt jeder die Gestalt des anderen Geschlechts an. Es gilt, sich in die Sexualität eines Mannes bzw. einer Frau einzufühlen und sie aus diesem Erleben heraus zu gestalten. Anschließend werden die Erfahrungen in einer Tonfigur dargestellt, die als Ausgangspunkt weiterer therapeutische Arbeit genutzt wird.

15.30-18.30 Uhr
Die Partner stellen sich im Plenum im Beisein der anderen Gruppenmitglieder paarweise ihre Plastiken vor. Dabei wird therapeutisch auf ein Herausarbeiten der Fähigkeiten des anderen Geschlechtes, also der männlichen bzw. weiblichen Anteile geachtet. Es gilt, diese als Ressourcen in der Beziehung zu betonen. So kann ein Mann seine „weiblichen Eigenschaften", wie Mütterlichkeit, Offenheit, Fruchtbarkeit, und eine Frau ihre „männlichen Eigenschaften", wie Zielorientiertheit, Klarheit, Potenz, zum gemeinsamen Wohl der Partnerschaft bewußt mit in die Beziehung einbringen.

19.30-20 Uhr
„Ja"-Tanz (Kap.16.21).
Die Teilnehmer stehen sich paarweise gegenüber und berühren sich mit den Innenflächen der Hände. Sie verteilen, auf dem theoretischen Hintergrund von „animus" und

„anima" (*Jung* 1921/1984), diese Rollen; die männliche übernimmt die Führung bei der Bewegung, und die weibliche läßt sich führen. Die augenblickliche Übernahme dieses geschlechtlichen Anteils wird durch ein „Ja", das während des Tanzes häufiger gesagt wird, unterstrichen. Nach ca. 5 Minuten werden die Rollen getauscht. Nach weiteren 5 Minuten geht die Bewegung dann über in ein fließendes Abwechseln der Rollen.

20-20.45 Uhr
Feedbackrunde zum augenblicklichen Erleben.

3. Tag

9.30-10.15 Uhr
Bewegungsübungen, Wiederholen der Körperübungen.
▶ PC-Muskel-Training (Kap. 16.20)
▶ Atemübungen (Kap. 16.17)

10.20-11 Uhr
Den Teilnehmern wird der theoretische Hintergrund zu offenen Fragen aufgezeigt, wie:
▶ Warum Bewegungsübungen?
▶ Bedeutung des PC-Muskels.
▶ Zusammenhang zwischen körperlicher Befindlichkeit und Geisteshaltung in bezug auf die Gestaltung der Sexualität.

11-12.30 Uhr
Auswertung des Seminars.
Zunächst füllen die Teilnehmer anonym die Fragebögen (Kap. 14.6) aus. Anschließend findet noch ein Auswertungsgespräch im Plenum statt. Ferner werden ihnen mögliche Weiterbildungsangebote aufgezeigt.

Evaluation der sexualtherapeutischen Seminare

Beispielhaft für die Auswertung am Schluß des Seminars werden hier jeweils zwei originale Teilnehmeräußerungen aus den Fragebögen (14.16) zitiert (*Sanders* 1997, 222).

1 Was hat der Kurs für mich persönlich bedeutet?

▶ *„Zeit zu haben, mich mit mir zu beschäftigen, mich als Frau wahrzunehmen, meine Sexualität/Lust als einen wichtigen, Lebensfreude bringenden Teil von mir zu akzeptieren, zu spüren, auszuleben."*

▶ *„Ich habe eine Menge über mich selber erfahren und kann jetzt manche Verhaltenswei-sen, die ich benutze, besser einordnen. Ich kann meinen Körper und seine Signale besser wahrnehmen und beachten. Ich kann offener mit meinem Partner über Sexualität re-den."*

2 Was hat der Kurs für die Beziehung zu meinem/r Partner(in) bedeutet?

▶ *„Die Sexualität unserer Beziehung wird in den Mittelpunkt gestellt. Es tut uns gut, Kreativität, Ideen, Lust zu entwickeln. Unser Beziehungsmuster wird uns deutlich und positiv beeinflußt."*

▶ *„Wir haben uns wieder mehr miteinander beschäftigt, unsere sexuellen Wünsche, Phantasien ausgetauscht, experimentiert, einfach mehr Freude beim Sex gehabt und da-durch auch unsere Beziehung im Alltag intensiviert."*

3 Welche Auswirkungen hat der Kurs vermutlich auf meine Kinder/Familie?

▶ *„Spannungen, die mit nicht ausgelebten sexuellen Wünschen zu tun haben, werden ab-gebaut – es geht uns als Paar besser – dadurch haben wir mehr Freude, Harmonie, Ge-lassenheit im gesamten Familienleben."*

▶ *„Die Kinder erleben uns offener und fröhlicher, zärtlicher miteinander umgehend, nicht nur Arbeit und die vermeintlichen Pflichten sind wichtig. Es gibt auch noch ande-re Dinge."*

4 Welche Verhaltensweisen der Leitung haben mir gut, welche schlecht getan?

▶ *„Gut getan hat mir die grundsätzliche Freiwilligkeit aller ,Angebote'. Ich kann entschei-den, wie weit ich mich öffnen will."*

▶ *„Die Therapeuten haben das Seminar methodisch sehr gut auf die Bedürfnisse der Gruppe abgestimmt und sind äußerst sorgsam und verantwortlich mit jedem Gruppen-mitglied umgegangen. Gefallen hat mir auch die Transparenz des Leitungsstils, d.h., beide Leiter waren jederzeit bereit, methodische und inhaltliche Entscheidungen offen zu begründen und hinterfragen zu lassen. Aufgrund der fachlichen Kompetenz und der langjährigen beruflichen Praxis bot die Leitung insgesamt sowohl auf der menschlichen als auch auf der inhaltlichen und methodischen Ebene rundweg sehr gute Ansatzpunkte für die eigene Weiterentwicklung."*

11.3 Der Paarkibbuz: Autonomie und Zweisamkeit – ein paar- und familientherapeutisches Intensivseminar

Bei dem „Paarkibbuz" handelt es sich um ein vierzehntägiges paar- und familientherapeutisches Seminar, das aufgrund seiner Rahmenbedingungen den Klienten intensive Erfahrungs- und Lernmöglichkeiten bietet.

Dieses Seminar bietet den Partnern einen Rahmen, in dem sie sich mit ihren Fähigkeiten als kompetente Beziehungspartner erleben können. Insbesondere werden vorhandene Ressourcen verstärkt. Somit soll auf das implizite Selbst (*Epstein* 1991), also die „persönliche Realitätstheorie", die aus emotional bedeutsamen Lebenserfahrungen abgeleitet wird, Einfluß genommen werden (siehe auch Kap. 7.2).

Da es für das implizite Selbstwertgefühl höchstwahrscheinlich wichtiger ist, was jemand in realen Situationen wirklich tut, als das, was er etwa in Beurteilungen auf einem Fragebogen über sich denkt (*Weinberger* 1990), wird beim Kibbuz Wert darauf gelegt, die impliziten Selbstwertreaktionen der Klienten zu verändern, d.h., sie sollen konkret Gelegenheit haben, selbstwerterhöhende Wahrnehmungen zu machen. Es zeigt sich immer wieder, daß gerade Menschen mit schlechtem Selbstwertgefühl dies im Laufe eines Kurses verändern können, wenn ihnen Gelegenheit gegeben wird, auf implizitem Weg darauf positiven Einfluß zu nehmen.

So kam eine Klientin, Mutter zweier kleiner Kinder, mit einem ganz schlechten Selbstbild: Sie fand sich als Frau nicht attraktiv, kam sich als schlechte Mutter und ihrem Mann gegenüber als lästige Ehefrau vor. Zusätzlich zeigte sie noch starke körperliche Reaktionen, wie Durchfall und Erbrechen. Alles in allem fühlte sie sich schwach, ausgepowert und für andere eine Zumutung. Gerade in dieser schlechten Verfassung wurde sie vom Therapeuten aufgefordert, zur gemeinsamen Abendgestaltung im Garten ihre Gitarre mitzubringen, da man zusammen ein wenig singen wolle. An dem Abend erwies sie sich als kompetente Leiterin des gemeinsamen Singens. Dieses Erlebnis am dritten Abend des Kibbuz war für die Frau ein Wendepunkt. In der Gruppe konnte sie sich anders zeigen, und somit veränderten sich auch ihre Gefühle, ohne daß ihr der Grund dafür bewußt gewesen wäre.

An diesem Beispiel wird deutlich, daß es nicht notwendig ist, Selbstbewertungen explizit zum Thema zu machen. Statt dessen es ist hilfreich, Klienten im Sinne einer prozessualen Ressourcenaktivierung zunächst implizite selbstwerterhöhende Wahrnehmungen machen zu lassen, die sie nicht einmal ausdrücklich auf sich selbst beziehen müssen. Wenn in einer Gruppe eine Atmosphäre herrscht, die eine Erhöhung des Selbstwertes nicht nur gestattet, sondern fördert, dann setzt auch innerhalb eines Paares oftmals ein Prozeß der gegenseitigen Wertschätzung ein. So wird ein konstruktiver positiver Rückkoppelungsprozeß innerhalb des Paares in Gang gebracht.

In der Regel haben die Teilnehmer am Paarkibbuz bereits vorher an einer paartherapeutischen Gruppe teilgenommen, somit ist ihnen das paartherapeutische Setting und Procedere in einer Gruppe bekannt. Zumindestens haben sie schon einen Prozeß der Klärung und Bewältigung ihrer Probleme begonnen.

„Offizielle" therapeutische Arbeit wechselt hier mit der Möglichkeit, mit anderen Teilnehmern gemeinsam Zeit zu verbringen und zu gestalten, aber auch sich für sich selbst zurückzuziehen. Dienst am Gemeinschaftsleben, wie z.B. Spülen oder Getränkedienst, wird wechselseitig wahrgenommen. Jeder ist eingeladen, sich mit seinen Fähigkeiten und Künsten in die Gruppe einzubringen. Insbesondere zeichnet sich der Paarkibbuz dadurch aus, daß die Kinder der Teilnehmer mitgebracht und während der therapeutischen Sitzungen von 2 erfahrenen Kinderbetreuern beschäftigt und beaufsichtigt werden können. Dadurch hat der Paarkibbuz kein „Inseldasein", sondern einen ganz konkreten Bezug zur Alltagsrealität der teilnehmenden Paare. Aufgabe des Therapeutenteams ist es, einen Rahmen zu schaffen, der eine heilsame Atmosphäre ermöglicht.

Das Therapeutenteam achtet darauf:

▸ daß die Gruppe eine am einzelnen Paar bzw. Partner orientierte Psychotherapie-Gruppe (*Fiedler* 1996) bildet, in der es sich um eine klärungs- und bewältigungsorientierte Vorgehensweise (*Grawe* 1996) hinsichtlich der einzelnen Interaktions- und Kommunikationsstörungen handelt. Konkrete Gruppenabläufe und Programmpunkte werden immer wieder unter diesem Blickwinkel reflektiert;

▸ daß jeder Teilnehmer sich bei der gemeinsamen Gestaltung der „Freizeit" nur insoweit einbringt, wie er es möchte, und sich niemand irgendeinem Gruppendruck verpflichtet fühlt;

▸ daß Teilnehmer, die plötzlich ein psychisches Tief haben, die sich z.B. im Moment scheinbar heillos mit dem Ehepartner zerstritten haben oder sich selbst völlig wert- und nutzlos vorkommen oder sich selbst zum Außenseiter machen, wieder einen Weg zu den anderen finden. In der Regel reicht es bereits, daß solche Teilnehmer in ihrer Isolation und Einsamkeit wahrgenommen und angesprochen werden;

▸ daß jeder sich, nach eigener Lust und Verantwortung, an den informellen Aktivitäten der Gruppe und den Diensten beteiligt.

Das Therapeutenteam besteht aus einer Bewegungstherapeutin und zwei Eheberatern (männlich/weiblich). Die Kinder werden von zwei jungen Erwachsenen (männlich/weiblich) betreut.

Inhaltlich gliedert sich der Paarkibbuz in 3 Phasen. In der ersten geht es darum, sich der eigenen Stärken und Ressourcen bewußt zu werden und diese dem Partner gegenüber zu präsentieren (z.B. Kap. 15.2 oder 15.6). Anschließend wird in einem verhaltenstherapeutischen Kommunikationstraining (Kap. 17.12) die Fähigkeit der verbalen und nonverbalen Begegnung geschult, um danach im dritten Schritt Perspektiven für Gemeinsamkeiten als Paar zu entwickeln („Diese konkreten Ziele setze ich mir für mein Leben. Folgende Ziele würde ich gerne mit dir verwirklichen!").

Ein wichtiges Ziel des Kibbuz ist, sich für die Annahme der Andersheit des Partners zu öffnen, diese zu entdecken und wertzuschätzen. Hier besteht insbesondere die Möglichkeit, entspannte Autonomie und Zweisamkeit als Paar zu erfahren (Kap. 5.1).

Methodisch wird der erste Teil mit einer hypnoiden Trance eingeleitet. In dieser sehen sich die Teilnehmer vor ihrem inneren Auge als Statue, an der sie all ihre Fähigkeiten, Kompetenzen und Ressourcen besonders deutlich wahrnehmen können (Kap. 15.6). Die Eindrücke dieser Trance werden anschließend in einem Bild durch Farben und Formen ausgedrückt. Von diesem eigenen Bild lassen sich die Teilnehmer wieder beeindrucken, und sie geben dem Bild eine Überschrift, einen Text oder verdichten den Ausdruck des Bildes in einem Gedicht. Mit dem Bild und dem Text ziehen sich dann die Teilnehmer zu einer 1½ stündigen Einzelarbeit zurück, während derer sie eine Werbeanzeige bzw. Heiratsannonce von sich selbst entwerfen. Mit diesen 3 Medien: Bild, Text, Annonce stellen sich dann die Partner einander gegenseitig unter den „liebevollen Augen" der Gruppe vor. Bei der Ankündigung „liebevolle Augen" wird Bezug genommen auf die Ergebnisse der Verhaltensforschung (*Eibl-Eibesfeld* 1986) und der Säuglingsforschung (*Petzold* 1995) hinsichtlich der Bedeutung des Blickkontaktverhaltens. Induziert wird damit wohlwollende Atmosphäre.

Dabei wird durch die Therapeuten mit Unterstützung der Gruppe mit dem einzelnen Paar so gearbeitet, daß insbesondere die Stärken und Fähigkeiten des einzelnen Partners und deren Wahrnehmen durch den anderen den therapeutischen Fokus bilden. Die übrigen Teilnehmer können diesen Prozeß unterstützen durch ihre Phantasien, Identifikationen mit einzelnen Partnern oder indem sie sich z.B. hinter den Stuhl eines Partners stellen und für diesen dessen vermutete Gefühle aussprechen. Die Arbeit mit jedem Paar dauert ca. 1½ Stunden. Ist jemand ohne Partner da, bittet er für diese Arbeit ein anderes Gruppenmitglied, in die Rolle eines potentiellen Partners zu schlüpfen.

Zusammengefaßt besteht das Ziel der ersten Phase darin, daß der Einzelne sich an seinen Stärken orientiert dem Partner präsentiert. Aufgrund der Orientierung an den Stärken sind in der therapeutischen Arbeit mit einem Paar auftretende Verhaltensmängel für den Klienten viel eher akzeptierbar und als Herausforderung zu begreifen, diesen Mangel zu integrieren bzw. zu beheben und etwas hinzuzulernen (*Fiedler* 1994; *Grawe* 1998).

So konnte z.B. ein Mann für sich folgendes entdecken: Seine Ehe litt u.a. unter seinen massiven Erwartungen bezüglich emotionaler Zuwendung (Sie*:* „Er läßt mich nicht einmal allein aufs Klo!"). Bereits in der klärungsorientierten Phase des paartherapeutischen Grundseminars war dem Mann der Zusammenhang zwischen der früheren Interaktionsgestaltung seitens seiner Mutter und seinem heutigen Verhalten seiner Ehefrau gegenüber deutlich geworden. Die starke Ambivalenz seiner Mutter ihm gegenüber kompensierte er durch intensives Einfordern von Zuwendung.

In der Arbeit mit dem Klienten wurde seine Aufmerksamkeit auf die anderen Teilnehmer gelenkt mit dem Ziel, sich für die Möglichkeit zu öffnen, auch dort emotionale Zuwendung zu bekommen. Er wurde eingeladen, sich in der Gruppe umzusehen und einmal mutig herauszufinden, mit wem er außer mit seiner Frau noch etwas unternehmen wolle. Nach einiger Zeit des Innehaltens ging er auf zwei Gruppenmitglieder zu und nannte seine Ideen und Wünsche. So wollte er sich mit einem Teilnehmer einmal länger unterhalten, mit einer Teilnehmerin in der nahe gelegenen Stadt einen Kaffee trinken fahren. Die Ehefrau des Klienten erlebte dieses Tun ihres Mannes als ausgesprochen befreiend. Im Sinne einer „Anstoßtherapie" war es ein Schritt für das Paar in die richtige Richtung.

Im zweiten Teil des Paarkibbuz erlernen die Teilnehmer dann die Grundregeln für eine partnerschaftsfördernde Kommunikation (Kap. 17.12). Die Teilnehmer üben z.B. „ich" statt „man" oder „wir" zu sagen. Sie werden angehalten, nicht über allgemeine Situationen in der Partnerschaft zu reden, sondern sich möglichst konkret mitzuteilen oder gefühlsmäßige Resonanzen auf Äußerungen des Partners wahrzunehmen und sie zu benennen.

Dazu werden 3 Übungsgruppen eingerichtet, in denen unter Anleitung und Begleitung durch einen Therapeuten zunächst mit einem Fremden, dann mit dem eigenen Partner die Gesprächsregeln trainiert werden. Die nicht übenden Gruppenteilnehmer sind als Beobachter eingeteilt. Das bedeutet für diese eine Schärfung der eigenen Wahrnehmung, zum anderen können sie durch ihr Feedback den Lernprozeß der Übenden fördern.

Im letzten Teil des Paarkibbuz wird dann versucht, die bisherigen Lernerfahrungen so zu integrieren, daß jeder Partner aus seiner Sicht eine Zukunftsvision für die gemeinsame Partnerschaft entwickelt. Zur Unterstützung dieses Prozesses wird in einer hypnoiden Trance ein „Film" mit einem Paar induziert (Kap. 14.8). Dieses Paar zeichnet sich dadurch aus, daß jeder Partner einen eigenen Stand hat, von dem aus er liebevoll und abgrenzend die Partnerschaft lebt. Als Hintergrund dieses „Films" dient das Leitbild von der Ehe, wie es in der PARTNERSCHULE vorgestellt wird: ein Gestaltungsfeld mit ambivalenten Polen (Kap. 17.10). Diesem induzierten Bild wird anschließend von den Teilnehmern durch Arbeit mit Ton eine Gestalt gegeben. Diese Tonplastik nutzen die Partner als Ausgangsmaterial zum Vorstellen der eigenen Vision von sich als Paar unter Assistenz der Gruppe (Kap. 14.8).

Durchgehendes Element der 3 Phasen des Paarkibbuz ist täglich morgens eine Stunde Bewegungs- und Leibtherapie (*Petzold* 1990). Dabei wird die jeweilige Thematik des Gruppenprogramms aufgegriffen. So gibt es in der ersten Phase gezielte Übungen zum eigenen Stand und zur Abgrenzung (Kap. 16.9). Das verbale Kommunikationstraining der 2. Phase wird durch nonverbale Partnerübungen (Kap. 16.22) bereichert, und die Paarvisionen des 3. Teils werden im Tanz ausprobiert.

Ein durchgehendes Element bilden ferner regelmäßige Phasen der Reflexion, in denen die Einzelnen zu sich und ihrer Situation etwas sagen können. Diese Runden werden auch zu theoretischen Erklärungen benutzt, damit Therapie ein für die Klienten nachvollziehbarer Prozeß wird.

Im Kibbuz verabreden sich die Teilnehmer in der Mittagspause und abends zu gemeinsamem Sport. Ab 21.30 bis 23 Uhr findet regelmäßig eine von einzelnen Teilnehmern im Wechsel angebotene Aktivität statt. Dies umfaßt je nach vorhandenen Fähigkeiten Angebote in Yoga, gemeinsame Liederabende mit Gitarrenbegleitung, Flötenkonzert, Grundkurs in Selbstverteidigung, Monopoly-Spielen, Grundschritte des argentinischen Tangos etc. An diesem Programm nehmen die Kinder je nach Alter ganz selbstverständlich teil.

Es ergibt sich folgende Struktur für den Tagesablauf:

8.30 Uhr	Frühstück
9.30-10.30 Uhr	Bewegungstherapie
10.45-12.30 Uhr	Gruppentherapie
12.30-15.30 Uhr	Mittagessen, Pause
15.30 Uhr	Kaffeetrinken
16.00-18.30 Uhr	Gruppentherapie
21.30-23.00 Uhr	Offenes Angebot, durch Teilnehmer organisiert

Zur Evaluation des Paarkibbuz werden die Teilnehmer am Ende aufgefordert, einen offenen Fragebogen (Kap. 14.6) auszufüllen.

Evaluation des Paarkibbuz

Beispielhaft werden wieder, wie bei den zwei vorherigen Kurstypen, Äußerungen der Teilnehmer am Ende des Kurses zitiert.

1. Was hat das Seminar für mich persönlich bedeutet?

▸ „Die Erfahrung, daß ich mich im entsprechenden Rahmen entspannen kann, daß ich mich spüren konnte, meine Lebenskräfte wiedergefunden habe, daß ich meinen Müll auch mal neben mich stellen konnte und die Süße des Lebens mal wieder geschmeckt habe, daß ich gerne in Gemeinschaft lebe und mich mit Menschen tief verbunden fühlen kann. Das Gefühl – ich bin o.k., bin angenommen, so wie ich bin; daß ich mich zeigen konnte."

▸ „Gelegenheit und Chance für neue Erfahrungen mit mir selbst. Raum, zuzulassen, ich selbst zu sein. Bewußtmachen und Klärung jahrelanger Verhaltensmuster, die mich daran hindern, mich mir selbst und den Dingen/Menschen zuzuwenden, die (mir) wichtig sind. Auf einen Menschen zuzugehen, Grenzen aufgezeigt zu bekommen und einen kleinen Schritt weiterzukommen darin, mich von ihnen (den Grenzen) nicht vollends umwerfen zu lassen, sondern zu lernen, damit zu leben; zu sehen, daß nicht persönliche Schuld/persönliches Versagen dahinterstehen, sondern daß Gründe auch beim anderen liegen können. Offene Rückmeldungen anderer zu bekommen, wie ich als Person in meiner Ambivalenz auf sie wirke, wie mein Verhalten/meine Äußerungen auf sie wirken, wie sie verstanden werden, und daraus Stärkung meines Selbstwertgefühls zu erfahren und Anregungen zu erhalten, mein Verhalten zu anderen zu überdenken bzw. zu ändern. 2 Wochen mit einer Gruppe zu leben, es auszuhalten und ein positives Gefühl mitzunehmen. Zu sehen, daß es Menschen gibt, die mich verstehen, mir den Rücken stärken, mich so mögen, wie ich bin, in deren Nähe ich mich aufgefangen und getragen fühle."

2. Was hat das Seminar für meine Partnerschaft bedeutet?

▸ *„Ein unendliches Gefühl der Befreiung. Partnerschaft konnte ich erleben als eine von positiver Grundhaltung getragene Gemeinschaft zweier Individuen mit Möglichkeiten, aber auch Grenzen des Möglichen. Die Beziehung zu meiner Partnerin wurde von unrealistischen Erwartungen befreit und damit für mich positiv erlebbar. Damit konnte ich das sonst sehr häufige Enttäuschtsein in Gelassenheit verwandeln. "*

▸ *„Ein Herz voller Liebe, gereinigt durch ein erweitertes Verständnis für das Anderssein meines Partners, nehme ich mit in den Alltag. Ich glaube, daß ich mich in Störreaktionen noch besser abgrenzen kann, ihn zu verstehen suche, mich aber nicht mehr für alles verantwortlich fühle. Er darf seinen Schmerz und seine Rückzugsmöglichkeit behalten. Ich auch. "*

3. Was hat das Seminar für meine Kinder bedeutet?

▸ *„Die Kinder waren deutlich entspannter als zu Hause. Das Gemeinschaftsleben mit vielen anderen hat ihnen gut getan. Fremde Erwachsene waren ihnen wohlgesinnt, kümmerten sich um sie. Der Garten ums Haus herum war eine Wohltat für ihre Seele. Wir konnten uns wieder viel intensiver und liebevoller begegnen. Außerdem fand ich die Erfahrung für sie wichtig, daß Erwachsene etwas zusammen tun, die Kinder ebenfalls, wir aber auch zusammen!"*

▸ *„Das Familienleben wurde damit sehr entspannt, wir konnten es genießen ohne lästigen Alltag. Das Spielen, Basteln, Singen, Schwimmen, Reden … der Kinder untereinander sowie auch mit den Erwachsenen war so positiv, daß mein Kind sogar Themen ansprach, die es vorher noch nie näher berührt hatte. Ich bin ihm daher sehr nahegekommen. "*

4. Sonstiges?

▸ *„Es war mir einfach wichtig, von den Problemen, Erfahrungen und auch Lösungen sowohl anderer Paare als auch Einzelpersonen zu hören. Gemeinsam Volleyball, Tischtennis und Fußball zu spielen. Am Abend an den Angeboten der Teilnehmer (Tanzen, Musik, Yoga usw.) teilzunehmen oder auch nicht! Für mich zu sein und doch jederzeit wieder den Weg zurück in die Gruppe zu finden. Beim Turnen sich selber und seinen Körper zu spüren, aber auch den Körperkontakt der anderen Teilnehmer zu suchen hat mir gut gefallen. "*

▸ *„Es hat mir sehr geholfen, mich vor anderen zu öffnen. Intime Geheimnisse wurden vertraulich behandelt. Die Gruppe fing mich auf, wenn ich zu stürzen drohte. Hilfreich war, daß mir gezeigt wurde, wie ich Probleme richtig formuliere … daß mir trotz allem alle Handlungsmöglichkeiten offen blieben … daß ich gesehen habe, daß auch andere ähnliche Probleme haben, ähnlich oder anders damit umgehen, jedoch an den Erfolg* *glauben und weitermachen, nicht aufgeben. Ich bin oft dabei, aufzugeben, kann mich aber an dem Mut der anderen orientieren."*

Zusammenfassung:

Drei verschiedene Kurstypen:
▶ das Basisseminar, als Anleitung zur Selbsthilfe,
▶ das sexualtherapeutische Seminar, als Einübung „sexueller Kommunikation",
▶ und der Paarkibbuz, als Training von Autonomie und Zweisamkeit,
helfen den Paaren in unterschiedlicher Perspektive, ihr Miteinander zum Guten hin zu gestalten. Die Klienten machen gerne mit, empfehlen die Seminare weiter, weil ihnen die Handlungsorientierung und die positive Gruppenatmosphäre viel Spaß und Freude bereiten.

Gesellschaftspolitisch handelt es sich bei diesen drei Kurstypen um eine Umsetzung des „Empowerment-Konzepts" (Rappaport 1987; Stark 1989). Dieses will Menschen befähigen, in Nachbarschaft und Gemeinde zusammenzuleben. Dazu gilt es:
▶ ihnen zu helfen, in ihren sozialen Vernetzungen positive und aktive Gefühle des „In-der-Welt-Seins" aufzubauen,
▶ mit anderen zusammen Fähigkeiten, Strategien und Ressourcen freizusetzen, um gezielt individuelle und gemeinschaftliche Ziele zu erreichen, sowie
▶ Wissen und Fähigkeiten zu entwickeln, um auf die sozialen und politischen Verhältnisse und auf die eigene soziale und ökologische Umfeld Einfluß zu nehmen.

Dies geschieht insbesondere durch die Bereitstellung von Wissen und Kompetenz, basierend auf einer gleichberechtigten Zusammenarbeit. Dadurch werden Kapazitäten zur Selbstorganisation frei. Eine hierarchische Helfer-Klient-Beziehung wird weitgehend vermieden.

11.4 Exkurs: Als Paar getrennt, als Eltern vereint

Abschließend soll der Brief eines Teilnehmers, dessen Frau sich von ihm getrennt hat, aufzeigen, daß der therapeutische Weg der **PARTNERSCHULE** auch ein Weg ist, eine Trennung vom Partner zu gestalten. Es wird ein Lernprozeß zu mehr Beziehungsfähigkeit und damit partnerschaftlichem Verhalten ermöglicht. So kann sich daraus ein nicht mehr belastetes Miteinander als Eltern entwickeln, damit ein gemeinsames Sorgerecht für die Kinder gelebt und gestaltet werden kann, auch wenn man sich als Paar getrennt hat.

Der Brief bietet gleichzeitig einen Einblick in die inneren Abläufe und Prozesse, die jemand erlebt, der sein Beziehungsverhalten von destruktiver Abhängigkeit zu Autonomie und Souveränität hin entwickelt.

„Nun, nach einem halben Jahr mit Gesprächen in der Beratungsstelle, anfangs noch mit meiner Frau gemeinsam, war für mich der Kibbuz selbst, nach der Teilnahme am Basisseminar Ostern, die bisher intensivste und am nachhaltigsten wirksame Beratungs- und Interventionsmaßnahme, die ich miterlebte im Zusammenhang mit meiner Ehe- und Tren-

nungskrise. Bereits begonnene Öffnung und Bereitschaft, über eigene Probleme zu sprechen, erfuhren durch meine Teilnahme am Gruppengeschehen eine gewaltige Beschleuni-
gung. Zugleich wuchs ein neues Gefühl der Eigenverantwortlichkeit. Und zwar dafür, selber für mich gut sorgen zu lernen in jeder Art von naher zwischenmenschlicher Beziehung.

Die während der Kibbuztage für mich durchgängig wahrnehmbare Atmosphäre wohlwollender Akzeptanz in allen Gesprächsrunden und Gruppensituationen ermöglichten mir
quasi ein „Lernen am Modell". Nämlich andere wie mich selber leichter und vorbehaltloser
annehmen zu können. Das schnell gewachsene Vertrauen und die ebensoschnell entstande-
ne große Nähe zwischen den Teilnehmern ermöglichten mir, auch mir selber nahesein zu
können und genauer in mich ‚hineinzuspüren‘, welche Seiten und Empfindungen alle in
mir sind.

Die vielfältigen Interaktions- und Übungsangebote boten mir ein breites Spektrum an
Selbsterfahrungen, die ansonsten im Alltag meiner Beziehung problematisch werden und
Konflikte mitverursachen. Speziell weiter kam ich auch mit meinem Anliegen, mit dem ich
zu dem Kibbuz gefahren war, nämlich mehr über die Ursachen und Mechanismen der mit-
unter in mir aufbrechenden Wut-, Haß- und Mißachtungsgefühle vor allem meiner Frau
gegenüber zu erfahren. Es wurde mir deutlich, daß ich einen Teil der Situationen, in denen
ich ‚explodiere‘, zum Teil selber inszeniere oder wie zwanghaft aufsuche. Gelegentlich gelingt es mir inzwischen, dies zu durchbrechen oder zumindest zu durchschauen. Außerdem
gelang es mir ansatzweise, im Schutz der annehmenden Atmosphäre in der Gruppe mich
weiter als bisher zu öffnen, auch Tränen fließen zu lassen und metaphorisch gesprochen
‚den Beton in meiner Seele‘ etwas brüchiger werden zu lassen und z. T. sogar ‚abzuschmel-
zen‘.

Insgesamt war es ein Auftanken für mein ‚Selbstwertgefühl‘. Außerdem entstanden etli-
che neue Kontakte, Freundschaften und Briefwechsel, die die Gruppengespräche fortsetzen
und seitdem meinen Alltag begleiten.

Vorrangig ist inzwischen spürbar, daß die Konflikte und latenten Spannungen zu meiner
Frau zumindest deutlich abgeschwächter vorkommen als noch vor der Kibbuzteilnahme.
Trotz der nicht mehr vermeidbaren Trennung von ihr seit nunmehr 6 Monaten gelingt es
allmählich, schon wieder etwas besser, gelegentliches Einvernehmen herzustellen, z.B. bei
Fragen, die unsere gemeinsame Elternschaft und Verantwortung für unsere Kinder im Alter
von 5 und 14 Jahren betreffen. Ich spüre zuversichtlich, dies auch in Zukunft immer weniger auf dem Rücken unserer Kinder austragen und vielleicht neue, situationsangemessenere
Umgangsweisen miteinander entwickeln zu können. Insgesamt glaube ich jetzt, ein Viertel-
jahr nach dem Kibbuz, schon relativ sicher behaupten zu können, daß ich ein erhebliches
Stück ‚autonomer‘ von jahrelang eingespielten Verhaltensweisen in meinem Umgehen mit
meiner Frau geworden bin. War selbst noch während und nach meiner Trennung eigentlich eher ein symbiotisches ‚wie in einer Haut stecken‘ charakteristisch für mein Umgehen
mit ihr, kommt allmählich und gerade auch mit Hilfe von Kibbuzerfahrungen immer klarer
in den Blick, daß eigentlich jeder von uns beiden in einer eigenen Haut steckt. Der enorme
Vorteil dieser neuen Sichtweise: Ich lerne allmählich, nicht mehr zu vereinnahmen, indem
ich sie für meine Gefühle verantwortlich mache. Und auch selber erleichtert und entlastet es
mich, mich bei dieser Betrachtung nicht mehr verantwortlich für ihre Gefühle fühlen zu
müssen.

Ein ganz neues Bild von Paarbeziehung entsteht allmählich in mir.

Was mir und damit am Ende auch meiner Beziehung zu meiner Frau gut daran tut: Ich brauche mich nicht mehr selber in einer ‚einengenden Hülle‘ mit ihr gemeinsam zu sehen. Ich spüre immer mehr, daß ich mich täusche, wenn ich meine, bei jeder Bewegung und Regung von ihr **zwangsläufig** mitbewegt zu werden. Bei der neuen Sichtweise kann ich mich unabhängig von ihr bewegen, ohne auch sie **zwangsläufig** mitbewegen zu müssen.

Ich lerne mit diesem neuen ‚Beziehungsbild‘ im Kopf, allmählich loszulassen. Ich lerne, mich wieder selber zu bewegen. Ich lerne, daß mich selber nichts mehr einengt, aufregt, aufbringt und wütend macht, wenn ich nicht mehr ‚klammere‘, vereinnahme, erwarte, fordere, erpresse, erzwinge. Also allmählich mein altes ‚Schema‘ aufgebe und neue, eigenverantwortlichere, erwachsenere Umgangsweisen entwickele. Sicher ist mein Weg dahin noch recht weit, und ich fühle mich manchmal wie eine Schnecke. Allerdings bin ich auf meinem Weg und kann inzwischen auch schon auf ein gutes Wegstück zurückblicken. Der Kibbuz war dabei so etwas wie eine Beschleunigungsstrecke.“

Zwei andere Personen berichteten über ihre Erfahrung mit ihrer Trennung vom Partner folgendermaßen:

„Geholfen hat mir, daß ich auf neutralem Boden mit meinem Mann reden konnte, ohne daß es gleich zu Auseinandersetzungen kam. Ohne die Beratung wären wir wohl kaum in der Lage gewesen, die Trennung so ohne Streit und Gerangel um die Kinder zu vollziehen. Wir haben jetzt gemeinsames Sorgerecht, und die Kinder sehen ihren Vater dreimal in der Woche, was auch meist ohne größere Probleme funktioniert.“

„Die Therapie hat mir geholfen, die bereits durch meine Frau vollzogene Trennung zu begreifen. Ich fing an, über Prioritäten in meinem Leben nachzudenken, meiner Partnerin ‚zuzuhören‘, Schmerz über die Trennung zuzulassen. Dabei waren die Beratungstermine ein Fixpunkt, ein Ruhepol in der Woche. Ich konnte zu meiner ehemaligen Partnerin eine Beziehung ‚sui generis‘ entwickeln, die nicht Partnerschaft und auch nicht ‚wir bleiben die besten Freunde‘ ist. Heute haben wir beide eine authentische, nicht sehr enge, aber innige Freundschaft und Verbundenheit.“

In allen drei Aussagen wird deutlich, daß, wenn Trennung und Scheidung das Ergebnis eines therapeutischen Prozesses ist, dies zum Wohle aller Beteiligten, also besonders auch der Kinder, beiträgt. Die Beziehung der Beteiligten bzw. die Wahrnehmung der nachehelichen Elternschaft läßt sich dann in Würde und in Selbst- und Fremdachtung gestalten.

III

Bausteine

12. Grundelemente

12.1 Grundlagen für eine klärungsorientierte Gesprächsführung

Ziel

Ein wichtiger Anlaß für Paare, eine Beratungsstelle aufzusuchen, ist häufig, daß sie nicht wissen, **wie** Konflikte zwischen ihnen entstehen. Nach heftigen Streitszenen sind sie oftmals nicht in der Lage, den Anlaß dafür zu benennen. Die folgenden Feststellungen gehen davon aus, daß vieles, was Menschen sprachlich repräsentieren, ihre ursprüngliche Erfahrung der Welt nur unvollständig wiedergibt. Basierend auf den Grundlagen der Gesprächsführung nach *Bandler* & *Grinder* (1981) soll ein Weg gefunden werden, Klienten mit ihrer gesamten Erfahrung wieder in Kontakt zu bringen. So werden diese Hinweise eine wichtige Hilfe im Rahmen der klärungsorientierten Vorgehensweise in der Beratung.

Im folgenden werden verschiedene Weisen aufgezeigt, wie Klienten ihre Erfahrungen schildern und wie ein Berater klärungsorientiert auf die jeweilige Art der Schilderung reagieren kann.

Tilgung

Die Tilgung zeichnet sich dadurch aus, daß eine ursprüngliche Erfahrung der Welt sprachlich nicht vollständig repräsentiert wird – die semantische Oberflächenstruktur ist reduziert.

Beispiel:
- Klient: „*Ich bin verwirrt.*"
- Berater: „*Durch wen oder was sind Sie verwirrt?*"

Sonderfälle der Tilgung

a) Komparativ
➤ schneller
➤ besser
➤ schöner

Bei der Verwendung des Komparativs findet ein Vergleich statt.

▶ Klient: *„Schönere Frauen bekommen, was sie wollen."*

Um der Tilgung auf die Spur zu kommen, kann wie folgt gefragt werden:

▶ Berater: *„Schöner – in Hinsicht worauf? In wessen Augen?"*

b) Superlativ

➤ schnellste
➤ beste
➤ schönste

Bei der Verwendung des Superlativs wird jemand aus einer bestimmten Menge herausgehoben.

▶ Klient: *„Mein Mann ist am schwierigsten!"*

Um dem Klienten zu helfen, genauer die Menge anzuschauen, aus welcher dieser Mann stammt, wird hier wie folgt gefragt.

▶ Berater: *„In bezug worauf am schwierigsten?"*

c) Die Verwendung der Worte „klar", „offensichtlich"

Mit diesen Worten wird eine allgemeingültige, aber nicht überprüfte Aussage gemacht.

▶ Klient: *„Offensichtlich mag meine Frau mich nicht!"*

Die folgende Frage gibt dem den Klienten Gelegenheit, sich weiter dazu zu äußern, um so die Übertreibung in der Aussage festzustellen:

▶ Berater: *„Wenn es offensichtlich ist, daß Ihre Frau Sie nicht mag – wem ist das offensichtlich? Wer alles weiß davon?"*

Regeln und ihre Konsequenzen

Manchmal enthält die Oberflächenstruktur einer Aussage unbewußt Regeln und daraus folgende Konsequenzen. Diese bewirken, daß, wenn etwas Bestimmtes passiert, eigentlich etwas anderes daraus folgen muß, also:

➤ es ist notwendig, daß x, sonst y.

▶ Klient: *„Ich muß die Gefühle anderer Leute berücksichtigen!"*

Um diese unbewußte Generalisierung zu erschüttern, um die Regeln, nach denen der Klient sich unbewußt richtet, zu überprüfen, könnte gefragt werden:

▶ Berater: *„Was wird sonst passieren?"*

oder

▶ Berater: *„Was würde passieren, wenn Sie die Gefühle anderer Menschen nicht berücksichtigen würden?"*

Ferner kann es sein:

➤ daß x verhindert, daß y möglich wird.

▶ Klient: *„Es ist nicht möglich, mehr als einen Menschen auf einmal zu lieben!"*

Da der Klient mit dieser Aussage seinen Handlungsspielraum sehr begrenzt, kann folgendermaßen gefragt werden:

▶ Berater: *„Was macht es unmöglich, daß Sie mehr als einen Menschen lieben?"*

oder

▶ Berater: *„Was hält Sie davon ab, mehr als einen Menschen zu lieben?"*

Verzerrung – Nominalisierung

In der sprachlichen Tiefenstruktur wird eine Tätigkeit durch ein Verb ausgedrückt. Nun kann es passieren, daß dieses durch die Nominalisierung an der Oberfläche zu einem Substantiv wird. Dadurch erscheint ein organischer Vorgang als etwas Statisches.

▶ Klient: *„Ich bereue meine **Entscheidung**, mich von meiner Frau zu trennen."*

Aufgabe des Therapeuten wäre es, das Substantiv „**Entscheidung**" wieder mit Leben zu füllen; er könnte also folgendermaßen fragen:

▶ Berater: *„Können Sie sich vorstellen, sich auch anders zu entscheiden?"*

oder

▶ Berater: *„Was hindert Sie, Ihre Entscheidung zu ändern?"*

oder

▶ Berater: *„Was würde passieren, wenn Sie noch einmal neu überlegen und sich dann entscheiden würden?"*

Allgemeine Generalisierung

a) Bezugsindex

Bestimmte Worte oder Satzteile haben keinen Bezugsindex.

▶ Klient: *„Die Leute ärgern mich!"*

Unklar ist, wer eigentlich gemeint ist und wie dieses Ärgern passiert.

▶ Berater: *„Wer genau sind die Leute, die Sie ärgern?"*

oder

▶ Berater: *„Wie genau werden Sie geärgert?"*

oder

▶ Berater: *„Was genau passiert Ihnen?"*

b) Allgemeinplätze, wie: „alle, jeder, sämtliche, irgendeiner …"

Unabhängig von einer konkreten Situation werden Grundsatzaussagen gemacht.

▶ Klient: *„Wenn ich das Haus verlasse, achtet jeder darauf, wie ich angezogen bin."*

Da sich der Einzelne durch eine solche Äußerung ungemein unter Streß setzt, könnte der Therapeut diese Generalisierung durch Übertreibung entkrampfen:

▶ Berater: *„Wollen Sie mir damit sagen, daß alle ständig nur darauf achten, wie Sie angezogen sind?"*

Es wäre auch möglich, direkt zu hinterfragen, ob der Klient je eine Erfahrung gemacht hat, die seiner Generalisierung widerspricht:

▶ Berater: *„Haben Sie jemals die Erfahrung gemacht, daß jemand nicht auf Ihre Kleidung geachtet hat?"*

Oder: Der Therapeut fragt den Klienten, ob dieser sich eine Situation vorstellen kann, die seiner Generalisierung widerspricht.

▶ Berater: *„Können Sie sich Situationen vorstellen, in denen jemand nicht auf Ihre Kleidung achtet?"*

Hilfreich ist es auch, diese Frage mit der augenblicklichen Beratungssituation zu verknüpfen:

▶ Berater: *„Haben Sie den Eindruck, daß ich jetzt im Moment auf Ihre Kleidung achte?"*

Wenn der Klient große Schwierigkeiten hat, sich selbst eine Situation vorzustellen, die der Generalisierung widerspricht, könnte der Therapeut ihm eine mögliche vorstellen und ihn bitten zu überprüfen, ob diese passend wäre.

▶ Berater: *„Sind Sie schon einmal abends, etwa gegen 20 Uhr, wenn die Geschäfte schließen und alles nach Hause hastet, in diesem Menschenstrom unterwegs gewesen? Wie ist es Ihnen dort ergangen? Hatten Sie den Eindruck, daß diese hastenden Menschen auf* **Ihre** *Kleidung geachtet haben?"*

In eine ganz andere Blickrichtung ginge die Frage:

▶ Berater: *„Wie würde es Ihnen eigentlich damit ergehen, wenn* **nicht** *jeder darauf achtete, wie Sie angezogen sind?"*

Gerade im paartherapeutischen Kontext geschieht es häufig, daß über den anderen Generalisierungen ausgesagt werden, die den Klienten als passives Objekt erscheinen lassen.

▶ Klientin: *„Mein Mann streitet immer mit mir!"*

In solchen Situationen ist es ratsam, die Klientin in die aktive Rolle hineinzuholen:

▶ Berater: *„Streiten* **Sie** *auch immer mit Ihrem Mann?"*

Symmetrische und asymmetrische Verben

Schaut man sich das vorige Beispiel „Streiten" an, so handelt es sich hier um ein symmetrisches Verb, welches entsprechend auch für die Gegenseite zutrifft. Das heißt, an dem Prozeß des Streitens sind immer beide beteiligt. Weitere Beispiele wären die Verben: kämpfen, schmusen, kuscheln, spielen, miteinander schlafen ...

Im Gegensatz dazu gibt es asymmetrische Verben, die nicht notwendigerweise beide am Prozeß beteiligen. Damit sind Tätigkeiten gemeint wie: anlächeln, sich kümmern, versorgen, loben, lieben, beschimpfen, verletzen ...

In der Eheberatung trifft allerdings erfahrungsgemäß häufig selbst bei asymmetrischen Verben das Gegenstück psychologisch zu. Deshalb können mit diesem Gegenstück mögliche Projektionen deutlich gemacht werden.

▶ Klientin: *„Mein Mann lobt mich nie!"*

Wenn „loben" auch ein asymmetrisches Verb ist, könnte der Berater trotzdem fragen:

▶ Berater: *„Wie sieht das aus, loben* **Sie** *je Ihren Mann?"*

X oder y, entweder – oder, schwarz oder weiß

Klienten stehen innerlich oftmals vor Ja-oder-Nein-Entscheidungen. Nach der Lehre des *Aristoteles*, die unser abendländisches Denken sehr geprägt hat, gibt es für sie nur ein Richtig oder Falsch, ein Schwarz oder Weiß, „das ist eine Ehe" oder „das ist keine Ehe". Zwischentöne scheinen Verunsicherungen auszulösen. Das kann zu folgender Aussage führen:

▶ Klientin: *„Ich muß mich um meinen Mann kümmern, er ist die Nummer eins in meinem Leben!"*

Eine solche innere Festlegung, die für viele Frauen (aber auch Männer!) noch mit dem Bild der Ehe verknüpft ist, führt zu inneren Widersprüchen, weil jeder Mensch auch andere Intentionen, nämlich die nach Autonomie, hat. Um diese Festlegungen zu erschüttern, um zu fließenden Übergängen zu kommen, zu einem „Sowohl als auch", könnte folgendes gefragt werden:

▶ Berater: *„Was würde sonst passieren, wenn Sie sich nicht um Ihren Mann kümmern würden?"*

▶ Klientin: *„Dann wird er mich nicht mehr mögen."*

An dieser Stelle im Beratungsprozeß könnte die Klientin widersprüchliche Intentionen entdecken, die zu größeren inneren Konflikten führen können. Ihnen liegt möglicherweise ein „Entweder-Oder" zugrunde: **Entweder** kümmere ich mich um meinen Mann, **oder** ich bin autonom und tue etwas für mich. Das führt dann zu den meist unbewußten „Wenn-dann"-Situationen:

▶ Klientin: *„Wenn ich mich um meinen Mann kümmere, wird er mich mögen. Wenn ich mich nicht um ihn kümmere, wird er mich nicht mehr mögen."*

Und parallel dazu:

▶ Klientin: *„Wenn ich mich nicht um mich selber kümmere, also nicht autonom bin, werde ich mich selber nicht mehr mögen."* (D.h.: Ich will mich um mich selber kümmern, *sonst kann ich mich selbst nicht mehr lieben, aber dann verliere ich meinen Mann!)*

Um diese innere Zwickmühle zu kippen, ist es möglich, die „Wenn-Dann"-Aussage zu übertreiben.

▶ Berater: *„Wenn Sie sich um Ihren Mann kümmern, dann wird er Sie also notwendigerweise immer mögen?"*

oder

▶ Berater: *„Wenn Sie Ihren Mann einmal in Ruhe lassen, keine Verantwortung für ihn übernehmen, wird er Sie dann nicht mehr mögen?"*

Komplexe Generalisierung

Partner haben manchmal die Eigenschaft, Gedanken des anderen zu lesen. Sie wissen genau, wie der andere über sie denkt. Daraus ziehen sie Schlüsse über sich selbst. Der Hintergrund dafür ist oft, daß sie ihr Selbstbild in Aussagen des Partners hineinlegen.

▶ Klient: *„Meine Frau schätzt mich nicht, denn sie lächelt mich nie an."*

Die **erste Frage** des Beraters zielt darauf, das Gedankenlesen, das Interpretieren („schätzt mich nicht") bewußtzumachen:

▶ Berater: *„Daß Ihre Frau Sie nie anlächelt, bedeutet also immer, daß sie Sie nicht schätzt?"*
▶ Klient: *„Ja, genau, das stimmt!"*

Im **zweiten Schritt** der Frage wird versucht, die komplexe Generalisierung ins Wanken zu bringen.

▶ Berater: *„Bedeutet das, wenn Sie Ihre Frau nicht anlächeln, daß Sie sie auch nicht schätzen?"*
▶ Klient: *„Nein, das ist nicht dasselbe."*
▶ Berater: *„Wo ist denn der Unterschied?"*

Unvollständig spezifizierte Verben

Ein Prozeß wird durch Verben ausgedrückt. Allerdings sind diese oft nicht eindeutig, so daß sie kein klares Bild von dem Ereignis widerspiegeln.

▶ Klientin: *„Ich zeige, daß ich meinen Mann liebe."*

oder

▶ Klientin: *„Mein Mann haßt mich!"*

Was genau mit „lieben" oder „hassen" gemeint ist, ist von Mensch zu Mensch verschieden. Deshalb ist es gerade in der Beratungssituation von großer Bedeutung, herauszufinden, **was genau** der Einzelne damit meint.

▶ Berater: *„Wie genau zeigen Sie, daß Sie Ihren Partner lieben?"*

oder

▶ Berater: *„Wie genau macht Ihr Mann das, Sie zu hassen?"*

Präsuppositionen

Präsuppositionen sind Aussagen, die zutreffen müssen, damit eine andere Aussage sinnvoll erscheint – oftmals bedeuten sie allerdings eine Verzerrung der Situation.

▶ Klientin: *„Ich befürchte, daß mein Sohn sich als genauso faul erweist wie mein Mann."*

Die Frage stellt sich: Was genau will die Klientin aussagen, wen meint sie eigentlich?

▶ Berater: *„Erzählen Sie mir einmal genau: Wie faul ist Ihr Mann?"*

oder

▶ Berater: *„Was befürchten Sie genau mit Ihrem Sohn?"*

Aber

Durch das Wort „aber" können Handlungen initiiert werden, ohne daß man selber der Urheber dieser Handlung ist. Ziel der Beratung ist, Menschen dahin zu bringen, daß sie ihre eigene Urheberschaft in ihrem Tun wiederentdecken.

▶ Klient: *„Ich möchte ja nicht zornig werden, **aber** meine Frau beschuldigt mich immer. "*

Um den Klienten zu seiner eigenen Täterschaft zu führen, könnte folgendes gefragt werden:

▶ Berater: *„Werden Sie immer zornig, wenn sie Sie beschuldigt?"*

oder

▶ Berater: *„Wie genau machen ihre Beschuldigungen Sie zornig?"*

oder

▶ Berater: *„Sie würden also nicht zornig, wenn sie Sie nicht beschuldigte?"*

Weil

Ähnliche Funktionen wie das Wort „aber" kann das Wort „weil" besitzen.

▶ Klient: *„Ich kann nicht von zu Hause fort, **weil** mein Vater krank ist. "*

▶ Berater: *„Sie würden also von zu Hause fortgehen, wenn Ihr Vater gesund wäre?"*

oder

▶ Berater: *„Wollen Sie damit sagen, daß das Kranksein Ihres Vaters Sie notwendigerweise daran hindert, von zu Hause fortzugehen?"*

Gedankenlesen (siehe auch „Komplexe Generalisierung")

Eine besondere destruktive Art der Kommunikation in einem Paar ist das Gedankenlesen. Der Betreffende glaubt genau zu wissen, ohne direkte Kommunikation, was der andere denkt, meint oder fühlt.

▶ Klient: *„Ich weiß genau, daß eine andere Frau (Mann) im Spiel ist. "*

oder

▶ Klient: *„Ich sage nichts mehr, weil mein Partner mir sowieso keinen Glauben schenkt. "*

Solches Gedankenlesen könnte der Berater durch folgende Frage verunsichern:

▶ Berater: *„Woher genau wissen Sie das, daß ein anderer im Spiel ist?"*

oder

▶ Berater: *„Woher wissen Sie das genau, daß Ihr Partner Ihnen sowieso keinen Glauben schenkt?"*

Ferner besteht hierbei die Möglichkeit, auf frühere traumatische Erfahrungen zurückzugreifen.

▶ Berater: *„Woher kennen Sie das sonst noch, daß Ihnen kein Glauben geschenkt wird oder daß andere (Konkurrenten) im Spiel sind?"*

Besondere Hinweise: Um diese Art der Fragetechnik zu trainieren, ist es hilfreich, verschiedene Aussagen von Klienten, etwa mit Hilfe von Tonbandaufnahmen, anhand der oben genannten Kriterien zu überprüfen. Dann gilt es, diese Art der Fragen zu trainieren. Das Trainieren ist auch gut im kollegialen Miteinander möglich.

Klienten berichten, daß sie (durch diese Art des Nachfragens) zu entscheidenden Klärungsprozessen angeregt wurden. Diese ergeben sich nicht unbedingt während der

Beratung selber, sondern tauchen irgendwann später, oftmals ganz plötzlich, auf. Die Beratung gibt Anregung, über auftauchende Fragen – oftmals unbewußt – weiter nachzudenken und zur Klärung der anstehenden Probleme zu gelangen.

12.2 Entspannung

Ziel: Alles bewußte Wahrnehmen einer Situation, alle Veränderung ist aufgrund der Forschungsergebnisse zum Lernen nur in und aus einer entspannten Situation möglich. Deshalb gehört das bewußte Lernen von Techniken der Entspannung zum durchgehenden Grundelement der **PARTNERSCHULE**. Viele Übungen werden mit einer Entspannung eingeleitet.

Medien: Decken als Unterlage, entspannende Musik im Hintergrund (mit 60 Hertz Frequenz; z.B. von *Arnd Stein*: Harmonie-Musik zum Entspannen und Wohlfühlen)

Dauer: ca. 25 Minuten

Anleitung: Die Teilnehmer liegen auf dem Boden flach auf dem Rücken. Dann durchwandert der Therapeut mit den Teilnehmern den ganzen Körper, indem er sie auffordert, den rechten Fuß anzuspannen, 3 Sekunden die Spannung zu halten und dann wieder zu entspannen. Das macht er insgesamt 3 x mit dem rechten Fuß, um dann zur rechten Wade zu wandern. Diese wird angespannt und wieder gelöst, ebenfalls 3 x, und so wird weitergewandert, über den Oberschenkel, mit Wechseln zum linken Fuß, Wade, Oberschenkel. Anschließend wird das Becken, der Bauch und die Brust angespannt und gelöst; sodann die rechte Faust, Unterarm, Oberarm, dann die linke Seite. Dann wird sich auf den Hals, dann das Gesicht konzentriert, bis die Kopfhaut erreicht wird.

Zum Schluß wird eine entspannte Situation induziert, indem langsam gesagt wird: *„Ihr befindet euch jetzt auf einer schönen Sommerwiese, und die wärmenden Strahlen der Sonne scheinen auf euren Körper. Ihr liegt einfach so da und laßt es euch gutgehen."*

Nach ca. 3 Minuten werden die Teilnehmer aufgefordert, jeder für sich ein Wort zu finden, welches für ihn mit dieser entspannten Situation verknüpft ist – ein „Entspannungswort". Dieses soll sich jeder merken und bei der nächsten Entspannungsübung wieder erinnern.

Besondere Hinweise: Klienten schätzen Anleitungen zur Entspannung sehr; mit der Zeit lernen sie, sich bewußt, auch in Streßsituationen, mit dem Partner zu entspannen, um wieder „bei sich selbst" anzukommen. In der Rückschau auf ein paartherapeutisches Seminar wird die Entspannung als besonders bedeutsam empfunden.

12.3 Hypnoide Trance

Eine hypnoide Trance ist ein Zustand (*Svoboda* 1984), der sich als eine gewisse Loslösung vom Alltag vermittels körperlicher und geistig-seelischer Entspannung beschreiben läßt. Diese wird durch eine angeleitete Entspannung induziert. Die Aufmerksamkeit wendet sich dann langsam von den augenblicklich real erlebten Erfahrungen, z.B. der augenblicklichen Paarbeziehung, ab und realitätsfremden Ebenen, etwa früheren Beziehungserfahrungen, zu.

In diesem Zustand ist zum einen eine „Reivifikation" möglich. Damit ist gemeint, daß tatsächlich Vergangenes auftaucht, innere Bilder, Stimmungen, Atmosphären, Affekte, Phantasien (z.B. über die Art der Beziehung der Eltern zum Zeitpunkt der Zeugung). Wenn die Teilnehmer anschließend wieder mit ihrer „normalen" Aufmerksamkeit präsent sind, ist es sinnvoll, das in der Trance Erlebte (vor dem hypnoiden Zustand wurde dies bereits angekündigt) in einem schöpferischen Akt von jedem Einzelnen durch Formen und Farben auf einem großen Blatt Papier darstellen zu lassen.

Zum anderen ist es möglich, in dieser Trance den Teilnehmern Phantasiereisen anzubieten, die durch die Verfremdung der Bildersprache kreative Prozesse zur Lösung aktueller Probleme auslösen können (Beispiele bei *Vopel* 1993).

Insbesondere bietet die hypnoide Trance eine Möglichkeit, auf den impliziten Funktionsmodus Einfluß zu nehmen, weil der rational-analytische Funktionsmodus weitgehend ausgeschaltet ist. Da das implizite und vor allem das affektive Funktionssystem entwicklungsgeschichtlich erheblich älter sind als das rationale, ist es wahrscheinlich, daß man mit einer Beeinflussung impliziter Prozesse auch mehr Einfluß auf immunologische und andere körperliche Prozesse gewinnen kann als über die Veränderung verbal-rational gesteuerter Prozesse (*Bohus* & *Berger* 1992).

Geht man einmal davon aus, daß das implizite Selbst, also das automatische Selbst, nicht das Bild ist, das ein Individuum von sich selbst hat (*Epstein* 1983), so kann durch die Trance auch dieses beeinflußt werden. Das implizite Selbst ist dem „bewußten" Selbstbild vorgeordnet, daher hat die Beeinflussung des impliziten Selbst eine große Wirkung auf das Erleben und Verhalten. Man darf vermuten, daß über eine Veränderung des impliziten Selbst auch das bewußte Selbstbild sich verändern wird. Hierzu ist die hypnoide Trance hervorragend geeignet.

Medien: Decken als Unterlage, CD mit entspannender Musik (z.B. *Arnd Stein*)

Dauer: ca.15-30 Minuten

Ablauf:
▶ Der jeweilige Text (Kap. 12.4 und 15ff) wird mit sehr viel Ruhe und Pausen zwischen den einzelnen Sätzen vorgelesen. Die Stimme des Vorlesenden ist dabei möglichst monoton.

- Im Hintergrund spielt eine entspannende Musik (mit 60 Hertz Frequenz).
- Anschließend berichten die Teilnehmer bei einer Induktion, was sie in der Trance erlebt haben. Die Bilder, von denen sie erzählen, können ganz unterschiedlich sein. Sie brauchen nicht mit den angebotenen Bildern in der Trance übereinzustimmen. Es kann auch sein, daß jemand eingeschlafen ist und sich an nichts mehr erinnern kann. Auch das ist so ganz in Ordnung.
- Wurde in der Trance eine bestimmte Szene imaginiert, so besteht jetzt die Möglichkeit, diese z.B. in Ton oder auf Plakatkarton durch Formen und Farben auszudrücken und so darzustellen. Dann ist es wichtig, daß die Teilnehmer schon vor der Trance sich einen Arbeitsplatz geschaffen und das nötige Material zurechtgelegt haben, damit sie sofort aus der Trance heraus kreativ arbeiten können.

12.4 Einen Gesprächseinstieg finden

Ziel: Die folgende Übung hilft Ratsuchenden, etwa zu Beginn einer Sitzung oder wenn ihnen nicht einfällt, was sie sagen wollten, sich auf sich selbst zu konzentrieren, um zur Ruhe zu finden, Streß abzubauen, um dann die weitere Beratung verantwortlich mitzugestalten.

Medien: keine

Dauer: ca. 5 Minuten

Anleitung: „Schließen Sie einen Moment die Augen und beginnen Sie, bewußt zu fühlen. Spüren sie, wie Ihre Sitzhöcker den Stuhl berühren, wie Ihr Rücken die Stuhllehne berührt, wie Ihr Fuß auf dem Boden steht, wie ein feiner Luftzug durch das leicht geöffnete Fenster zieht, wie die Sonnenstrahlen Ihre Haut wärmen ... und horchen Sie auf ihren Atem, Ihr Herzklopfen. Vielleicht spüren Sie auch eine Spannung im Körper?
Dann lassen Sie das, was im Moment in Ihnen aufsteigt an Fragen, Themen, Gefühlen, einfach zu und erzählen Sie davon. Das darf sich auch ganz unsinnig anhören."

Besondere Hinweise: Diese Übung ist für die Ratsuchenden entlastend. Oftmals kommen sie aus anderen Prozessen, sind z.B. innerlich noch auf der Fahrt zur Beratungsstelle. Sie erhalten eine Hilfe, das zu tun und zu sagen, was ihnen auf dem Herzen liegt.

12.5 Standortbestimmung

Ziel: Um Ratsuchenden zu ermöglichen, ihren Prozeß der Heilung immer mehr mitzugestalten, ist ihnen regelmäßig Gelegenheit zu geben, ihren momentanen Eindruck, ihr augenblickliches Gefühl von ihrer Situation mitzuteilen.

Medien: keine

Dauer: ca. 20 Minuten

Anleitung: „Schließen Sie einen Moment die Augen und beginnen Sie, bewußt zu fühlen. Spüren sie, wie Ihre Sitzhöcker den Stuhl berühren, und horchen Sie auf Ihren Atem, Ihr Herzklopfen. Vielleicht spüren Sie auch eine Spannung im Körper?
Versuchen Sie jetzt einmal, das, was Sie in der letzten Sitzung (am letzten Tag, nach dem Erlebnis der Arbeit mit ...) erlebt haben, und wie es Ihnen jetzt geht, durch ein Wort, einen Satz oder mehr zu benennen. Alles, was Sie dabei über sich selbst sagen, ist ‚richtig‘ so, ‚in Ordnung‘, auch wenn Ihr Partner vielleicht ganz anderer Meinung ist."

Besondere Hinweise: Diese Rückmeldungen sind für die Berater wichtige Signale über den Entwicklungsprozeß der Klienten. Sie ermöglichen ferner dem Einzelnen, sich am inhaltlichen Prozeß zu beteiligen; nach belastenden Erlebnissen führen diese Äußerungen zu einer Entlastung.

13. Anwärmphase

Bereits der erste Moment, in dem Ratsuchende Kontakt aufnehmen (meistens per Telefon), ist für den weiteren Therapieverlauf wichtig. Hier gilt es, Gelegenheit zu geben, das Problem kurz zu schildern, Fragen und Unsicherheiten abzuklären. Insbesondere sollen die Klienten sich aber auf der Ebene der nonverbalen Beziehungsregulation angenommen fühlen. Es ist dann die Sekretärin – bzw. derjenige, der den Anruf entgegennimmt – gefragt, dem Klienten wohlwollend zu begegnen, ausführlich alle Fragen zu beantworten, etwa freundlich und präzise den Weg zur Beratungsstelle zu erklären, vielleicht auch ein Wort der Hoffnung mit auf den Weg zu geben. So könnte man z.B. sagen, daß die Ratsuchenden mit ihren Problemen als Paar hier genau an der richtigen Stelle seien, daß die Berater viel Erfahrung mit solchen Problemen hätten ...

Kommen Teilnehmer zu einem gruppentherapeutischen Seminar, gilt gleiches. Das bedeutet, daß die Leitung so frühzeitig anreist, daß sie ankommende Teilnehmer in der Eingangshalle des Seminarhauses begrüßt, Eltern mit Kindern ggf. hilft, ihr Gepäck ins Haus zu bringen, ihnen das Zimmer zeigt oder zumindestens den Weg dorthin weist. Der Gruppenraum ist vorbereitet, es liegt für die Themen des Seminars relevante Literatur aus, evtl. läuft etwas Musik im Hintergrund ...

13.1 Und wie heißt du?

Ziel: Die Teilnehmer sollen auf spielerische Weise möglichst schnell die Vornamen der anderen kennenlernen.

Anleitung: Der erste nennt seinen eigenen Vornamen und fragt seinen Nachbarn, wie er heiße. Dieser antwortet, dann wiederholt der zweite den Namen des ersten und sagt seinen eigenen, gibt die Frage zum dritten weiter, und so geht die Runde herum, bis zum Schluß der 17. bzw. der 19. alle Namen sagen muß.

Erfahrungen: Mit diesem Spiel lernen in der Regel alle Teilnehmer schnell die Vornamen der anderen Gruppenmitglieder. Es sorgt für eine erste Entspannung und öffnet den Weg zu einer Gruppenhomogenität. Gleichzeitig bedeutet es, daß jeder Teilnehmer sich zum ersten Mal laut in der Runde geäußert hat; es ist somit ein Schritt zu einem prägnanten Selbst- und Identitätserleben.

13.2 Ein Teil für mich

Ziel: Die Teilnehmer haben Gelegenheit, sich indirekt vorzustellen und auf einer symbolischen Ebene viel von sich zu erzählen.

Medien: Viele unterschiedliche Gegenstände: Steine, Hölzer, Besteck, Ball, Spielzeug, Puppen, Stoffe ... (der Auswahl sind keine Grenzen gesetzt).

Anleitung: Die Gegenstände liegen in der Mitte der Gruppe verteilt. Jeder sucht sich einen aus, von dem er sich angesprochen, angezogen fühlt, und stellt sich selbst unter Zuhilfenahme dieses Teils vor.

Variationen: Statt eines fremden Teils ist es auch möglich, zunächst draußen in der Natur etwas suchen zu lassen oder sich mit einem Teil des eigenen Körpers vorzustellen (ich bin wie mein Ohr, meine Hand ...).

Erfahrungen: Diese Assoziation hilft durch die Verfremdung, eine Fülle an vorbewußtem Material zu präsentieren. Die Teilnehmer sind oftmals sehr erstaunt oder auch gerührt über das, was sie so über sich selbst aussagen. Ferner bietet sich diese Vorgehensweise an, um im Rahmen von Zwischenreflexionen – auch in der Sitzung ohne Gruppe – den augenblicklichen Stand der persönlichen Entwicklung und den als Paar zu beschreiben.

13.3 Unser Raum – die Anderen und Ich selbst

Ziel: Die Teilnehmer sollen den Raum, in dem sie sich während des Seminars aufhalten, sinnlich wahrnehmen. Sie sollen spüren, wie dieser auf sie wirkt, und ihre Emotionen dazu ausdrücken können. Sie sollen in einen ersten bewußten Kontakt mit den anderen Teilnehmern kommen und sich über ihre Ziele, die sie mit der Teilnahme verbinden, klar werden.

Anleitung: Die Teilnehmer werden aufgefordert, den Raum zu erkunden. Hilfreich ist es, dabei die Schuhe auszuziehen, um die Beschaffenheit des Bodens zu spüren. Ebenso kann man einen Raum erkunden, indem man sich auf die Erde legt und zur Decke schaut, über Tische und Stühle geht, sich auf einen Stuhl stellt, um alles von oben zu betrachten, oder auch sich hinter eine Gardine stellt, um sich zu verstecken. Insbesondere werden die Teilnehmer aufgefordert zu spüren, wie genau der Raum seelisch auf sie wirkt.

Dann geht es darum, die bewußte Aufmerksamkeit auf die anderen Teilnehmer zu lenken. Dabei wird durch den Raum gegangen, und von der Leitung werden folgende Fragen in den Raum gesagt:

- Wen nehme ich hier noch alles im Raum wahr?
- Was sind das für Menschen?
- Vom wem fühle ich mich angezogen? Wen finde ich attraktiv? Wen langweilig?
- Mit wem möchte ich am liebsten nichts zu tun haben?

Danach wird die Aufmerksamkeit auf jeden Teilnehmer selbst gelenkt mit den Fragen:

- Wie bin ich hier angereist, mit welchen Erwartungen bin ich zu diesem Seminar gekommen?
- Welche Hoffnungen, welche Ängste habe ich mitgebracht?
- Was darf keiner von mir hier wissen? Was möchte ich unbedingt geheimhalten? Wo sind meine Schamgrenzen?

Anschließend setzen sich die Teilnehmer im Stuhlkreis zusammen und erzählen von ihren Erfahrungen, von dem, was ihnen eingefallen ist, aber immer nur so viel, wie jeder möchte.

Erfahrungen: Das Kennenlernen dieser drei Ebenen: „der Raum, die Anderen, Ich selbst" ist eine gute Möglichkeit, wirklich anzukommen. Selbst wenn dann jemand sagt, er sei noch ganz in Gedanken bei seinen alten Eltern, ob sie gut versorgt seien, läßt dieses Aussprechen ihn hier und jetzt da sein. Manche Tagungsräume haben eine kühle oder depressive Atmosphäre, auch hier reicht ein Benennen, um evtl. noch etwas zu ändern – Lichtverhältnisse, Blumenschmuck etc. – oder, falls nur wenig änderbar ist, während des Seminars damit zu leben.

13.4 Phantasiereise – Nachts auf dem Schiff

Ziel: Die Teilnehmer sollen sich in dieser Trance als kompetent in schwieriger Situation erleben. (Zur Einführung siehe Kap. 12.2.)

Medien: Decken als Unterlage, entspannende Musik im Hintergrund

Dauer: ca. 30 Minuten

Anleitung: Bevor die nachfolgende Geschichte (Idee nach *Vopel* 1993) erzählt wird, ist es wichtig, mit einer kurzen Entspannung zu beginnnen (alles wird ganz langsam und mit vielen Pausen vorgelesen):

„Legt euch alle auf den Boden und macht es euch dort ganz gemütlich. Achtet darauf, daß ihr an keiner Stelle irgendwo eingezwängt seid. Ihr könnt z.B. einen Hosenbund lokkern. Hört im Hintergrund die Musik, schließt jetzt einmal die Augen und versucht, alles das, was euch jetzt noch belastet oder quält, in eurer Vorstellung in eine Tüte zu packen und draußen vor der Tür an der Garderobe abzugeben. Am Ende dieser Entspannung könnt ihr, wenn ihr es dann noch wollt, eure Probleme wieder mitnehmen.

Achtet auf euren Atem, wie ihr einatmet und wie ihr ausatmet. Dann geht mit eurer inneren Aufmerksamkeit einmal zu eurem rechten Fuß und spannt diesen an. Dann löst ihr die Spannung und spannt ihn noch einmal an. Vielleicht könnt ihr dabei feststellen, daß, wenn ihr mit eurer inneren Aufmerksamkeit bei eurem rechten Fuß seid, ihr nicht gleichzeitig mit eurer Aufmerksamkeit bei eurer linken Hand seid. Jetzt aber wechselt einmal zu der linken Hand und spannt diese an. Macht eine Faust und löst die Spannung wieder. Jetzt geht mit eurer Aufmerksamkeit zu eurem Gesicht und spannt das zu einer Grimasse an. Und löst diese wieder.

Jetzt geht wieder mit eurer Aufmerksamkeit zu eurem Atem und stellt euch einmal vor, daß ihr an einer Wendeltreppe steht und mit jedem Ausatmen ein Stückchen tiefer diese Treppe hinabgeht. Bei jeder Stufe hinab entspannt ihr euch mehr und gelangt zu eurer inneren Weisheit, die euch durch eurer Leben leitet.

Stell dir jetzt einmal vor, daß du Schiffer auf einem Boot bist. Stell dir ganz genau dieses Boot vor. Laß es vor deinem inneren Auge ganz lebendig werden. Vielleicht ist es aus Holz, vielleicht aus Stahl? Es ist groß oder klein, das ist alles nicht so wichtig, aber du weißt, daß du ein geübter Seefahrer bist und dich auf dein Schiff und deine Tüchtigkeit verlassen kannst. Und mit dieser inneren Gewißheit bist du mit deinem Schiff nachts unterwegs.

Sturm und starke Wellen sind aufgekommen, und du bist ganz allein mit deinem Schiff auf hoher See. Mit beiden Beinen stehst du fest am Steuerruder und hältst Kurs. Es ist stockdunkle Nacht, um dich herum peitscht der Wind, die Gischt schlägt dir ins Gesicht. Du kannst das Salzwasser auf deiner Haut spüren und hast den Geschmack von Salz im Mund. Der Wind treibt ein arges Spiel mit deinem Boot. Es wird in den Wellen auf und ab getrieben. Mit deinem Körper und seinen Bewegungen versuchst du, die Schwankungen auszugleichen. Du kannst nichts sehen, nur manchmal ein wenig schwaches Mondlicht, das die Schaumkronen der Wellen beleuchtet.

Mit beiden Händen hältst du das Ruder ganz fest. Plötzlich taucht in der Ferne ein schwacher Lichtstrahl auf. Er kommt von einem Leuchtturm. Ganz frische Kräfte stellen sich plötzlich bei dir ein. Du weißt, daß du nicht alleine bist. Dieser Leuchtturm weist dir den Weg in den sicheren Hafen. Sein regelmäßiges Licht leitet dich und zeigt dir den Weg durch die Nacht. Mit der Zeit wird das Leuchten immer heller, und du bist dir sicher, diesen Sturm und diese dunkle Nacht zu bewältigen und den sicheren Hafen zu erreichen. –

Laß nun langsam dieses Bild in dir verblassen. Und immer, wenn du in deinem Leben tiefe Nacht erfährst, so hast du die Gewißheit, daß in dieser Nacht ein Leuchtturm auftaucht und du durch den Sturm mit deiner Kraft und Kompetenz dein Ziel erreichen wirst.

Nun komm mit deiner inneren Aufmerksamkeit wieder in diesen Raum und zu dieser Gruppe zurück. Achte wieder auf deinen Atem und spüre, wie du einatmest und ausatmest.

Dann stell dir wieder vor, daß du an der Wendeltreppe stehst und mit jedem Einatmen ein Stück dieser Treppe hinaufgehst und frischer und wacher wirst. Jetzt geh mit deiner Aufmerksamkeit zu deiner linken Hand und schließe sie zu einer Faust, und löse diese Spannung wieder. Anschließend geh mit deiner Aufmerksamkeit zu deinem Fuß und spanne ihn an, und löse diese Spannung wieder. Dann räkele und streck dich, gähne wie nach einem erholsamen Schlaf.

    Wenn die Musik beendet ist, können wir unsere Erfahrungen mit der Geschichte austauschen."

Besondere Hinweise: Diese Trance eignet sich gut für den Beginn einer paartherapeutischen Gruppe. Sie macht Mut, sich den Herausforderungen der Klärung und Bewältigung der Probleme zu stellen.

13.5 Meditative Entspannung zu zweit: Ich halte dich in meinen Händen – ich liege in deinen Händen

Ziel: Anknüpfend an Urerfahrungen jedes Paares (und jedes Menschen), gehalten zu werden, soll hier eine Ressource jedes Paares (wieder)belebt werden. Die Teilnehmer sollen dadurch zu Beginn der beraterischen Arbeit die Gelegenheit bekommen, sich an alte „gute" Zeiten leiblich zu erinnern. Dadurch sollen salutogene Stimmungen im Miteinander induziert werden. (Zur Einführung siehe Kap. 12.2.)

Medien: Entspannungsmusik, Decken

Dauer: ca.1½ Std.

Anleitung: Während der Übung selbst ist es sinnvoll, entspannende Musik im Hintergrund abzuspielen. Dann setzt sich ein Partner bequem (!) auf die Erde und hält für ca. 20 Minuten in seinen Händen den Kopf des anderen vor ihm ausgestreckt liegenden Partners. Zwischendurch ist es wichtig, die Lage immer wieder so zu korrigieren, daß Spannungen ausgeglichen werden, damit die Erfahrung für beide angenehm ist.

    Zu Beginn und zwischendurch werden die Teilnehmer aufgefordert, folgenden Satz zu meditieren:

▶ *„Ich halte dich in meinem Händen"* bzw.
▶ *„Ich liege in deinen Händen"*

    Nach Ablauf der Zeit wird der Kopf vorsichtig und abschiednehmend abgelegt, so daß jeder wieder für sich allein ist. Auch das Alleinsein soll bewußt als eine gute Realität wahrgenommen werden. Nach ca. 5 Minuten dann Wechsel, der vorher Haltende wird nun 20 Minuten gehalten.

Zum Schluß der Übung tauschen die Teilnehmer in einem Stuhlkreis ihre Erfahrungen miteinander aus. Dieser Austausch ist öffentlich, so daß die Teilnehmer gegenseitig von ihren Erfahrungen profitieren können.

Besondere Hinweise: Diese Übung eignet sich insbesondere zu Beginn eines Seminars, da durch das Anknüpfen an gute Erfahrungen Hoffnung induziert wird. Selbst heftig zerstrittene Partner lassen sich auf die Übung ein und berichten nachher oftmals, daß sie genau dies sich voneinander wünschen. Widerstand gegen die Übung muß wie bei allen Übungen geachtet werden.

Zu einem späteren Zeitpunkt der **PARTNERSCHULE** ist es sinnvoll, diese Übung auch mit einem fremden Partner zu machen, damit die Klienten lernen, auch mit anderen Menschen in einen emotionalen Austausch zu kommen. So entkrampfen sich emotionale Überforderungen gegenüber dem eigenen Partner.

14. Diagnostik und Evaluation

Einleitung

Die Diagnostik begleitet das therapeutische Geschehen, deshalb wird auch von „prozessualer" Diagnostik gesprochen. Denn im Laufe der Beratung verändert sich ein Paar, und es gilt, einen Blick für diese Veränderungen zu gewinnen, um adäquat intervenieren zu können. Eng damit verbunden ist die Evaluation, ein alltäglicher Vorgang. Denn bei allen höheren Lebewesen findet eine Anpassung des Verhaltens im Sinne einer sukzessiven Verhaltensoptimierung statt. Input (Umweltreize) und Output (Verhalten in weitestem Sinne) stehen dabei miteinander in Korrespondenz. Diese Input/Output-Verknüpfungen sind Kern jeder Evaluation. Bei allen höheren Lebewesen sind sie die Grundlage des Überlebens.

Die folgenden Möglichkeiten der Diagnostik und Evaluation geben einen Rahmen für Berater und die Betroffenen selbst (!), die Schwierigkeiten im Miteinander zu verstehen. Für den Berater sind sie Hilfe, den Erfolg seines Tuns sowohl qualitativ als auch quantitativ zu messen und so, im Vergleich und Gespräch mit Kollegen, die noch dürftige Forschung im Bereich der Paartherapie (*Grawe* et al. 1994) zu bereichern. Zum Wohl der Klienten ist es dringend notwendig, beraterische Vorgehensweisen empirisch auf die zum Tragen kommenden Methoden, therapeutischen Haltungen hinsichtlich ihrer Wirkung und Angemessenheit hin zu überprüfen.

Beachtet werden muß dabei die Tatsache, daß der Forschungsgegenstand sich nicht, wie etwa in der Medizin der Blutdruck, exakt messen läßt. Ob jemand „glücklich verheiratet ist", läßt sich nur in einer Rangskalierung mit den Merkmalsausprägungen „gar nicht", „ein wenig", „weitgehend", „vollkommen" beschreiben. So wird eine Quantifizierung von Sachverhalten erreicht, für die keine Maßeinheiten vorhanden sind. Deshalb handelt es sich bei allen empirischen Daten zur Wirksamkeit, die durch Zahlen ausgedrückt werden, um Ordinalzahlen, die Rangpositionen ausdrücken. Der Hauptmangel besteht darin, daß die Rangplatzdifferenzen der Merkmalsausprägung nicht definiert sind (*Clauss* & *Ebner* 1977).

Zum Abschluß dieser Einleitung läßt sich mit *Clauss* & *Ebner* sagen: *„Entscheidend für den Wert einer empirischen Untersuchung ist stets, ob sie unser sicheres Wissen von einem gesellschaftlich wichtigen Wirklichkeitsbereich in verläßlicher Weise erweitert, da-*

durch einen Beitrag liefert zur Theorie dieses Bereiches und so letzten Endes eine verbindliche Anleitung zum richtigen Handeln gibt. Auch statistische Methoden sind – wie empirische Methoden überhaupt – beurteilbar nur im Zusammmenhang mit der theoretischen Relevanz der Problemstellung, zu deren Klärung sie verwendet werden" (1977, 23).

14.1 Leitfaden für den ersten Kontakt

Ein Paar betritt ein Beratungszimmer, betritt den Gruppenraum, und dies geschieht für dieses Paar in einer charakteristischen und einmaligen Weise: Sie erwidern jeder für sich den Gruß, sie betreten jeder für sich den Raum, schauen sich um, nehmen in einer Gruppe, in einer für jeden von beiden spezifischen Art mit anderen Teilnehmern Kontakt auf, suchen sich einen Platz ... jeder für sich, und doch sind beide miteinander verbunden, da ist etwas spezifisch *„zwischen ihnen"*, was sie zum Paar macht (*Buber* 1962). Und so wird dieses *„Zwischen ihnen"*, das *„Wie"* des Miteinanders, werden sie selbst zum eigentlichen Thema der Beratung. Es gilt also, neben den im folgenden aufgeführten Fakten insbesondere auf das zu achten, dafür eine Antenne zu entwickeln, was man in der Interaktion beider erlebt. Dies wird zum Leitfaden therapeutischen Handelns.

Faktensammlung

In der ersten Phase wird den Klienten Gelegenheit gegeben, sich als Paar in Szene zu setzen. Grundlage sind in der Regel die Störungen im Miteinander. Darüber hinaus gilt es, möglichst viele Fakten zu sammeln, um einen Eindruck von den Rahmenbedingungen zu bekommen, unter denen das Paar lebt, und zwar:

➡ *auf der Sachebene:*
▹ Ist das Paar verheiratet oder nicht?
▹ Sind Kinder vorhanden?
▹ Leben Eltern oder andere Verwandte im Haushalt oder in der Nähe?
▹ Tragen sie Verantwortung für kleinere Kinder oder pflegebedürftige Eltern?
▹ In welchen Lebensbezug sind sie eingebunden? Wie gestaltet sich ihr sozioökonomisches Umfeld?
▹ Ist jemand von Arbeitslosigkeit oder Krankheit betroffen?
▹ Sind sie zugehörig zu gesellschaftlichen Gruppen, wie Vereine, Familienkreise etc.?

➡ *auf der Affektebene:*
▹ Welche Atmosphäre, welches emotionale Klima herrscht zwischen beiden?
▹ Welche Gefühle und Gedanken über die einzelnen Partner und über beide als Paar werden beim Therapeuten bzw. bei anderen Gruppenmitgliedern ausgelöst?

➡ *auf der Ressourcenebene:*
▸ Was kann jeder für sich, unabhängig vom Partner?
▸ Was bringt jeder zum gemeinsamen Wohl ein?
▸ Was schaffen beide als Paar?
▸ Was gelingt ihnen?

➡ *auf der Interaktionsebene:*
▸ Hat jeder einen eigenen Stand, oder definiert er sich über den anderen: *„Meine ganze Sorge ist es, daß es meiner Frau gut geht."*?
▸ Wie werden sexuelle Wünsche mitgeteilt: *„Wenn mein Mann tagsüber nur etwas netter zu mir wäre ... ginge ich mit ihm auch abends ins Bett."*?
▸ Oder nach welchen Kommunikationsregeln laufen die Gespräche ab: *„Du bist auch zu gar nichts zu gebrauchen ..."*?
▸ Ist der Einzelne in der Lage, selbst für sein Wohlergehen zu sorgen, oder soll der Partner dafür verantwortlich sein?

Hinweise: Paare suchen eine Beratung auf, weil sie ein Problem haben, das in der Regel einen hohen Leidensdruck bewirkt. Das hat zur Folge, daß dasjenige, was gelingt, außer Blick gerät. Da verdient z.B. jemand regelmäßig Geld für den Unterhalt der Familie, oder die Kinder werden morgens nach einem guten Frühstück in die Schule geschickt, aber keiner ist sich dieser Ressourcen bewußt. Gerade für Ehen in einer Krise ist es ganz wichtig, das nicht aus den Augen zu verlieren, was in der Partnerschaft gelingt. Kann das Paar dies nicht selbst bewerten, dann hilft der Berater bei der Suche durch Nachfragen mit.

14.2 PIB – Paarinterview zur Beziehungsgeschichte – Standard für das Erstgespräch mit einem Paar

Ziel: Im PIB wird das Paar nach seiner Beziehungsgeschichte befragt. Sowohl die Klienten als auch der Berater bekommen dadurch eine Fülle von qualitativen Informationen. Dabei geht es weniger um eine objektive Wahrheitsfindung als vielmehr darum, den Interaktionsprozeß zwischen den Partnern zu erleben. Wie etwa erinnern die Partner den Beginn ihrer Beziehung? Wie interpretieren sie ihr Miteinander in Konfliktsituationen? Aus dieser Art der Interpretation lassen sich Rückschlüsse auf den augenblicklichen Zustand eines Paares ziehen. Erscheint die Erinnerung an den Anfang der Beziehung nur noch in einem negativen Licht, oder läßt sich durch die Frage danach im Moment ein positives Klima induzieren?

Medien: Interviewleitfaden (*Sassman* 1999)

Das PIB im einzelnen

1.Teil – allgemeine Fragen

1. Frage
Lassen Sie uns doch einfach von vorne anfangen ... Erzählen Sie mir, wie Sie sich kennengelernt haben und wie Sie dann zusammengekommen sind. Können Sie sich daran erinnern, als Sie sich das erste Mal gesehen haben? Erzählen Sie darüber! Was war besonders an (Name von Mann bzw. Frau)? Was war der erste Eindruck, den Sie voneinander hatten?

2. Frage
Wenn Sie an die Zeit denken, als Sie sich kennengelernt haben, also bevor Sie geheiratet haben, woran können Sie sich da erinnern? Was war besonders an dieser Zeit?
Wie lange haben Sie sich gekannt, bevor Sie geheiratet haben? Woran erinnern Sie sich in dieser Zeit? Was für Höhepunkte gab es? Was für Spannungen bestanden? Was für Dinge haben Sie zusammen unternommen?

3. Frage
Erzählen Sie mir, wie Sie zu der Entscheidung kamen, zu heiraten.
Von allen Männern/Frauen auf der Welt haben Sie sich entschieden, diesen Menschen zu heiraten. Wie kam es dazu? War es eine schwere oder eine leichte Entscheidung?

4. Frage
Können Sie sich an Ihre Hochzeit erinnern? Erzählen Sie mir darüber!
Waren Sie auf Hochzeitsreise? Woran erinnern Sie sich bei der Hochzeitsreise?

5. Frage
Woran erinnern Sie sich, wenn Sie an das erste Jahr Ihrer Ehe denken? Hat es Anpassungen an das Verheiratetsein gegeben? (Falls das Paar Kinder hat:) Wie war das, als Sie beide Eltern wurden? Erzählen Sie mir über diese Periode Ihrer Ehe! Wie erging es Ihnen beiden in dieser Situation?

6. Frage
Zu einer Partnerschaft gehört auch die Sexualität. Gab es besonders schöne Zeiten der Sexualität oder Probleme für Sie? Wie hat sich dieser Bereich menschlichen Zusammenseins verändert? Wie sind Sie mit Familienplanung und Verhütung umgegangen?

7. Frage
Wenn Sie an die letzten Jahre denken, was gab es in Ihrer Ehe an richtig schönen Zeiten? (Was zeichnet schöne Zeiten für dieses Paar aus?)

8. Frage
Viele Menschen, mit denen wir gesprochen haben, erzählen, daß es in ihrer Beziehung Hochs und Tiefs gab. Würden Sie sagen, daß das auch für Ihre Beziehung zutrifft?

9. Frage
Wenn Sie an die letzten Jahre denken, was für wirklich harte Zeiten haben Sie in Ihrer Ehe erlebt? Was glauben Sie, warum Sie zusammengeblieben sind? Wie haben Sie diese schweren Zeiten überwunden?

10. Frage
Vielfach berichten uns Paare von Streiteskalation. So kann einer handgreiflich werden oder die Wohnung verlassen. Wie würden Sie einen für Sie eskalierten Streit beschreiben? Wie häufig kommen solche Auseinandersetzungen vor?

11. Frage
Was glauben Sie, worin sich Ihre Ehe heute von Ihrer Ehe kurz nach der Heirat unterscheidet?

2. Teil – die Philosophie der Ehe

12. Frage
Wir interessieren uns dafür, was Sie glauben, was eine Ehe funktionieren läßt. Was glauben Sie, warum manche Ehen klappen und manche nicht? Denken Sie mal bitte an ein Paar, das Sie kennen und welches eine gute Ehe führt, und an eines, das eine ausgesprochen schlechte Ehe führt. Wie würden Sie Ihre eigene Ehe mit jeweils diesen Paaren vergleichen?

13. Frage
Erzählen Sie mir über die Ehe Ihrer Eltern (beide Partner fragen). Wie war Ihr Verhältnis zu Ihrem Vater, als Sie aufwuchsen? Wie war Ihr Verhältnis zu Ihrer Mutter, als Sie aufwuchsen? Wie war deren Ehe? Würden Sie sagen, daß Ihre eigene Ehe der Ihrer Eltern sehr gleicht oder sich davon stark unterscheidet? Warum?

14. Frage
Was würden Sie gerne über Ihre Ehe oder die Ehe im allgemeinen noch sagen, was wir noch nicht angesprochen haben? Haben Sie Zukunftspläne? Haben Sie Ratschläge für junge Paare, die mit dem Gedanken spielen, zu heiraten?

Dauer: ca. 45-90 Minuten

Anleitung: Kommt es mit einem Paar zu einem therapeutischen Kontrakt, ist es sinnvoll, das PIB in der zweiten Sitzung durchzuführen. Die Klienten werden im Anschluß an den ersten Kontakt darauf hingewiesen, daß in der nächsten Stunde ein Interview mit ihnen durchgeführt wird, welches viele Bereiche ihrer Beziehungsgeschichte umfaßt. Das Interview selbst findet in einer lockeren Atmosphäre statt. Der Berater fragt die einzelnen Fragen hintereinander ab. Dabei geht er nicht auf die Aussagen der Klienten ein, sondern seine Aufgabe ist es, ähnlich wie bei einem Zeitungsinterview, den Klienten zuzuhören und einen Prozeß zwischen beiden zu ermöglichen. Als hilfreich hat es sich erwiesen, dieses Interview als Videoaufzeichnung zu dokumentieren und anschließend nochmals auszuwerten. Ein auf Video aufgezeichnetes Interview bietet ferner eine gute Möglichkeit, ein Paar in der Supervision vorzustellen (ausführliche Hinweise in *Sassmann* 1999).

Besondere Hinweise: Aus Gründen der Vergleichbarkeit ist es sinnvoll, das PIB regelmäßig mit jedem neuen Paar durchzuführen.

Die Frage nach dem Beginn der Beziehung, nach dem Kennenlernen, ermöglicht oft einem problembelasteten Paar, sich in der Beratungssituation positiv zu fühlen. Es ist also möglich, durch dieses Interview auch an vorhandene, aber z.Z. verschüttete emotionale Ressourcen anzuknüpfen.

14.3 Fragebogen zur Erstdiagnostik und Selbstevaluation

Ziel: Mit Hilfe des Fragebogens (*Klann* & *Hahlweg* 1994b, *Klann* 1999) können verschiedene Dimensionen des Verhaltens und inneren Erlebens der Einzelnen in einem Paar gemessen werden. Ausgangslage ist dabei eine „Norm", wie in ihrer Ehe „glückliche und zufriedene" Paare diese Dimension für sich definieren würden. Es kann also damit festgestellt werden, wie weit der Einzelne von dieser „Norm" abweicht.

Diese „Norm" ist natürlich mit aller Vorsicht zu betrachten, weil das subjektive Erleben des gleichen Sachverhaltes bei unterschiedlichen Menschen auch höchst unterschiedlich ist. Beispielsweise kann ein Mensch, der in seiner Kindheit durch Krankheit oder Unfall ein Bein verloren hat, sich zwar mit Hilfe von guten Prothesen und einem intensiven Lauftraining wieder gut fortbewegen, ja, er kann sogar Medaillen bei den olympischen Spielen für Behinderte gewinnen. Er wird sich aber nicht messen können und wollen mit einem Menschen, der noch beide Beine hat. Übersetzt auf die Situation eines Paares mag das bedeuten, daß ein Paar, in dem einer oder beide in ihren früheren Beziehungserfahrungen verletzt und geschädigt wurden, möglicherweise nicht die gleiche Zufriedenheit in seiner Ehebeziehung erreichen kann wie Paare, die keine „Altlasten" aus ihrer Lebensgeschichte mit in die Beziehung bringen.

Im einzelnen handelt es sich im angeführten Fragebogen dabei um folgende Dimensionen:

1. Globale Zufriedenheit mit der Partnerschaft (GZ)

Diese Dimension soll die globale Ehezufriedenheit erfassen, z.B. mit den Feststellungen: *„Ich bin ziemlich glücklich verheiratet"* oder: *„Selbst wenn ich mit meinem Partner zusammen bin, fühle ich mich häufig einsam. "*

2. Affektive Kommunikation (AK)

Die Dimension soll die Zufriedenheit mit dem Ausmaß dessen ausdrücken, was vom Partner an Zuneigung, Affektivität, Selbstöffnung und Verständnis gezeigt wird. Die Beschreibungen betreffen den Kommunikationsprozeß im verbalen und nonverbalen Bereich, z.B.: *„In unserer Partnerschaft drücken wir unsere Liebe und Zuneigung offen aus"* oder: *„Manchmal glaube ich, daß mein(e) Partner(in) mich gar nicht richtig braucht. "*

3. Problemlösung (PL)

Hier soll die generelle Effektivität beschrieben werden, mit der die Partner ihre Ehekonflikte und Differenzen lösen können, ferner inwieweit:

▶ aus kleinen Anlässen heraus ein großer Streit entsteht,
▶ ungeklärte Differenzen nicht mehr diskutiert werden,
▶ der Partner sehr kritisch und bestrafend ist und
▶ sehr empfindlich auf Kritik reagiert.

Beispiel: *„Wenn wir miteinander streiten, kommen immer wieder dieselben alten Probleme auf den Tisch"* oder: *„Bei Diskussionen können wir uns ziemlich gut auf die wichtigsten Themen beschränken. "*

4. Gemeinsame Freizeitgestaltung (FZ)

Es wird die Qualität und Quantität der gemeinsamen Freizeitgestaltung erfaßt. So etwa, ob die Partner ausreichend Zeit miteinander verbringen, gemeinsame Interessen haben, die Zeit miteinander genießen und ob der Partner sich an den eigenen Interessen des anderen ausreichend beteiligt, z.B.: *„Ich wünsche mir, mein(e) Partner(in) würde meinen Neigungen mehr Interesse entgegenbringen"* oder: *„Wir verbringen mindestens eine Stunde am Tag mit gemeinsamen Unternehmungen. "*

5. Finanzplanung (FP)

Diese Dimension erfaßt, mit wieviel Übereinstimmung finanzielle Dinge in der Partnerschaft gehandhabt werden. Das drückt sich etwa darin aus, wie der Partner mit Geld umgeht, ob finanzielle Probleme häufig zu Auseinandersetzungen führen und ob diese ruhig und befriedigend gelöst werden können, z.B.: *„Wir entscheiden gemeinsam, wie das Familieneinkommen ausgegeben werden soll"* oder: *„Mein(e) Partner(in) ist leichtsinnig im Umgang mit Geld. "*

6. Sexuelle Zufriedenheit (SZ)

Hier wird Zufriedenheit mit der partnerschaftlichen Sexualität beschrieben. Ihr Ausmaß äußert sich etwa in der sexuellen Aktivität, Befriedigung durch Zärtlichkeit und Geschlechtsverkehr, Vorhandensein von Interesse an außerehelichen sexuellen Kontakten und darin, wie Differenzen im sexuellen Bereich bewältigt werden. Beispiel: *„Ich genieße die sexuellen Kontakte mit meinem(r) Partner(in)"* oder: *„Es ist schwierig, mit meinem(r) Partner(in) über Sexualität zu sprechen."*

7. Ehezufriedenheit der Eltern (EZ)

Diese Dimension soll die Ehezufriedenheit der jeweiligen Eltern der Partner erfassen. Sie wird definiert durch das Ausmaß an Bindung zwischen den Familienangehörigen, das Erleben der elterlichen Ehezufriedenheit, die Erfahrungen der Kindheit und die Frage, ob ein Partner den Wunsch hatte, das Elternhaus so früh wie möglich zu verlassen, z.B.: *„Meine Eltern haben mich nie wirklich verstanden"* oder: *„Die Ehe meiner Eltern könnte für viele Paare ein gutes Vorbild sein."*

8. Zufriedenheit mit den Kindern (ZK)

Hier soll das Ausmaß der Zufriedenheit in der Eltern-Kind-Beziehung beider Partner erfaßt werden. Es wird erfragt, ob gemeinsame Interessen mit den Kindern vorhanden sind, ob die Kinder Respekt vor den Eltern haben und welche Konsequenzen die Kinder für die Partnerschaft hatten, z.B.: *„Die Kinder haben mir nicht die Befriedigung gebracht, die ich mir erhofft habe"* oder: *„Durch die Kinder ist unsere Ehe glücklicher geworden."*

9. Kindererziehung (KE)

Es wird die Dimension der Konflikte zwischen den Ehepartnern bezüglich der Kindererziehung beschrieben. Festgestellt wird, ob Kindererziehung ein Hauptproblembereich der Partnerschaft ist, die Eltern sich uneinig bezüglich der Erziehung sind, ein Partner kein Interesse an der Kindererziehung hat und die Pflichten in diesem Bereich ungleich verteilt sind, z.B.: *„Wir beide entscheiden gemeinsam, welche Regeln für die Kinder gelten sollen"* oder: *„Mein(e) Partner(in) trägt zuwenig zur Kindererziehung bei."*

10. Rollen (RO)

Hier soll die Einstellung zur Rollenorientierung in der Ehe erfaßt werden. Gefragt wird nach Ablehnung traditioneller ehelicher Rollenverteilung, nach dem Ausmaß partnerschaftlicher Rollenverteilung und danach, ob eine weibliche Berufstätigkeit akzeptiert wird, z.B.: *„In erster Linie ist der Mann für den Lebensunterhalt der Familie verantwortlich"* oder: *„Im Grunde wünschen sich die meisten Männer fürsorgliche und traditionelle Frauen."*

11. Beschwerden (BL)

Hier wird die subjektiv empfundene Beeinträchtigung durch körperliche oder seelische Beschwerden definiert. Inhaltlich wird dies beschrieben durch Items aus den Bereichen:

- Allgemeinbeschwerden („Schwächegefühl", „Mattigkeit"),
- lokalisierbare körperliche Beschwerden (z.B. „Schluckbeschwerden", „Kreuz- oder Rückenschmerzen"),
- körpernahe Allgemeinbeschwerden (z.B. „Gewichtsabnahme"),
- psychische Beschwerden (z.B. „Grübelei", „innere Unruhe", „Reizbarkeit").

12. Depressivität (ADS)

Hier wird der Grad der Depressivität der letzten sieben Tage durch 20 (für depressive Verstimmungen typische) Symptome bestimmt.

13. Gewichtung von und Umgang mit Konflikten

Diese Dimension beinhaltet verschiedene Konfliktbereiche im Zusammenleben. Sie definiert, wie die Partner diese gewichten und wie sie mit diesen Konflikten umgehen, *„keine Konflikte"* oder *„Konflikte, aber wir sprechen kaum darüber"*.

Medien: Fragebogen und Computerprogramm (unter Windows 3.11 und 95) zur Auswertung, erhältlich bei der: BAG – Kath. Bundesarbeitsgemeinschaft für Beratung e.V., Bonn, Kaiserstr. 163, 53113 Bonn (Selbstkostenpreis ca. 260 DM)

Anleitung: Vor oder nach dem Erstkontakt wird der Bogen den Klienten zum Ausfüllen mit nach Hause gegeben. Nach Beendigung der Beratung und nach Abstand von einem halben Jahr wird der Bogen erneut zur Katamnese vorgelegt.

Besondere Hinweise: Der Bogen gibt zum einen die Möglichkeit, die eigene (Erst-)Diagnostik durch ein validiertes und reliables Meßinstrument zu unterstützen. Zum anderen gibt die Nachmessung einen Einblick in quantifizierbare Veränderungen. Ferner dient der Bogen dem Nachweis der Qualitätssicherung.

Auf seiten der Klienten löst der Bogen einen Selbstbeobachtungsprozeß aus, der für den Beginn des Beratungsprozesses sehr hilfreich sein kann, weil die Klienten anfangen, die Schwierigkeiten und Probleme im Miteinander zu benennen.

Außerdem fühlen sich die Ratsuchenden durch den Einsatz des Fragebogens vom Berater „ernst" genommen.

14.4 Mein Teil im Sammelsurium

Ziel: Diese Übung bietet den Klienten Möglichkeit, auf unkonventionelle Art etwas zu ihrer augenblicklichen Gemütsverfassung zu sagen. Ferner ist diese Methode ein guter Einstieg, sich über die augenblickliche Situation im Paar zu äußern.

Medien: Eine Vielzahl unterschiedlichster Gegenstände in der Mitte des Raumes ausgebreitet: Steine, Tücher, Werkzeug, Spielzeug, Puppen ...

Anleitung: Die Klienten werden gebeten, sich aus der Vielzahl der Gegenstände einen herauszusuchen, mit dem sie sich im Moment identifizieren können. Hat jeder einen passenden für sich gefunden, sagt er mit Hilfe dieses Gegenstandes etwas zu sich als Person oder zu seinen momentanen Empfindungen als Partner in der Ehe.

Besondere Hinweise: Diese Übung eignet sich gut, um mit Menschen ins Gespräch zu kommen, die Schwierigkeiten haben, über sich selbst oder ihre Gefühle zu sprechen. Sie bietet auch den Einstieg in eine Einzelberatung, wenn das Paar alleine mit dem Therapeuten im Beratungszimmer sitzt und keiner so recht weiß, wie er anfangen soll. Selbst wenn die Übung in ähnlicher Form in der Kennenlernphase (13.2) eingesetzt wurde, ist eine Wiederholung später zur „prozessualen Diagnostik" sinnvoll. Es setzt damit ein Übungseffekt ein, der es den Klienten ermöglicht, auch im Alltag des Miteinanders für bisher nicht oder nur schwer benennbare Dinge Worte zu finden.

14.5 Tonfigur (1)

Ziel: Aus einer entspannten Atmosphäre heraus sollen die Teilnehmer ihre Ehe, ihre Paarbeziehung, wie sie sie im Moment erleben, mit Hilfe einer Tonfigur darstellen. Die Übung findet meist in Gruppen statt, eignet sich aber auch für Einzelberatungen.

Medien: Decken als Unterlage für die hypnoide Trance, Plastikunterlagen, ein Klumpen Ton, entspannende Musik im Hintergrund, Papier, Bleistift. Diese Utensilien werden vor der Trance bereitgestellt, damit aus dieser heraus mit den Medien gearbeitet werden kann.

Dauer: ca. 1-1½ Stunden

Anleitung: Bitten Sie die Teilnehmer (siehe auch Kap. 12.3), beim folgenden Arbeiten mit dem Ton die Augen geschlossen zu halten, damit kein Leistungsdruck entstehen kann. Der folgende Text wird langsam und mit Pausen zwischen den Sätzen gesprochen.

„Legt euch alle auf den Boden und macht es euch dort ganz gemütlich. Achtet darauf, daß ihr an keiner Stelle irgendwo eingezwängt seid. Ihr könnt z.B. einen Hosenbund lockern. Hört im Hintergrund die Musik, schließt jetzt einmal die Augen und versucht, alles das, was euch jetzt noch belastet oder quält, in eurer Vorstellung in eine Tüte zu packen und draußen vor der Tür an der Garderobe abzugeben. Am Ende dieser Entspannung könnt ihr, wenn ihr es dann noch wollt, eure Probleme wieder mitnehmen.

Achtet auf euren Atem, wie ihr einatmet und wie ihr ausatmet. Dann geht mit eurer inneren Aufmerksamkeit einmal zu eurem rechten Fuß und spannt diesen an. Dann löst ihr die Spannung und spannt ihn noch einmal an. Vielleicht könnt ihr dabei feststellen, daß, wenn ihr mit eurer inneren Aufmerksamkeit bei eurem rechten Fuß seid, ihr nicht gleichzeitig mit eurer Aufmerksamkeit bei eurer linken Hand seid. Jetzt aber wechselt einmal zu der linken Hand und spannt diese an. Macht eine Faust und löst die Spannung wieder. Jetzt geht mit eurer Aufmerksamkeit zu eurem Gesicht und spannt das zu einer Grimasse an. Und löst diese wieder.

Jetzt geht wieder mit eurer Aufmerksamkeit zu eurem Atem und stellt euch einmal vor, daß ihr an einer Wendeltreppe steht und mit jedem Ausatmen ein Stückchen tiefer diese Treppe hinabgeht. Bei jeder Stufe hinab entspannt ihr euch mehr und mehr und gelangt zu eurer inneren Weisheit, die euch durch eurer Leben leitet.

Stellt euch einmal vor, daß ihr nach einem langen anstrengenden Arbeitstag gerade noch rechtzeitig eine Theatervorstellung erreicht habt.

(Jetzt Wechsel zum „DU"!)

Du sinkst ganz entspannt in den Sessel und wartest voll Vorfreude auf das Bühnenstück. Dann geht der Vorhang auf, und du erlebst ein Stück, in dem zwei Personen die Hauptrollen spielen. Nach einiger Zeit merkst du, daß du es selbst bist, du im Paar, und du betrachtest in aller Gelassenheit, wie ihr beide miteinander umgeht, euch berührt, Sexualität lebt oder vermeidet, euch streitet, Kontakt zu Nachbarn und Verwandten pflegt, mit den Kindern umgeht ... Was für einen Eindruck gewinnst du von den beiden? Wie fühlen die beiden als Paar sich an? Wie schmecken die beiden?

Nun versuche einmal, deine Eindrücke innerlich zu komprimieren, denn langsam fällt der Vorhang des Theaters.

Nun komm mit deiner inneren Aufmerksamkeit wieder in diesen Raum und zu dieser Gruppe zurück. Achte wieder auf deinen Atem und spüre, wie du einatmest und ausatmest. Dann stell dir wieder vor, daß du an der Wendeltreppe stehst und mit jedem Einatmen ein Stück dieser Treppe hinaufgehst und frischer und wacher wirst. Jetzt geh mit deiner Aufmerksamkeit zu deiner linken Hand und mache sie zu einer Faust. Anschließend geh mit deiner Aufmerksamkeit zu deinem Fuß und spanne ihn an und löse diese Spannung wieder. Dann räkele und streck dich, gähne wie nach einem erholsamen Schlaf.

Wenn die Musik beendet ist, komm wieder in die Realität der Gruppe, des Raumes zurück. Nimm nun das Stück Ton in deine Hände. Laß dabei deine Augen geschlossen. Nimm zunächst mit dem Material selbst Kontakt auf. Spüre es, knete und stoße es ... Dann versucht jeder einmal, dem, was er zuvor auf der Bühne erlebt hat, in diesem Paar im Ton eine Gestalt zu geben."

Da die Einzelnen zum Formen des Tons unterschiedliche Zeit benötigen, können die, die fertig sind, ruhig zwischendurch den Raum verlassen.

Wenn alle fertig sind, läßt sich jeder von seinem eigenen Werk beeindrucken. Er schaut es von allen Seiten an, nimmt es auch aus einigen Metern Abstand und auch von der Seite und von hinten wahr. Dann gibt jeder dem Werk eine Überschrift. Vielleicht schreibt man auch einige Sätze oder ein kleines Gedicht dazu auf.

Ist jeder mit dem Aufschreiben fertig, werden die Texte in der Gruppe vorgelesen und anschließend die Kunstwerke betrachtet.

Danach ist eine längere Pause notwendig.

In der sich anschließenden therapeutischen Arbeit stellen die Partner einander ihre Tonplastik dem Partner vor und tauschen sich miteinander darüber aus. Hilfreich ist dies insbesondere vor den wohlwollenden Augen anderer Gruppenteilnehmer.

Besondere Hinweise: In einer Gruppe erleben die anderen Teilnehmer, **wie** beide Partner miteinander interagieren. So ist es oftmals möglich, sehr anschaulich den verdichteten Ausdruck in der Tonfigur mit dem augenblicklichen Miteinander eines Paares in Verbindung zu bringen. Die Partner lernen so mehr über sich selbst und sich als Paar zu verstehen. Aus dieser Diagnose heraus gelingt es in der Regel leichter, genau zu beschreiben, wo im Miteinander „der Schuh drückt" und was es genau zu ändern bzw. hinzuzulernen gilt und was schon gelingt und beizubehalten bzw. zu verstärken gilt.

14.6 Fragebogen zur qualitativen Wirksamkeit

Ziel: Mit Hilfe des Fragebogens soll die subjektive Zufriedenheit der Ratsuchenden nach Beendigung der Therapie abgefragt werden. Ferner ermöglicht er dem Ratsuchenden, die Erfahrungen in der Beratung für sich selbst kognitiv zu verarbeiten und somit eine „Theorie" seiner selbst zu schreiben.

Anleitung: Am Ende der Gruppentherapie füllen die Teilnehmer einem Bogen mit folgenden Fragen aus:
- Was hat die Beratung für mich persönlich bedeutet?
- Was hat sie für meine Beziehungen bedeutet?
- Welche kritischen Anregungen kann ich geben?
- Welche Auswirkungen hat sie auf meine Kinder?
- Sonstiges?

Hinweise: Die Teilnehmer werden darauf hingewiesen, daß sie mit Ihren Rückmeldungen wichtige Hilfe für die Berater sind. Zum einen, um deren eigenes Tun kritisch zu werten, zum anderen zur Fortentwicklung paartherapeutischer Angebote. Das Ausfüllen des Bogens ist freiwillig und anonym.

Medien: Fragebogen, Schreibmaterial

Erfahrungen: Die Klienten füllen in der Regel den Bogen gerne und ausführlich aus, so daß die Therapeuten sich ein sehr gutes Bild darüber machen können, was sich durch das Seminar in den Teilnehmern abgebildet und verändert hat.

14.7 Beziehungserinnerungen wecken

Ziel: Durch das Nennen des Vornamens sollen beim Angesprochenen Erinnerungen an frühe Beziehungserfahrungen aktiviert werden.

Anleitung: Alle Teilnehmer bewegen sich ca. 3 Minuten lang frei im Raum, ohne dabei jedoch Kontakt miteinander aufzunehmen. Durch das freie Bewegen sollen sie stärker mit sich selbst in Kontakt kommen. Aus der freien Bewegung heraus finden sich dann zwei fremde Partner (es können auch zwei Frauen oder zwei Männer sein) zusammen, die sich einander gegenüberstellen und mehrmals den Vornamen des anderen sagen. Ein Partner fängt an. Der Name soll in verändertem Tonfall, in verschiedenen Lautstärken, mit kleinen Pausen dazwischen wiederholt werden. Ziel ist es, das Gegenüber „innen" zu erreichen. Nach zwei Minuten wechseln die Rollen, und der andere sagt den Namen des ersten. Danach wird ein neuer Partner gesucht, die Übung wird wiederholt und auch wieder die Rollen gewechselt.

In der dritten Runde wird das Namensagen mit dem eigenen Partner gemacht.

Anschließend findet die Gruppe sich zu einer Feedbackrunde zusammen und tauscht ihre Erfahrungen aus.

Erfahrungen: Hilfreich ist es, diese Übung zunächst durch die Leitung vorzumachen, um ein wenig von den vielfältigen Möglichkeiten: schmeicheln, toben, schreien, flirten, verführen ... zu zeigen.

Diese Übung eignet sich als Vorbereitung oder Einstimmung der Trance „Der Junge, das Mädchen von damals" (Kap. 15.1).

14.8 Tonfigur (2)

Ziel: Aus einer entspannten Atmosphäre heraus sollen die Teilnehmer ihre Ehe, ihre Paarbeziehung, wie sie sie im Moment erleben, mit Hilfe einer Tonfigur darstellen. Diese Übung knüpft an das Formen der ersten Tonfigur (Kap. 14.5) an.

Medien: Decken als Unterlage für die hypnoide Trance, Plastikunterlagen, ein Klumpen Ton, entspannende Musik im Hintergrund, Papier, Bleistift. Diese Utensilien werden vor der Trance bereitgestellt, damit aus dieser heraus mit den Medien gearbeitet werden kann.

Dauer: ca. 1 –1½ Stunden

Anleitung: Bitten Sie die Teilnehmer, beim folgenden Arbeiten mit dem Ton die Augen geschlossen zu halten, damit kein Leistungsdruck entstehen kann. Der folgende Text wird langsam und mit Pausen zwischen den Sätzen gesprochen.

„Legt euch alle auf den Boden und macht es euch dort ganz gemütlich. Achtet darauf, daß ihr an keiner Stelle irgendwo eingezwängt seid. Ihr könnt z.B. einen Hosenbund lockern. Hört im Hintergrund die Musik, schließt jetzt einmal die Augen und versucht, alles das, was euch jetzt noch belastet oder quält, in eurer Vorstellung in eine Tüte zu packen und draußen vor der Tür an der Garderobe abzugeben. Am Ende dieser Entspannung könnt ihr eure Probleme, wenn ihr es dann noch wollt, wieder mitnehmen.

Achtet auf euren Atem, wie ihr einatmet und wie ihr ausatmet. Dann geht mit eurer inneren Aufmerksamkeit einmal zu eurem rechten Fuß und spannt diesen an. Dann löst ihr die Spannung und spannt ihn noch einmal an. Vielleicht könnt ihr dabei feststellen, daß, wenn ihr mit eurer inneren Aufmerksamkeit bei eurem rechten Fuß seid, ihr nicht gleichzeitig mit eurer Aufmerksamkeit bei eurer linken Hand seid. Jetzt aber wechselt einmal zu der linken Hand und spannt diese an. Macht eine Faust, und löst die Spannung wieder. Jetzt geht mit eurer Aufmerksamkeit zu eurem Gesicht und spannt das zu einer Grimasse an. Und löst diese wieder.

Jetzt geht wieder mit eurer Aufmerksamkeit zu eurem Atem und stellt euch einmal vor, daß ihr an einer Wendeltreppe steht und mit jedem Ausatmen ein Stückchen tiefer diese Treppe hinabgeht. Bei jeder Stufe hinab entspannt ihr euch mehr und mehr und gelangt zu eurer inneren Weisheit, die euch durch eurer Leben leitet.

Stellt euch einmal vor, daß ihr nach einem langen anstrengenden Arbeitstag gerade noch rechtzeitig eine Theatervorstellung erreicht habt.

(Jetzt Wechsel zum „DU" !)

Du sinkst ganz entspannt in den Sessel und wartest voll Vorfreude auf das Bühnenstück. Auf der Bühne ist heute abend ein besonders aufbauendes Stück zu sehen. Der Vorhang geht auf, und du siehst zwei Menschen: einen Mann und eine Frau. Das sind du und dein Partner. Schon aus der Entfernung siehst du, daß beide mit beiden Füßen auf der Erde stehen können. Jeder von beiden hat einen eigenen Stand. Jeder kann ohne den anderen stehen. Keiner muß sich am anderen anlehnen, um selber im Gleichgewicht zu bleiben. Es ist schon eine Freude, beiden zuzusehen, wie sie ihre Sexualität miteinander leben, wie sie ihren Alltag gestalten, wie jeder seine eigenen Freunde hat, wie sie die Andersheit des Partners nicht nur lassen können, sondern wie sie Freude daran haben und diese als eine Bereicherung für sich selbst erleben. Schau einmal hin, wie beide sich miteinander bewegen und wie ihre Bewegung auf andere Menschen ausstrahlt. Wie attraktiv beide sind, jeder für sich, aber auch beide als Paar. Schau ihnen noch eine Weile zu und freue dich an ihnen. Jetzt schließt sich wieder der Vorhang vor der Bühne, und du verläßt mit einem ganz wohligen und warmen Gefühl diese Vorstellung

Nun komm mit deiner inneren Aufmerksamkeit wieder in diesen Raum und zu dieser Gruppe zurück. Achte wieder auf deinen Atem und spüre, wie du einatmest und ausatmest. Dann stell dir wieder vor, daß du an der Wendeltreppe stehst und mit jedem Einatmen ein Stück dieser Treppe hinaufgehst und frischer und wacher wirst. Jetzt geh mit deiner Auf-

merksamkeit zu deiner linken Hand und schließe sie zu einer Faust. Anschließend geh mit deiner Aufmerksamkeit zu deinem Fuß und spanne ihn an und löse diese Spannung wieder. Dann räkele und streck dich, gähne wie nach einem erholsamen Schlaf.

Wenn die Musik beendet ist, komm wieder in die Realität der Gruppe, des Raumes zurück. Nimm nun das Stück Ton in deine Hände. Laß dabei deine Augen geschlossen. Nimm zunächst mit dem Material selbst Kontakt auf. Spüre es, knete und stoße es ... Dann versucht jeder einmal, dem, was er zuvor auf der Bühne erlebt hat, in diesem Paar im Ton eine Gestalt zu geben."

Da die Einzelnen zum Formen des Tons unterschiedliche Zeit benötigen, können die, die fertig sind, ruhig zwischendurch den Raum verlassen.

Wenn alle fertig sind, läßt sich jeder von seinem eigenen Werk beeindrucken. Er schaut es von allen Seiten an, nimmt es auch aus einigen Metern Abstand und auch von der Seite und von hinten wahr. Dann gibt jeder dem Werk eine Überschrift. Vielleicht schreibt man auch einige Sätze oder ein kleines Gedicht dazu auf. Ist jeder mit dem Aufschreiben fertig, werden die Texte in der Gruppe vorgelesen und anschließend die Kunstwerke betrachtet.

Danach ist eine längere Pause notwendig.

In der sich anschließenden therapeutischen Arbeit stellen die Partner einander ihre Tonplastik dem Partner vor und tauschen sich miteinander darüber aus. Hilfreich ist dies insbesondere vor den wohlwollenden Augen anderer Gruppenteilnehmer.

Besondere Hinweise: Diese zweite Tonfigur am Ende des Therapieprozesses, etwa als Einleitung der Schlußphase des Paarkibbuzes (Kap. 11.3), zeigt den Paaren eindrucksvoll ihren Entwicklungsprozeß auf, wenn diese die jetzige mit ihrer ersten Tonfigur vergleichen.

15. Phantasiereisen, Trancen, Induktionen

Grundsätzliche Hinweise zum Einsatz und zur Bedeutung der folgenden Übungen finden sich in Kap. 12.3, Hypnoide Trance.

15.1 Der Junge, das Mädchen von damals

Ziel: Die Teilnehmer sollen in dieser Trance erinnern, wie mit ihnen als Kind umgegangen worden ist. Sie sollen entdecken, welche Beziehungsregeln sie entwickeln mußten, um sich in dieser Welt zurechtzufinden.

Medien: Decken als Unterlage, Entspannungsmusik (60 Hertz, z.B. von *Arnd Stein*), Plakatkarton, Farbstifte (z.B. Jaxon-Ölkreiden)

Dauer: ca. 70 Minuten (Trance und Malen)

Anleitung: Bevor die nachfolgende Geschichte erzählt wird, richten sich die Teilnehmer einen Arbeitsplatz mit Decke, Plakatkarton und Stiften ein. Ferner ist es wichtig, mit einer kurzen Entspannung zu beginnen (alles wird ganz langsam und mit vielen Pausen vorgelesen):

„Legt euch alle auf den Boden und macht es euch dort ganz gemütlich. Achtet darauf, daß ihr an keiner Stelle irgendwo eingezwängt seid. Ihr könnt z.B. einen Hosenbund lockern. Hört im Hintergrund die Musik, schließt jetzt einmal die Augen und versucht, alles das, was euch jetzt noch belastet oder quält, in eurer Vorstellung in eine Tüte zu packen und draußen vor der Tür an der Garderobe abzugeben. Am Ende dieser Entspannung könnt ihr eure Probleme, wenn ihr es dann noch wollt, wieder mitnehmen.

Achtet auf euren Atem, wie ihr einatmet und wie ihr ausatmet. Dann geht mit eurer inneren Aufmerksamkeit einmal zu eurem rechten Fuß und spannt diesen an. Dann löst ihr die Spannung und spannt ihn noch einmal an. Vielleicht könnt ihr dabei feststellen, daß, wenn ihr mit eurer inneren Aufmerksamkeit bei eurem rechten Fuß seid, ihr nicht gleichzeitig mit eurer Aufmerksamkeit bei eurer linken Hand seid. Jetzt aber wechselt einmal zu der linken Hand und spannt diese an. Macht eine Faust und löst die Spannung wieder. Jetzt geht mit eurer Aufmerksamkeit zu eurem Gesicht und spannt das zu einer Grimasse an. Und löst diese wieder.

Jetzt geht wieder mit eurer Aufmerksamkeit zu eurem Atem und stellt euch einmal vor, daß ihr an einer Wendeltreppe steht und mit jedem Ausatmen ein Stückchen tiefer diese Treppe hinabgeht. Bei jeder Stufe hinab entspannt ihr euch mehr und mehr und gelangt zu eurer inneren Weisheit, die euch durch euer Leben leitet.

(Jetzt Wechsel zum „DU"!)

Stell dir einmal vor, du wirst wieder das Kind, das du einmal warst. Deine Hände werden klein, dein ganzer Körper, und du bist auf einmal wieder das Mädchen oder der Junge, welches oder welcher du einmal warst. Wo befindest du dich gerade? Und wie alt bist du? Vielleicht befindest du dich gerade in Mutters Küche und spielst selbstvergessen in einer Ecke? Vielleicht hast du dich auch auf dem Dachboden versteckt oder bist in deiner Lieblingsecke im Garten, hörst den Vögeln zu, sprichst mit dem Blumen?

Nimm einmal wahr, welcher Geruch jetzt in deiner Nase ist? Ist dir warm oder kalt? Stell dir einmal vor, welche Kleidung du anhast? Und dann höre einmal hin, ob dich jemand ruft? Wie haben die Menschen mit dir gesprochen, wie haben deine Eltern oder sonst wer mit dir geredet? Welche Erinnerungen werden in dir wach, wenn du ihre Stimmen hörst, welche Bilder tauchen vor deinen Augen auf? Hörst du Geräusche, siehst du Menschen? Vater, Mutter, Geschwister, Oma, Opa, Onkel, Tante, Nachbarn oder Lehrer, Pastoren?

Was klingt in der Stimme, die mit dir spricht, die nach dir ruft? Wohlwollen, Freundlichkeit, Offenheit, liebevolle Neugier, Interesse, Zärtlichkeit, Geborgenheit? Oder Verführung, Leidenschaft, Mißbrauch? Oder hörst du gar Sätze wie: „Du hast mir gerade noch gefehlt!" – „Du bist mein Unglück!" – „Du machst mich krank!" – „Wenn du so weitermachst, bringst du mich noch ins Grab!"?

Wie hast du darauf reagiert? Wie hast du das überlebt? Wie hast du dich an die Situation angepaßt? Bist du wütend geworden, rebellisch, wild, aufsässig? Oder traurig, depressiv? Bist du krank geworden, hast körperliche Symptome entwickelt?

Was waren das damals für Zeiten? Krieg, Flucht, Vertreibung, Hunger, Not? Oder waren beide Eltern berufstätig, so daß du als Schlüsselkind groß wurdest? Wurde die Spieluhr zur ‚Melodie der Einsamkeit'?

Wie hast du es erlebt, wie deine Eltern miteinander umgingen? Liebevoll, ruhig, verständnisvoll? Oder herrschte eine bedrohliche Stimmung, gab es Streit, Trennung, Scheidung? Oder war die Atmosphäre geprägt von Eiseskälte und eingefrorenen Gefühlen?

Wie hast du reagiert? Wie hast du dich geschützt? Hast du dir deine Gefühle schon selbst verboten, damit es nicht zu weh tat? Was für ein Kind warst du? Was mußtest du lernen, um zu überleben?

Laß dir ein wenig Zeit, all diese Bilder vor deinem inneren Auge anzuschauen. Vielleicht bleibst du bei einigen Szenen hängen, vielleicht rauschen auch die Bilder einfach so an dir vorbei.

Nun komm mit deiner inneren Aufmerksamkeit wieder in diesen Raum und zu dieser Gruppe zurück. Achte wieder auf deinen Atem und spüre, wie du einatmest und ausatmest. Dann stell dir wieder vor, daß du an der Wendeltreppe stehst und mit jedem Einatmen ein Stück dieser Treppe hinaufgehst und frischer und wacher wirst. Jetzt geh mit deiner Aufmerksamkeit zu deiner linken Hand und schließe sie zu einer Faust, und löse diese Spannung wieder. Anschließend geh mit deiner Aufmerksamkeit zu deinem Fuß und spanne ihn an und löse diese Spannung wieder. Dann räkele und streck dich, gähne wie nach einem erholsamen Schlaf."

Wenn die Musik beendet ist, versucht jeder, das, was er gerade erlebt hat, was er gesehen hat, mit Farben und Formen auszudrücken.

Wenn alle fertig sind, läßt sich jeder von seinem eigenen Werk, seinem Bild beeindrucken. Er schaut es von allen Seiten an, nimmt es auch aus einigen Metern Abstand wahr. Dann gibt jeder dem Werk eine Überschrift. Vielleicht schreibt man auch einige Sätze oder ein kleines Gedicht dazu auf.

Wenn alle mit dem Aufschreiben fertig sind, werden die Texte in der Gruppe vorgelesen und anschließend die Bilder in lockerem Umhergehen betrachtet.

Danach ist eine längere Pause notwendig.

In der sich anschließenden therapeutischen Arbeit stellen die Partner einander ihre Bilder und ihre Beziehungsgeschichten vor und tauschen sich miteinander darüber aus; hilfreich ist dies vor den wohlwollenden Augen der anderen Gruppenteilnehmer.

Besondere Hinweise: Die Trance induziert in der Regel eine niedergeschlagene Stimmung. Die Teilnehmer kommen mit alten Wunden in Kontakt, und das ist schmerzhaft. Diese Trance ist insbesondere dafür gedacht, eine Verbindung herzustellen zwischen heutigem dysfunktionalen Verhalten und früheren „Kompetenzen", die die Klienten entwickeln mußten, um sich in dieser Welt zurechtzufinden, wie zum Beispiel Trotz, Zorn, Festhalten, Klammern, Eigensinn ...

In der therapeutischen Arbeit ist darauf zu achten, daß die Klienten ein Verständnis für sich, für ihr heutiges Verhalten entwickeln. Denn nur eine wohlwollende Einstellung zu den eigenen „Schwächen" ermöglicht das Training neuer, partnerschaftsfördernder Verhaltensweisen.

15.2 Besuch in der Konditorei

Ziel: Die Teilnehmer sollen in dieser Trance einen Zugang zu ihrer Einmaligkeit und ihren eigenen Fähigkeiten und Stärken entdecken.

Medien: Decken als Unterlage, Entspannungsmusik (60 Hertz, z.B. von *Arnd Stein*), Plakatkarton, Farbstifte (z.B. Jaxon-Ölkreiden)

Dauer: ca. 70 Minuten (Trance und Malen)

Anleitung:
- Arbeitsplatz mit Decken und Utensilien zum Malen vorbereiten.
- Alles wird ganz langsam und mit vielen Pausen vorgelesen.

„Legt euch alle auf den Boden und macht es euch dort ganz gemütlich. Achtet darauf, daß ihr an keiner Stelle irgendwo eingezwängt seid. Ihr könnt z.B. einen Hosenbund lockern. Hört im Hintergrund die Musik, schließt jetzt einmal die Augen und versucht, alles das, was euch jetzt noch belastet oder quält, in eurer Vorstellung in eine Tüte zu packen und draußen vor der Tür an der Garderobe abzugeben. Am Ende dieser Entspannung könnt ihr, wenn ihr es dann noch wollt, eure Probleme wieder mitnehmen.

Achtet auf euren Atem, wie ihr einatmet und wie ihr ausatmet. Dann geht mit eurer inneren Aufmerksamkeit einmal zu eurem rechten Fuß und spannt diesen an. Dann löst ihr die Spannung und spannt ihn noch einmal an. Vielleicht könnt ihr dabei feststellen, daß, wenn ihr mit eurer inneren Aufmerksamkeit bei eurem rechten Fuß seid, ihr nicht gleichzeitig mit eurer Aufmerksamkeit bei eurer linken Hand seid. Jetzt aber wechselt einmal zu der linken Hand und spannt diese an. Macht eine Faust und löst die Spannung wieder. Jetzt geht mit eurer Aufmerksamkeit zu eurem Gesicht und spannt das zu einer Grimasse an. Und löst diese wieder.

Jetzt geht wieder mit eurer Aufmerksamkeit zu eurem Atem und stellt euch einmal vor, daß ihr an einer Wendeltreppe steht und mit jedem Ausatmen ein Stückchen tiefer diese Treppe hinabgeht. Bei jeder Stufe hinab entspannt ihr euch mehr und mehr und gelangt zu eurer inneren Weisheit, die euch durch eurer Leben leitet.

(Wechsel zum „DU"!)

Stell dir jetzt einmal vor, das du auf einer großen warmen Sommerwiese stehst. Du kannst den Duft der frischen Gräser und Blumen in deiner Nase riechen. Du hast Urlaub. In der Ferne erblickst du eine Stadt, die leicht erhöht auf einem Berge liegt. Diese Stadt zieht dich magisch an. Du willst sie dir in deinem Urlaub erobern. So gehst du auf diese Stadt zu und in sie hinein. Es ist eine uralte Stadt, mit vielen kleinen schnuckeligen Häusern und Geschäften. So schlenderst du durch die Straßen, du schaust dir die Auslagen in den Schaufenstern an. In einer kleinen Nebenstraße stößt du auf eine Konditorei. Im Schaufenster findest du ganz interessante Kuchen und Torten, jede Torte sieht anders aus. Es gibt Torten zur Geburt, zur Taufe, zur Hochzeit, zum Geburtstag, zur Beerdigung. Und jede Torte ist einmalig.

Ganz neugierig geworden gehst du in die Konditorei hinein. Du setzt dich an einen Tisch und bestellst dir Kuchen und Kaffee. Du spürst, daß in dieser Konditorei eine ganz besondere wohlwollende und entspannte Atmosphäre herrscht. So ist es für dich auch nicht ungewöhnlich, daß der Konditor sich zu dir setzt und ein Gespräch mit dir anfängt. Du fragst nach den Torten und erfährst, das jede Torte ein Einzelstück ist. Denn diese Torten werden für jeweils eine Person oder ein Paar hergestellt. Um das machen zu können, unterhält sich der Künstler zunächst länger mit seinen Kunden. So ist in jeder dieser Torten ein Stück Leben ausgedrückt. Dieses Gespräch mit dem Konditor hat dich so begeistert, daß du in den folgenden Tagen deines Urlaubs jeden Tag dieses Geschäft aufsuchst. Und so ent-

wickelt sich zwischen euch beiden eine ganz warme, vertrauensvolle, ja, freundschaftliche Stimmung.

Du erfährst von ihm, von seiner Arbeit, von seinen Erfahrungen mit den Menschen, die hier ihre Torten bestellen. Und du weißt nicht, wie es geschieht, aber auch du erzählst ihm ganz viel von dir. Je mehr er dir zuhört, desto mehr kannst du dich öffnen und erfährst damit ganz viel von dir selber. Als der Tag deines Abschieds gekommen ist, gehst du ein letztes Mal in die Konditorei. Beim Eintreten fällt dir im Fenster eine ungewöhnlich schöne Torte auf. Irgendwie kommt sie dir ganz bekannt vor. Du fragst den Konditor nach dieser Torte. Er sagt dir, daß es sich dabei um sein Abschiedsgeschenk für dich handelt. Er hat damit dargestellt, was er an dir schätzen gelernt hat, deine Fähigkeiten, deine Edelsteine. Er bittet dich, im Gegenzug für diese Torte ihm etwas dazulassen, etwas, das du schon immer loswerden wolltest, wovon du dich schon immer trennen wolltest. Du überlegst eine kurze Zeit, und dann überreichst du es ihm. Ihr verabschiedet euch herzlich, und mit deiner Torte verläßt du sein Geschäft und diese schöne kleine Stadt. Du gehst hinaus und findest dich wieder auf der Wiese ein. Dein ganzes Herz ist voller Freude von dieser schönen Begegnung und von diesem schönen Geschenk.

Nun komm mit deiner inneren Aufmerksamkeit wieder in diesen Raum und zu dieser Gruppe zurück. Achte auf deinen Atem und spüre, wie du einatmest und ausatmest. Dann stell dir wieder vor, daß du an der Wendeltreppe stehst und mit jedem Einatmen ein Stück dieser Treppe hinaufgehst und frischer und wacher wirst. Jetzt geh mit deiner Aufmerksamkeit zu deiner linken Hand und schließe sie zu einer Faust, und löse diese Spannung wieder. Anschließend geh mit deiner Aufmerksamkeit zu deinem Fuß und spanne ihn an und löse diese Spannung wieder. Dann räkel und streck dich und gähne wie nach einem erholsamen Schlaf."

Wenn die Musik beendet ist, versucht jeder, das, was er gerade erlebt hat, was er gesehen hat, mit Farben und Formen auszudrücken.

Wenn alle fertig sind, läßt sich jeder von seinem eigenen Werk, seiner Torte beeindrucken. Er schaut es von allen Seiten an, nimmt es auch aus einigen Metern Abstand wahr. Dann gibt jeder dem Werk eine Überschrift. Vielleicht schreibt man auch einige Sätze oder ein kleines Gedicht dazu auf.

Ist jeder mit dem Aufschreiben fertig, werden die Texte in der Gruppe vorgelesen und anschließend die Kunstwerke betrachtet. Danach ist eine längere Pause notwendig.

In der sich anschließenden therapeutischen Arbeit stellen die Partner ihre „Torten" ihrem Partner vor und tauschen sich miteinander darüber aus. Hilfreich ist dies insbesondere vor den wohlwollenden Augen anderer Gruppenteilnehmer.

Besondere Hinweise: Die Trance induziert eine frohe, selbstbewußte Atmosphäre, in der die Teilnehmer auf recht ungewöhnliche Weise einen Zugang zu ihrer eigenen Buntheit finden. So eignet sie sich zur Entdeckung und Verstärkung eines eigenen Standes. Mit dem Ergebnis, einem Bild, können die Partner völlig neue Seiten aneinander entdecken. In der Arbeit mit dem Paar gilt es, darauf zu achten, daß eigene Fä-

…nigkeiten möglichst konkret benannt werden (z.B.: „Ich kann gut kochen", „Ich freue mich an der Sonne, die draußen scheint" ...).

15.3 Ich bin schön!

Ziel: Die Wertschätzung des **eigenen** Leibes und seine Pflege sind Voraussetzung auch für eine ganzheitliche Wertschätzung des Partners. Erst daraus eröffnen sich Möglichkeiten intensiver leiblicher Begegnungen im Paar. So lernen die Teilnehmer in dieser Imagination, einen wohlwollenden Blick auf den eigenen Körper zu üben.

Medien: Decken als Unterlage, Entspannungsmusik (60 Hertz, z.B. von *Arnd Stein*), Plakatkarton, Farbstifte (z.B. Jaxon-Ölkreiden)

Dauer: ca. 90 Minuten (Trance und Malen)

Anleitung:
▸ Arbeitsplatz mit Decken und Utensilien zum Malen vorbereiten.
▸ Alles wird ganz langsam und mit vielen Pausen vorgelesen.

„Legt euch alle auf den Boden und macht es euch dort ganz gemütlich. Achtet darauf, daß ihr an keiner Stelle irgendwo eingezwängt seid. Ihr könnt z.B. einen Hosenbund lockern. Hört im Hintergrund die Musik, schließt jetzt einmal die Augen und versucht, alles das, was euch jetzt noch belastet oder quält, in eurer Vorstellung in eine Tüte zu packen und draußen vor der Tür an der Garderobe abzugeben. Am Ende dieser Entspannung könnt ihr, wenn ihr es dann noch wollt, eure Probleme wieder mitnehmen.

Achtet auf euren Atem, wie ihr einatmet und wie ihr ausatmet. Dann geht mit eurer inneren Aufmerksamkeit einmal zu eurem rechten Fuß und spannt diesen an. Dann löst ihr die Spannung und spannt ihn noch einmal an. Vielleicht könnt ihr dabei feststellen, daß, wenn ihr mit eurer inneren Aufmerksamkeit bei eurem rechten Fuß seid, ihr nicht gleichzeitig mit eurer Aufmerksamkeit bei eurer linken Hand seid. Jetzt aber wechselt einmal zu der linken Hand und spannt diese an. Macht eine Faust und löst die Spannung wieder. Jetzt geht mit eurer Aufmerksamkeit zu eurem Gesicht und spannt das zu einer Grimasse an. Und löst diese wieder.

Jetzt geht wieder mit eurer Aufmerksamkeit zu eurem Atem und stellt euch einmal vor, daß ihr an einer Wendeltreppe steht und mit jedem Ausatmen ein Stückchen tiefer diese Treppe hinabgeht. Bei jeder Stufe hinab entspannt ihr euch mehr und mehr und gelangt zu eurer inneren Weisheit, die euch durch eurer Leben leitet.
(Zum „DU" wechseln!)
Stell dir vor, daß du vor einem Spiegel stehst. Es ist ein sehr großer Spiegel, so daß du dich darin ganz sehen kannst, von Kopf bis Fuß. Stell dir auch vor, daß du ganz nackt bist, während du dich betrachtest. Manche Menschen mögen sich gar nicht gerne nackt betrachten,

andere sehr gerne. Wie ist dein erster Impuls, wenn du dich siehst – findest du dich eher schön oder eher häßlich?

Ich möchte dich jetzt einladen, auch wenn es dir vielleicht sehr schwerfällt, dich einmal ganz liebevoll und wohlwollend im Spiegel zu betrachten. Dich selbst und deinen Körper zu entdecken. Fang bei deinen Füßen an, betrachte auch deine Zehen, die Fersen ..." (die Betrachtung weiterführen bis zu den Haaren, Rückseite des Körpers nicht vergessen!).

Jetzt benenne für dich mindestens drei Teile deines Körpers, die dir besonders gut gefallen.

Dann leg deine Hände darauf, befühle sie und streichele diese Teile.

Nun komm mit deiner inneren Aufmerksamkeit wieder in diesen Raum und zu dieser Gruppe zurück. Achte wieder auf deinem Atem und spüre, wie du einatmest und ausatmest. Dann stell dir wieder vor, daß du an der Wendeltreppe stehst und mit jedem Einatmen ein Stück dieser Treppe hinaufgehst und frischer und wacher wirst. Jetzt geh mit deiner Aufmerksamkeit zu deiner linken Hand und schließe sie zu einer Faust, und löse diese Spannung wieder. Anschließend geh mit deiner Aufmerksamkeit zu deinem Fuß und spanne ihn an und löse diese Spannung wieder. Dann räkele und streck dich, gähne wie nach einem erholsamen Schlaf.

Wenn die Musik beendet ist, versucht jeder, das, was er gerade erlebt hat, was er gesehen hat, mit Farben und Formen auszudrücken."

Wenn alle fertig sind, läßt sich jeder von seinem eigenen Werk, seinem Spiegelbild beeindrucken. Er schaut es von allen Seiten an, nimmt es auch aus einigen Metern Abstand wahr. Dann gibt jeder dem Werk eine Überschrift. Vielleicht schreibt man auch einige Sätze oder ein kleines Gedicht dazu auf.

Ist jeder mit dem Aufschreiben fertig, werden die Texte in der Gruppe vorgelesen und anschließend die Kunstwerke betrachtet.

Danach ist eine längere Pause notwendig.

In der sich anschließenden therapeutischen Arbeit stellen die Partner einander ihre „Spiegelbilder" vor und tauschen sich miteinander darüber aus. Hilfreich ist dies insbesondere vor den wohlwollenden Augen anderer Gruppenteilnehmer.

Besondere Hinweise: Ein erstes Aussprechen der gemachten Erfahrungen nach dem Vorlesen der Texte erweist sich als sinnvoll, um die augenblickliche Atmosphäre zu erfassen. Bei manchen Teilnehmern ist es erstaunlich, wie entspannend es sein kann, sich wohlwollend im Spiegel betrachten zu „müssen". Die Freude darüber, das erleben zu dürfen, wirkt, wenn sie ausgesprochen wird, auch für den therapeutischen Erfolg anderer Gruppenmitglieder ansteckend.

15.4 Mein innerer Mann – meine innere Frau

Ziel: Die Idee, daß in jedem Mann weibliche Anteile und in jeder Frau männliche Anteile leben, kann helfen, Rollenklischees zu überwinden und Aufgaben in einer Partnerschaft nach Fähigkeiten und Lust zu verteilen. Die folgende Trance verhilft durch ein „In die Haut des anderen Schlüpfen" zu mehr Verständnis füreinander (Idee nach *Plesse* & *Clair* 1988).

Medien: Decken als Unterlage, Entspannungsmusik (60 Hertz, z.B. von *Arnd Stein*), Ton vor jedem Teilnehmer auf einer Plastikunterlage

Dauer: ca. 90 Minuten (Trance und Ausdrucksarbeit mit Ton)

Anleitung:
▶ Arbeitsplatz mit Decken und Utensilien zum Malen vorbereiten.
▶ Alles wird ganz langsam und mit vielen Pausen vorgelesen.

„Legt euch alle auf den Boden und macht es euch dort ganz gemütlich. Achtet darauf, daß ihr an keiner Stelle irgendwo eingezwängt seid. Ihr könnt z.B. einen Hosenbund lockern. Hört im Hintergrund die Musik, schließt jetzt einmal die Augen und versucht, alles das, was euch jetzt noch belastet oder quält, in eurer Vorstellung in eine Tüte zu packen und draußen vor der Tür an der Garderobe abzugeben. Am Ende dieser Entspannung könnt ihr, wenn ihr es dann noch wollt, eure Probleme wieder mitnehmen.

Achtet auf euren Atem, wie ihr einatmet und wie ihr ausatmet. Dann geht mit eurer inneren Aufmerksamkeit einmal zu eurem rechten Fuß und spannt diesen an. Dann löst ihr die Spannung und spannt ihn noch einmal an. Vielleicht könnt ihr dabei feststellen, daß, wenn ihr mit eurer inneren Aufmerksamkeit bei eurem rechten Fuß seid, ihr nicht gleichzeitig mit eurer Aufmerksamkeit bei eurer linken Hand seid. Jetzt aber wechselt einmal zu der linken Hand und spannt diese an. Macht eine Faust und löst die Spannung wieder. Jetzt geht mit eurer Aufmerksamkeit zu eurem Gesicht und spannt das zu einer Grimasse an. Und löst diese wieder.

Jetzt geht wieder mit eurer Aufmerksamkeit zu eurem Atem und stellt euch einmal vor, daß ihr an einer Wendeltreppe steht und mit jedem Ausatmen ein Stückchen tiefer diese Treppe hinabgeht. Bei jeder Stufe hinab entspannt ihr euch mehr und gelangt zu eurer inneren Weisheit, die euch durch eurer Leben leitet.

(Zum „DU" wechseln!)

Und langsam, langsam, in deiner eigenen Zeit, stellst du dir vor, auf einer grünen Wiese zu sein, und du bist jetzt allein. Ein Weg durchläuft diese Wiese. Schau dir deine Umgebung einen Augenblick lang an. Dann betritt den Weg und gehe ein Stück weit auf ihm.

Und aus der Entfernung siehst du nun eine Gestalt langsam auf dich zukommen. Am Körperumriß und der Art der Kleidung erkennst du, daß es ein Mann/eine Frau (jeweils das für dich andere Geschlecht) ist, der oder die näherkommt. Und je näher die Person dir kommt, desto vertrauter wird sie dir. Sie kommt näher und näher, und du weißt, es ist dein innerer Mann/deine innere Frau. Und je näher er oder sie dir kommt, desto deutlicher spürst du, wie dein Körper sich verändert. Du sinkst noch tiefer in dich hinein und hast ein Gefühl, als würdest du langsam und behutsam in seine oder ihre Haut schlüpfen. Das, was dir an ihm oder ihr vertraut ist, beginnt nun, dich von innen her auszufüllen. Du verwandelst dich, und auch dein Körper verändert sich. Du wirst immer mehr zu diesem Mann oder zu dieser Frau. Laß diese Veränderung geschehen und spüre, wie deine Haut, deine Haare sich anfühlen. Und spüre, wie dein ganzer Körper, wie alle Körperteile sich langsam verwandeln: dein Gesicht, deine Brust, deine Arme, deine Hände, deine Beine, deine Genitalien ...

Und nun spüre auch deine Körperhaltung, laß dich langsam immer mehr die Körperhaltung deines inneren Mannes/deiner inneren Frau einnehmen. Wie hält er/sie sich? Wie ist die Haltung seines/ihres Nackens, der Schultern, der Brust, des Beckens, der Hände, Arme und Beine? Laß dich immer mehr in diese Körperhaltung hineingehen. Und spüre auch die Bewegungen, die Impulse deines inneren Mannes/deiner inneren Frau. Folge diesen Bewegungen und Impulsen und stell dir vor, wie du dich bewegen würdest.

Und dann spüre deinen Atem – den Atem deines inneren Mannes/deiner inneren Frau. Wie ist der Atem – ist er stark oder schwach? Laß dich diesen Atem spüren und ihn etwas stärker werden. Spüre die lebendige Kraft deines Atems als innerer Mann/als innere Frau.

Und dann schau, welche Stimme dein innerer Mann/deine innere Frau hat. Wie drückt seine/ihre Stimme sich aus? In Lauten, Tönen, Worten, Gesang? Vielleicht kannst du ihn/sie hören?

Und dann spüre auch seine/ihre Hände. Wie fühlen sie sich an? Was wollen sie tun? Was tun sie gerade?

Und wie fühlst du dich jetzt? Bist du traurig oder glücklich? Fühlst du dich stark oder schwach? Und was sagt dein Herz? Laß dich die Gefühle deines inneren Mannes/deiner inneren Frau spüren. Laß alles zu, ohne etwas zurückzuhalten. Und erlaube dir, deine Gefühle und Empfindungen mit Bewegungen deines Körpers und mit deiner Stimme dir vorzustellen.

Und wie alt fühlst du dich? Bist du jung oder alt?

Und schau dir auch langsam deine Umgebung an. Wie sieht sie aus? Wo bist du gerade? Vielleicht bist du auch in einer anderen Zeit, in einem anderen Land. Wie fühlst du dich in dieser Umgebung? Erlaube dir, dir alles genau anzuschauen, alle Bilder, die in dir auftauchen. Und erlaube dir auch, dir vorzustellen, wie du alles mit deinem Körper und deiner Stimme ausdrückst, ganz so, wie du es willst.

Und jetzt spüre deine Genitalien – du bist ein Mann/eine Frau. Fühle ihn/sie – fühle auch die Haare auf der Brust oder deine Brüste. Wie spürst du deine Sexualität? Bist du alleine, oder ist noch jemand anwesend? Stelle dir vor, wie du eine Frau/einen Mann liebst! Welche Bewegungen macht dein Körper? Vielleicht tauchen neue Bilder auf. In welcher Umgebung befindest du dich? Bist du im Freien oder in einem Zimmer? Beobachte genau, was geschieht, ohne es zu bewerten.

Und dann – löst du dich allmählich von den Bildern, Personen und Gefühlen. Schau dich noch einmal genau um. Du siehst vor dir einen Weg, der dir vertraut vorkommt, einen Weg, den du schon einmal gegangen bist. Du folgst diesem Weg wieder ein kurzes Stück. Und du siehst, wie aus der Ferne langsam eine Gestalt auf dich zukommt. Eine Person, die du sehr gut kennst – es ist eine Frau/ein Mann. Je näher sie kommt, desto deutlicher spürst du, wie vertraut dir ihre/seine Ausstrahlung ist. Du erkennst immer deutlicher und du weißt plötzlich, daß du selbst diese Frau/dieser Mann bist. Gibt es irgend etwas, was du ihr oder ihm sagen möchtest? Vielleicht etwas, was du brauchst, wonach du dich sehnst – was immer es sein mag. Ihr kommt euch näher und näher, ihr begrüßt euch und nehmt euch in die Arme, und du weißt, daß du dich in sie oder ihn zurückverwandeln wirst. Und wieder spürst du, wie dein Körper sich langsam zu verwandeln beginnt. Du wirst wieder du selbst. Deine Brüste, deine Haare verändern sich, und ganz allmählich kehrst du in deinen eigenen Körper zurück.

Und wenn du dich jetzt umschaust, siehst du, daß du auf einer grünen Wiese stehst. Du kennst diese Wiese – es ist die Wiese, auf der du deine Reise begonnen hast. Komme von dort aus langsam wieder in diesen Raum zurück. Atme ein paar Mal tief durch und räkele dich. Spüre die Unterlage, auf der du liegst. Schließ deine Hände zu Fäusten und öffne sie wieder. Und dann nimm das Stück Ton vor dir in die Hände.

Versuche jetzt, mit geschlossenen Augen einen Ausdruck deiner inneren Bilder als Frau oder als Mann in Ton zu modellieren."

Ist das Modellieren beendet, macht jeder für sich eine kleine Pause, in der er den Raum verläßt. Danach kehrt jeder wieder zu seiner Plastik zurück, schaut sie sich wohlwollend von allen Seiten an und schreibt danach auf, was ihm dazu einfällt, gibt ihr einen Titel oder schreibt auch ein Gedicht dazu auf.

Ist jeder mit dem Aufschreiben fertig, werden die Texte in der Gruppe vorgelesen und anschließend die Kunstwerke betrachtet.

Danach ist eine längere Pause notwendig.

In der sich anschließenden therapeutischen Arbeit stellen die Partner einander ihre „Plastiken" vor und tauschen sich miteinander darüber aus. Hilfreich ist dies unter dem wohlwollenden Blick der anderen Gruppenteilnehmer.

Besondere Hinweise: Ein erstes Aussprechen der gemachten Erfahrungen nach dem Vorlesen der Texte erweist sich als sinnvoll, um die augenblickliche Atmosphäre zu erfassen. Ggf. ist eine kurze Information über die Vorstellungen von *C.G. Jung* (1939, 1984) über die gegengeschlechtlichen Anteile (animus – anima) in jedem Menschen sinnvoll.

15.5 Mein Herz und mein Geschlecht im Gespräch

Ziel: Durch eine Kombination zwischen Herz, symbolisch dem Ort der Liebe, und dem Geschlechtsteil als Ort vitaler Lebenskraft soll eine bewußte Auseinandersetzung mit Zielen und Werten in der Gestaltung der Sexualität angeregt werden. Diese wird dann zum Motor für notwendige Änderungen im Miteinander einer Partnerschaft (Idee nach *Plesse & Clair* 1988).

Medien: Decken als Unterlage, Entspannungsmusik (60 Hertz, z.B. von *Arnd Stein*), Plakatkarton, Farbstifte (z.B. Jaxon-Ölkreiden)

Dauer: ca. 90 Minuten (Trance und Malen)

Anleitung: Zunächst richten sich alle Teilnehmer einen Arbeitsplatz ein, d.h., sie legen eine Decke auf die Erde, wo sie warm und entspannt liegen können; sie legen Papier und Stifte griffbereit, um nach der Trance sofort mit dem Malen beginnen zu können.

Bevor die nachfolgende Geschichte erzählt wird, ist es wichtig, mit einer kurzen Entspannung zu beginnen (alles wird ganz langsam und mit vielen Pausen vorgelesen):

„Legt euch alle auf den Boden und macht es euch dort ganz gemütlich. Achtet darauf, daß ihr an keiner Stelle irgendwo eingezwängt seid. Ihr könnt z.B. einen Hosenbund lockern. Hört im Hintergrund die Musik, schließt jetzt einmal die Augen und versucht, alles das, was euch jetzt noch belastet oder quält, in eurer Vorstellung in eine Tüte zu packen und draußen vor der Tür an der Garderobe abzugeben. Am Ende dieser Entspannung könnt ihr, wenn ihr es dann noch wollt, eure Probleme wieder mitnehmen.

Achtet auf euren Atem, wie ihr einatmet und wie ihr ausatmet. Dann geht mit eurer inneren Aufmerksamkeit einmal zu eurem rechten Fuß und spannt diesen an. Dann löst ihr die Spannung und spannt ihn noch einmal an. Vielleicht könnt ihr dabei feststellen, daß, wenn ihr mit eurer inneren Aufmerksamkeit bei eurem rechten Fuß seid, ihr nicht gleichzeitig mit eurer Aufmerksamkeit bei eurer linken Hand seid. Jetzt aber wechselt einmal zu der linken Hand und spannt diese an. Macht eine Faust und löst die Spannung wieder. Jetzt geht mit eurer Aufmerksamkeit zu eurem Gesicht und spannt das zu einer Grimasse an und löst diese wieder.

Jetzt geht wieder mit eurer Aufmerksamkeit zu eurem Atem und stellt euch einmal vor, daß ihr an einer Wendeltreppe steht und mit jedem Ausatmen ein Stückchen tiefer diese Treppe hinabgeht. Bei jeder Stufe hinab entspannt ihr euch mehr und mehr und gelangt zu eurer inneren Weisheit, die euch durch eurer Leben leitet.

Jetzt spürt einmal euren Körper, wie jeder wohlig und warm auf der Erde liegt. Die Erde trägt dich, und du bist jetzt im Moment ganz geborgen. Dann lege einmal eine Hand auf dein Herz, fühle es und nimm Kontakt zu ihm auf.

Dann stell dir vor, daß du dich mit deinem Herzen unterhalten kannst. Was erzählt dir dein Herz, welche Botschaften, Wünsche oder auch Sorgen mag es dir mitteilen?

Jetzt leg einmal die andere Hand auf dein Geschlecht. Nimm auch zu diesem Kontakt auf, indem du es fühlst und dir wieder vorstellst, daß du dich mit ihm unterhältst. Was erzählt dir dein Geschlecht, welche Botschaften, Wünsche oder auch Sorgen mag es dir mitteilen?

Nun stell dir einmal vor, daß Herz und Geschlecht sich miteinander unterhalten können und sich zusammen ausmalen, wie eine lebendige Sexualität, die deine Seele und deinen Körper zum Ausdruck bringen, aussehen mag.

Aus diesem Dialog heraus entwickele in deiner Phantasie deine Vision deiner eigenen Sexualität. Dabei ist es wichtig, mit dir selbst behutsam umzugehen und dich von der Sehnsucht des Herzens leiten zu lassen. Laß diese Vision möglichst plastisch und genau vor deinem inneren Auge entstehen.

Nun komm mit deiner inneren Aufmerksamkeit wieder in diesen Raum und zu dieser Gruppe zurück. Achte wieder auf deinen Atem und spüre, wie du einatmest und ausatmest. Dann stell dir wieder vor, daß du an der Wendeltreppe stehst und mit jedem Einatmen ein Stück dieser Treppe hinaufgehst und frischer und wacher wirst. Jetzt geh mit deiner Aufmerksamkeit zu deiner linken Hand und schließe sie zu einer Faust und öffne sie wieder. Anschließend geh mit deiner Aufmerksamkeit zu deinem Fuß und spanne ihn an und löse diese Spannung wieder. Dann räkel und streck dich, gähne wie nach einem erholsamen Schlaf.

Wenn die Musik beendet ist, versucht jeder, das, was er gerade erlebt hat, was er gesehen hat, mit Farben und Formen auszudrücken."

Wenn alle fertig sind, läßt sich jeder von seinem eigenen Werk, der Vision seiner einmaligen Sexualität, beeindrucken. Er schaut es von allen Seiten an, nimmt es auch aus einigen Metern Abstand wahr. Dann gibt jeder dem Werk eine Überschrift. Vielleicht schreibt man auch einige Sätze oder ein kleines Gedicht dazu auf.

Ist jeder mit dem Aufschreiben fertig, werden die Texte in der Gruppe vorgelesen und anschließend die Kunstwerke betrachtet.

Danach ist eine längere Pause notwendig.

In der sich anschließenden therapeutischen Arbeit stellen die Partner einander ihre „Visionen" vor und tauschen sich miteinander darüber aus. Hilfreich ist dies insbesondere vor den wohlwollenden Augen anderer Gruppenteilnehmer.

15.6 Statue betrachten

Ziel: Die Teilnehmer sollen in dieser Trance einen Zugang zu ihrer Einmaligkeit und ihren eigenen Fähigkeiten und Stärken entdecken (Idee nach *Vopel* 1993).

Medien: Decken als Unterlage, Entspannungsmusik (60 Hertz, z.B. von *Arnd Stein*), Plakatkarton, Farbstifte (z.B. Jaxon-Ölkreiden)

Dauer: ca. 70 Minuten (Trance und Malen)

Anleitung:
▶ Arbeitsplatz mit Decken und Utensilien zum Malen vorbereiten.
▶ Alles wird ganz langsam und mit vielen Pausen vorgelesen.

„Legt euch alle auf den Boden und macht es euch dort ganz gemütlich. Achtet darauf, daß ihr an keiner Stelle irgendwo eingezwängt seid. Ihr könnt z.B. einen Hosenbund lockern. Hört im Hintergrund die Musik, schließt jetzt einmal die Augen und versucht, alles das, was euch jetzt noch belastet oder quält, in eurer Vorstellung in eine Tüte zu packen und draußen vor der Tür an der Garderobe abzugeben. Am Ende dieser Entspannung könnt ihr, wenn ihr es dann noch wollt, eure Probleme wieder mitnehmen.

Achtet auf euren Atem, wie ihr einatmet und wie ihr ausatmet. Dann geht mit eurer inneren Aufmerksamkeit einmal zu eurem rechten Fuß und spannt diesen an. Dann löst ihr die Spannung und spannt ihn noch einmal an. Vielleicht könnt ihr dabei feststellen, daß, wenn ihr mit eurer inneren Aufmerksamkeit bei eurem rechten Fuß seid, ihr nicht gleichzeitig mit eurer Aufmerksamkeit bei eurer linken Hand seid. Jetzt aber wechselt einmal zu der linken Hand und spannt diese an. Macht eine Faust und löst die Spannung wieder. Jetzt geht mit eurer Aufmerksamkeit zu eurem Gesicht und spannt das zu einer Grimasse an. Und löst diese wieder.

Jetzt geht wieder mit eurer Aufmerksamkeit zu eurem Atem und stellt euch einmal vor, daß ihr an einer Wendeltreppe steht und mit jedem Ausatmen ein Stückchen tiefer diese Treppe hinabgeht. Bei jeder Stufe hinab entspannt ihr euch mehr und mehr und gelangt zu eurer inneren Weisheit, die euch durch eurer Leben leitet.

(Wechsel zum „DU"!)

Stell dir vor, du bist gerade in Urlaub. Du wohnst in einem kleinen Künstlerdorf; es ist warm, und du hast dich schon gut erholt. Zu dieser Erholung hat insbesondere eine Freundschaft beigetragen, die du zufällig zu einem Bildhauer entwickelt hast. Gleich zu Beginn deines Urlaubs bist du auf seine Werkstatt gestoßen. Und zwischen euch beiden entstand sofort eine tiefe Verbindung. Irgendwie fühltest du dich von ihm sehr verstanden. Häufig hast du ihn besucht, und ihr habt zusammen Wein getrunken, Käse und Brot geteilt und euch intensiv unterhalten. Aber alles hat sein Ende. So kommt auch der Tag des Abschieds für dich. Du gehst ein letztes Mal zu dem Bildhauer. Er sagt dir, daß er eine Überraschung für dich vorbereitet hat. Er schickt dich einen dunklen Weg in ein abgelegenes Atelier. Dort sollst du einmal schauen, welches Geschenk er dir gemacht hat. Du gehst diesen Weg und stößt am Ende auf eine schwere Tür. Diese öffnest du langsam und stehst in einem dunklen Raum, der nur durch etwas diffuses Licht erhellt wird. Vor dir steht auf einem Podest eine Figur. Sie ist vielleicht aus Holz oder aus Stein, vielleicht auch aus Ton, das ist alles nicht ganz so wichtig. Aber du merkst sofort, das bin ja ich. Irgendwie hat dein Freund dich sehr gut erkannt und in der Figur ausgedrückt, was alles in dir steckt. Ganz vorsichtig ertastest du die Plastik mit deinen Händen und fühlst sie. Je mehr sich deine Augen an das diffuse Licht gewöhnt haben, desto besser kannst du die Einzelheiten erkennen. Du bist ganz gerührt, weil dich dein Freund so gut getroffen hat. Vielleicht kannst du dir auch vorstellen, einmal in diese Gestalt hineinzuschlüpfen. Wie fühlst du dich dann an? Welche Ausstrahlung geht von dir aus? Welche Fähigkeiten und Talente stecken alle in dir?

Laß dir ein wenig Zeit, dich mit dieser Figur vertraut zu machen. Wenn du zuvor in diese Figur geschlüpft bist, ihre Gestalt angenommen hast, so löse dich jetzt wieder daraus und betrachte wieder die Statue. Jetzt nimmst du sie, und gehst mit ihr diesen Weg zurück zu deinem Freund. Du bedankst dich bei ihm für dieses Geschenk.

Als Abschiedsgeschenk deinerseits wünscht sich dein Freund etwas ganz Verrücktes: Du sollst ihm etwas dalassen, von dem du dich schon immer trennen wolltest, vielleicht eine schlimme Erinnerung oder eine Eigenschaft, die du nicht besonders magst, oder ein Problem, welches du nicht lösen kannst. Laß dir ein wenig Zeit, darüber nachzudenken, was du dalassen möchtest. Dann verabschiedest du dich von ihm ganz herzlich und gehst mit deiner Statue. Dein ganzes Herz ist voller Freude über diese schöne Begegnung und dieses schöne Geschenk.

Nun komm mit deiner inneren Aufmerksamkeit wieder in diesen Raum und zu dieser Gruppe zurück. Achte auf deinen Atem und spüre, wie du einatmest und ausatmest. Dann stell dir wieder vor, daß du an der Wendeltreppe stehst und mit jedem Einatmen ein Stück dieser Treppe hinaufgehst und frischer und wacher wirst. Jetzt geh mit deiner Aufmerksamkeit zu deiner linken Hand und schließe sie zu einer Faust und öffne sie wieder. Anschließend geh mit deiner Aufmerksamkeit zu deinem Fuß und spanne ihn an und löse diese Spannung wieder. Dann räkel und streck dich, gähne wie nach einem erholsamen Schlaf."

Wenn die Musik beendet ist, versucht jeder, das, was er gerade erlebt hat, was er gesehen hat, mit Farben und Formen auszudrücken.

Wenn alle fertig sind, läßt sich jeder von seinem eigenen Werk, seinem Bild beeindrucken. Er schaut es von allen Seiten an, nimmt es auch aus einigen Metern Abstand wahr. Dann gibt jeder dem Werk eine Überschrift. Vielleicht schreibt man auch einige Sätze oder ein kleines Gedicht dazu auf.

Ist jeder mit dem Aufschreiben fertig, werden die Texte in der Gruppe vorgelesen und anschließend die Kunstwerke betrachtet.

Danach ist eine längere Pause notwendig.

In der sich anschließenden therapeutischen Arbeit stellen die Partner ihre „Statuen" ihrem Partner vor und tauschen sich miteinander darüber aus. Hilfreich ist dies insbesondere vor den wohlwollenden Augen anderer Gruppenteilnehmer.

Besondere Hinweise: Die Trance stärkt das Selbstbewußtsein, sie läßt die Teilnehmer Kontakt aufnehmen mit ihren Stärken, die sie durch die Identifizierung mit der Statue leiblich spüren.

15.7 Müll abgeladen

Ziel: Viele Ratsuchende haben das Problem, daß alte Erinnerungen, Verletzungen, negative Erfahrungen immer noch ihre innere Kraft absorbieren. In dieser Trance haben sie die Gelegenheit, sich dieses Mülls bewußt zu werden und sich seiner zu entledigen (Idee nach *Vopel* 1993).

Medien: Decken als Unterlage, Entspannungsmusik (60 Hertz, z.B. von *Arnd Stein*), *Dauer:* ca. 20 Minuten (Trance)

Anleitung: Alles wird ganz langsam und mit vielen Pausen vorgelesen.

„Legt euch alle auf den Boden und macht es euch dort ganz gemütlich. Achtet darauf, daß ihr an keiner Stelle irgendwo eingezwängt seid. Ihr könnt z.B. einen Hosenbund lokkern. Hört im Hintergrund die Musik, schließt jetzt einmal die Augen und versucht, alles

das, was euch jetzt noch belastet oder quält, in eurer Vorstellung in eine Tüte zu packen und draußen vor der Tür an der Garderobe abzugeben. Am Ende dieser Entspannung könnt ihr eure Probleme, wenn ihr es dann noch wollt, wieder mitnehmen.

Achtet auf euren Atem, wie ihr einatmet und wie ihr ausatmet. Dann geht mit eurer inneren Aufmerksamkeit einmal zu eurem rechten Fuß und spannt diesen an. Dann löst ihr die Spannung und spannt ihn noch einmal an. Vielleicht könnt ihr dabei feststellen, daß, wenn ihr mit eurer inneren Aufmerksamkeit bei eurem rechten Fuß seid, ihr nicht gleichzeitig mit eurer Aufmerksamkeit bei eurer linken Hand seid. Jetzt aber wechselt einmal zu der linken Hand und spannt diese an. Macht eine Faust und löst die Spannung wieder. Jetzt geht mit eurer Aufmerksamkeit zu eurem Gesicht und spannt das zu einer Grimasse an. Und löst diese wieder.

Jetzt geht wieder mit eurer Aufmerksamkeit zu eurem Atem und stellt euch einmal vor, daß ihr an einer Wendeltreppe steht und mit jedem Ausatmen ein Stückchen tiefer diese Treppe hinabgeht. Bei jeder Stufe hinab entspannt ihr euch mehr und mehr und gelangt zu eurer inneren Weisheit, die euch durch euer Leben leitet.

Jeder Mensch macht in seinem Leben nicht nur gute Erfahrungen. Wir werden verletzt, ungerecht behandelt, kommen irgendwie zu kurz. Aller Ärger darüber ist sicherlich berechtigt. Doch es kann der Zeitpunkt kommen, wo aller Ärger nichts mehr bringt, sondern lediglich Kraftverschwendung bedeutet. Dieser Ärger hindert uns, die dafür aufgewandte Energie positiv für uns selbst zu nutzen.

Deshalb stell dir einmal vor, daß du an einen schönen, warmen Sommerabend an einem Meer stehst, vielleicht ist es auch kein großes Meer, sondern ein schöner, ruhiger See. Du fühlst dich sehr wohl, über dir beleuchtet ein voller Mond die Szene. Und wie du so auf das Wasser schaust, fallen dir viele Szenen deines Lebens wieder ein. Du siehst sie wie in einem Spiegel; es sind die Dinge, die dich einmal verletzt und geärgert haben, wo dir Unrecht getan wurde.

Ja, es kann auch sein, daß du den Schmerz spürst, den dir diese Verletzungen einmal zugefügt haben, und daß dieser vielleicht immer noch heute an dir nagt. Gleich hast du Gelegenheit, dich von vielem Ballast zu befreien, denn am Strand liegt ein Boot, das du mit deinem ganzen Müll vollpacken kannst. Das Boot ist recht groß, es hat ein paar hölzerne Ruderbänke und eine große Freifläche im Heck. Ferner siehst du am Strand all die Dinge, die du gern loswerden möchtest. Alles eingepackt in verschiedene Taschen und Truhen. Schau noch einmal hin, ob wirklich alles in den Taschen ist, was du loswerden möchtest, von dem du dich trennen willst.

Zunächst ist da eine alte, modrige Ledertasche; auf dieser ist ein Zettel mit der Aufschrift ,Verbote' angebracht. Du öffnest diese Tasche und schaust einmal nach, ob auch wirklich alle Verbote, die dein Leben bisher behindert haben, in diese Tasche eingepackt sind, all diese Sätze, die anfangen mit: „Du sollst nicht, du darfst nicht." Schau genau hin, ob du dich mit diesen Verboten identifizieren kannst, ob sie vielleicht zu selbstverständlichen Geboten für dich geworden sind – gehören sie zu deinem Leben, oder ist es so, daß sie dich in deinem Tun eher behindern und beschränken? Vielleicht magst du einige von ihnen wieder aus der Ledertasche auspacken, vielleicht gibt es aber auch Verbote, die du noch dazulegen möchtest. Laß dir Zeit, genau hinzuschauen, was du behalten möchtest und wovon du dich trennen willst. Nun kannst du diesen Lederkoffer in das Boot stellen.

An einer anderen Stelle auf dem Strand steht noch eine Reisetasche mit dem Aufkleber ‚Böse Erinnerungen'. In dieser findest du eine Menge von Bildern, Skizzen, Tagebüchern, handschriftlichen Aufzeichnungen, alten Fotos. Sieh dir auch diesen Inhalt genau an und überprüfe, ob du nichts vergessen hast. Nun nimm auch diese Tasche und stell sie in das Ruderboot.

Nun wende dich einem alten Reisekoffer zu, der den Aufdruck ‚Ärger' trägt. Überprüfe einmal, ob in ihm alle Situationen, in denen du dich geärgert hast, vorhanden sind. Wenn du noch weitere Ärgernisse loswerden möchtest, dann pack auch diese in den Reisekoffer. Bist du zufrieden damit, was du alles in diesen Koffer gepackt hast, dann stelle auch ihn in das Ruderboot.

Dann befindet sich am Strand noch ein großer Leinensack mit den aufgedruckten Buchstaben: ‚Probleme'. Schau auch hier einmal nach, ob alle Probleme in diesem Leinensack vollständig vorhanden sind, mit denen du dich in Zukunft nicht mehr beschäftigen möchtest, denen du keine wertvolle Energie mehr schenken willst. Vielleicht fallen dir auch noch Probleme ein, die du gerne dazupacken willst. Bist du damit fertig, dann laß auch diesen Leinensack seinen Platz im Boot finden.

Nun gibt es im Boot noch die Ruderbank. Überlege einmal, welche Personen aus deinem Leben du auf diese Bank setzen möchtest. Das können Menschen sein, mit denen du unerfreuliche und nun beendete Beziehungen hattest. Wenn du in der Lage bist, dich von diesen Menschen auch innerlich zu verabschieden, so finden sie jetzt Platz im Boot. So wird dein Herz frei für wichtige und befriedigende andere Beziehungen in deinem Leben.

Und dann prüfe einmal, ob es noch irgend etwas gibt, was du in das Boot packen möchtest. Und du kannst gewiß sein, daß das Boot in der Lage ist, allen Müll aus deinem Leben, jeden unnötigen Ballast aufzunehmen.

Nun nimm deine ganze Kraft zusammen und schieb das Boot ins Wasser. Wünsche ihm eine gute Reise und achte darauf, daß das Boot genau ausgerichtet ist auf den Lichtpfad, den das Mondlicht auf das Wasser wirft. Dann gib dem Boot einen letzten Stoß, daß es seine Reise beginnen kann. Vielleicht bist du jetzt ein wenig wehmütig, daß du Abschied genommen hast von all diesen Dingen und Menschen, die einmal in deinem Leben emotional bedeutsam waren. Vielleicht kannst du ihnen ein letztes Dankeschön nachrufen, da sie dir geholfen haben, zu wachsen und zu reifen. Vielleicht verspürst du auch nur eine große Erleichterung, diesen ganzen Müll los zu sein.

Und plötzlich geschieht etwas ganz Seltsames. Wie magisch angezogen fährt das Boot auf dem Lichtpfad entlang genau auf den Mond zu, bis es in ihm ganz verschwindet. Und du findest vielleicht Erleichterung, daß der Mond all deinen emotionalen und geistigen Ballast in seine Obhut nehmen will.

Und plötzlich kehrt in dir eine große Ruhe ein und ein Gefühl von Freiheit und Offensein für das, was alles noch in deinem Leben kommen wird.

Nun komm mit deiner inneren Aufmerksamkeit wieder in diesen Raum und zu dieser Gruppe zurück. Achte wieder auf deinen Atem und spüre, wie du einatmest und ausatmest.

Dann stell dir wieder einmal vor, daß du an der Wendeltreppe stehst und mit jedem Einatmen ein Stück dieser Treppe hinaufgehst und frischer und wacher wirst. Jetzt geh mit deiner Aufmerksamkeit zu deiner linken Hand und schließe sie zu einer Faust und öffne sie wieder. Anschließend geh mit deiner Aufmerksamkeit zu deinem Fuß und spanne ihn an und löse diese Spannung wieder. Dann räkel und streck dich, gähne wie nach einem erholsamen Schlaf.

Besondere Hinweise: Diese Trance eignet sich hervorragend zum Ende eines paartherapeutischen Seminars. Sie bietet die Möglichkeit, dort aktivierte traumatische Erinnerungen zu integrieren und sich so damit zu versöhnen. (Ein Teilnehmer berichtete einmal danach, daß, wenn er diese Trance ein Jahr früher gehört hätte, er sich einen Herzinfarkt hätte ersparen können.)

15.8 Im Herzen aufräumen und Platz schaffen

Ziel: Viele Ratsuchende haben das Problem, daß alte Erinnerungen, Verletzungen, negative Erfahrungen mit ganz konkreten Personen immer noch ihre innere Kraft absorbieren. In dieser Trance haben sie die Gelegenheit, zu überprüfen, wem sie noch im Herzen Platz einräumen wollen und wem nicht mehr, damit Platz wird für die Menschen, die einem selbst wohlgesonnen sind und die man selbst auch liebt (Idee nach *Vopel* 1993).

Medien: Decken als Unterlage, Entspannungsmusik (60 Hertz, z.B. von *Arnd Stein*)

Dauer: ca. 25 Minuten (Trance)

Anleitung: Alles wird ganz langsam und mit vielen Pausen vorgelesen.
    „Legt euch alle auf den Boden und macht es euch dort ganz gemütlich. Achtet darauf, daß ihr an keiner Stelle irgendwo eingezwängt seid. Ihr könnt z.B. einen Hosenbund lockern. Hört im Hintergrund die Musik, schließt jetzt einmal die Augen und versucht, alles das, was euch jetzt noch belastet oder quält, in eurer Vorstellung in eine Tüte zu packen und draußen vor der Tür an der Garderobe abzugeben. Am Ende dieser Entspannung könnt ihr eure Probleme, wenn ihr es dann noch wollt, wieder mitnehmen.
    Achtet auf euren Atem, wie ihr einatmet und wie ihr ausatmet. Dann geht mit eurer inneren Aufmerksamkeit einmal zu eurem rechten Fuß und spannt diesen an. Dann löst ihr die Spannung und spannt ihn noch einmal an. Vielleicht könnt ihr dabei feststellen, daß, wenn ihr mit eurer inneren Aufmerksamkeit bei eurem rechten Fuß seid, ihr nicht gleichzeitig mit eurer Aufmerksamkeit bei eurer linken Hand seid. Jetzt aber wechselt einmal zu der linken Hand und spannt diese an. Macht eine Faust und löst die Spannung wieder. Jetzt geht mit eurer Aufmerksamkeit zu eurem Gesicht und spannt das zu einer Grimasse an. Und löst diese wieder.

Jetzt geht wieder mit eurer Aufmerksamkeit zu eurem Atem und stellt euch einmal vor, daß ihr an einer Wendeltreppe steht und mit jedem Ausatmen ein Stückchen tiefer diese Treppe hinabgeht. Bei jeder Stufe hinab entspannt ihr euch mehr und mehr und gelangt zu eurer inneren Weisheit, die euch durch eurer Leben leitet.

Stell dir einmal vor, daß du dich auf einer Wiese befindest. Am Ende dieser Wiese ist ein großer, dunkler Wald. Es ist Sommer, und es ist ganz warm und wohlig. Vielleicht bist du in deiner Vorstellung aber auch ganz woanders, zu einer ganz anderen Jahreszeit, auch das ist so in Ordnung. Und stell dir einmal vor, daß du vor einem alten, verwitterten Haus stehst. Vielleicht ist es aber auch noch ganz neu und gerade erst erbaut. Schau einmal genau hin, wie es aussieht, aus welchem Material es gebaut ist, ob die Fensterläden geöffnet oder geschlossen sind, ob Blumen vor dem Hause auf der Wiese wachsen. Vielleicht geht auch ein ganz besonderer Duft von diesem Haus aus.

Dieses Haus ist dein Herz. Du öffnest jetzt die Türen, um nachzusehen, wer alles in diesem Hause wohnt. Ist die Tür eigentlich leicht oder schwer zu öffnen? Vielleicht brauchen die Angeln ein wenig Öl, wenn sie quietschen? Zunächst zündest du das Licht an. Wenn du keinen Strom in dem Haus hast, kannst du eine Kerze anzünden oder eine Öllampe. Wann hast du eigentlich das letzte Mal überprüft, wer alles im Haus deines Herzens wohnt?

In der Stube des Hauses, dem Wohnzimmer, befinden sich all die Menschen, die du gerne hast, von denen auch du weißt, daß sie dich lieben und daß du einen Platz in ihrem Herzen hast. Ihr begrüßt euch ganz herzlich, nehmt einander in die Arme. Es tut dir einfach gut, daß diese Menschen in deiner Stube wohnen.

Nun entschließt du dich, auch einmal nachzuschauen, wer sich in den anderen Räumen befindet. Vielleicht sind da einige Menschen drin, die dir einmal sehr weh getan haben, die dich enttäuscht oder betrogen haben? Vielleicht hast du dich mit deiner Liebe ihnen gegenüber getäuscht? Und ganz unbewußt läßt du ihnen noch Raum in deinem Herzen. Vielleicht hegst du immer noch die Hoffnung, daß sie einmal auch dich lieben würden. Wahrscheinlicher ist, daß sie Platz in deinem Herzen einnehmen und daß dieser Platz dadurch unnötig besetzt ist. Was hindert dich, diese Menschen aus deinem Herzen herauszubitten? Vielleicht wollen sie auch weiter in deinem Herzen wohnen bleiben, finden es so angenehm dort, daß du ihnen immer noch Aufmerksamkeit schenkst, ohne daß sie dafür Gegenleistungen erbringen müßten? Wenn sie nicht gehen wollen, dann laß dir helfen, sie gemeinsam mit deinen Freunden aus dem Haus zu werfen. Achte auch darauf, ob sie ihr Gepäck, ihre Zahnbürste, ihre Kleider mitgenommen haben.

Geh durch alle Räume und fordere all diejenigen auf, dein Herz zu verlassen, die nicht bereit sind, dich selbst in ihrem Herzen wohnen zu lassen. Das können Verwandte, frühere Freunde, Partner, Arbeitskollegen sein. Vielleicht kannst du ihnen Lebewohl sagen oder Adieu, damit sie den Schatten ihrer Erinnerung mitnehmen.

Nun geh noch einmal durch alle Räume deines Herzens, schau, ob sich niemand dort versteckt hält, den du nicht mehr in deinem Herzen haben möchtest. Und spüre, wie auf einmal Platz wird, Platz wird für die Menschen, die du liebst, um mit ihnen zu tanzen und zu feiern. Vielleicht hörst du Musik und hast den Duft von einer guten Mahlzeit in der Nase. So könnt ihr zusammen essen, feiern und tanzen.

Und noch etwas ist passiert, du hast jetzt Platz in deinem Herzen, all die Menschen hinein zu bitten, die auch dich lieb haben, die auch dich mögen. Du brauchst keine Angst mehr zu haben, daß dein Herz zu klein sei.

Nun komm mit deiner inneren Aufmerksamkeit wieder in diesen Raum und zu dieser Gruppe zurück. Achte wieder auf deinen Atem und spüre, wie du einatmest und ausatmest. Dann stell dir wieder einmal vor, daß du an der Wendeltreppe stehst und mit jedem Einatmen ein Stück dieser Treppe hinaufgehst und frischer und wacher wirst. Jetzt geh mit deiner Aufmerksamkeit zu deiner linken Hand und schließe sie zu einer Faust und öffne sie wieder. Anschließend geh mit deiner Aufmerksamkeit zu deinem Fuß und spanne ihn an und löse diese Spannung wieder. Dann räkel und streck dich, gähne wie nach einem erholsamen Schlaf."

Besondere Hinweise: Diese Trance eignet sich an vielen Stellen der therapeutischen Arbeit. Sie hilft, sich mit Realitäten abzufinden und sich für das, was an Zuwendungen möglich ist, zu öffnen. Sie bietet auch einen selbsterfahrungsorientierten Einstieg in die Frage der eigenen Liebesfähigkeit. So ist es möglich, nach der Trance diese Erlebnisse zu malen, dafür einen Ausdruck zu finden, indem ein Gedicht, ein Text geschrieben wird. Dieser kann dann dem Partner vorgestellt werden.

15.9 Eine Handvoll Rosen

Ziel: Im Leben eines jeden Menschen gibt es Verletzungen, die innere Energie absorbieren können. Trotz aller Klärungsarbeit kann es sein, daß immer noch kein innerer Frieden gefunden wurde. Folgende Trance bietet die Möglichkeit, jenseits von Rache und Vergeltung sich von innerem Besetzt-Sein zu befreien.

Medien: Decken als Unterlage, Entspannungsmusik (60 Hertz, z.B. von *Arnd Stein*)

Dauer: ca. 20 Minuten (Trance)

Anleitung: Alles wird ganz langsam und mit vielen Pausen vorgelesen.

„Legt euch alle auf den Boden und macht es euch dort ganz gemütlich. Achtet darauf, daß ihr an keiner Stelle irgendwo eingezwängt seid. Ihr könnt z.B. einen Hosenbund lockern. Hört im Hintergrund die Musik, schließt jetzt einmal die Augen und versucht, alles das, was euch jetzt noch belastet oder quält, in eurer Vorstellung in eine Tüte zu packen und draußen vor der Tür an der Garderobe abzugeben. Am Ende dieser Entspannung könnt ihr, wenn ihr es dann noch wollt, eure Probleme wieder mitnehmen.

Achtet auf euren Atem, wie ihr einatmet und wie ihr ausatmet. Dann geht mit eurer inneren Aufmerksamkeit einmal zu eurem rechten Fuß und spannt diesen an. Dann löst ihr die Spannung und spannt ihn noch einmal an. Vielleicht könnt ihr dabei feststellen, daß, wenn ihr mit eurer inneren Aufmerksamkeit bei eurem rechten Fuß seid, ihr nicht gleichzeitig mit eurer Aufmerksamkeit bei eurer linken Hand seid. Jetzt aber wechselt einmal zu der linken Hand und spannt diese an. Macht eine Faust und löst die Spannung wieder. Jetzt geht mit eurer Aufmerksamkeit zu eurem Gesicht und spannt das zu einer Grimasse an. Und löst diese wieder.

Jetzt geht wieder mit eurer Aufmerksamkeit zu eurem Atem und stellt euch einmal vor, daß ihr an einer Wendeltreppe steht und mit jedem Ausatmen ein Stückchen tiefer diese Treppe hinabgeht. Bei jeder Stufe hinab entspannt ihr euch mehr und mehr und gelangt zu eurer inneren Weisheit, die euch durch euer Leben leitet.

Jeder kennt in seinem Leben Situationen oder Begegnungen, in denen er verletzt worden ist, in denen ihm Böses, Ungerechtes angetan worden ist. Vielleicht gibt es Menschen, die du haßt, denen du nicht mehr über den Weg laufen willst. Wenn du nur daran denkst, wird dir ganz mulmig. Vielleicht steigt noch eine Angst in dir auf, wenn du an die Situation denkst, in der dich dieser Mensch verletzt hat.

Vielleicht kann dir folgende innere Übung helfen, diese Menschen zu verabschieden, damit sie nicht weiterhin deine seelische Kraft, deine Fähigkeit zu lieben, blockieren.

Stell dir einmal vor, du hast einen großen Strauß Rosen in deinem Arm. Es ist ein sehr schöner, warmer Sommertag, der Duft der Rosen erfüllt dich, und es geht dir einfach gut. Nun laß jene Menschen, von denen du dich verabschieden willst, denen du in deinem Leben nicht mehr begegnen möchtest, mit denen du nichts mehr zu tun haben willst, langsam von links auf dich zutreten. Du schaust jeden einzelnen freundlich an, gibst ihm eine von deinen Rosen und verabschiedest ihn damit. Dann läßt du ihn zur rechten Seite hin von der Bildfläche verschwinden. Und schon kommt der nächste von der linken Seite, den du aus deinem Leben verabschieden möchtest. Auch diesem gibst du eine Rose und schaust ihn freundlich an, bis auch er zur rechten Seite hin aus der Bildfläche verschwindet. Laß dir Zeit mit diesem Ritual, bis du alle Menschen, die du verabschieden möchtest, verabschiedet hast. Spüre jetzt einmal, wie dein Herz freier und leichter wird, und wie mehr Raum für die Menschen da ist, die du lieb hast, mit denen du gerne zusammensein willst, für die du gerne Verantwortung tragen willst.

Nun komm mit deiner inneren Aufmerksamkeit wieder in diesen Raum und zu dieser Gruppe zurück. Achte wieder auf deinen Atem und spüre, wie du einatmest und ausatmest. Dann stell dir wieder einmal vor, daß du an der Wendeltreppe stehst und mit jedem Einatmen ein Stück dieser Treppe hinaufgehst und frischer und wacher wirst. Jetzt geh mit deiner Aufmerksamkeit zu deiner linken Hand und schließe sie zu einer Faust und öffne sie wieder. Anschließend geh mit deiner Aufmerksamkeit zu deinem Fuß und spanne ihn an und löse diese Spannung wieder. Dann räkel und streck dich gähne wie nach einem erholsamen Schlaf."

Besondere Hinweise: Nach dieser Trance spüren die Teilnehmer in der Regel eine seltsame Art von Befreiung. Sie beginnen damit, ihre Kraft nicht mehr in aussichtslose Beziehungsklärungen zu investieren.

15.10 Der Adler

Ziel: In dieser Trance erleben die Teilnehmer nochmals ihren oft mühevollen Weg, ihr Leben zur Freiheit, Selbstvertrauen und Verantwortung hin zu entwickeln. Sie macht Mut, diese Ziel zu erreichen.

Medien: Decken als Unterlage, Entspannungsmusik (60 Hertz, z.B. von *Arnd Stein*)

Dauer: ca. 20 Minuten (Trance)

Anleitung: Alles wird ganz langsam und mit vielen Pausen vorgelesen.

„Legt euch alle auf den Boden und macht es euch dort ganz gemütlich. Achtet darauf, daß ihr an keiner Stelle irgendwo eingezwängt seid. Ihr könnt z.B. einen Hosenbund lockern. Hört im Hintergrund die Musik, schließt jetzt einmal die Augen und versucht, alles das, was euch jetzt noch belastet oder quält, in eurer Vorstellung in eine Tüte zu packen und draußen vor der Tür an der Garderobe abzugeben. Am Ende dieser Entspannung könnt ihr, wenn ihr es dann noch wollt, eure Probleme wieder mitnehmen.

Achtet auf euren Atem, wie ihr einatmet und wie ihr ausatmet. Dann geht mit eurer inneren Aufmerksamkeit einmal zu eurem rechten Fuß und spannt diesen an. Dann löst ihr die Spannung und spannt ihn noch einmal an. Vielleicht könnt ihr dabei feststellen, daß, wenn ihr mit eurer inneren Aufmerksamkeit bei eurem rechten Fuß seid, ihr nicht gleichzeitig mit eurer Aufmerksamkeit bei eurer linken Hand seid. Jetzt aber wechselt einmal zu der linken Hand und spannt diese an. Macht eine Faust und löst die Spannung wieder. Jetzt geht mit eurer Aufmerksamkeit zu eurem Gesicht und spannt das zu einer Grimasse an. Und löst diese wieder.

Jetzt geht wieder mit eurer Aufmerksamkeit zu eurem Atem und stellt euch einmal vor, daß ihr an einer Wendeltreppe steht und mit jedem Ausatmen ein Stückchen tiefer diese Treppe hinabgeht. Bei jeder Stufe hinab entspannt ihr euch mehr und mehr und gelangt zu eurer inneren Weisheit, die euch durch euer Leben leitet.

Stell dir einmal vor, du bist ein Adler und lebst auf einem Hühnerhof. Um dich herum das Gackern und Krähen der Hühner und der Kampf um die Körner. Das ist deine Welt, und du hast nie etwas anderes kennengelernt. Ein Adler unter lauter Hühnern. Manchmal hast du den Eindruck, daß irgend etwas vielleicht nicht stimmen könnte. Du schaust in den Himmel, du spürst ein Kribbeln in dir, eine Sehnsucht, für die du keinen Namen hast.

Eines Tages hörst du, wie der Bauer sich mit einem Fremden unterhält. Und dieser Fremde zeigt auf dich und sagt: ‚Da ist ja ein Adler und lauter Hühner.‘ ‚Ja‘, antwortet der Bauer, ‚aber der Adler lebt wie ein Huhn. Er pickt die Körner auf und flattert mit den anderen über die Wiese. Er ist ganz zufrieden so.‘ Da geht der Fremde auf den Hühnerhof, zu dir, dem Adler, und nimmt dich auf seinen Arm. Er sagt zu dir: ‚Du bist ein Adler und kannst fliegen.‘ Etwas unsicher schaust du dich um, und dann springst du wieder zu den Hühnern und scharrst auf der Erde. Der Fremde geht wieder, aber in dir bleibt die Sehnsucht, stärker als zuvor.

Einige Tage später kommt wieder der Fremde und sagt zu dem Bauern: ‚Er ist doch ein Adler, laß ihn fliegen.‘ ‚Nein!‘ sagt der Bauer. ‚Er sieht zwar aus wie ein Adler, aber im Herzen ist er ein Huhn.‘ Da nimmt der Fremde dich wieder auf seinem Arm und trägt dich in die oberste Etage des Wohnhauses. Und plötzlich spürst du wieder diese Kraft und diese Sehnsucht in dir. Du weißt nicht, was du machen sollst. Der Fremde sagt zu dir: ‚Du bist ein Adler, steig in die Luft und fliege!‘ Ein Zittern geht durch deinen ganzen Körper. Aber du kannst nicht anders, du springst wieder zu den Hühnern, dort hast du dein Fressen, jeden Tag. Hier ist deine Welt, hier fühlst du dich sicher. Da hörst du den Bauern sagen: ‚Er ist ein Huhn, und er bleibt ein Huhn!‘

Dieses Erlebnis läßt deine Sehnsucht immer stärker werden. Und insgeheim hoffst du, daß der Fremde eines Tages wiederkommen möge. Die Zeit geht ins Land, und der Sommer ist schon fast vorbei. Da kommt wieder der Fremde und sagt zu dem Bauern: ‚Laß mir noch einen Versuch mit dem Adler.‘ Bereitwillig läßt sich der Bauer auf das Experiment ein, denn er weiß ja: Du siehst zwar aus wie ein Adler, bist aber ein Huhn.

Und der Fremde nimmt dich wieder in seinen Arm. Es ist ganz früher Morgen. Er geht mit dir auf die Spitze eines hohen Berges. Als er den Gipfel erreicht hat, hält er dich hoch und läßt dich genau in die Sonne schauen. Dort spürst du wieder das Zittern in dir und eine ganz große Kraft und Sicherheit. Du weißt und spürst: Das ist es, was ich suche. Ich bin frei und kann fliegen und mein Leben genießen und es verantworten.

Nun komm mit deiner inneren Aufmerksamkeit wieder in diesen Raum und zu dieser Gruppe zurück. Achte wieder auf deinen Atem und spüre, wie du einatmest und ausatmest. Dann stell dir wieder einmal vor, daß du an der Wendeltreppe stehst und mit jedem Einatmen ein Stück dieser Treppe hinaufgehst und frischer und wacher wirst. Jetzt geh mit deiner Aufmerksamkeit zu deiner linken Hand und schließe sie zu einer Faust und öffne sie wieder. Anschließend geh mit deiner Aufmerksamkeit zu deinem Fuß und spanne ihn an und löse diese Spannung wieder. Dann räkel und streck dich, gähne wie nach einem erholsamen Schlaf."

Besondere Hinweise: Nach dieser Trance machen die Teilnehmer eine Standortbestimmung ihres eigenen Entwicklungsprozesses. Sie spüren deutlich(er) das Ziel therapeutischer Arbeit. Sie entwickeln Mut für ihren Weg.

16. Training partnerschafts-fördernden Verhaltens

16.1 Meine Kinderhand – meine Erwachsenenhand

Ziel: Ein wichtiges Ziel paartherapeutischer Arbeit besteht darin, ein Gefühl dafür zu entwickeln, daß der Einzelne für die Erfüllung seiner Bedürfnisse, für sein Glück selbst verantwortlich ist. Natürlich ist solche Erfüllung oft an mitmenschliche Erfahrungen und Austausch gebunden. Doch derjenige, der „unglücklich" ist, zeichnet sich oftmals dadurch aus, daß er die Zuwendung, die sein Partner ihm schenkt, gar nicht wahrnehmen kann oder diese unbewußt verhindert oder aber sich gar nicht vorstellen kann, daß jemand wohlwollend ihm gegenüber ist. Die folgende Übung zeigt auf einfache Weise, wie man seinem „verletzten inneren Kind" zunächst selbst gut sein muß.

Dauer: ca. 15 Minuten

Anleitung: Die Teilnehmer werden gebeten, auf dem Stuhl sitzend die Augen zu schließen, ganz tief zu atmen, zu spüren, wie sie mit ihren beiden Sitzhöckern den Stuhl berühren, wie sie mit den Füßen den Boden berühren. So werden sie eingeladen, ganz bei sich anzukommen. Nun werden sie aufgefordert, mit ihrer Aufmerksamkeit in ihre Hände zu gehen. Sie sollen spüren, wie sich ihre Hände anfühlen, ob sie z.B. warm sind oder kalt. Vielleicht können sie auch wahrnehmen, wie das Blut durch die Hände zirkuliert.

Dann werden sie aufgefordert, sich vorzustellen, daß die linke Hand ihre Kinderhand und die rechte Hand ihre Erwachsenenhand sei. Dann lassen sie sich Zeit, wahrzunehmen, was diese beiden Hände miteinander tun. Nach etwa 5 bis 10 Minuten werden die Teilnehmer gebeten, sich langsam wieder von dieser Vorstellung zu lösen, die Augen zu öffnen und zu erzählen, was sie erlebt haben.

Besondere Hinweise: Diese Übung löst oftmals bei den Klienten eine tiefe emotionale Bewegtheit aus. Sie sind ganz gerührt darüber, daß sie heute als erwachsene Menschen für das „verletzte Kind" in ihnen Sorge tragen können.

16.2 Ein inneres Kind verwöhnen

Ziel: Ein Grund, der Partner füreinander anziehend macht, scheinen Übertragungen aus Kindertagen zu sein. Das, was jemand an Aufmerksamkeit Anerkennung und Wohlwollen früher nicht bekommen hat, gibt ihm der Partner. Leider reicht dessen Kraft einerseits auf Dauer dafür nicht aus, andererseits läßt sich vermuten, daß für den „Bemutterten" in der Folge die alten Erinnerungen an Frustrationserfahrungen übermächtig werden und er sich so gar nicht mehr über das, was sein Partner ihm schenkt, freuen kann (*Willi* hat dieses Szenario als Kollusionsmodell beschrieben, 1978). Wenn einem Paar mögliche Übertragungen bewußt geworden sind, können die Partner lernen, sich selbst und den anderen ein wenig „nachzunähren" und sich so emotional anzunehmen und zu stützen.

Medien: Decken, ausreichend Platz in der Gruppe, damit eine intime Atmosphäre für jedes Paar entstehen kann

Dauer: ca. 1½ Stunden

Anleitung: Hilfreich ist vor der Übung eine Einstimmung mit passender Musik und stampfenden Bewegungen (wie etwa im afrikanischen Tanz). Solches Stampfen hat eine stabilisierende Wirkung und „erdet".

Danach hat jeder Partner im Wechsel ½ Stunde Zeit für sich, und zwar für ein „*inneres Kind*", um das der andere Partner sich liebevoll kümmern soll. Der Partner soll gebeten werden, dieses Kind zu verwöhnen, mit ihm zu sprechen oder zu schweigen, es zu streicheln oder ihm ein Märchen zu erzählen ..., jeweils so, wie der Bittende es möchte. Dabei ist es auch möglich, daß innerhalb dieser Zeit Bedürfnisse verschiedener innerer Kinder aktuell werden, die dann nacheinander befriedigt werden wollen. Für diese Übung sind zur Strukturierung zwingend notwendig:

▶ ein genauer Zeitplan – ½ Stunde pro Partner;
▶ feste Regeln: die Art der gewünschten Verwöhnung genau zu beschreiben und den Partner um deren Erfüllung zu bitten;
▶ der Dank an den Verwöhner zum Ende seines Dienstes. Dieser „Dienst" ist nicht selbstverständlich und nicht einklagbar, sondern hat den Charakter eines erbetenen Geschenks.

Danach folgt eine kurze Pause, in der sich jeder wieder auf sich selbst besinnen und seine in der jeweiligen Rolle gerade gemachten Erfahrungen reflektieren kann. Danach ist Rollenwechsel.

Am Ende der Übung werden die Erfahrungen in der Gruppe miteinander ausgetauscht.

Besondere Hinweise: Diese Übung bewirkt ein tiefes Verstehen des Partners und eine ganzheitlichere Annahme. Sie setzt Kreativität bei der Lösung von Problemen frei. (So wünschte sich z.B. eine Partnerin, die ohne Vater großgeworden war, von ihrem Mann einmal eifersüchtig kontrolliert zu werden. Dafür inszenierte sie, wie eine Fünfzehnjährige abends Diskotheken besuchen zu wollen und von ihrem Vater daran gehindert zu werden.)

16.3 Emotionale Annahme und Stütze

Ziel: In Streitsituationen hören die Beteiligten oft nicht auf das, was der Partner sagt. In dieser Übung lernen sie, sich in den anderen von innen heraus einzufühlen. In Langzeitforschungen über das Gelingen und Mißlingen von Paarbeziehungen kamen die Forscher zu dem Schluß, daß es besonders wichtig ist, Gefühle des Partners zu verstehen und sie als legitim zu betrachten, auch wenn man sie selber nicht teilt.

Dauer: ca. 10-15 Minuten

Anleitung: In Situationen, in denen die Partner zu einer Sache unterschiedliche Ansichten vertreten, werden sie aufgefordert, den Stuhl, auf dem sie im Moment sitzen, mit dem Partner zu tauschen. Auf dem neuen Stuhl schlüpfen sie in die Rolle des Gegenübers. Sie versuchen auch, die Körperhaltung, den Ausdruck Ihres Partners anzunehmen. Dann versetzen sie sich in die Gefühle und den Standpunkt des anderen und verhandeln aus dieser Position heraus über den Konflikt.

Am Ende der Übung werden die Stühle wieder getauscht und die Partner befragt, ob sich etwas an ihrer Haltung zur Meinung des Partners geändert hat. Vielleicht ist dies auch nicht der Fall, aber es ist jetzt in der Regel eher möglich, dem Partner seine Ansicht zu lassen.

Besondere Hinweise: Wenn ein solcher Positionswechsel schwerfällt, so kann in einer Gruppe sich jemand hinter den Stuhl eines Partners stellen und ihm bei dem Rollentausch helfen.

16.4 Training von Emotionen

Ziel: Wie Schauspielschüler lernen die Teilnehmer mit verschiedenen Emotionen vertraut zu werden und sie auszudrücken. Ihr emotionales Spektrum soll sich dadurch erweitern.

Dauer: ca. 10-15 Minuten

Anleitung: Zunächst bewegen sich die Teilnehmer im Raum, um sich anzuwärmen. Dann sollen sie sich einmal vorstellen, daß sie Schauspielschüler sind. Auf Zuruf des Leiters oder eines Teilnehmers versuchen alle nacheinander, mit Zwischenpausen verschiedene Gefühle wie: traurig, lustig, geil, lüstern erregt, verzweifelt, ärgerlich ... möglichst übertrieben durch Körperhaltung, Bewegung und Stimme zum Ausdruck zu bringen.

Anschließend erfolgt in der Gruppe ein Austausch über die Erfahrungen des Spiels.

Besondere Hinweise: Diese Übung macht viel Spaß. Im Laufe eines paartherapeutischen Seminars sollte sie häufiger durchgeführt werden, damit die Teilnehmer eigene Entwicklungsschritte bemerken und in dem regelmäßigen Austausch nach der Übung auch benennen können.

16.5 Meine Schwerpunkte

Ziel: Der Einzelne lernt, im Angesicht des Partners zu den Schwerpunkten in der Gestaltung seines Lebens zu stehen.

Medien: Plakatkarton, Farben, Stifte

Dauer: ca. 45 Minuten Einzelarbeit, danach stellen sich die Partner gegenseitig die Schwerpunkte unter der liebevollen Aufmerksamkeit der Gruppe vor.

Anleitung: Jeder Teilnehmer nimmt sich einen Karton und zeichnet darauf einen Kreis. Dann überlegt sich jeder einmal alle Aktivitäten, Energien und Fähigkeiten, die er in seinem Leben einsetzt. Diese werden prozentual gewichtet. Dann wird der Kreis wie ein Kuchen portioniert, und zwar so, daß die einzelnen Kuchenstücke den Gewichtungen der Energien entsprechen.

Besondere Hinweise: Wenn die Partner einander ihren Kuchen vorstellen, gilt es, darauf zu achten, inwieweit sie sich selbst beim Verteilen der Aktivitäten im Blick haben, ob und wie sie also ihre Ich-Treue (Kap. 5.2) leben.

Ferner können die Partner, falls es Schieflagen gibt, jeder für sich selbst wie auch in bezug auf den anderen Wünsche nach möglichen Änderungen benennen. Diese Änderungen sollten möglichst konkret und genau sein, also: *„Wie genau, wann genau, wie oft wollen Sie das ändern? Und wann wollen Sie damit anfangen?"*

Es gilt darauf zu achten, daß Änderungen in möglichst kleinen Schritten geplant werden, die Aussicht auf einen Erfolg bieten.

16.6 Erwartungen an eine Ehe

Ziel: Viele Menschen wollen zwar in einer Ehe leben, haben aber Mühe, ihre diesbezüglichen Vorstellungen zu formulieren. Die folgende Übung bietet die Möglichkeit, mit anderen Teilnehmern kognitiv einen Zugang zu dem eigenen Ehebild zu finden. Wichtiger als ein Ergebnis im Sinne von „richtig" oder „falsch" ist die Erfahrung, miteinander in Austausch zu kommen.

Medien: Arbeitsblatt als Kopie für jeden Teilnehmer

Dauer: ca. 1-1½ Stunden

Anleitung: Zunächst ca. 20 Minuten Einzelarbeit mit dem Ausfüllen des Blattes, danach Austausch in Kleingruppen und dann Gespräch über zentrale Diskussionspunkte im Plenum. Die Kleingruppen sollten nicht geschlechtshomogen zusammengesetzt sein, und die jeweiligen Partner sollten sich nicht in einer Untergruppe zusammenfinden, damit der Einzelne die Erfahrung von Autonomie in der Diskussion um diese Themen machen kann. Hilfreich ist es auch, wenn die Kleingruppen ihre Ergebnisse in Form von Thesen (evtl. auch provozierend) im Plenum vortragen.

Besondere Hinweise: Die Kleingruppenforschung in den 30er Jahren (*Kurt Lewin*) konnte nachweisen, wie hocheffektiv hinsichtlich der Meinungsbildung und insbesondere der Erweiterung des persönlichen Horizontes der Austausch in dieser Form ist.

Arbeitsblatt: Erwartungen an eine Ehe

Das Wissen um die eigenen Erwartungen und der Austausch mit dem Partner darüber sind zentral, weil wir Menschen (un)bewußt von diesen inneren Plänen gesteuert werden. Hilfreich bei dieser Klärung ist das Gespräch mit anderen Menschen darüber. Um mit den anderen Teilnehmern in einen Austausch darüber zu kommen, welche Erwartungen Sie an eine Ehe haben, beantworten Sie zunächst folgende Fragen:

Ich erwarte von einer Ehe,	Ja	Nein
daß sie ein Leben lang hält		
daß ich auf manches verzichten muß		
daß es nur ganz selten Streit gibt		
daß sexuelle Treue das Wichtigste für beide ist		
daß die Partner keine Geheimnisse voreinander haben		
daß ich mich auf den andern absolut verlassen kann		
daß die Partner einander alles verzeihen		

Ich erwarte von einer Ehe,	Ja	Nein
daß man gerade in schlechten Tagen zusammenhält		
daß ich genügend Zeit und Freiraum für mich alleine habe		
daß man sich die Alltagsarbeit (Haushalt etc.) gerecht teilt		
daß beide auch mal getrennt Urlaub machen können		
daß die Partner viele gemeinsame Freunde haben		
daß jeder auch eigene Freunde und Freundinnen hat		
daß wichtig sein kann, eine eigene Meinung zu haben, auch wenn sie der des Partners widerspricht		
daß eine Mutter mit kleinen Kindern nur dann berufstätig ist, wenn die Familie auf das Geld angewiesen ist		
daß ich mich selbst verwirklichen kann		
daß beide viele gemeinsame Interessen und Aktivitäten haben		
daß der Partner der beste Freund, die beste Freundin ist		
daß ein Paar in finanziell gesicherten Verhältnissen lebt		
daß die Kindererziehung Aufgabe der Mutter ist		
daß ein Paar gegenüber den Verwandten (vor allem den Eltern) zusammenhält		
daß gemeinsame Ideale für beide ganz wichtig sind		
daß in erster Linie der Mann für den Lebensunterhalt der Familie verantwortlich ist		
daß es immer wieder mal romantische Situationen gibt		
daß lustvoller Sex zentral in einer gelingenden Ehe ist		
daß in erster Linie der eigene Partner mich glücklich macht		
daß ich auch mal zurückstecken muß, wenn der andere etwas erreichen will		
daß man auch mal um den Partner kämpfen muß		
daß ein Paar Schwierigkeiten und Probleme unter sich alleine klärt		
daß Kinder zu einer richtigen Ehe gehören		
daß beide zum Lebensunterhalt beitragen		
daß die Partner öfter mal etwas gemeinsam unternehmen		
daß man sich in finanziellen Schwierigkeiten von den Elten helfen läßt		
daß man eher Streit vermeidet und sich gütlich einigt		
daß man in der Kindererziehung an einem Strang zieht		
daß man voreinander begründet, wofür jeder das Geld ausgibt		
daß im großen und ganzen der Mann das Sagen in Familienangelegenheiten hat		

Ich erwarte von einer Ehe,	Ja	Nein
daß die Ehe der Eltern ein Vorbild ist, das starken Einfluß auf die eigene Beziehungsgestaltung hat		
daß man möglichst häufig die Freizeit zusammen verbringt		
daß Lust beim Sex ein längerer Lernprozeß ist		
daß die Frau für den Haushalt verantwortlich ist		

16.7 Mein Glück

Ziel: Der Einzelne lernt, unabhängig vom Partner sich für sein eigenes Glück verantwortlich zu fühlen und sich dafür einzusetzen.

Medien: Papier für Selbstbeobachtungsbogen, Stifte

Dauer: Einzelarbeit zwischen den einzelnen Therapiesitzungen

Anleitung: Jeder Teilnehmer schreibt bis zum nächsten Treffen auf einem selbstentworfenen Blatt, einer Tabelle oder ähnlichem genau auf, was er genau wie oft und wie lange für sich selbst „Gutes" getan hat.

Besondere Hinweise: Es kann sein, daß manche Teilnehmer keine Vorstellung von dem haben, was für sie gut sein könnte. Hier bieten insbesondere die Anregungen anderer Teilnehmer eine große Hilfe. In einer Paartherapie ohne Gruppe gilt es, dem Einzelnen konkret bei der Suche (evtl. auch mit Alternativvorschlägen) zu helfen.
Es ist auch darauf zu achten, daß geplante Änderungen in möglichst kleinen Schritten erfolgen sollen, die Aussicht auf einen Erfolg haben. Also unter Umständen pro Tag mit „5 Minuten für sich" zu beginnen.

16.8 Krisen als Endlosschleifen

Ziel: Die Teilnehmer sollen ihre destruktiven Automatismen im Miteinander wahrnehmen, interpretieren und verstehen lernen. Sie sollen im Rollenspiel alternative Verhaltensweisen exemplarisch ausprobieren, um so Wege aus ihren Schleifen zu finden.

Anleitung: In einem kurzen Vortrag, der sich inhaltlich auf die Ausführungen zum Verständnis von Störungen im Hauptteil bezieht, soll den Teilnehmern Mut gemacht werden, ihre Störungen im Miteinander als gut eingespielte Abläufe zu betrachten, die es zu erforschen gilt, um so den impliziten Mustern ihres Verhaltens auf die Spur zu kommen.

Danach Einzelarbeit, evtl. bis zum nächsten Treffen, mit möglichst präziser Beschreibung destruktiver Schleifen im einzelnen Paar.

Anschließend stellen die Partner einander in der Gesamtgruppe ihre Ergebnisse vor. Auf folgende Blickrichtungen im Gesprächsverlauf ist zu achten:

▶ Wie **genau** sehen die Endlosschleifen bei den einzelnen Paaren aus?
▶ Wie unterscheiden sich die Sichtweisen der einzelnen Partner?
▶ Wie nehmen andere Gruppenmitglieder diese Schleifen wahr?

Hilfreich ist es, Szenen der Schleifen den anderen Teilnehmern vorzuspielen, andere diese nachspielen zu lassen, von anderen andere „Lösungen" im Umgang mit den Schwierigkeiten vorschlagen und vorspielen zu lassen, um dann selbst neues Verhalten im Spiel auszuprobieren.

In der nächsten Gruppensitzung sollte Gelegenheit gegeben werden, von den neuen Erfahrungen mit dem Problem, den destruktiven Automatismen zu berichten.

Besondere Hinweise: Es gilt insbesondere auf eine präzise Beschreibung „wann, wie, was genau" zu achten, z.B. so*: „Wenn Fred das Haus verläßt, verspüre ich eine große innere Unruhe. Ich fange dann an zu räumen, zu putzen. Die Kinder schreie ich an, wenn sie im Flur ein Spielzeug liegen lassen ... Ich habe die Befürchtung, daß Fred, wenn er um 17 Uhr von der Arbeit nach Hause kommt und es nicht gemütlich zu Hause vorfindet, mit mir schimpft. Kommt er dann um 17 Uhr, falle ich ihm um den Hals und zeige ihm, was ich alles an diesem Tag gemacht habe. Er ist dann aber immer abweisend, verletzt mich durch seine Worte, so daß ich mich beleidigt von ihm abwende. Den Rest des Abends verbringe ich mit ihm vor dem Fernseher."*

Das Vorspielen von destruktiven Abläufen im Miteinander vor der Gruppe hat häufig eine erleichternden Wirkung. Das Problem wird zu einem „Theaterstück" und verliert damit an Schwere. Oftmals ist sogar eine gewisse Heiterkeit sowohl bei den Spielern als auch bei den Zuschauern zu beobachten, da sie sich selber ja in jedem Paar wiederentdecken. Anschließend besteht die Möglichkeit, auch im Spiel neues Umgehen miteinander zu lernen.

16.9 Das will ich – das will ich nicht!

Ziel: Der Einzelne soll einen bewußten Zugang zu seinen Willenskräften (Volitionen) bekommen, um in seiner Beziehung ein größeres Maß an Freiheit zu gewinnen. Aus dieser Freiheit heraus wird es dann leichter möglich sein, seine (ursprüngliche) Intention, als Paar partnerschaftlich zusammenzuleben, auch tatsächlich in die Tat umzusetzen. Der Einzelne lernt, sich abzugrenzen, „nein" zu sagen, um dann auch bewußt „ja" sagen zu können.

Dauer: ca. 90 Minuten

Anleitung: In der folgenden Übung steht das Wort „ja" für einen realistischen Wunsch, den der eine Partner vom anderen Partner erfüllt bekommen möchte. Das Wort „nein" heißt: *„Ich will dir diesen Wunsch nicht erfüllen, ich grenze mich ab."* Welcher Wunsch ausgedacht wird, wird dabei **nicht** verraten; es geht in dieser Übung nur um das Erleben des „Ja" und „Nein", alles andere wäre störend.

Die Teilnehmer gehen im Raum umher und suchen sich einen fremden Partner. Sie stellen sich voreinander hin, einer fängt an, „Ja" (nur Ja!) zu sagen, der andere antwortet mit „Nein" (nur Nein!). Sie setzen dabei Ihre ganze Gestik und Mimik ein: drohend, bittend, schmeichelnd, verführerisch, ängstlich ... Nach ca. 2 Minuten wird die Übung durch eine kleine Pause unterbrochen, in der jeder wieder ganz bei sich ist, sich spürt und bewußt wahrnimmt, was er erlebt hat. Danach werden die Rollen gewechselt.

Anschließend trennen sich die Paare wieder, und die Übung wird ein zweites Mal mit einem anderen, fremden Partner gemacht. Beim dritten Mal wird die Übung mit dem eigenen Partner erlebt.

Danach werden die Erfahrungen in der Gruppe ausgewertet:

▶ Was wurde erlebt?
▶ Was ist leichter- bzw. schwerergefallen?
▶ Was wurde dabei gefühlt?

Die Übung korrespondiert mit der „Ja, ich will dich"-Übung (Nr. 16.10), die dann zu einem späteren Zeitpunkt durchgeführt werden sollte.

Besondere Hinweise: Diese Übung eignet sich auch sehr gut in einer Sitzung mit einem Paar alleine. In der Gruppe kann es sinnvoll sein, die Übung seitens des Trainerpaares zunächst einmal vorzumachen.

16.10 Ja – ich will dich!

Ziel: Als wichtiges Ziel der **PARTNERSCHULE** wird eine gemeinsame Intention, besser miteinander umgehen zu können, unterstellt. Für viele Partner verhindert ein motivationaler Konflikt (ich liebe sie – ich liebe sie nicht; ich will ihn – ich will ihn nicht) die Herausbildung einer dominierenden Intention mit der dazugehörigen Parteilichkeit (z.B. alles zu tun, daß die Beziehung gelingt). Die folgende Übung soll die Willenskräfte füreinander bekräftigen.

Dauer: ca. 90 Minuten

Anleitung: In der folgenden Übung steht das Wort „Ja" für ein eindeutiges „Ich meine dich – Ich nehme dich wahr – Ich akzeptiere dich – Ich schätze dich – **Ich will dich!**"

Die Teilnehmer gehen im Raum umher und suchen sich zunächst einen fremden Partner. Sie stellen sich voreinander hin, und es wird geklärt, wer von beiden anfängt.

Es wird dann den Teilnehmern empfohlen, zunächst auf einen guten Stand zu achten. Dann sagt ein Partner dem andern nur: „Ja" und schaut ihn dabei wohlwollend an. Nach ca. 2 Minuten wird die Übung durch eine kleine Pause unterbrochen, in der jeder wieder ganz bei sich ist, sich spürt und bewußt wahrnimmt, was er erlebt hat. Danach werden die Rollen gewechselt.

Anschließend trennen sich die Paare wieder, und die Übung wird ein zweites Mal mit einem fremden Partner gemacht. Beim dritten Mal wird die Übung mit dem eigenen Partner erlebt.

Danach werden die Erfahrungen in der Gruppe ausgewertet.

▶ Was wurde erlebt?
▶ Was ist leichter- bzw. schwerergefallen: „Ja" zu sagen oder es zu hören?
▶ Was wurde dabei gefühlt?

Variation: Die Teilnehmer stehen sich paarweise gegenüber und berühren sich mit den Innenflächen der Hände. Sie verteilen, auf dem theoretischen Hintergrund von „animus" und „anima" (*Jung* 1939/1984) diese Rollen; die männliche übernimmt die Führung bei der Bewegung, und die weibliche läßt sich führen. Die augenblickliche Übernahme dieses geschlechtlichen Anteils wird durch ein „Ja", das während des Tanzes häufiger gesagt wird, unterstrichen. Nach ca. 5 Minuten werden die Rollen getauscht. Nach weiteren 5 Minuten geht die Bewegung dann über in ein fließendes Abwechseln der Rollen.

Besondere Hinweise: Die Übung korrespondiert mit der „Das will ich – das will ich nicht"-Übung (16.9). Diese sollte deshalb vorgeschaltet werden, da ein „Ja" zu einem anderen nur dann gesagt werden kann, wenn auch ein „Nein" möglich ist.

Diese Übung eignet sich auch sehr gut in einer Sitzung mit einem Paar alleine.

16.11 Einander ertragen

Ziel: In jeder nahen Beziehung müssen auch die kleinen und großen Schattenseiten und Unarten des Partners ertragen werden. Die folgende Übung bietet die Möglichkeit, diese Tatsache als Realität einer Beziehung zu integrieren.

Dauer: ca. 60 Minuten

Anleitung: Die Übung wird mit einigen gymnastischen Übungen eingeleitet, um einen intensiven Kontakt zum eigenen Körper zu bekommen, sich selbst zu spüren. Hilfreich sind dabei Anleitungen wie: *„Ich bewege mich, wie bewege ich mich, wie setze ich die Füße auf, wie spüre ich den Boden unter meinen Füßen, wie fühlt sich vielleicht der Teppich, der Teppichboden an ..."*

Danach stellen sich die Partner eines Paares voreinander auf. Einer der Partner schließt die Augen. Der andere nimmt dessen Arm und hält und trägt diesen für den

Partner mit seinen Händen. Er kann den Arm des Partners auch bewegen. Der, dessen Arm gehalten wird, versucht, sich wirklich auch tragen zu lassen, also zu probieren, sämtliche Anstrengungen, den Arm selbst zu halten, aufzugeben. Nach ca. 5 Minuten wird der andere Arm des Partners gehalten. Ist diese Erfahrung beendet, warten beide einen Moment, damit jeder für sich das Erlebnis nachspüren und noch nachklingen lassen kann. Sodann folgt ein Wechsel der Rollen.

Danach werden die Erfahrungen in der Gruppe ausgewertet.

- Was wurde erlebt?
- Was ist leichter- bzw. schwerergefallen: zu tragen oder getragen zu werden?
- Was wurde dabei gefühlt?
- Als Ausweitung im Sinne: Was will ich alles (er)tragen; wo gibt es aber auch Grenzen, bzw. wo wird ein Ertragen zum Schaden für den anderen (Koabhängigkeit!)?

Besondere Hinweise: Diese Übung eignet sich auch sehr gut in einer Sitzung mit einem Paar alleine.

16.12 Fühlen lernen

Ziel: Ein häufiger Vorwurf an einen Partner ist der, daß er nichts fühle. Oftmals wird ihm das nicht als bedauerliches „Unvermögen" angekreidet, sondern als Böswilligkeit. Jeder Mensch kann fühlen, hat es sich aber vielleicht aufgrund seiner individuellen Lerngeschichte sehr früh abgewöhnen müssen. Mit folgender Übung läßt sich sehr einfach das Gegenteil des obigen Vorwurfs beweisen. Für den Betroffenen selbst fängt durch diese Erfahrung ein Lernprozeß „Ich kann doch fühlen" an.

Dauer: ca. 15 Minuten

Anleitung: Schließen Sie einen Moment die Augen und beginnen Sie, bewußt zu fühlen. Spüren Sie, wie Ihre Sitzhöcker den Stuhl berühren, und horchen Sie auf Ihren Atem, Ihr Herzklopfen. Ist der Raum, in dem Sie sich befinden, warm oder kalt? Spüren Sie vielleicht auf der Haut den Luftzug? Dann öffnen Sie die Augen und nehmen den Raum wahr. Welche Atmosphäre strahlt er auf Sie aus? Wie wirken die Bilder an der Wand auf Sie?

Danach werden die Erfahrungen ausgewertet.

- Was wurde erlebt?
- Was wurde gespürt?
- Was wurde dabei gefühlt?
- Was ist von der Aussage zu halten, daß ein Mensch nicht fühlen kann?

Besondere Hinweise: In der Gruppe kann diese Übung zentrale Lernprozesse bei den einzelnen Teilnehmern auslösen, sowohl in Richtung „fühlen lernen" als auch zur Entwicklung von Verständnis für einen „nicht" fühlenden Partner. Dadurch kann ein

Paar lernen, sich von einer lernblockierenden und somit destruktiven Interaktion zu verabschieden.

Einsetzbar ist die Übung auch spontan, wenn der Vorwurf oder die Aussage als Selbstzuschreibung „Ich kann nicht fühlen!" genannt wird.

16.13 Ganz bei sich ankommen

Ziel: Durch einfache Bewegungen sollen die Teilnehmer im Stehen ihren Körper spüren, sich auf sich selbst konzentrieren, um ganz bei sich anzukommen. Dadurch sollen sie auf eine größere Bewußtheit für ihren Körper eingestimmt werden.

Dauer: ca. 20 Minuten

Anleitung: Zwischen den folgenden Übungen mit den einzelnen Körperteilen ist darauf zu achten, daß die Teilnehmer immer wieder der gerade gemachten Körpererfahrung nachspüren und den entsprechenden Körperteil mit der anderen Körperhälfte vergleichen. Ferner ist anzuleiten, daß die Kniegelenke gelockert, der Schließmuskel (After) und das Gesicht (insbesondere die Kinnmuskeln) entspannt sind. Evtl. kann als Hilfestellung dazu zunächst eine Kurzentspannung mit Anspannen – Entspannen angeboten werden. Alle Bewegungen sind ganz leicht und sanft auszuführen (kein Sport!).

1. Stand: hüftbreit, Knie gelockert.
2. Kopf nach vorne kippen, dann ihn nach rechts auf die Schulter rollen, dann ganz sanft nach hinten und wieder über die linke Schulter nach vorne, das Kreisen langsam steigern, dann die Kreisrichtung ändern. Wahrnehmen, wo der Kreis nicht rund, die Bewegung nicht flüssig ist, aber nichts verändern. Kreise kleiner werden lassen, bis der Kopf sich dort einpendelt, wo er hingehört, und nachspüren, wie er sich anfühlt.
3. Einige Male die rechte Schulter hochziehen und fallen lassen, dann sie einige Male nach vorne und hinten strecken, diese vier Punkte durch Kreisen miteinander verbinden, schneller und wieder langsamer werden, Richtung wechseln, Schulter sich wieder einpendeln lassen, Gefühle in der rechten und linken Schulter miteinander vergleichen.
4. Rechten Oberarm unterschiedlichst bewegen, dann Unterarm, Hand (Wie weit reicht die Hand?), Arm auspendeln und zur Ruhe kommen lassen, Arm spüren, mit anderem Arm vergleichen.
5. wie oben Nr. 3: linke Schulter,
6. wie oben Nr. 4: linker Oberarm, Unterarm, Hand.
7. Konzentration auf den Oberkörper: zunächst kippen, vor und zurück und dann zur Seite, rechts, links, und alle vier Punkte durch einen Kreis verbinden, dann in Gegenrichtung kreisen lassen, dann wieder Oberkörper sich einpendeln lassen.

8. Hüfte, vor und zurück, rechts und links und kreisen lassen.
9. Becken, vor- und zurückkippen, links und rechts schaukeln, kreisen lassen. Jetzt die Teilnehmer nach ihrer sonstigen normalen Beckenhaltung fragen und gegebenenfalls den Unterschied spüren lassen.
10. Rechten Oberschenkel, dann Unterschenkel und Fuß in ihrer Beweglichkeit ausprobieren.
11. Linken Oberschenkel, dann Unterschenkel und Fuß in ihrer Beweglichkeit ausprobieren.
12. Zum Schluß noch einmal den ganzen Körper bewußt spüren. Welches Gefühl ist jetzt da?

Danach werden die Erfahrungen ausgewertet.

▶ Was wurde erlebt?
▶ Was wurde gespürt?
▶ Was wurde dabei gefühlt?
▶ Wie angenehm bzw. unangenehm war mir die Übung?

Besondere Hinweise: Diese Übung eignet sich besonders zum Beginn eines Seminarabschnittes, wenn die Teilnehmer sich schon vorher kennen. Sie lenkt die Aufmerksamkeit auf den Körper und bietet somit einen guten Einstieg bei sexualtherapeutischen Seminaren. Sie hilft aber auch, bei Abendseminaren die Hektik des Alltags hinter sich zu lassen, um ganz mit seiner Aufmerksamkeit dasein zu können.

16.14 Autonomie und Zweisamkeit

Ziel: Autonome Verhaltensweisen in einer Partnerschaft sind die Grundlage, diese überhaupt leben zu können. Das Entstehen von liebevoller Zuneigung, das Wachsen der „Liebe" füreinander ist gekoppelt an die Achtung vor der Freiheit und der Andersheit des Partners. In dieser Übung können sich die Teilnehmer mit den unterschiedlichen Qualitäten von Autonomie und Nähe auseinandersetzen, sie können Kontakt mit ihrer gefühlsmäßigen Beteiligung aufnehmen.

Dauer: ca. 45 Minuten

Anleitung: Die Übung wird mit gymnastischem Training eingeleitet, um einen intensiven Kontakt zum eigenen Körper zu bekommen und sich selbst zu spüren. Hilfreich sind dabei Anleitungen wie: *„Ich bewege mich, wie bewege ich mich, wie setze ich die Füße auf, wie spüre ich den Boden unter meinen Füßen, wie fühlt sich vielleicht der Teppich, der Teppichboden an ..."*
Danach suchen sich die Teilnehmer einen fremden Partner und stellen sich miteinander als „Standbild" dar, und zwar nacheinander in drei Formen:
a) Paar, welches liebevollen körperlichen Kontakt miteinander hat,

b) voneinander körperlich getrenntes Paar, das Sichtkontakt hat,

c) Paar, in dem jeder für sich alleine steht, unabhängig vom anderen.

Diese Standbilder werden für ca. 1-2 Minuten so gehalten. Die Teilnehmer achten darauf, was sie dabei spüren. Danach gehen alle wieder durch den Raum, lassen die Erlebnisse nachwirken, suchen sich danach einen anderen, fremden Partner und stellen wieder die drei Bilder. Zum Schluß wird die Übung mit dem eigenen Partner gemacht.

Danach werden die Erfahrungen ausgewertet:

▶ Was wurde erlebt?

▶ Welche der Varianten a, b, c ist leichter- bzw. schwerergefallen?

▶ Was wurde dabei gefühlt?

▶ Welche Unterschiede wurden bei den verschiedenen Partnern erlebt?

▶ Wie wurden die Qualitäten von Autonomie und Verbundenheit wahrgenommen?

Besondere Hinweise: Es ist darauf zu achten, daß die Teilnehmer möglichst präzise ihre Erfahrungen sowohl mit den unterschiedlichen Qualitäten als auch zu den verschiedenen Menschen in Worte fassen. Durch dieses Benennen lernen sie, sich bewußter als eigenständiger Interaktionspartner zu definieren und sich auf Dauer auch so zu verhalten.

16.15 Sexualität – darüber sprechen wir jetzt!

Ziel: Die Teilnehmer sollen in dieser Übung anhand eines Fragebogens lernen, eine eigene Sprache zu entwickeln, mit Hilfe derer sie mit ihrem Partner über ihre Vorstellungen, Wünsche und Träume zum sexuellen Miteinander ins Gespräch kommen können.

Medien: Arbeitsblatt für jeden Teilnehmer

Dauer: ca. 90 Minuten (nur für Einzelarbeit und Kleingruppengespräche)

Anleitung: Die Teilnehmer füllen zunächst in Einzelarbeit den Fragebogen aus (ca. 20 Minuten). Dann tauschen sie sich in Untergruppen, in denen nicht die eigenen Partner vertreten sind, über die Inhalte des Bogens und die jeweiligen Meinungen aus (ca. 60-90 Minuten).

Anschließend sprechen die Partner als Paar unter den wohlwollenden Augen der anderen Gruppenmitglieder über ihre eigenen Themen zum sexuellen Miteinander.

Besondere Hinweise: Das Gespräch in den Kleingruppen ist als Übungsfeld von zentraler Bedeutung, da hier ein Modelleffekt eintritt. Die Arbeit mit einem Paar in der Gruppe kann später 30-60 Minuten dauern.

Arbeitsblatt: Sexualität – wir sprechen darüber!

Bitte kreuzen Sie folgende Aussagen entsprechend Ihrer Meinung an:

Ich tendiere zu folgenden Aussagen:	Ja	Nein
Sex und Liebe sind nicht voneinander zu trennen.		
Nur wenn der Alltag harmonisch läuft, ist es auch möglich, miteinander zu schlafen.		
An meinen Eltern konnte ich erleben, daß Sexualität für sie eine wichtige Begegnung im Alltag war.		
Sex ohne Liebe ist nur eine halbe Sache.		
Wenn das Drumherum nicht stimmt, werde ich nicht sexuell erregt.		
Es ist nicht gut für die sexuelle Zufriedenheit, wenn eine Frau schon mit mehreren Männern geschlafen hat.		
Es ist wichtig, seine sexuellen Gefühle unter Kontrolle zu halten.		
Es ist besser, vor der Ehe keine sexuellen Kontakte zu haben.		
Erotische Bilder oder Filme anzuschauen erregt nur unnötig.		
In der Sexualität sollten Frauen die führende Rolle haben.		
Wenn man gerade geil ist, sollte man auch für eine Befriedigung sorgen.		
Es ist nicht gut, wenn in der Gesellschaft allzuviel sexuelle Freizügigkeit herrscht.		
Es ist wichtig, daß sich Partner ihre körperlichen Bedürfnisse gegenseitig voll und ganz erfüllen.		
Es ist wichtig, sich gegenseitig zu sagen, was man beim Geschlechtsverkehr mag und was nicht.		
Es ist gut, wenn beide das gleiche Maß an sexuellen Wünschen haben.		
Männer sind bei der körperlichen Liebe eigensüchtiger als Frauen.		
Der Seitensprung belebt die Liebe zum eigenen Partner.		
Die religiöse Erziehung ist häufig hinderlich für eine erfüllende Sexualität.		
Gerade bei der Sexualität gibt es in einer Beziehung die häufigsten Mißverständnisse.		
In der Sexualität versteht man sich so, da braucht man nicht noch drüber zu reden.		
Für eine glückliche Ehe spielen Zärtlichkeit und Sexualität die größte Rolle.		

16.16 Sexuelle Bilder

Ziel: In dieser Übung sollen die Teilnehmer ihr Bild von Sexualität weiten, sie sollen entdecken, daß Sexualität weit mehr als Geschlechtsorgane und den Geschlechtsverkehr bedeutet.

Medien:
▶ Bildermappe mit unterschiedlichsten Motiven
oder
▶ Jeder Teilnehmer bringt als Hausaufgabe zur nächsten Sitzung ein oder mehrere Bilder mit, die für ihn einen Mosaikstein von Sexualität ausdrücken. Wichtig ist, anzuregen, sich von gängigen Klischees zu lösen, z.B. auch Bilder aus der Natur, surrealistische Bilder oder das Bild einer alten Kaffeekanne mitzubringen.

Dauer: ca. 90 Minuten

Anleitung: Alle Bilder werden auf dem Boden ausgebreitet, die Gruppe sitzt im Kreis darum. Es bestehen nun folgende unterschiedliche Möglichkeiten, damit umzugehen:
▶ Jeder stellt sein Bild vor.
▶ Jeder löst sich von seinem eigenen mitgebrachten Bild und sucht sich ein neues aus,
▶ Jeder Teilnehmer sucht sich zwei Bilder aus; auf dem einem schildert er sein augenblickliches sexuelles Erleben in der Ehe, auf dem anderen das Ziel: „Da möchte ich mit meinem Partner hin." (Diese Variante erfordert natürlich, daß für das einzelne Paar genügend Zeit eingeplant wird, in und mit der Gruppe an dem Thema zu arbeiten.)

Besondere Hinweise: Diese Methode bietet besonders für verbal weniger geschulte Teilnehmer einen guten Gesprächseinstieg, und wortgewandte „Dauerredner" führt sie an alternative Ausdrucksformen heran.

16.17 Dem Atem und der Stimme Raum geben

Ziel: Die Hilfen im Lernprozeß zu einer befriedigenden und für beide Partner angemessenen Form der Sexualität dürfen nicht rein verbal bleiben. In der Gestaltung der Sexualität ist das Zusammenspiel zwischen Geist, Körper und Seele von besonderer Wichtigkeit. Deshalb lernen die Teilnehmer hier, mit Hilfe von Atem-, Stimm- und Körperübungen, immer mehr eine Einheit von Geist, Körper und Seele zu entwickeln.

Medien: Feste Matten und Decken als Unterlage

Dauer: ca. 20 Minuten

Anleitung: Die Übung beginnt mit gymnastischen Übungen zur Aufwärmung, vielleicht auch Tanzen nach einer Lieblingsmusik (ca.15 Minuten).

Dann legen sich die Teilnehmer auf eine gut gepolsterte Matratze oder Turnmatte und machen folgende Übungen. Diese werden sehr langsam und schrittweise einzeln angesagt:

1. In der Rückenlage werden die Füße aufgestellt.
2. Durch den geöffneten Mund wird tief ein- und ausgeatmet (Bauch hebt und senkt sich).
3. Mit dem Ausatmen wird versucht, Töne aus dem Bauch kommen zu lassen, ca. 3 Minuten.
4. Dann wird das Becken mit dem Einatmen angehoben und mit dem Ausatmen auf die Matratze fallen gelassen; dabei gilt es auszuprobieren, nach und nach schneller, lauter und wilder zu werden. Nach 2-3 Minuten wieder langsamer werden und durch den geöffneten Mund weiteratmen. Alle Geräusche, die die Stimme machen will, werden dabei zugelassen.
5. Anschließend ausruhen und dabei die Hände auf beide Hüftknochen legen, so daß mit den Fingerspitzen nach innen gezeigt wird. Beim Ausatmen sanft zudrükken.
6. Schritte 1 bis 5 wiederholen.

Um bei der Sexualität den ganzen Körper zu beteiligen, ist es hilfreich, durch die bewußte Steuerung des Atems die Erregung in den ganzen Körper zu lenken. Deshalb stellen die Teilnehmer sich jetzt einmal vor, daß sie durch ihre Geschlechtsteile einatmen können und den Atem in den Körper weiterleiten. Anschließend versuchen sie, beim Ausatmen den Atem durch Scheide und Penis wieder nach außen zu leiten.

7. Die Teilnehmer stellen sich vor, daß sie durch ihre Genitalien einatmen und den Atemstrom bis zum Scheitel lenken und im Körper verteilen.
8. Anschließend wird in der Vorstellung wieder durch die Genitalien ausgeatmet.
9. Jetzt (nach ca. 5 Minuten) den Atem einfach nur noch fließen lassen, dabei werden die Lippen zu einem „O" geformt.
10. Beim Einatmen werden die Hände parallel zum Körper in die Höhe genommen und bei der Atempause kurz angehalten.
11. Hände beim Ausatmen wieder senken und neben den Körper legen.

Anschließend werden die Erfahrungen in der Gruppe ausgewertet.
▶ Was wurde erlebt?
▶ Was wurde gespürt?
▶ Was wurde dabei gefühlt?
▶ Wie angenehm bzw. unangenehm war mir die Übung?

Besondere Hinweise: Da manche Menschen durch diese Übung unangenehm berührt werden können oder sie ihnen peinlich ist, ist es wichtig, zuvor den Ablauf kurz zu erklären. Es ist auch darauf hinzuweisen, daß durch die Geräusche unterschiedlichste Gefühle ausgelöst werden können, die es wahrzunehmen gilt und für die anschließend ausreichend Zeit zum Besprechen zur Verfügung steht.

16.18 Berühren

Ziel: Mangel an körperlicher Berührung führt zu einer Verarmung der kommunikativen und sozialen Ausdrucksfähigkeit der Partner. Ein wesentlicher Hintergrund dafür besteht in dem Mißverständnis, Berührung unter Erwachsenen fast ausschließlich als Aufforderung zu sexuellem Kontakt zu deuten. Hier lernen die Teilnehmer, Berührung als etwas Normales und für eine menschliche Beziehung Notwendiges (wieder) zu lernen und in ihren Alltag zu integrieren.

Dauer: ca. 20 Minuten

Anleitung: Setzen Sie sich einander gegenüber, so daß Sie sich mit den Händen anfassen können. Schließen Sie die Augen. Nun versuchen Sie, mit Ihren Händen ein Gefühl auszudrücken und den Partner dieses Gefühl erraten zu lassen. Es gibt eine Vielfalt von Gefühlen, z.B.: traurig, hilflos, freudig, anlehnungsbedürftig, niedergeschlagen, kampfbereit, erregt ...
Nach 5 Minuten Wechsel. Danach werden die Erfahrungen ausgewertet:
▶ Was wurde erlebt?
▶ Was wurde gespürt?
▶ Was wurde dabei gefühlt?
▶ Wie angenehm bzw. unangenehm war mir die Übung?

Besondere Hinweise: Diese Übung wird im Laufe einer Gruppenarbeit, wenn das Vertrauen zueinander gewachsen ist, auch mit fremden Partnern gemacht. Die Teilnehmer lernen dadurch, körperliche Zuwendung auch von anderen Menschen zu empfangen bzw. auch anderen zukommen zu lassen. Das kann zur emotionalen Entlastung in einer Beziehung beitragen.

16.19 Träume und Visionen von Sexualität

Ziel: Jeder Mensch ist ein sexuelles Wesen, das danach drängt, diese Kraft und den damit verbundenen Auftrag zu gestalten. Viele Menschen sind beeinflußt von unterschiedlichsten Zielvorgaben: der eigenen Veranlagung, den bisherigen Erfahrungen und Lernmöglichkeiten, den Vorgaben einer sexualisierten Werbung sowie übernommenen Werten. Sie haben daher Schwierigkeiten, der Gestaltung ihrer eigenen, einmaligen Sexualität angemessen Ausdruck zu verleihen. In dieser Übung nehmen die Teilnehmer aus einer entspannten Situation heraus Kontakt auf mit ihrem Herzen, als Symbol für ihre Werte, für ihre Liebe und ihr Wollen, und mit ihrem Geschlecht als Symbol für ihre archaische Kraft. Sie sollen so einen Impuls bekommen, diese beiden Qualitäten miteinander in Einklang zu bringen.

Medien: Decken als Unterlage, Entspannungsmusik (60 Hertz, z.B. von *Arnd Stein*), Plakatkarton, Farbstifte (z.B. Jaxon-Ölkreiden)

Dauer: ca. 70 Minuten (Trance und Malen)

Anleitung: Zunächst stimmen sich die Teilnehmer mit der Übung „Dem Atem Raum und Stimme geben" (Kap. 16.17) ein. Anschließend bereitet sich jeder einen Arbeitsplatz mit Decken, um entspannt liegen zu könne, und legt Karton und Farbstifte bereit.

Dann wird die folgende Geschichte ganz langsam und mit vielen Pausen vorgelesen:

„Legt euch alle auf den Boden und macht es euch dort ganz gemütlich. Achtet darauf, daß ihr an keiner Stelle irgendwo eingezwängt seid. Ihr könnt z.B. einen Hosenbund lockern. Hört im Hintergrund die Musik, schließt jetzt einmal die Augen und versucht, euch an das bewußte Atmen von vorhin zu erinnern.

Achtet auf euren Atem, wie ihr einatmet und wie ihr ausatmet. Dann geht mit eurer inneren Aufmerksamkeit einmal zu eurem rechten Fuß und spannt diesen an. Dann löst ihr die Spannung und spannt ihn noch einmal an. Vielleicht könnt ihr dabei feststellen, daß, wenn ihr mit eurer inneren Aufmerksamkeit bei eurem rechten Fuß seid, ihr nicht gleichzeitig mit eurer Aufmerksamkeit bei eurer linken Hand seid. Jetzt aber wechselt einmal zu der linken Hand und spannt diese an. Macht eine Faust und löst die Spannung wieder. Jetzt geht mit eurer Aufmerksamkeit zu eurem Gesicht, spannt dieses zu einer Grimasse an, und löst die Spannung wieder.

Jetzt geht wieder mit eurer Aufmerksamkeit zu eurem Atem und stellt euch einmal vor, daß ihr an einer Wendeltreppe steht und mit jedem Ausatmen ein Stückchen tiefer diese Treppe hinabgeht. Bei jeder Stufe hinab entspannt ihr euch mehr und gelangt zu eurer inneren Weisheit, die euch durch eurer Leben leitet.

Jetzt legt jeder eine Hand auf sein Herz, fühlt es und nimmt Kontakt damit auf. Stell dir vor, daß du dich mit deinem Herzen unterhalten kannst. Welche Wünsche und Sehnsüchte hat es? Wie fühlt es sich von dir angenommen und geachtet?

(Nach etwa 5 Minuten:) Jetzt lege die andere Hand auf dein Geschlecht. Nimm damit Kontakt auf, indem du es fühlst und dir vorstellst, daß du dich damit unterhalten kannst. Welche Wünsche und Sehnsüchte hat es? Wie fühlt es sich von dir angenommen und geachtet?

(Nach weiteren 5 Minuten:) Stell dir jetzt vor, daß Herz und Geschlecht sich miteinander unterhalten und sich zusammen ausmalen, wie eine lebendige Sexualität, die Seele und Körper zum Ausdruck bringen, aussehen mag.

Hör diesem Dialog genau zu und entwickle dann in deiner Phantasie eine Vision deiner eigenen Sexualität. Geh dabei ganz vorsichtig und behutsam mit dir um, laß dich von der Sehnsucht deines Herzens leiten. Laß diese Vision möglichst plastisch und genau vor deinem inneren Auge entstehen.

(Nach weiteren 5 Minuten:) Nun verabschiede dich langsam von diesen inneren Bildern, achte wieder auf deinen Atem, stell dir wieder die Wendeltreppe vor und steige sie bei jedem Einatmen ein Stückchen weiter empor, bis du wieder mit deinem normalen Bewußtsein hier im Raum angekommen bist.

Anschließend drücke in einem Bild deine Vision von der Gestaltung deiner einmaligen Sexualität aus.“

Sind alle mit dem Malen fertig, schaut sich jeder wieder sein Bild an, läßt sich von diesem beeindrucken und schreibt dazu eine Überschrift, einige Zeilen oder ein Gedicht auf.

Sind alle mit dem Schreiben fertig, werden die Teilnehmer eingeladen, ihren Text den anderen vorzulesen. Sodann schauen sich alle die Bilder an, die noch auf dem Boden liegen.

Zum Abschluß des ersten Teils dieser Übung findet eine gemeinsame Gesprächsrunde statt, in der jeder etwas zu sich selbst, seinen Erfahrungen mit der Übung, seiner Stimmung etc. sagen kann.

Weitere Arbeit mit den Visionen: In der sich anschließenden therapeutischen Arbeit stellen die Partner einander ihre Bilder und Visionen vor und tauschen sich miteinander darüber unter den wohlwollenden Augen anderer Gruppenteilnehmer aus.

Besondere Hinweise: In einer Gruppe erleben die anderen Teilnehmer, **wie** beide Partner miteinander interagieren. So ist es oftmals möglich, sehr komprimiert die sexuellen Schwierigkeiten eines Paares, aber auch dessen Entwicklungsmöglichkeiten zu entdecken. Die Partner lernen so mehr über sich selbst und sich als Paar zu verstehen.

16.20 Training des Pubococcygeus (PC)-Muskels nach dem Gynäkologen *KEGEL*

Ziel: Dieses Training ermöglicht eine bewußte Steuerung des Geschlechtsverkehrs. Es ist hilfreich bei verschiedenen sexuellen Funktionsstörungen, wie etwa vorzeitigem Samenerguß und Anorgasmie (*Haeberle* 1985).

Medien: Decken als Unterlage

Dauer: ca. 10 Minuten

Anleitung: Die Übung ist im Liegen, Sitzen oder Stehen möglich. Der folgende Text wird langsam und mit Pausen vorgelesen:

„Um das sexuelle Miteinander immer mehr zu einer bewußten Art der Kommunikation zu machen, ist das folgende regelmäßige Training hilfreich:

Stell dir einmal vor, daß du Wasser lassen mußt. Zwischendurch hältst du immer mal wieder den Strahl an. Vielleicht spürst du dann, daß du das mit einem ganz bestimmten Muskel tun kannst. Nun stell dir einmal vor, daß du mit einem Aufzug in das 3. Stockwerk fährst, dabei zählst du langsam bis drei. In der 3. Etage angekommen, wartest du einen Moment und hältst die Spannung, um dann wieder den Muskel zu lösen und die drei Etagen wieder herunterzufahren. "

Besondere Hinweise: In einer Information sollte vorher der Sinn der Übung erklärt werden. Manche Frauen kennen sie evtl. aus der Schwangerschaftsgymnastik. Es ist sehr hilfreich, diese Übung häufig, auch ständig zwischendurch im Alltag zu wiederholen, da sie eine Möglichkeit bietet, den Bereich des eigenen Beckens bewußter wahrzunehmen, das sexuelle Miteinander zu steuern, um so Störungen wie vorzeitigem Samenerguß entgegenzuwirken. Ferner bietet das regelmäßige Training die Möglichkeit, die eigene Lustempfindung zu steigern und sexuelles Miteinander auszudehnen.

16.21 Ja-Tanz

Ziel: Spielerisch und in Bewegung sollen die Partner zueinander „Ja" sagen. Zunächst geht es dabei um die Annahme der Geschlechtsidentität; es kann aber auch eine innerliche Weitung in eine grundsätzliche Botschaft geschehen (ich meine dich, ich will dich, ich stehe zu dir).

Medien: evtl. ruhigere Tanzmusik

Dauer: ca. 5 Minuten

Anleitung: Die Teilnehmer stehen sich paarweise gegenüber und berühren einander mit den Innenflächen der Hände. Auf dem theoretischen Hintergrund („animus" und „anima", *C.G. Jung),* daß in jedem Mann weibliche Anteile leben und in jeder Frau männliche, verteilen sie diese Rollen; die männliche übernimmt die Führung bei der Bewegung, und die weibliche läßt sich führen. Die momentane Übernahme dieses geschlechtlichen Anteils wird durch ein „Ja", das während des Tanzens häufiger gesagt wird, unterstrichen. Nach ca. 5 Minuten werden die Rollen getauscht. Nach weiteren 5 Minuten geht die Bewegung dann über in ein Fließen der Rollen.

Besondere Hinweise: Die Teilnehmer sind von diesem „Spiel" meist sehr bewegt, so daß eine Feedback-Runde angebracht ist, in der diese Gefühle benannt werden.

16.22 Gespräch der Rücken

Ziel: Mit Hilfe der Rücken kommen die Teilnehmer miteinander in Kontakt. Sie sollen ausprobieren und erleben, wie über die Berührung der Rücken Begegnung möglich ist. Im Vergleich mit unterschiedlichen Partnern können sie ihr eigenes Gefühlsspektrum erweitern.

Medien: evtl. ruhigere Tanzmusik

Dauer: ca. 5 Minuten

Anleitung: Nach einigen gymnastischen Lockerungsübungen gehen alle Teilnehmer frei im Raum umher. Dann sucht sich jeder einen Partner, egal, ob Frau oder Mann, aber nicht den eigenen Partner.

Die beiden Partner stellen sich Rücken an Rücken und kommunizieren so ohne Worte. Jeder spürt bei dieser Übung, wie der andere sich anfühlt. Jeder nimmt die eigenen Empfindungen wahr, die die Berührung auslöst:
- Was ist möglich? Wie weit kann ich mich einlassen?
- Was erlebe ich? Erlebe ich etwas Schönes, Entspannendes, oder etwas Fremdes, vielleicht etwas Bedrohliches?

Die Übung endet damit, daß man sich ohne Worte, Rücken an Rücken verabschiedet und dann frei im Raum umhergeht, die Begegnung noch nachwirken läßt, sich dann innerlich vom Partner löst und wieder bei sich ankommt. Nach einigem Umhergehen wird die Übung mit einem anderen Partner, immer noch nicht mit dem eigenen Partner, wiederholt. Nachdem sich die Partner wieder mit ihrem Rücken voneinander verabschiedet und sich alleine bewegt haben, wird die Übung mit dem eigenen Partner durchgeführt.

Während des Alleingehens am Ende der dritten Begegnung werden folgende Fragen reflektiert:
- Welche Unterschiede habe ich in den Begegnungen erlebt?
- Was war identisch?
- Wie geht es mir jetzt?

Anschließend erfolgt in der Gruppe ein Austausch über diese Erfahrungen.

Besondere Hinweise: Ziel dieser Übung ist es, zu erleben, wie das gleiche Tun bei verschiedenen Partnern Unterschiedliches oder Gleiches auslösen kann. So konnte z.B. eine Frau die Erfahrung machen, daß sie mit fremden Männern sich sehr wohl auf einen angenehmen erotischen Rückenkontakt einlassen und diesen genießen konnte. Sie war also nicht „frigide" oder „gefühlskalt". Diese Erfahrung war wichtig für sie, denn sie wollte auch mit ihrem Mann, wie früher einmal, sexuellen Spaß haben. So konnten beide sich mit therapeutischer Unterstützung auf die Suche machen, was genau im Miteinander „klemmte", so daß sie augenblicklich ihre Sexualität nicht zusammen genießen konnten.

Ferner ist diese Übung zu Beginn einer Gruppe geeignet, um spielerisch miteinander (Körper-)Kontakt aufzunehmen und sich so ohne Worte kennenzulernen.

16.23 Gespräch unter Männern/Frauen über Sex

Ziel: Da viele Paare Schwierigkeiten haben, sich über die Gestaltung ihrer Sexualität im persönlichen Gespräch auszutauschen, sollen sie mit dieser Übung über das Gespräch in der Gruppe Mut finden, das Gespräch zu zweit zu beginnen.

Anleitung: Männer und Frauen bilden je einen Kreis. Durch Los wird entschieden, welche Gruppe (Männer oder Frauen) beginnt. Dann setzt sich eine Gruppe in die Mitte des Raumes. Sie hat ca. 1½ Stunden Zeit, sich Bilder, Erfahrungen und Phantasien zur Gestaltung der Sexualität (etwa aus der Visualisierung Kap. 16.19) zu erzählen. Der Therapeut mit dem jeweiligen gleichen Geschlecht ist als Gesprächsleiter mit dabei. Die andere Gruppe hört im Außenkreis zu.
Nach einer Pause findet dann ein Gruppenwechsel statt. Zum Schluß der Übung unterhalten sich Männer und Frauen gemeinsam, wie sie das andere Geschlecht jeweils erlebt haben.

Besondere Hinweise: Diese Vorgehensweise bietet die Möglichkeit, die Vorstellungen über das andere Geschlecht („Männer/Frauen sind nun mal so") durch andere Erfahrungen zu ändern. Dadurch, daß die Frauen erleben können, wie vorsichtig, ängstlich oder empfindsam Männer über sich und ihre Probleme und Fragen sprechen, und umgekehrt die Männer die Frauen erleben, wächst Verständnis füreinander. Gleichzeitig stellen viele Paare fest, daß sie sich in der Suche nach einer befriedigenden Sexualität näher sind, als sie bisher wußten.

16.24 Meine Bilder von Ehe

Ziel: Diese Sammlung von Metaphern ist Grundlage, um mit den Teilnehmern über ihre Ideen und Leitbilder von Ehe ins Gespräch zukommen und deren emotionale Bedeutung und Steuerungsfunktion für das Erleben ihres Ehealltags bewußtzumachen.

Medien: Plakatkarton für die Ideensammlung, große Filzschreiber

Dauer: ca. 30 Minuten einschließlich Aussprache

Anleitung: Auf dem Plakat steht der Satz: *„Ehe ist für mich ..."*
Alle Teilnehmer sind aufgefordert, ihre Ideen aufzuschreiben, ohne jedoch schon darüber zu sprechen, zu diskutieren oder diese gar zu bewerten. Ist dieser Prozeß beendet, wird in einem Rundgespräch über diese Ideen und ihre damit verbundene Bedeu-

tung für das emotionale Erleben des Einzelnen gesprochen. Es geht also um eine „top-down"-Analyse motivationaler Schemata.

Abgerundet werden sollte diese Einheit mit einer Information über das Ehebild in der **PARTNERSCHULE** (Übung 17.10).

Besondere Hinweise: Diese Übung gehört in Verbindung mit 17.10 zu den zentralen, weil sie partnerschaftshindernde Kognitionen bewußtmachen und darüber einen Veränderungsprozeß einleiten soll.

16.25 Fußmassage

Ziel: Die Partner massieren einander die Füße, um so einen nicht sexuellen Körperkontakt miteinander einzuüben.

Material: Decken, Massageöl, Entspannungsmusik, Handtücher
Dauer: ca. 90 Minuten

Anleitung: Den Teilnehmern wird mit ausreichender Zeit vor der Übung diese angekündigt, damit jeder noch Gelegenheit hat, sich die Füße zu waschen. Während der Massage läuft im Hintergrund entspannende Musik.

Ein Partner sitzt liegt entspannt auf der Erde, der andere sitzt vor ihm und massiert zunächst 15 Minuten lang den linken und dann den rechten Fuß. Wichtig ist dabei, daß derjenige, der massiert, bequem sitzen kann.

Besondere Hinweise: Diese Massage wird von den Teilnehmern gerne gemacht. Viele nehmen sich vor, sie auch im Alltag zu Hause zur Regelmäßigkeit werden zu lassen. Da sie die nonverbale Kommunikation fördert, gilt es diese Absicht ausdrücklich zu verstärken. Da diese Übung indirekt auch Einfluß auf das sexuelle Miteinander eines Paares hat, gehört sie zum Standardprogramm der drei sexualtherapeutischen Wochenenden: *Lebendigkeit–Sinnlichkeit–Sexualität.*

16.26 Ich fühle mich in dich ein

Ziel: Die Teilnehmer trainieren durch ein In-die-Rolle-des-Partners-Schlüpfen, diesen besser zu verstehen.

Dauer: ca. 20 Minuten (mit Auswertung)

Anleitung: Die Partner wechseln den Stuhl, auf dem sie im Moment sitzen, mit dem des Partners. Auf dem neuen Stuhl wird nun in die Rolle des Partners geschlüpft. Das wird dadurch unterstützt, daß auch die Körperhaltung, der Ausdruck des Partners angenommen wird. Dann versetzen sich die beiden in die Gefühle und den Standpunkt des Anderen, indem begonnen wird, sich in seine Lage, seine Ideen und Argumentationsweisen hineinzudenken, um ihn sozusagen von innen heraus zu verstehen. Von dem neuen Platz aus wird dann das (Konflikt-)Gespräch fortgesetzt.

Besondere Hinweise: Diese Übung fördert Mitgefühl, Empathie und Wertschätzung für den Partner. Sie ermöglicht, sich in seinem „Sosein", in seiner Existenz vom anderen verstanden zu fühlen. Dieses Erleben von stimmiger Empathie fördert beim Einzelnen auch das Verständnis für sich selbst. In festgefahrenen Streitszenen eines Paares kann dieser Rollentausch zum entscheidenden Impuls werden.

16.27 Das mag ich an dir

Ziel: Im Alltagsstreß kann es leicht geschehen, daß die Partner vergessen, um den andern zu werben und sich auch vom ihm umwerben zu lassen. Diese Übung will diese Fähigkeit wieder in einem Paar beleben und so die damit verbundenen positiven Emotionen füreinander induzieren.

Dauer: ca. 45 Minuten

Anleitung: Die Partner lassen sich 15 Minuten Zeit, um möglichst viel zu den Sätzen:
- An dir gefällt mir besonders gut ...,
- An dir mag ich ...,
- An dir liebe ich ...
aufzuschreiben. Dann stellen sie sich gegenseitig ihre Ergebnisse vor.

Besondere Hinweise: Manchmal kann es sein, daß jemand es kaum aushält, ausdrücklich vom Partner gelobt zu werden. Hier sollte im Sinne einer Klärungsorientierung möglichen Ursachen nachgegangen werden, damit diese höchst wichtige partnerschaftliche Fähigkeit sich zum Grundschatz auch dieses Paares entwickelt.

16.28 Meine Liebe zu dir ist ...

Ziel: Hier lernen die Partner, wie sie einander (wieder) von ihrer Liebe füreinander erzählen können.

Dauer: ca. 60 Minuten zur Vorbereitung

Anleitung: Die Partner lassen sich 60 Minuten Zeit, um zu überlegen, wie sie ihrem Partner ihre Zuneigung, ihre Liebe ausdrücken können. Sie gehen dazu nach draußen in die Natur und suchen sich dort irgendeinen Gegenstand, mit dem sie ihre Zuneigung und Liebe ihrem Partner gegenüber symbolisieren können. Unterstützt wird das durch einen Text oder ein Gedicht zum Symbol.

Dann stellen sich die Partner in der Gruppe gegenseitig ihre Ergebnisse vor.

Besondere Hinweise: Diese Übung wirkt sich auch positiv auf die anderen Gruppenteilnehmer aus. Sie werden dadurch zu „Zeugen" der Zuneigung der beiden Partner; die Homogenität der Gruppe steigt, und es entsteht oftmals eine innere Haltung bei den anderen, der Liebe dieser beiden beistehen zu wollen. Dies kann seinen Ausdruck auch darin finden, daß, wie es häufig geschieht, die Gruppe sich nach Ende der „offiziellen" Gruppendauer eigenständig zur Selbsthilfe weiterhin trifft. Diese Selbsthilfe kreist wegen der erfahrenen Ressourcenorientiertheit meist nicht vornehmlich um Probleme, sondern läßt Gemeinschaft lebendig werden.

16.29 Ein Zauberer kommt

Ziel: Jenseits aller augenblicklichen Probleme sollen die Teilnehmer in dieser Übung imaginieren, wie ein schöner Zustand im Miteinander aussehen könnte.

Dauer: ca. 20 Minuten

Anleitung: „Stellen Sie sich einmal vor, daß ein Zauberer oder eine gute Fee alle Ihre Probleme im Miteinander beseitigt hätte. Fangen Sie nun an zu träumen, wie Sie mit Ihrem Partner diese Zeit genießen können, wie genau das Miteinander dann aussehen mag. Seien Sie dabei nicht zu bescheiden."

Dann stellen sich die Partner gegenseitig ihre Ergebnisse vor.

Besondere Hinweise: Diese Übung kann in einer ausweglosen Situation völlig ungeahnte Lösungen am Horizont aufscheinen lassen.

16.30 Förderung leiblicher Bewußtheit

Ziel: Die Teilnehmer sollen ein Gefühl dafür bekommen, wie sich ihre Körperhaltung auf ihr augenblickliches seelisches Befinden auswirken kann.

Dauer: ca. 15 Minuten

Anleitung: Die Übung beginnt mit Streck- und Dehnübungen, dann gehen alle frei im Raum umher. Bei diesem Umhergehen werden dreierlei Beckenhaltungen ausprobiert, die nacheinander angesagt werden, und ihrer körpersprachlichen Bedeutung nachgespürt. (Auch hier gibt es kein „richtiges" oder „falsches" Spüren!)

▶ Die erste Haltung: Umhergehen mit nach hinten herausgedrücktem Becken. Nach einer gewissen Zeit stellt sich jeder vor, er ginge in dieser Haltung zu seinem Chef oder zu seinem Partner und wollte etwas von diesem (3 Minuten). Danach locker und entspannt wieder „normal" gehen.

▶ Die zweite Haltung: Umhergehen mit nach vorne herausgestrecktem Becken. Auch bei dieser Haltung kann sich jeder nach einigem Umhergehen vorstellen, wie er sich so im Gegenüber mit seinem Chef oder seinem Partner fühlen würde.

▶ Die dritte Haltung: Umhergehen mit „normaler" Beckenhaltung, locker, offen, aufrecht, leicht gekippt. Auch bei dieser Runde stellt sich jeder vor, wie er sich fühlt und wie er sich im Kontakt mit anderen, mit Chefs, mit Partnern fühlen würde.

Nach der Übung bilden die Teilnehmer einen Stuhlkreis und berichten über das, was ein jeder erlebt hat.

Besondere Hinweise: Durch diese Erfahrung merken die Teilnehmer beispielhaft, wie sich eine innere Haltung im körperlichen Ausdruck widerspiegelt. Es entsteht eine gute Motivation der Teilnehmer, von einem bewegungsarmen zu einem ausdrucks- und bewegungsreichen Leben zu kommen und dies mit Hilfe von Übungen zu erreichen.

16.31 Die Aura spüren

Ziel: Für Menschen, die tagein, tagaus als Paar zusammenleben, ist es wichtig, dafür sensibel zu werden und herauszufinden, was sie allein durch ihre pure Anwesenheit beim anderen auslösen können. Eine Bezeichnung dafür ist die „Aura". Dieses Wort kommt aus dem Lateinischen und meint den Hauch, den Schimmer. Hier ist der atmosphärische Hauch, den ein Mensch ausstrahlt, gemeint. Die Teilnehmer sollen hier ein Gefühl dafür bekommen, was sie möglicherweise bei ihrem Partner auslösen, um für sich überprüfen zu können, ob das tatsächlich ihrer Stimmung entspricht oder ob es sich dabei um etwas handelt, was ihr Partner in sie hineinprojiziert.

Dauer: ca. 25 Minuten

Anleitung: Nach gymnastischen Lockerungsübungen stellen die Partner, Männer und Frauen, sich frei im Raum in 4 Metern Abstand einander gegenüber auf (wie in der Tanzstunde). Sie bleiben mit geschlossenen Augen stehen und entspannen sich. Zunächst geht es darum, den eigenen Stand zu finden. Dazu stellt sich jeder vor, sein Rückgrat bis zum Mittelpunkt der Erde zu verlängern. Nach einigen Sekunden in Ruhe mit dieser Vorstellung strecken alle sich der Sonne entgegen, mit der Idee, ihr Rückgrat verlängere sich beim Einatmen zum Zenit. Jeder ist bei sich und spürt seine Standfestigkeit. Dabei kann jeder sein Augenmerk auf folgendes richten: Ich stehe fest auf der Erde, nichts wirft mich um; hier bin ich, und kein anderer steht auf meinem Platz (3 Minuten).

Dann gehen die Partner mit geschlossenen Augen langsam aufeinander zu, ohne sich zu berühren. Mit den Händen, mit dem ganzen Körper sollen sie versuchen, die Ausstrahlung des Partners wahrzunehmen. Dann (nach ca. 3 Minuten) lösen sie sich und gehen langsam wieder auf ihren Platz zurück. Dort angekommen läßt jeder die Erfahrung in sich nachwirken. Dann kommt jeder innerlich wieder bei sich selbst an und nimmt bewußt wahr, daß er jetzt wieder ganz alleine steht.

Danach gehen beide Partner, jeder wieder mit geschlossenen Augen, aufeinander zu. Dabei soll die Wahrnehmung darauf gerichtet sein, ab wann man den „Hauch" des anderen ein erstes Mal spürt. Es wird versucht, ohne Berührung die Aura des Partners zu erfassen. Danach gehen die Partner wieder langsam auseinander, zurück an ihren Platz.

Die Übung wird ein drittes Mal in der beschriebenen Weise angesagt; bei diesem dritten Mal ist jetzt Berührung möglich, ganz zart, ganz vorsichtig, ganz leise, mit allen Sinnen sanft den Partner zu spüren. Nach diesen sanften, zärtlichen Berührungen verabschiedet jedes Paar sich voneinander; jeder Partner geht ruhig an seinen Platz zurück, kommt wieder bei sich an, läßt sich Zeit. Erst nach einiger Zeit werden die Augen geöffnet, wird der Partner angeschaut.

Nach der Übung werden die Erfahrungen in der Runde ausgetauscht, und zwar so, daß, wenn ein Partner etwas erzählt hat, der andere sich gleich mit seinem Bericht anschließen kann. Dadurch ergibt sich ein sehr guter Spiegel der augenblicklichen Paargestalt; mögliche Änderungen sind spürbar.

Besondere Hinweise: Bei den Berichten gilt es darauf zu achten und ggf. hinzuweisen, daß Wahrnehmungen auch immer selbst produziert sind und einer ganz bestimmten Absicht unterliegen können (Kapitel 7).

16.32 Im Kreis einander spüren

Ziel: Durch das Stehen im Kreis und das Aufeinanderzugehen sollen die Teilnehmer eine Verbindung zwischen ihrer Autonomie und dem Eingebundensein in diese Gruppe, diese Gemeinschaft spüren.

Dauer: ca. 15 Minuten

Anleitung: Alle stellen sich in einem Kreis auf. Jeder Teilnehmer verlängert in seiner Vorstellung sein Rückgrat „zum Erdmittelpunkt", ruhig atmend, spürend, daß er „Stand" hat. Anschließend verlängert er das Rückgrat in der Vorstellung „zum Zenit der Sonne". Die Übung wird damit beendet, daß die Teilnehmer ganz langsam mit ausgestreckten Armen zusammenkommen, sich immer näher kommen, bis die Arme einander auf den Schultern liegen, so daß ein enger Kreis entsteht. Hier kommunizieren alle mit leisem Obertonsummen. Nach einiger Zeit gehen alle wieder auseinander, bis jeder alleine steht und spürt: *„Hier bin ich wieder für mich allein, hier spüre ich meinen eigenen Stand!"*

Besondere Hinweise: Dies Übung eignet sich gut zum Abschluß eines Seminars zur Verabschiedung.

16.33 Sich durch Berührung Gutes tun

Ziel: Mangel an körperlicher Berührung führt zu einer Verarmung der kommunikativen und sozialen Ausdrucksfähigkeit der Partner. Hier lernen die Teilnehmer eine liebevolle Berührung, ein Handauflegen als etwas Normales und für eine menschliche Beziehung Notwendiges (wieder) zu lernen und in ihren Alltag zu integrieren.

Medien: Decken, Entspannungsmusik

Dauer: ca. 60 Minuten

Anleitung: Einer der beiden Partner legt sich auf den Boden. Dann bittet er den anderen, durch Berührung, durch das Auflegen der Hände Stellen seines Körpers zu wärmen und ihnen Gutes zu tun. Der Liegende gibt an, welche Stellen berührt werden sollen. Nach 20 Minuten findet ein Rollentausch statt.
   Danach werden die Erfahrungen ausgewertet.
▸ Was wurde erlebt?
▸ Was wurde gespürt?
▸ Was wurde dabei gefühlt?
▸ Wie angenehm bzw. unangenehm war mir die Übung?

Besondere Hinweise: Diese Übung wird im Laufe einer Gruppe, wenn das Vertrauen zueinander gewachsen ist, auch mit fremden Partnern gemacht. Die Teilnehmer lernen dadurch, sich körperliche Zuwendung auch von anderen Menschen zu holen und diese zu geben. Das kann zur emotionalen Entlastung in einer Beziehung beitragen.

16.34 Indirektes Nein

Ziel: Mit dieser Übung werden die Teilnehmer aufgefordert, klarer, deutlicher und offener miteinander zu sprechen.

Dauer: ca. 60 Minuten

Anleitung: Die Teilnehmer werden gebeten, sich mit einem fremden Partner zusammenzutun. Der kleinere von beiden übernimmt als erster die aktive Rolle. Dieser soll nun den anderen um etwas bitten, und zwar um etwas, von dem er annimmt, daß sein Partner es ihm nicht geben will. Derjenige, der gebeten wird, soll nun nicht direkt und klar nein sagen, sondern er soll die Bitte indirekt ablehnen.

> Beispiel:
> Bitte: *„Bitte leihe mir doch für den Spielbankbesuch heute abend 5.000 Mark!"*
> Indirekte Antwort: *„Ja ich würde dir gerne das Geld leihen, aber mein Konto ist völlig überzogen."*
> oder
> Bitte: *„Kannst du heute abend mit mir ins Kino gehen? Es läuft ein wahnsinnig guter Film."*
> Indirekte Antwort: *„Ja, ich würde schrecklich gerne mitkommen, aber ich bin irgendwie indisponiert."*

Nach 5 Minuten werden die Rollen getauscht. Anschließend wird die Übung ein 2. Mal mit einem anderen Partner durchgeführt. Ein 3. Mal dann mit dem eigenen Partner.

Danach werden mit allen Teilnehmern in der Gesamtgruppe die Erfahrungen ausgewertet.

▶ Was wurde erlebt?
▶ Was wurde gespürt?
▶ Was wurde dabei gefühlt?
▶ Was habe ich herausgefunden über meine Art des indirekten Nein-Sagens?
▶ Welche Strategien und Tricks habe ich verwandt?
▶ Wie ging es mir, wenn meine Bitte indirekt abgelehnt wurde?
▶ Wie ging es mir, wenn ich selbst indirekt nein sagte?
▶ Was kenne ich davon in der Kommunikation mit meinem Partner?
▶ Was will ich ändern?

Besondere Hinweise: Die Teilnehmer sind oftmals über ihre Fähigkeit, indirekt nein zu sagen, überrascht; sie erleben hier deutlich, wie dieser Art der Kommunikation sich negativ auf das Miteinander auswirken kann.

16.35 Im Gesicht des anderen das Mädchen/den Jungen von damals entdecken

Ziel: Mit dieser Übung sollen die Achtung und Ehrfurcht vor der je eigenen Lebensgeschichte des Partners erhöht werden.

Medien: Entspannungsmusik (60 Hertz, z.B. von *Arnd Stein*) im Hintergrund

Dauer: ca. 60 Minuten

Anleitung: „Schließt zunächst beide die Augen und laßt euch Zeit, jeder sich selbst zu spüren und ganz bei sich anzukommen. Jetzt öffnet die Frau die Augen und betrachtet das Gesicht ihres Mannes.

Betrachte es wie eine unbekannte Landkarte, die du für eine längere Reise genau studieren möchtest. Achte auf alle Erhebungen, Falten ... Jetzt versuche einmal, in diesem Gesicht das Gesicht von damals, den Jungen oder das Mädchen, das dein Partner einmal war, zu entdecken. (ca. 3 Minuten)
Nun empfinde einmal die Gesichtszüge nach. Dazu laß deine Hände das Gesicht formen, indem du in Millimetern Entfernung das Gesicht modellierst, ohne es dabei zu berühren. Ähnlich wie man aus einem Tonklumpen eine Plastik machen kann. (ca. 3 Minuten)
Nun schau mal genau hin, ob du in diesem Gesicht eine besonders empfindliche Stelle entdecken kannst. Jetzt tu dieser durch Berührung, durch Streicheln, durch die Wärme deiner Hände Gutes. (ca. 3 Minuten)
Nenne jetzt deinen Partner leise und liebevoll dreimal bei seinem Namen, dann schließe die Augen und laßt beide in euch die Begegnung nachwirken. "
Danach betrachtet der andere das Gesicht des Partners.
Anschließend werden die Erfahrungen miteinander in der Gruppe ausgetauscht.

Besondere Hinweise: Diese Übung löst in der Regel eine hohe Anteilnahme der Partner füreinander aus. Sie eignet sich auch in der Einzelsitzung mit einem Paar.

17. Informationen, Handreichungen für die Ratsuchenden

Die folgenden Informationen dienen als Handreichung für die Teilnehmer. Sie sollen gezielt und sachgerecht den Prozeß der Klienten, „Fachleute ihrer eigenen Problemlösung" zu werden, begleiten und unterstützen. Sie können als Fotokopie den Teilnehmer zur Verfügung gestellt werden.

17.1 Eheberatung und Paartherapie auf der Grundlage der PARTNERSCHULE

Ziel: Die Teilnehmer bekommen eine Information über die Hintergründe, den Ablauf und die möglichen Bausteine der Therapieform.

Medien: Fotokopien für jeden Teilnehmer

Dauer: ca. 45 Minuten

Anleitung: Jeder Teilnehmer bekommt eine Handreichung in Form von Fotokopien. In Form eines Kurzvortrages mit Rückfrage und Diskussion wird die **PARTNERSCHULE** vorgestellt und begründet.

Besondere Hinweise: Es ist wichtig, daß die Teilnehmer ausreichend Zeit zum Nachfragen und damit kognitiven Verständnis für die Vorgehensweise bekommen; so wird diese Information, gerade auch wenn sie ein Gespräch der Klienten untereinander in Gang setzt, in sich therapeutisch wirksam. Der Hinweis, „daß sich oftmals Paare nach der offiziellen Therapie zur Selbsthilfe zusammentun", bewirkt im Sinne eines „Aussäens" ein „Empowerment" im Hinblick auf die Fähigkeit, die eigenen Kräfte zu bündeln, zusammen etwas zu bewirken und so stützend füreinander zu werden.

→ PARTNERSCHULE ... *damit Beziehungen gelingen!*

Einzelfallorientierung

Die **PARTNERSCHULE** ist ein Verfahren im Rahmen der Eheberatung, der Paartherapie und der Erwachsenenbildung, das Paare dabei unterstützt, sich ihren je eigenen Weg zu ihrer einmaligen Partnerschaft zu erarbeiten.

Grundsätzlich steht dabei die Situation des einzelnen Paares vor, während und nach der Beratung im Vordergrund. Gruppendynamische Prozesse und deren Ent- oder Verwicklungen treten in den Hintergrund. Man kann also von einer Einzelfallorientierung unter Einbezug der Möglichkeiten einer Gruppe sprechen. Die Gruppenarbeit verläuft in einem ausgesprochen angenehmen und akzeptierenden Gruppenklima.

Gruppenkonflikte und gruppendynamische Verwicklungen kommen so gut wie nie vor. Oftmals kommt es sogar dazu, daß nach Beendigung der „offiziellen" Gruppe die Teilnehmer sich in Eigenverantwortung als Selbsthilfegruppe zusammenfinden.

Formen der Gruppentherapie

Die Gruppentherapie wird entweder als Abendveranstaltung in vierzehntägigem Abstand in den Räumen der Beratungsstelle durchgeführt oder als Internatsveranstaltung in Kooperation mit Einrichtungen der Erwachsenenbildung auf mehrere Wochenenden oder eine Woche verteilt. Maximal nehmen 8 Paare an einer Gruppe teil, manchmal auch Einzelpersonen, deren Partner eine Teilnahme ablehnt.

Durchgehende Elemente aller drei Formen sind:
▶ bewegungsorientierte Übungen (eine Art von Gymnastik, bezogen auf die jeweiligen inhaltlichen Themen),
▶ Übungen, die den partnerschaftlichen Umgang miteinander fördern,
▶ Reflexionen, die einladen, das Geschehen in der Gruppe mitzusteuern.

Soweit dies von seiten der Bildungshäuser möglich ist, wird parallel zur Gruppentherapie eine Kinderbetreuung angeboten. Untersuchungen über einen Zeitraum von sieben Jahren belegen, daß die Anwesenheit der Kinder für die Gesamtinteraktion in der Familie einen ausgesprochen heilsamen Effekt hat.

Inhaltlich gibt es z.Z. **drei aufeinander aufbauende Typen** der **PARTNERSCHULE**:

Das Basisseminar: Anleitung zur Selbsthilfe (mit insgesamt 40-60 Stunden)
In diesem geht es insbesondere um die Themen:
▶ Was für ein Paar sind wir?
▶ Welche Schwächen, welche Stärken zeichnen uns aus?
▶ Welche Beziehungserfahrungen bringt jeder von beiden mit in die Partnerschaft?
▶ Welche Ideen hat jeder von einer Ehe, einem partnerschaftlichen Zusammenleben?
– Welche Ziele setzen wir uns als Paar?

Ein aufbauendes Seminar: „Wege zu Lebendigkeit, Sinnlichkeit und Sexualität" (an drei über einen Zeitraum von sechs Monaten verteilten Wochenenden)
Es gliedert sich in drei Sequenzen:
- Bei der ersten wird ein wohlwollender Blick auf den eigenen Körper als den Ausgangspunkt der Sexualität geübt.
- In der zweiten stehen das Gespräch über Sexualität und die Bedeutung von Träumen und Phantasien als Wegweiser lebendiger Sexualität im Mittelpunkt.
- Im letzten Abschnitt geht es um die Integration der gegengeschlechtlichen Anteile, basierend auf der Idee, daß in jedem Mann Weibliches und in jeder Frau Männliches lebt.

Intensivseminar „Paarkibbuz: Autonomie und Zweisamkeit" (vierzehn Tage)
Beim Paarkibbuz handelt es sich um ein paar- und familientherapeutisches Seminar, das aufgrund seiner Rahmenbedingungen intensive Erfahrungs- und Lernmöglichkeiten bietet.
- „Offizielle" therapeutische Arbeit wechselt mit der Möglichkeit, mit anderen Teilnehmern gemeinsam Zeit zu verbringen und zu gestalten, aber auch sich allein für sich selbst zurückzuziehen. Dienste am Gemeinschaftsleben, wie Spülen, Getränkedienst, werden abwechselnd wahrgenommen. Jeder ist eingeladen, sich an den Abenden mit seinen Fähigkeiten und Künsten in die Gruppe einzubringen (z.B. Grundtechniken der Selbstverteidigung, Schrittfolgen des argentinischen Tangos oder gemeinsames Singen am Lagerfeuer).
- Kinder können mitgebracht werden und werden während der therapeutischen Sitzungen von zwei erfahrenen Kinderbetreuern beschäftigt und beaufsichtigt. Dadurch hat der Paarkibbuz kein „Inseldasein", sondern einen ganz konkreten Bezug zur Alltagsrealität.

Inhaltlich gliedert sich der Paarkibbuz in 3 Phasen:
- In der ersten geht es darum, sich der eigenen Stärken und Ressourcen bewußt zu werden und diese dem Partner gegenüber zu präsentieren.
- Anschließend werden in einem verhaltenstherapeutischen Kommunikationstraining die Fähigkeiten der verbalen Begegnung geschult.
- Im dritten Schritt werden Perspektiven für Gemeinsamkeiten als Paar entwickelt.

17.2 Gruppenregeln

Ziel: Um eine Einzelfallorientierung, ein möglichst selbstbestimmtes und eigenverantwortliches Verhalten, ein Sich-Einbringen mit seinen Fähigkeiten und eine streßfreie Atmosphäre – als zentrale Grundlage für mögliche Veränderungsprozesse – zu erreichen, werden folgende Regeln zu Beginn einer Gruppe den Teilnehmern vorgegeben.

Medien: Handreichung für jeden Teilnehmer

Dauer: ca.15 Minuten

Anleitung: Jeder Teilnehmer bekommt eine Handreichung. In Form eines Kurzvortrages mit Rückfrage und Diskussion werden die Regeln vorgestellt und begründet.

Besondere Hinweise: Es ist wichtig, daß die Teilnehmer ausreichend Zeit zum Nachfragen und damit kognitives Verständnis für die Vorgehensweise bekommen, die durch die Regeln vorgegeben wird. Da Teilnehmer oftmals gegenteilige Erwartungen vermuten, haben diese Regeln eine ausgesprochen entlastende Funktion.

→ *Gruppenregeln*

Für den Verlauf der Gruppenarbeit im Seminar gelten folgende Regeln:

- Menschen wissen am besten selbst, was für sie gut ist. Deshalb werden Sie in diesem Seminar an keiner Stelle gezwungen werden, etwas gegen Ihren eigenen Willen zu tun. Alle Interventionen sind Vorschläge und können von Ihnen angenommen werden oder nicht.
- Wenn Sie sich dafür entscheiden, eine Übung nicht mitzumachen, können Sie sich z.B. überlegen, wie es für Sie wäre, wenn Sie mitmachten, oder was genau Sie daran hindert.
- Alle Übungen werden vorher genau angekündigt und beschrieben.
- In der Gruppe äußert sich jeder Teilnehmer nur insoweit, wie er es selbst möchte. Ja, es ist möglich, auch nur „zuschauend" an einer Gruppe teilzunehmen.
- Sie können nichts Falsches über sich selbst sagen, denken oder fühlen, selbst wenn der Partner manches ganz anders sagt, denkt, fühlt.
- Für alles, was Sie hier tun, etwa wenn Sie ein Bild malen oder mit Ton arbeiten, bekommen Sie keine Noten, wie etwa in der Schule.
- Falls Ihnen danach ist, können Sie auch jederzeit das Gruppengeschehen verlassen, wenn Ihnen z.B. mehr an einem Spaziergang liegt oder die augenblickliche Atmosphäre für Sie selbst aus den unterschiedlichsten Gründen nicht zuträglich sein sollte.
- Die Arbeit in der Gruppe ist einzelfallorientiert. Das heißt, es geht immer um Ihre Beziehungskonflikte, derentwegen Sie die Beratung aufgesucht haben. Entstehen Konflikte der Gruppenteilnehmer untereinander, so werden diese auf ihre Relevanz für Ihr sonstiges Alltagsleben bezogen: *„Kennen Sie ähnliche Konflikte auch außerhalb dieser Gruppe? Wie erleben Sie diese? Wie gehen Sie damit um?"*
- Keinesfalls werden Konflikte der Teilnehmer untereinander von seiten der Leitung provoziert oder intendiert.
- Der Erfolg des Seminars wird wesentlich davon mitbestimmt, daß Sie sich mit Ihren Fähigkeiten, Ihren Lösungsvorschlägen, Ihren Wünschen sowohl im offiziellen als auch im inoffiziellen Teil des Seminars einbringen.

17.3 Treue – was ist das?

Ziel: „Untreue" wird in der Regel als sexuelle Außenbeziehung verstanden. Zu 69% – und damit an erster Stelle! – wird diese als Grund für eine Trennung und Scheidung genannt. Ziel dieser Information ist es, dem Phänomen „Seitensprung" gelassener gegenüberzustehen, ja, vielleicht diesen als Schritt in die richtige Richtung, nämlich zu mehr „Ich-Treue", zu deuten (Kapitel 5.2).

Medien: Handreichung für jeden Teilnehmer

Dauer: ca. 30-45 Minuten

Anleitung: Zunächst werden die Teilnehmer gefragt, was sie unter „Treue" bzw. unter „Untreue" verstehen. Jeder, der mag, äußert sich dazu.

Danach bekommt jeder Teilnehmer eine Handreichung. In Form eines Kurzvortrages mit Rückfrage und Diskussion wird das „Treuekonzept" vorgestellt und begründet.

Besondere Hinweise: Die Information und das Gespräch darüber empfehlen sich insbesondere dann, wenn das Problem in der Gruppe aktualisiert ist.

→ *Treue – was ist das?*

Ich-Treue als Fundament der Beziehung

Aufgrund seiner bisherigen Lebenserfahrungen und seines Könnens orientiert sich ein Mensch auf bestimmte Werte hin. Er will Sinnvolles und Gutes tun, um seinem Ich Ausdruck zu verleihen, und ist damit zunächst einmal sich selbst treu, d.h. „Ich-treu".

In der Ausrichtung an guten Werten und auf gute Ziele hin gewinnt ein Mensch Kontur, die ihm Selbstachtung und die Anerkennung liebevoller und wissender Menschen sichert. Auf diesem Lebensweg muß ein Mensch auch Mühen, Verzicht, ggf. auch Verletzungen in Kauf nehmen. Wieviel er davon auf sich nehmen will, muß er unter Achtung der eigenen Würde für sich selbst entscheiden. Manche Belastungen und Verletzungen darf man um der Ich-Treue, der Treue zu sich selbst, willen nicht mehr zulassen. Besteht die Gefahr des Zerbrechens der Persönlichkeit und des Untergangs des eigenen Ich, dann ist die Fortsetzung auch einer Partnerschaft mit Kindern nicht sinnvoll.

Du-Treue als Beziehungsebene zwischen Mann und Frau

Begegnen sich Mann und Frau auf der Basis der jeweiligen Ich-Treue, dann wird die Treue dialogisch; sie wird zur Du-Treue. In dieser Begegnung kann Liebe entstehen.

Die Partner können sich durch die bestimmte und willentliche Zusage auf ihrem Lebensweg auf den Partner verlassen. Diese Treue ist zwar auf Gegenseitigkeit angelegt, aber nicht im Sinne eines Tauschgeschäftes.

Du-Treue nimmt den anderen wahr, freut sich an ihm „einfach so", ohne Vorbedingung, und begleitet mit Freundlichkeit und Wohlwollen die persönliche Reifung und Entwicklung des Partners. Auf seiten des Partners wird das Wahrgenommensein gespürt, die Freude des anderen an einem selbst.

Nimmt allerdings die Entwicklung des Partners bedrohliche Formen an, oder ist das Verhältnis des Gebens und Nehmens nicht ausgewogen, kann es zu Spannungen zwischen Ich-Treue und Du-Treue kommen. Und so kann es passieren, daß man um der Ich-Treue willen, die eine zentrale ethische Aufgabe eines jeden Individuums ist, bei zu hohen existentiellen Kosten die Du-Treue kündigen muß.

Gesellschaftliche Treue als Fundament der Ich-Treue und der Du-Treue

Individuelles und soziales Leben läßt sich nur in einem sozial gesicherten Rahmen und mit sozialer Stützung realisieren. So werden dieser Rahmen und diese Stütze zur „gesellschaftlichen Treue", in der sich Ich-Treue und Du-Treue realisieren lassen.

17.4 Partnerschaft – was ist das?

Ziel: Die Teilnehmer sollen sich ihrer Kognitionen über „Partnerschaft" bewußt werden und ggf. ihr Wissen erweitern.

Medien: Fragebogen und Handreichung für jeden Teilnehmer

Dauer: Einzelarbeit zum Ausfüllen des Fragebogens (20 Minuten), Kleingruppenarbeit ca. 30-45 Minuten, anschließend Austausch in der Gesamtgruppe

Anleitung:
- Zunächst füllt jeder Teilnehmer in Einzelarbeit den Fragebogen aus. In Kleingruppen (4-6 Teilnehmer) wird sodann über die Aussagen diskutiert. Jede Gruppe hat die Aufgabe, drei Thesen: „Das ist Partnerschaft!" zu formulieren.
- Anschließend werden die Ergebnisse im Plenum mit Begründung vorgestellt.
- Danach bekommt jeder Teilnehmer eine Handreichung (Handreichung: Partnerschaftliche Grundwerte). In Form eines Kurzvortrages mit Rückfrage und Diskussion werden die partnerschaftlichen Grundwerte abschließend vorgestellt. Wichtig ist dabei, daß Aussagen der Teilnehmer aus der vorherigen Übung mit aufgenommen werden.

Besondere Hinweise: Es besteht auch die Möglichkeit, die Kleingruppen nach Geschlecht zusammenzusetzen, so daß evtl. geschlechtsspezifische Unterschiede deutlich werden.

→ Was ist Partnerschaft?

Im folgenden finden Sie einige Aussagen über Partnerschaft. Entscheiden Sie, ob Sie Ihnen zustimmen können oder nicht.

	Stimmt	Stimmt nicht
Irgendwie ist es unmännlich, im Haushalt mitzuhelfen.		
Kritik ist ein guter Weg, daß der Partner seine Fehler überwinden kann.		
Sexuelle Anziehung ist die wichtigste Voraussetzung für eine gelingende Partnerschaft.		
Wahre Partnerschaft verlangt, vor dem anderen keine Geheimnisse zu haben.		
Nimmt der Mann in der Ehe eine führende Rolle wahr, erleichtert das die Partnerschaft.		
In einer Partnerschaft spielt das Alter keine Rolle.		
In einer Ehe ist es wichtig, sich ständig zu bemühen und Einsatz zu zeigen, andernfalls kommt es zu Gleichgültigkeit, und man lebt sich auseinander.		
Partnerschaft bedeutet, daß jeder auch Dinge tut, von denen der andere nicht unbedingt wissen muß.		
Während des Essens sollte der Fernseher ausgeschaltet bleiben.		
Ohne gleiche gesellschaftliche, politische und religiöse Überzeugungen ist eine Partnerschaft nur unter erschwerten Bedingungen lebbar.		
Wird einer sexuell untreu, ist das **der** Sprung in der Schüssel „Partnerschaft".		
Das Beibehalten der eigenen Meinung ist wichtiger, als um der Harmonie willen dem Partner zuzustimmen.		
Gerade die Andersartigkeit des Partners macht den Reichtum einer Beziehung aus.		
Es ist wichtig, daß jeder der Partner einen eigenen Freundeskreis hat.		
Lieber einen etwas schwierigen Partner als gar keinen.		
Eine Partnerschaft ist eine Zugewinngemeinschaft: das heißt, daß jeder der Beteiligten Gewinner ist.		
Partnerschaft bedeutet, nicht mehr allein zu sein.		
Es ist unmöglich, in einer Partnerschaft den anderen verändern zu wollen.		

→ Partnerschaftliche Grundwerte

Selbstbestimmung

Ein zentraler Wunsch jedes Menschen ist der nach Selbstbestimmung. Jeder möchte sein Leben selbst in die Hand nehmen, entscheiden, was und wie er etwas tut. Sein Verhalten soll frei sein von Reglementierung und Zwang durch den Partner, von Unterdrückung und Angst, wie von erheblichen inneren und äußeren Beeinträchtigungen durch ihn. Die eigene Selbstbestimmung wird wahrgenommen in Achtung vor der Würde und Selbstbestimmung, vor der Ich-Treue des Partners.

In der Praxis läßt sich oft folgendes beobachten: Je mehr ein Mensch seine eigene Würde, seine Ich-Treue achtet, um so mehr achtet er auch die des Partners.

Achtung vor der personalen Integrität und Würde des Partners

Unabhängig von ihrer Herkunft, der je eigenen Geschichte, der Rasse und dem Geschlecht sind beide Partner gleichwertig. Beide haben das gleiche Recht zur Befriedigung ihrer wesentlichen seelischen und materiellen Bedürfnisse. Der Würde des Partners widersprechen psychische und physische Demütigungen und Mißachtung.

Entwicklung der leib-seelischen Funktions- und Leistungsfähigkeit

Nur ein Mensch, der sich um eine gesunde Seele und um einen gesunden Leib kümmert, kann Partner sein. Das beinhaltet vor allem Fähigkeiten, wie selbständiges Denken, Schaffung kreativer Produkte, Kooperation mit anderen, Wissen um körperliche und seelische Gesunderhaltung, Selbstachtung, Echtheit (Fassadenfreiheit) und Offensein gegenüber dem eigenen Erleben und der Auseinandersetzung damit. Dadurch kann jeder Partner mit seiner qualifizierten Arbeit und Leistung zur Befriedigung der gemeinsamen ökonomischen und psychischen Gesundheit des Paares beitragen. Nur mit wachsender gefühlsmäßiger, sozialer und intellektueller Funktionsfähigkeit hat der einzelne Partner die innere Freiheit, die ihn zu Selbstbestimmung und Eigenverantwortung in der Partnerschaft befähigt.

Achtung der sozialen Ordnung

Jede Gemeinschaft, auch jede Partnerschaft zwischen Mann und Frau entwickelt im Verlaufe des Miteinanders Regeln und Normen. Diese bleiben oftmals unausgesprochen, sind aber in jeder Beziehung wahrnehmbar. Sie schützen das soziale Zusammenleben und insbesondere die drei vorgenannten Werte vor dem Mißbrauch der persönlichen Freiheit durch den anderen in Form von Gewalt oder verantwortungslosem, rücksichtslosen Handeln. Sie fördern die Kooperation beider Partner.

17.5 Ehe – im Lauf der Geschichte

Ziel: Die Teilnehmer sollen darüber informiert werden, wie sich die „Idee" Ehe im Laufe der Geschichte fundamental gewandelt hat. Diese Information kann bewirken, mit sich selber und dem Partner verständnisvoller umzugehen, da in der Regel beide wenig Modelle von Ehe als „Partnerschaft" erlebt haben.

Medien: Handreichung für jeden Teilnehmer

Dauer: 15-30 Minuten

Anleitung: Kurzvortrag unter Zuhilfenahme der Handreichung: Ehe im Laufe der Geschichte, anschließend Diskussion in der Gesamtgruppe, dabei ist insbesondere Möglichkeit zu geben, das Gehörte auf die eigene Lebenssituation zu übersetzen. Hilfreich können auch folgende Blickrichtungen im Gesprächsverlauf sein:
- Wie genau war das Verhältnis der Eltern (evtl. auch Großeltern) untereinander?
- Welche Aufgaben – möglichst konkret – hatten Vater bzw. Mutter?
- Haben die Gesprächsteilnehmer unterschiedliche Männerwelten und Frauenwelten erlebt, z.B. in der Sitzverteilung in der Kirche?
- Wie gingen Männer/Frauen mit Gefühlen um?
- Wie haben sich Vater bzw. Mutter konkret in Konfliktsituationen verhalten?
- Wäre **heute** im Miteinander eine klare Rollenverteilung zwischen Frau und Mann – gesellschaftlich vorgegeben – nicht vielleicht für ein nahes Zusammenleben einfacher, weil weniger konfliktträchtig?

→ *Ehe im Lauf der Geschichte*

Germanen
„Muntgewalt" (Munt = Schutz). Der Mann konnte über Leib und Leben seiner Frau und der anderen Hausgenossen entscheiden.

ab dem 1. Jahrtausend (christliche Idee)
Prinzip der Unauflöslichkeit der Ehe – aber auch erstmals die Idee der Gleichheit zwischen Frau und Mann. Diese basiert auf dem Gedanken der gemeinsamen Gotteskindschaft und der Gleichheit vor Gott.

ab dem 1. Jahrtausend (gesellschaftliche Realität)
Erlaubnis zur Heirat war gekoppelt an den Nachweis von Besitz. Dadurch sollte die Ausbreitung von Massenarmut vermieden werden.

Mittelalter bis Neuzeit
Große Anzahl verarmter Schichten (teilweise 75% der Gesamtbevölkerung), Zusammenleben in nicht-ehelichen Lebensgemeinschaften, Frauen versorgten ihre Kinder alleine, hohe Kindersterblichkeit, Stieffamilien waren die Regel.

1868 – Ende des allgemeinen Heiratsverbots

Das allgemeine Heiratsverbot wird 1868 in Preußen mit dem „Gesetz über die Aufhebung der polizeilichen Beschränkung der Eheschließung" aufgehoben.

Kirchlicherseits hatte man allerdings die Auffassung vertreten, daß die Eheleute sich selbst das Sakrament der Ehe spenden. Im kirchlichen Sinne bedurften sie dafür keiner staatlichen Erlaubnis. Vielleicht war dies ein Ausweg gewesen, um dem Heiratsverbot zu entgehen.

19. und große Teile des 20. Jahrhunderts

Ehe als Institution, die **unabhängig vom Willen der Eheleute** zu schützen war. *Karl Marx* schrieb 1842: *„Niemand wird gezwungen, eine Ehe zu schließen; aber jeder muß gezwungen werden, sobald er eine Ehe schließt, sich zum Gehorsam gegen die Gesetze der Ehe zu entschließen. Wer eine Ehe schließt, der macht, der erfindet die Ehe nicht, so wenig als ein Schwimmer die Natur und die Gesetze des Wassers und der Schwere erfindet. Die Ehe kann daher nicht seiner Willkür, sondern seine Willkür muß sich der Ehe fügen. Wer willkürlich die Ehe bricht, der behauptet: die Willkür, das Gesetzlose ist das Gesetz der Ehe … so hat doch wohl der Gesetzgeber nicht minder das Recht, es als die maßloseste Willkür zu betrachten, wenn Privatpersonen ihre Kapricen gegen das Wesen der Sache durchsetzen wollen."*

Das Bürgerliche Gesetzbuch (BGB), das am 1.1.1900 in Kraft trat und alle bisherigen partikularen Ehe- und Familienrechte in Deutschland beseitigte, legte in § 1354 klar fest: *„Dem Mann steht die Entscheidung in allen das gemeinsame eheliche Leben betreffenden Angelegenheiten zu."*

Das bedeutete konkret eine Funktionsteilung, die die Frau berechtigte und verpflichtete, das gemeinschaftliche Hauswesen, immer vorbehaltlich der ehemännlichen Entscheidungsgewalt, zu leiten. Der Mann hatte nach dem BGB die Verwaltung und die Nutznießung am Vermögen seiner Frau. Er war Inhaber der elterlichen Gewalt, der Frau stand nur die tatsächliche Personensorge für die Kinder zu. Bei unterschiedlichen Meinungen setzte sich die des Mannes durch.

1949 – Gleichberechtigung

Im Grundgesetz der Bundesrepublik Deutschland wurde 1949 festgestellt: *„Männer und Frauen sind gleichberechtigt"* (GG Artikel 3, Abs. 2). Dies wurde mit dem Auftrag an den Gesetzgeber verknüpft, bis 1954 (!) alle entsprechenden Gesetze, die einer Gleichberechtigung widersprachen, zu ändern.

1976 – Partnerschaft wird rechtlich möglich

Mit dem neu gefaßten Scheidungsrecht wurde endlich der Auftrag des GG erfüllt, und die sozial-liberale Koalition schaffte die Hausfrauenehe ab. Diese wich einer vertraglichen Konstruktion, in der die Eheleute ihr Zusammenleben selbst organisieren können. Ihrer Entscheidung bleibt es überlassen, wer z.B. außerhalb arbeitet oder wer die Kinder erzieht.

Der geschichtliche Rückblick zeigt, daß für das Zusammenleben in Form der Partnerschaft erst die rechtlichen Grundlagen geschaffen werden mußten, es also nicht selbstverständlich war. Das bedeutet gleichzeitig, daß es bis heute an Modellen fehlt, wie Frau und Mann in Form der Partnerschaft zusammenleben können.

(Für diejenigen, die sich intensiver mit dem Thema auseinandersetzen wollen, sei auf das gute und leicht lesbare Buch von *Barabas* & *Erler* (1994): Die Familie [Juventa] verwiesen.)

17.6 Genießen lernen

Ziel: Oftmals erwarten Partner voneinander, daß der andere für sein, des Partners, eigenes Glück verantwortlich ist. Bei genauerem Nachfragen stellt sich heraus, daß der Fordernde selbst gar nicht genau sagen kann, was er damit meint, und daß ihm Ideen fehlen, wie er sich selbst Gutes tun kann. Eine mögliche Ursache dafür ist die mangelnde Fähigkeit, zu genießen bzw. Genuß zuzulassen. In dieser Information geht es um eine mögliche Änderung der Einstellung zum Thema „Genuß".

Medien: Handreichung für jeden Teilnehmer

Dauer: ca. 30 Minuten

Anleitung: Jeder Teilnehmer bekommt eine Handreichung. In Form eines Kurzvortrages mit Rückfragen und Diskussion werden die Regeln vorgestellt und begründet.

Besondere Hinweise: Es ist wichtig, daß die Teilnehmer ausreichend Zeit zum Nachfragen bekommen, damit eigene Einstellungen überprüft, begründet und ggf. revidiert werden können.

→ *Genießen lernen*

Genießen braucht Zeit
Das subjektive Gefühl der Zufriedenheit und des Glücks braucht Zeit und Muße; es läßt sich nicht erzwingen, sondern bedarf einer inneren Haltung der Ruhe und Entspannung.

Genuß ist erlaubt
In unserer leistungsorientierten Gesellschaft verlernen viele Menschen, Dinge zu tun, die keinen „Gewinn" bringen, wie: bewußt zu essen, zu trinken, seinen Kindern auf einem Spielplatz zuzuschauen. Statt dessen wird oftmals der Hunger mit FastFood gestillt, Kindern beim Spielen zuzusehen wird eher als Zeitverschwendung statt als Ge-

nuß bewertet. Es gilt, sich selbst wieder Zeit für die alltäglichen Dinge des Lebens zu erlauben. Vielleicht steckt manchen der Satz „Lust ist Sünde" noch im Kopf – der Genuß wird damit verpönt.

Genießen verlangt Erfahrung

Genießen läßt sich nicht verordnen, sondern will langsam, Schritt für Schritt gelernt werden. Hilfreich ist, sich willentlich vorzunehmen, genießen zu „lernen", aber auch verständnisvoll mit sich selbst zu sein, wenn es zu Beginn noch nicht so recht klappt.

Genuß ist niemals zufällig oder eine bloße Beigabe

Genußvolle Momente wollen bewußt geplant sein und erlebt werden. Um genießen zu können, muß man sich mit dem ganzen Körper, der ganzen Aufmerksamkeit dem widmen. Es ist also kaum möglich, ein liebevoll zubereitetes Essen, ein Glas Wein zu genießen und gleichzeitig die Abendnachrichten im Fernsehen zu verfolgen.

Im Genießen gibt es große individuelle Unterschiede

Jeder Mensch hat andere Schwerpunkte im Genießen. Das muß insbesondere auch in einer Partnerschaft akzeptiert werden. Es besteht aber hier auch die Chance, sich von den Genüssen des Partners anstecken zu lassen und so das eigene Repertoire zu erweitern.

Genuß ist auch im Alltag möglich

Oft ist es die Betrachtungsweise, die innere Haltung, die Genuß ermöglicht. So kann das obige Beispiel mit den Kindern auf dem Spielplatz unter Aspekten wie: Ich sitze jetzt auf einer Bank in der Sonne, ich arbeite nicht, ich schaue meinem Kind zu, wie es den feinen Sand immer wieder durch seine Hände rieseln läßt ... zu einem echten und tiefen Genuß werden. Oder eine Scheibe trockenes Brot, langsam gekaut, wird zu einem Gaumengenuß. Es gilt also, Genuß nicht vor allem im Besonderen (dem Urlaub einmal im Jahr) zu entdecken, sondern in den vielen kleinen Begebenheit des Alltags.

Beim Genießen ist „weniger" oft „mehr"

Wer täglich Buttercremetorte ißt, weiß hinterher gar nicht mehr, wie lecker diese schmecken kann. So ist es auch beim Genuß. Wenn man Anzeichen der Sättigung spürt, gilt es zu warten, bis wieder der Hunger kommt, sonst werden z.B. schönste sexuelle Erlebnisse durch Wiederholung fade und schal. Auf Dauer sollte ein ausgeglichener Wechsel stattfinden zwischen Anstrengung, Mühe und Einsatz und Erholung, Muße und Genuß.

17.7 Übertragung

Ziel: Neben dem Fehlen partnerschaftlicher Verhaltensweisen sind Übertragung und Gegenübertragung innerhalb der Interaktionen eines Paares vor allem für dessen Probleme verantwortlich. Deshalb sollen die Teilnehmer über dieses Phänomen aufgeklärt werden. Diesbezügliches Wissen und Verständnis stellen eine zentrale Voraussetzung für eine klärungsorientierte Vorgehensweise dar.

Medien: Handreichung für jeden Teilnehmer

Dauer: ca. 30 Minuten

Anleitung: Jeder Teilnehmer bekommt eine Handreichung. In Form eines Kurzvortrages mit Rückfragen und Diskussion wird das Phänomen Übertragung vorgestellt. Hilfreich ist, das durch eigene Beispiele zu erklären.

Besondere Hinweise: Wichtig ist der Hinweis, daß es sich dabei um einen möglichen Zugang zur „Wahrheit" handelt, neben möglichen anderen. Ferner soll auf die Gefahr hingewiesen werden, solche Verstehensweisen als Waffe im Ehekrieg zu mißbrauchen.

➡ *Übertragung*

Kennen Sie das auch? Da läuft bei Ihnen als Paar etwas ab, was Sie beide nicht verstehen, kaum benennen können. Sie handeln beide nach immer wiederkehrenden destruktiven Mustern oder verstricken sich ineinander wie Marionetten, an unsichtbaren Fäden bewegt. Sie haben vielleicht den Eindruck, Sie werden von ihrem Partner wie eine Mutter oder ein Vater behandelt, vielleicht auch wie eine Schwester oder ein Bruder. Ohne daß Sie es wollen, werden Sie von ihm in ganz bestimmte Verhaltensweisen hineingezwängt. Und Sie nehmen diese Rollenzuschreibung auch an. Aus nichtigen Anlässen entstehen urplötzlich existentiell zerstörerische Explosionen.

Und dann fühlen und denken viele: *„Irgendwie habe ich den Eindruck, im falschen Film zu sitzen!"*

Sigmund Freud beschrieb dieses Phänomen und bezeichnete es als Übertragung. Er hatte festgestellt, daß derartige „Übertragungen" ihrer Natur nach gleich sind, ob sie nun auf den Analytiker oder irgendeine andere Person gerichtet sind; sie können also auch dem eigenen Ehepartner gelten.

Übertragungen können sich folgendermaßen auswirken: Frühere Beziehungserfahrungen können sich unbewußt im Miteinander eines Paares in der Gegenwart so stark aktualisieren, daß die Beziehung eine pathologische Qualität annimmt – „pathologisch" insofern, als eine Fixierung stattgefunden hat und kein anderes Verhalten möglich scheint. Diese Fixierung beruht auf pathogenen Beziehungserfahrungen aus der Entwicklungsgeschichte des Einzelnen. Deshalb ist es für die Entwicklung einer gelingenden Interaktions- und Kommunikationsform auf gleichberechtigtem Niveau im Paar entscheidend, diese Übertragungsphänomene bewußtzumachen und sie langsam aufzulösen. Die pathologische Fixierung ist eine der Hauptursachen für die Probleme eines Paares.

In der **PARTNERSCHULE** wird der Frage nachgegangen, wie der Einzelne sich entwickeln konnte, zum Partner wurde, welche menschlichen Begegnungserfahrungen er gemacht hat und damit zu dem Menschen wurde, der er heute ist, was er vielleicht hat lernen müssen, um unter den gegebenen Umständen als Kind zu (über)leben. Dabei kann es geschehen, daß man zu Themen und Erinnerungen vorstößt, die man bisher mit viel innerer Kraft verdrängt hat, daß man Verhaltensweisen an sich entdeckt, die **heute** in der Beziehung dysfunktional sind, **früher** aber einmal eine hohe Kompetenz bedeuteten.

Oftmals lassen sich Partner durch „irgendwelche" Äußerungen des andern kränken; manchmal weiß man hinterher nicht mehr, was der auslösende Anlaß war. Solche Szenen bieten eine gute Gelegenheit, sich selbst zu fragen: Was hat das mit mir, mit meiner eigenen Geschichte zu tun, daß ich mich hier, an diesem Punkt, verletzen lasse? Welche persönliche Entwicklungsaufgabe steckt evtl. für mich dahinter? Oder wo tappe ich in Übertragungsfallen?

17.8 Der Sinn im Chaos

Ziel: Die Teilnehmer werden mit Grundideen der Chaostheorie vertraut gemacht. Sie sollen mit dieser Idee lernen, bestehende Schwierigkeiten als Entwicklungschancen zu begreifen in Richtung größerer Komplexität für sich persönlich und für sich als Partner in einer Beziehung.

Medien: 2 Informationsblätter für jeden Teilnehmer

Dauer: 30-45 Minuten

Anleitung: Kurzvortrag, anschließend Diskussion in der Gesamtgruppe; dabei ist die Möglichkeit zu geben, das Gehörte in die eigene Lebenssituation zu übersetzen. Hilfreich können auch folgende Blickrichtungen im Gesprächsverlauf sein:
▶ Wie genau erleben die Teilnehmer ihre Krisen?
▶ Gibt es typische Eskalationen?
▶ Wie unterscheiden sich die Sichtweisen der einzelnen Partner?
▶ Welche körperlichen Anzeichen werde in Krisensituationen wahrgenommen?
▶ Welche Faktoren genau lösen Krisensituationen aus?
▶ Wie haben die Teilnehmer bisher Krisen **erfolgreich** bewältigt?
▶ Welche Verhaltensweisen wären notwendig, um Krisen zu managen?

→ *Chaos im Paar – notwendiges Übel*

Ein berühmtes Experiment zu Beginn des letzten Jahrhunderts: Affen in einem Käfig. Über ihnen, aber nicht erreichbar, hängen Bananen. Im Käfig außerdem vorhanden sind einige Kisten. Die Bananen sind verlockend, aber unerreichbar, und so beschäftigt sich die Affenfamilie mit den Kisten. Man spielt und bewirft sich damit und sehnt sich nach den süßen Früchten. Nach drei Tagen kommt dann ein besonders intelligenter Affe auf die Idee, die Kisten aufeinanderzustapeln, und alle kommen an das Ziel ihrer Sehnsucht, die Bananen.

Ähnlich wie die Affen zu Beginn des Experiments verhalten sich manche Paare. Sie sind aus dem sinkenden Schiff ihrer Ehe ins Rettungsboot gestiegen; sehen das rettende Land, vielleicht eine schöne, einsame Südseeinsel, aber statt das Eiland anzusteuern, schlagen sie kräftig mit den Rudern aufeinander ein, bis zur Erschöpfung, um sich nach einer kurzen Erholungspause erneut zu verprügeln. Daß dieses Verhalten höchst ineffektiv ist, wissen und spüren beide. Es hat aber einen solchen Grad an Automatismus erreicht, daß sie nichts daran ändern können.

Aufgabe in einer solchen Situation ist es, **„Lösungen zweiter Ordnung"** zu finden. Eine Lösung erster Ordnung ist das Aufeinanderschlagen mit den Rudern. Eine Lösung zweiter Ordnung wäre das Ans-Land-Rudern bzw. das Aufeinanderstapeln der Kisten, um die süßen Früchte erreichen und genießen zu können. Und diese Lösung bereichert dann den Wissensspeicher der Affen bzw. des rudernden Paares, d.h., daß sie in Zukunft bei ähnlichen Problemen sich unbewußt an diesen Weg der Problemlösung erinnern und auch diese Probleme lösen und bewältigen werden.

Eine weitere Betrachtungsweise dieser Situation eines Paares ist die des **Wechselns zwischen Struktur und Chaos.** Das ist das normalste Geschehen der Welt.

Das Gegenteil von Chaos ist die Ordnung, die Struktur, aber beide können nicht gleichzeitig sein. Sie schließen sich gegenseitig aus, ihr Wechsel aber ermöglicht Entwicklung.

Chaotische Situationen lösen aber auch in beiden Partnern kreative Prozesse aus, wie sie auf die augenblickliche Situation neu reagieren, d.h. auf alte Fragen neue Antworten finden können. Beide haben ja nicht ohne Not ihr sinkendes Eheschiff verlassen und sind ins Rettungsboot gestiegen. Der Platz im Rettungsboot bietet noch eine andere Möglichkeit. Er läßt aus einer exzentrischen Position, von außen also, auf dieses „sinkende Schiff" blicken. Vielleicht fällt bei diesem Blick von draußen auf, daß das Schiff noch gar nicht sinkt, sondern daß vielleicht gerade nur hoher Seegang herrscht, der das Schiff zum Schwanken bringt.

Um die Sprache des Bildes zu verlassen, könnte das Chaos z.B. ausgelöst sein durch die Umstellung, die mit der Ankunft eines Kindes verbunden ist, oder einer hat sich vielleicht in einen anderen Menschen „verliebt", oder Arbeitslosigkeit fordert ein Paar heraus. Solchen Chaos-Situationen gilt es sich in Gelassenheit zu stellen und sie als ein Übergangsstadium in eine neue, komplexere Wirklichkeit **miteinander** zu begreifen.

→ *Krisen als Endlosschleifen*

Mit folgender Metapher kann man die Entwicklung eines Paares als ein lebendiges organisches System verstehen, in dem plötzlich neue Lösungen für Probleme im Miteinander gefunden werden. Dabei werden ein Paar und die Entwicklung des Einzelnen als eine sich vergrößernde Spirale betrachtet.

Durch die Veränderung des Umfangs der Spirale wird die wachsende Komplexität symbolisiert, die sich durch eine Sammlung von gemeinsamen Beziehungserfahrungen, Problemlösungen und Bewältigungsstrategien ausdrückt. Durch dieses Sammeln von Informationen im System Paar, aber auch im Subsystem des Einzelnen, wird die Kapazität, das Leben zu leben, es zu genießen und zu bewältigen, gesteigert. Ein Stocken dieses Wachstumsprozesses hat „Endlosschleifen" zur Folge, wie sie aus der Arbeit mit dem Computer bekannt sind.

Werden diese destruktiven Automatismen bewußt, können neue Wege ausprobiert werden, mit Schwierigkeiten umzugehen. Danach können die Partner ihren individuellen und gemeinsamen Wachstumsprozeß mit größerer Komplexität fortsetzen.

Lebenslanger Lern- und Entwicklungsprozeß eines Paares

Entwicklung ist eine Spirale.

Entwicklung kommt durch „Schleifen"
zum Stillstand und geht von der
Spirale zum Kreis über.

Selbst- und Fremdbeobachtung macht
den Kreis, macht „Schleifen" bewußt.

Wege aus den „Schleifen"
werden ausprobiert.

„Schleifen" werden verlassen.
Das Paar schließt an seinen alten
Entwicklungsprozeß mit einem
größeren Radius = größerer Komplexität an.

17.9 Gefühle

Ziel: Die Teilnehmer sollen eine Information darüber erhalten, was Gefühle sind, wie sie entstehen, was sie bedeuten. Sie sollen lernen, daß Gefühle wertfrei und normal sind und daß es ein breites Spektrum gibt.

Medien: Handreichung für jeden Teilnehmer

Dauer: ca. 30 Minuten

Anleitung: Jeder Teilnehmer bekommt eine Handreichung. In Form eines Kurzvortrages mit Rückfragen und Diskussion wird das Phänomen „Gefühl" vorgestellt. Danach soll jeder Teilnehmer sich etwas Zeit lassen, um anschließend zu benennen, welches augenblickliche Gefühl er gerade hat.

Besondere Hinweise: Diese Grundinformation wird als Einstieg in eine erste Reflexionsrunde innerhalb einer Gruppentherapie gegeben. Die Ratsuchenden werden dann zum Ende einer Therapiephase nochmals mit der Information konfrontiert, und sie können so registrieren, in welchem Grade sie sich im verbalen Ausdruck ihrer Gefühle entwickeln konnten.

→ *Gefühle*

Bei dem, was im Miteinander eines Paares geschieht, spielt die Wahrnehmung der Gefühle eine zentrale Rolle. Um diese Wahrnehmung zu erleichtern, sollen jetzt einige grundsätzliche Gedanken über Gefühle dargelegt werden:

▶ Gefühle kommen auf, ob jemand das will oder nicht. Sie sind das Ergebnis eines inneren, meist unbewußten Bewertungsprozesses.

▶ Von den Gefühlen läßt sich somit auf die hinter ihnen liegenden Bewertungen schließen. Bewertung über Personen, über Abläufe, Verhaltensweisen oder über einen Raum wie diesen, in dem wir gerade sitzen.

▶ Gefühle haben keine sittliche oder moralische Wertigkeit, sie sind weder gut noch schlecht. Deshalb braucht man sich seiner Gefühle auch nicht zu schämen oder sich seiner Gefühle wegen zu rechtfertigen. Wichtig ist, daß Sie selbst einen Zugang zu dem bekommen, was Sie im Moment fühlen.

▶ Gefühle lassen sich verändern, wenn wir die hinter ihnen liegenden (unbewußten) Bewertungen überprüfen und ggf. verändern.

▶ Wenn sie Ihrem Partner oder anderen Menschen Ihre Gefühle mitteilen, vermitteln Sie ihnen damit eine tiefere Einsicht in das, was in Ihnen vorgeht.

Wie kann man ein Gefühl ausdrücken?

Das richtige Mitteilen der Gefühle könnte z.B. folgendermaßen geschehen: *„Ich fühle mich glücklich wie ein Kind"* oder: *„Ich bin glücklich wie ein Kind."*

Eine **falsche** Aussage wäre: *„Ich fühle, daß du nervös bist."*

Mit diesem letzten Satz wird nicht ein Gefühl ausgedrückt, sondern eine Meinung. Diese Meinung ist zugleich ein Urteil über einen anderen. Folgende Wörte helfen, Gefühle auszudrücken:

fröhlich	niedergeschlagen	fit
bedrückt	verbittert	leer
erregt	wütend	glücklich
befriedigt	gelassen	nackt
ohnmächtig	entspannt	verärgert
nervös	angriffslustig	berauscht

17.10 Ehe – ein Gestaltungsfeld mit Widersprüchen

Ziel: Innere Leitbilder, geprägt durch Wünsche, Sehnsüchte und Lebenserfahrungen auch der Eltern, sowie äußere Leitbilder, vorgegeben z.B. durch eine von der Kapitalmaximierung geprägten Wirtschaftsordnung, haben großen Einfluß auf die konkrete Alltagsgestaltung einer Ehe. Es gilt, sich der eigenen Leitbilder bewußt zu werden, damit Kontrolle über sie zu gewinnen und sie gegebenenfalls zu korrigieren und zu verändern. In dieser mit Information und Erfahrung gekoppelten Einheit soll das je eigene Ehebild auf seine Realisierungsmöglichkeit überprüft werden. Ein „integratives" Bild wird vorgestellt, um dann durch Identifikation mit einzelnen Bereichen die jeweiligen Eheintentionen zu überprüfen, zu korrigieren und ggf. zu erweitern.

Medien: Handreichung für jeden Teilnehmer

Dauer: ca. 90 Minuten

Anleitung:

1. Die Teilnehmer werden aufgefordert, möglichst viele Bilder und Metaphern zu nennen, die mit dem Satz beginnen: **Ehe ist für mich …**
   Ergänzend kann die Frage: *„Wonach sehnen Sie sich, wenn Sie an Ehe denken?"* gestellt werden. Oftmals kommen dann Bilder von Sehnsucht nach Harmonie, nach Geborgenheit etc. Streit, Depression, Leid, Auseinandersetzung, die Stürme des Lebens haben kaum Platz in diesen Vorstellungen.
2. Anschließend bekommt jeder Teilnehmer eine Handreichung. In Form eines Kurzvortrages mit Rückfragen und Diskussion wird das Bild von Ehe der PARTNERSCHULE vorgestellt.

3. Danach werden die Benennungen für die Pole des Bildes (auf Karton geschrieben) in Kreisform auf den Boden gelegt, und zwar so, daß die jeweiligen Extreme der Pole sich gegenüberliegen.

4. Jeder Teilnehmer stellt sich hinter den Pol, mit dem er sich im Moment identifizieren möchte. Wenn jeder seinen Platz gefunden hat, beginnt einer als Pol zu sprechen und die Aufforderungsmomente, wie auch die Begrenzungen, die in jedem Pol stecken, auszudrücken z.B.: **Pol: zusammen:**

   ▶ Ich bin nah mit dir zusammen und finde es dann ganz warm und kuschelig.

   ▶ Ich bin so nah mit dir zusammen, daß mir die Luft zum Atmen wegbleibt.

5. Zusätzlich kann jeder andere Teilnehmer, der es will, sich ebenfalls hinter diesen Pol stellen und eigene Identifikationen damit benennen. Werden keine Identifikationen mehr genannt, wird zum anderen Pol der Achse gewechselt: **Pol: allein:**

   ▶ Ich bin allein und nehme dich gar nicht mehr wahr.

   ▶ Ich bin allein, und nur aus der Entfernung kann ich auf dich zugehen, wenn ich das will und mich dazu entscheide.

6. Wenn alle Pole erwandert sind, kommt die Gruppe wieder zusammen, und jeder erzählt, was er beim Erwandern der Pole erlebt hat, was bei ihm durch die Äußerungen anderer in Gang gesetzt wurde.

Besondere Hinweise: Diese Grundinformation gehört zum Standardprogramm jeder **PARTNERSCHULE**. Insbesondere die Identifikation mit einzelnen Polen führt zu einer Intentionserweiterung der Idee „Ehe"; oftmals auch zu einer unbewußten Klärung von Problemen, wenn dem Partner „durch die Blume" der Identifikation eigene Standpunkte mitgeteilt werden.

➡ Das Bild vom Paar in der PARTNERSCHULE

Das im folgenden vorgestellte „Bild vom Paar" soll ein Gerüst sein, um das, was alles in einem Paar zur Gestaltung der Beziehung dazugehören kann, aber nicht muß, einzuordnen und zu verstehen. Dabei geht es nicht um ein „richtig" oder „falsch", „das ist noch Ehe, das ist keine mehr", sondern es geht darum, die je eigene subjektiv erlebte Welt des Zusammenseins als Paar zu verstehen. Es geht ausdrücklich nicht um eine objektive „DIN-ISO-Ehe", so wie sie vielleicht von externen „Eheexperten" postuliert würde, sondern einfach darum, wie normale Menschen den Weg zu einer für sie reicheren und befriedigenderen Ehe finden können.

Dieses Ehebild geht davon aus, daß die Dynamik eines Paares und die innere Dynamik jedes Einzelnen als Gestaltungsfeld betrachtet werden kann. Dieses Feld ist ein dynamisches Ganzes in einem umgrenzten Lebens- und Aufgabenbereich im Gesamtkontext der Gesellschaft. Es ist gekennzeichnet durch vielfältige Pole, d.h. in Abhängigkeit von in Verbindung miteinander stehenden Feldkräften.

Ganz wichtig ist es, sich dabei nicht von einer inneren Wertung, also etwa: der Pol „aktiv" ist gut und der Pol „passiv" ist schlecht, leiten zu lassen, sondern beiden Polen ein gleichberechtigtes Nebeneinander zuzuordnen.

Jeder dieser Pole hat sowohl Aufforderungsmomente als auch Begrenzungen. So genießt z.B. ein Paar die Innigkeit des Zusammenseins, erstickt aber an ihr, wenn nicht auch der Gegenpol des Alleinseins gelebt wird, d.h. von Autonomie-Teil in jedem Menschen, der nicht auf den Partner bezogen ist.

Oder: das „einfache Dasein", das Genießen des Sicheingebundenfühlens in den Kosmos müßte zusammenbrechen, wenn nicht auch der Alltag pflichtbewußt (mit Elternabenden, Putzen und Geldverdienen) gelebt würde.

Ehe als Gestaltungsfeld mit ambivalenten Polen

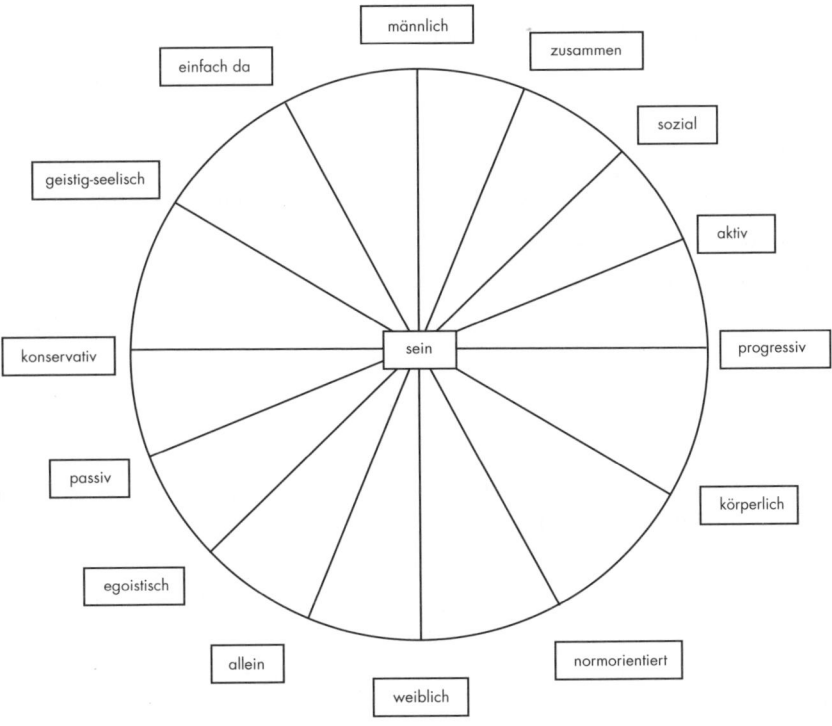

Diese Pole lassen sich, mit aller Vorsicht und Subjektivität, folgendermaßen beispielhaft charakterisieren:

weiblich: zart, gefühlsbetont, versorgend, geduldig, wehleidig, mütterlich, wankelmütig, verführerisch, diplomatisch, weich, sexy, hilfsbereit, verständnisvoll, geschwätzig, aufgeregt, einfühlsam

männlich: klar, hart, zielstrebig, brutal, rücksichtslos, väterlich, ordnend, sichernd, beschützend, unkommunikativ, stark, rational, vernünftig, stur, unsensibel, wissend, wo es langgeht

zusammen sein: harmonisch, friedfertig, konfliktscheu, liebesblind, du-treu, anklammernd, ich-schwach, verschmelzend

allein sein: aggressiv, trennend, unnahbar, zurückweisend, autonom, ich-treu, rätselhaft, fern, abgrenzend

konservativ: vergangenheitsorientiert, bewahrend, unbeweglich, starr, sicher, zuverlässig

progressiv: zukunftsorientiert, mutig, hoffend, blind, fortschrittlich, extravagant, unberechenbar

sozial: fürsorglich, aufopferungsbereit, gesellschaftlich engagiert, politisch, selbstlos, gerecht, kämpferisch, überverantwortlich, ausgebrannt

egozentrisch: selbstbewußt, würdevoll, selbstversorgend, egoistisch, narzißtisch, selbstverantwortlich, unabhängig, ressourcenreich

körperlich: beweglich, geschmeidig, lustvoll, sexuell, trainiert, schmerzhaft, unbeweglich, steif und starr, funktionierend, erdhaft, realitätsnah, tatkräftig

geistig-seelisch: bewußt, überlegt, mitfühlend, geistvoll, feinfühlig, empfindsam, verstehend, verwirrt, abgehoben, versponnen, unrealistisch

aktiv: kreativ, schöpferisch, lebensbejahend, fruchtbar, ideenreich, phantasievoll, aufgeschlossen

passiv: tot, depressiv, müde, träge, verzweifelt, perspektivlos, gelassen, abwartend, auf Neues hoffend, frei für Unerwartetes, leer, aufnahmebereit

normenorientiert: pflichtbewußt, arbeitsam, fleißig, verantwortungsbewußt, zuverlässig, emsig, alltäglich, langweilig, rigide

einfach da-seiend: präsent, Existenzberechtigung spürend, sich in Gott (im Kosmos) verankert wissend, genießend, faul, lethargisch, unbekümmert, „null Bock"

Mit diesem Bild läßt sich ein Geschmack, eine Idee davon bekommen, welche Vielfalt an menschlichen Verhaltensweisen in einem Paar zur Lebendigkeit dazugehören.

17.11 Sexualität – ein ganz normales Lernfeld

Ziel: Der Wandel der Sexualität, weg von einer stark an der Fortpflanzung orientierten, hin zu einer „sozialen" Kommunikationsform, löst bei vielen Menschen große Unsicherheit aus. In dieser Information sollen die Teilnehmer ihre Unsicherheit als etwas Normales, weil geschichtlich Begründeter, begreifen. Sie sollen Mut und Zuversicht gewinnen, eine für sie selbst stimmige und einmalige Gestaltungsform zu entwickeln.

Medien: Handreichung für jeden Teilnehmer

Dauer: ca. 45 Minuten

Anleitung: Referat und Aussprache in der Gruppe

Besondere Hinweise: Diese Information hilft, die eigenen Schwierigkeiten mit der Gestaltung der Sexualität zu relativieren. Dadurch werden auf Dauer, durch Änderung der Bewertungen, auch die damit verbundenen Emotionen sich ändern. Die Teilnehmer bekommen Mut, unabhängig von ihrem Alter, Sexualität und ihre Gestaltung als lustvolle Herausforderung zum Lernen zu begreifen.

→ *Sexualität – ein ganz normales Lernfeld*

Die Gestaltung der Sexualität hat seit der Entdeckung sicherer Kontrazeptiva einen menschheitsgeschichtlich fundamentalen Wandel erfahren. Gab es bis zur Erfindung der „Pille" bei jedem Geschlechtsverkehr die Möglichkeit der Fortpflanzung, so verwandelte sich nun die Sexualität in eine freie, eine „soziale Sexualität". Hatte sich bis dahin die sexuelle Lust miteinander oft durch Schwangerschaft bzw. Vermeiden von Schwangerschaft reguliert, so wurde sie plötzlich zu einem „Gut per se" in einer Partnerschaft.

Grundsätzlich läßt sich feststellen, daß Einstellungen zur Sexualität und zu ihrer Gestaltung wie auch andere menschliche Haltungen und Fähigkeiten im Laufe des Lebens erworben und auch verändert werden können.

So beginnt der sexuelle Lern- und Entwicklungsprozeß schon lange vor der Pubertät. Und der Mensch kann im Laufe seines Lebens immer neue Fähigkeiten für eine befriedigende Gestaltung der Sexualität dazugewinnen.

Für viele scheint das Sprechen über Sexualität und das Benennen des sexuellen Miteinanders und seiner Probleme mit großen Schwierigkeiten verbunden zu sein. Mann und Frau berühren sich, sie erleben ihre Lust, sie haben Wünsche, Sehnsüchte – sind aber wie gelähmt, wenn sie miteinander darüber sprechen wollen oder es in der Therapie zum Thema machen. Dadurch reiht sich ein Mißverständnis an das andere, mit der Folge, daß manche Paare kaum noch in der Lage sind, ihre Sexualität einigermaßen befriedigend miteinander zu gestalten.

Worte aus der Sexualmedizin, wie „Anorgasmie", „Impotenz", „Frigidität", bergen in sich die Gefahr, als leere Worthülsen zu fungieren, die einen lebendigen Prozeß zwischen zwei Menschen als ein „Ding", einen „Gegenstand", etwas „Krankes" erscheinen lassen. Aber eine Sexualstörung ist nie losgelöst von der Person und von dem Zusammenhang, in dem sie auftritt. Deshalb soll auch nicht von der „sexuellen Funktionsstörung **eines** Menschen" gesprochen werden, sondern immer vom „gestörten Sexualverhalten **zweier** Personen".

Betrachtet man die Gestaltung der Sexualität als einen Lernprozeß, so gilt es auch zu definieren, was denn gelernt werden soll. In aller Vorläufigkeit wird die Entwicklung einer „sozialen Sexualität" als persönlicher Reifungs- und Wachstumsprozeß mit folgenden Zielen verstanden:

▶ Die Partner sollen befähigt werden, sich über ihr sexuelles Erleben, ihre Vorstellungen und Wünsche miteinander auszutauschen;

▶ die Verengung der Gestaltung von Sexualität mit Fokus ausschließlich auf die Geschlechtsorgane soll zugunsten eines Einbezugs des gesamten Körpers, mit Leib und Seele, geweitet werden;

▶ die Überbetonung des Orgasmus, das Reden von einem „Vor- und Nachspiel" soll sich entwickeln zu einer gleichberechtigten Vielfalt des sexuellen und des sinnlichen Miteinanders;

▶ durch Übungen sollen die Partner lernen, ihr Affektspektrum und dessen Ausdruck zu erweitern;

▶ die Partner sollen befähigt werden, die Gestaltung ihrer Sexualität als das je eigene und einmalige **ihrer** Kommunikation zu begreifen und die Verantwortung dafür zu übernehmen.

17.12 Regeln für ein erfolgreiches Gespräch

Ziel: Die Teilnehmer sollen die Grundlagen für ein gelingendes Gespräch kennenlernen und die Rollen des Sprechers und Zuhörers einüben.

Medien: Handreichung für jeden Teilnehmer

Dauer: ca. 45 Minuten für das Vermitteln der Regel, 6-10 Einheiten à 45 Minuten zum Training

Anleitung: Im Rollenspiel wird zuerst ein Gespräch dargestellt, das sich durch einen negativen Gesprächsstil (Du-Botschaften, Nichthinhören, Beschimpfen, Vorwürfe ...) auszeichnet. Anschließend wird ein Gespräch vorgespielt, welches die folgenden Regeln anwendet. Danach werden durch die Zuschauer die verschiedenen Gesprächsstile aufgelistet und fertiggestellt, worin sich diese unterscheiden. Die Regeln werden also mit den Teilnehmern zusammen entwickelt. Anschließend werden die Regeln als Kopie ausgeteilt und zusammenfassend nochmals besprochen.

Danach wird die Gruppe aufgeteilt und das Benutzen der Regeln eingeübt. Dabei unterstützt ein Berater die Übenden. Zunächst üben fremde Partner miteinander; sind die Regeln dann eingeübt, unterhalten sich die Ehepaare in diesem Stil miteinander. Die anderen Teilnehmer sind in der Beobachterrolle und achten insbesondere darauf, was die Anwendung der Regeln atmosphärisch für die Partner bedeutet.

Besondere Hinweise: Erkenntnisse der Kommunikationsforschung legen nahe, sich in einem (Konflikt-)Gespräch an bestimmte Regeln zu halten. Das hat nicht nur eine größere Qualität des Gesprächs sowie eine verbesserte Fähigkeit, Konflikte zu managen, zur Folge, sondern auch, daß sich die Partner auf einer impliziten und nonverbalen Ebene partnerschaftlicher verhalten und somit ihre gegenseitige Wertschätzung steigt.

→ *Regeln für ein gelingendes Gespräch*

Man stelle sich einmal vor, daß ein Partner sagt: *„Man sollte sich auch mehr um die Kinder kümmern!"* Was wird eine solche Aussage beim anderen auslösen? Vielleicht bekommt dieser ein schlechtes Gewissen und fragt sich: *„Habe ich mich vielleicht nicht richtig um die Kinder gesorgt?"* Oder er fängt an, sich zu verteidigen. Evtl. geht er zum Angriff über und beschimpft den anderen mit Worten wie: *„Du kümmerst dich ja nie um die Kinder!"* Man kann sich ausmalen, wie dieses Gespräch fortgesetzt wird. Jeder bleibt bei einem unangenehmen und unerfreulichen, aber gewohnten Kommunikationsmuster in einer nahen Beziehung, und die Atmosphäre ist vergiftet.

Intensive Untersuchungen über das Gesprächsverhalten zweier Menschen haben einige Qualitäten herausgearbeitet, die zum Gelingen einer so engen Beziehung wie der Ehe wesentlich beitragen können. Eine der wichtigsten Größen für das subjektiv empfundene Glück in einer Ehe – das besagen zumindestens die Erkenntnisse der neueren Ehe- und Partnerschaftsforschung – ist die Art und Weise, wie die Partner miteinander sprechen, wie sie dem anderen zuhören.

Schaut man auf das Gesprächsverhalten im obigen Beispiel, könnte man fragen: *„Wer ist denn mit ‚man' überhaupt gemeint?"* In der Antwort fällt das Wort „du" auf; mit diesem Du-Satz etikettiert man den anderen, das heißt bildlich, ihm wird ein Schild mit einer Aussage über ihn umgehängt. Die natürliche Reaktion auf einen solchen Vorwurf ist in der Regel eine Verteidigung. Ferner sagt das Wort „nie" etwas pauschal Allgemeines aus; dahinter steckt ein generalisierter Vorwurf.

Im folgenden werden einige Qualitäten aufgezeigt, die für das Gelingen einer Kommunikation hilfreich sind.

Qualitäten der Sprecher – Rolle

Ich-Gebrauch

Hier spricht ein Mensch über sich selbst, seine eigenen Gefühle und Gedanken, er gebraucht häufig das Wort „ich". Dadurch bekommen alle seine Aussagen eine persönliche Färbung. Äußerungen in der Du-Form sind dagegen oftmals Vorwürfe oder Anklagen, zumindestens Aussagen über einen anderen, die als Auslöser für eine Rechtfertigung oder sogar einen Gegenangriff benutzt werden.

Konkretes Verhalten in konkreten Situation ansprechen

Unser Leben und Verhalten besteht immer aus konkreten Situationen und Abläufen. Deshalb ist es wichtig, in Gesprächen auch ganz konkrete Erfahrungen zu benennen. Außerdem wird ein Gespräch dadurch viel anschaulicher und interessanter. Das bedeutet, daß Verallgemeinerungen und Bewertungen, wie „immer", „nie", „typisch", nach Möglichkeit vermieden werden. Denn in einem Konfliktgespräch rufen diese meist sofortigen Widerspruch des Partners hervor, außerdem lenken sie vom eigentlichen Inhalt einer konkreten Situation ab.

Ferner gilt zu beachten, daß, wenn jemand ganz konkretes Verhalten in einer bestimmten Situation anspricht, er dies durch seine Brille, d.h. mit seinen Gedanken und Bewertungen im Hinterkopf, betrachtet und interpretiert. Ein Außenstehender würde das gleiche Verhalten vielleicht ganz anders interpretieren. Auch deshalb ist Paartherapie im Rahmen einer Gruppe wichtig, weil hier immer eine Vielzahl von Außenstehenden anwesend ist, die das Verhalten beobachten und wahrnehmen. Durch ihre Rückmeldungen können sie zur Klärung verfahrener Situationen beitragen.

Beim Thema bleiben

Konfliktgespräche, besonders wenn die Beziehungsebene zwischen den Partnern gestört ist, neigen dazu, auszuufern. Es ist wichtig, nur auf solche Inhalte einzugehen, die für das gewählte Thema von Belang sind.

Sich öffnen

Für das Gegenüber ist es wichtig zu wissen, was in dem, der gerade spricht, vorgeht. Auch wenn dieser Schwierigkeiten hat, das immer selbst zu spüren, kann es atmosphärisch sehr wichtig sein, auch ein Nichtfühlen mitzuteilen. Wenn man Gefühle und Bedürfnisse direkt äußert, lassen sich Anklagen und Vorwürfe vermeiden. So kann auch ein weiterer häufiger Fehler vermieden werden, nämlich die Reaktionen des Partners vorwegzunehmen, indem man etwa sagt: „Ich würde ja gerne mit dir ins Bett gehen, aber du hast ja doch nie Lust." Damit sichert sich der Sprecher schon im voraus gegen eine mögliche Reaktion des Zuhörers ab und legt ihn bereits fest (Was würde passieren, wenn jener wirklich wollte?).

Qualitäten der Zuhörerrolle

Zugewandt zuhören

Dabei wird dem Sprecher nonverbal (nicht-sprachlich) mit der Gestik des ganzen Körpers, mit dem Blickkontakt vermittelt, daß der Zuhörer ihm zugewandt ist und Interesse an seinen Äußerungen hat. Dies kann z.B. durch unterstützende Gesten, wie Nicken oder kurze Einwürfe wie: „ah", ja", „ha" „na sowas" geschehen.

Zusammenfassen

Hilfreich für den kommunikativen Prozeß ist es, wesentliche Äußerungen des Sprechers möglichst in eigenen Worten wiederzugeben. Damit wird deutlich gemacht, das Anliegen des anderen verstanden zu haben. Wenn dies schwerfällt, ist es sinnvoll, die Äußerungen des Partners wörtlich zu wiederholen.

Offene Fragen

Wenn man nicht sicher ist, den Partner richtig verstanden zu haben, muß man offen nachfragen, was genau gemeint ist.

Rückmeldungen des ausgelösten Gefühls

Jede Äußerung des Sprechers löst beim Zuhörer etwas aus. Für den Sprecher ist es enorm wichtig, davon zu wissen. Solche Rückäußerungen sollen in Ich-Form geschehen, also: *„Ich freue mich darüber, daß du mir das so offen sagst"* oder: *„Ich bin von deinen Worten so geschockt, daß ich gar nicht weiß, wie ich darauf reagieren soll."*

Literatur

Adler, A. (1927). Studie über Minderwertigkeit von Organen. München: Bergmann.

Adler, A. (1930, 1974). Praxis und Theorie der Individualpsychologie. Frankfurt: Fischer.

Adorno, T.W. (1951, 1964, 1973). Minima Moralia. Reflexionen aus dem beschädigten Leben. Frankfurt: Suhrkamp.

Ainsworth, M.D. (1982). Attachment retrospect and prospect. In: C.M. Parkes & Stephenson-Hinde (Eds.): The place of attachment in human behaviour. London:Tavistock.

Ainsworth, M.D., Blehar, M.C., Water, E. & Wall,S. (1978). Patterns of attachment: A psychological study of the strange situation. New York: Erlbaum.

Allport, F.H. (1920/1924). Social Psychology. Boston.

Allport, G.W. (1937). Personality: A Psychological Interpretation. New York: Holt.

Angel, K. (1967). On symbiosis and pseudosymbiosis. Journ. Amer. Psychoanal. Ass. 15, pp. 294-316. In: Dornes, M. (1993). Der kompetente Säugling.Frankfurt: Fischer.

Antons K. (1974). Praxis der Gruppendynamik. Göttingen: Hogrefe.

Arentewicz, F. & Pfäfflin, F. (1980). Sexuelle Funktionsstörungen aus verhaltenstherapeutischer Sicht. In: V. Sigusch (Hrsg.): Therapie sexueller Störungen (2. Aufl.). Stuttgart: Thieme-Verlag.

Arentewicz, G. & Schmidt, G. (1986). Sexuell gestörte Beziehungen. Konzepte und Technik der Paartherapie. Heidelberg: Springer Verlag.

Auckenthaler, A. (1983). Klientenzentrierte Psychotherapie mit Paaren. Mainz: Kohlhammer.

Averill, J.R. (1980). A constructivist view of emotion. In: Plutchik, R., Kellerman, H. (Hrsg.): Theories of emotion. New York: Academic Press, 212-232.

Balck, F., Reimer, C. & Jenisch, V. (1981). Suizidalität und Partnerschaft. In: H. Hensler & C. Reimer (Hrsg.): Selbstmordgefährdung. Zur Psychodynamik und Psychotherapie. Stuttgart: Fromann-Holzboog Verlag.

Bandler, R. & Grinder, J. (1981). Die Struktur der Magie I. Paderborn: Junfermann.

Bandura, A. & Walters, R.H. (1963). Social learning and personality development. New York: Holt.

Bandura, A. (1977). Self-efficacy. Psychological Review, 84, 191-215.

Barabas, F.K. & Erler, M. (1994). Die Familie. Einführung in Soziologie und Recht. Weinheim u. München: Juventa.

Barlow, D.H. (1986). Causes of Sexual Dysfunction. The Role of Anxiety and Cognitive Interference. Journal of Consulting and Clinical Psychology, 54 (2), 140-148.

Barlow, D.H., Hayes, S.C., Nelson, R.O. (1984). The scientist-practitioner: Research and accountability in clinical and educational settings. New York: Pergamon.

Bastine, R., Fiedler, P.A., Kommer, D. (Hrsg.) (1989). Psychotherapeutische Prozeßforschung [Themenheft], Zeitschrift für Klinische Psychologie, 18, 1-92.

Baumann, u., von Wedel, B. (1981). Stellenwert der Indikationsfrage im Psychotherapiebereich. In: Baumann, U. (Hrsg.). Indikation zur Psychotherapie. Fortschritte der Klinischen Psychologie, 25, München: Urban & Schwarzenberg.

Blasius, D. (1992). Ehescheidung in Deutschland im 19. und 20. Jahrhundert. Frankfurt/M.: Fischer TB.

Bloch, S. (1989). Effector patterns of basic emotions: an experimental model for emotional induction. Behavioral & Brain Research 33.

BMFuS (1993). Familie und Beratung. Gutachten des wissenschaftlichen Beirates für Familienfragen beim Bundesministerium für Familie und Senioren. Bonn.

Bock, I., Pädagogische Anthropologie. In: Roth 1991.

Bohus, M. & Berger M. (1992). Der Beitrag biologisch-psychiatrischer Befunde zum Verständnis depressiver Erkrankungen. Zeitschrift für klinische Psychologie, 21 (2), 156-171.

Bowlby, J. (1969). Attachment and loss. Vol. 1: Attachment. New York: Basic Books.

Bowlby, J. (1975). Bindung. Frankfurt: Fischer.

Bowlby, J. (1976). Trennung. Frankfurt: Fischer.

Bowlby, J. (1983). Verlust, Trauer und Depression. Frankfurt : Fischer.

Brocher, T. (1967). Gruppendynamik und Erwachsenenbildung. Braunschweig: Westermann.

Brooks, CH. (1979). Erleben durch die Sinne. Junfermann: Paderborn.

Brunner, EJ. (1986). Grundfragen der Familientherapie. Systemische Theorie und Methodologie. Berlin: Springer.

Brunner, O. (1956). Das ganze Haus und die europäische Ökonomik. In: Brunner, Neue Wege der Verfassungs- u. Sozialgeschichte. Göttingen: Vandenhoeck u. Ruprecht.

Buber, M. (1983). Ich und Du. Heidelberg: Schneider.

Buck, R. (1984). The communication of emotion. New York. Guilford.

Bundestagsdrucksache (1989). Regierungsbegründung zum KJHG, Bonn, 11 /5948/.

Burrow, T.L. (1924). The Group Method of Analysis. In: Psychoanalytic Review XIV, S. 268-280.

Chang, J. (1978). Das Tao der Liebe. Hamburg: Rowohlt.

Clauss, G. & Ebner, H. (1977). Grundlagen der Statistik. Frankfurt a.M.: Verlag Harri Deutsch.

Coester-Waltjen, D. (1988). Die Lebensgemeinschaft – Strapazierung des Parteiwillens oder staatliche Bevormundung? In: Neue Juristische Wochenzeitschrift, 2085. München: Beck.

Cöllen, M. (1989). Das Paar. München: Kösel.

Cöllen, M. (1997). Paartherapie und Paarsynthese. Lernmodell Liebe. Wien: Springer.

Collins, W.A. & Read, S.J. (1990). Adult attachment. Working models and relationship qualitiy in dating couples. Journal of Personality and Social Psychology, 58, 644-663.

Csikszentmihalyi, M. (1975). Beyond Boredom and Anxiety. San Francisco: Jossey-Bass (deutsch 1987: Das Flow-Erlebnis. Jenseits von Angst und Langeweile: Im Tun aufgehen (2. Aufl.). Stuttgart: Klett-Cotta). In: Kanfer/Reinecker/Schmelzer (1996). Selbstmanagement-Therapie, 2. Aufl., Springer.

Darwin, Ch. (1859, 1963). Die Entstehung der Arten durch natürliche Zuchtwahl. Stuttgart: Reclam.

Darwin, Ch. (1882, 1986). Der Ausdruck der Gemütsbewegungen beim Menschen und den Tieren. Leipzig: Schweizerbart'sche Verlagsbuchhandlung. Stuttgart: Nördlingen.

Diderot, D. (1964). Paradox über den Schauspieler. Frankfurt/M.: Suhrkamp.

Dölle, H. (1964). Familienrecht, Bd. 1. Karlsruhe: Mueller, Jur. Verlag.

Dornes, M. (1993). Der kompetente Säugling. Frankfurt: Fischer.

Eibl-Eibesfeld, I. (1986). Grundriß der vergleichenden Verhaltensforschung-Ethologie. München: Piper.

Ekman, P. & Friesen, W.V. (1969). The repertoire of nonverbal behavior: Categories, origins, usage, and coding. Semiotica, 1, 49-98.

Ekman, P. (1989). The argument and evidence about universals in facial expressions of emotion. In: H. Wagner & A. Manstead (Eds.): Handbook of social psychophysiology (pp. 143-163). New York : Wiley.

Engl, J. & Thurmaier, F. (1992). Wie redest Du mit mir? Fehler und Möglichkeiten in der Paarkommunikation. Freiburg: Herder.

Epstein, S. (1983). The unconscious, the preconscious, and the self-concept. In: J. Suls & A. Greenwald (Eds.): Psychological perspectives on the self (219-247). Hillsdale, NJ: Lawrence Erlbaum.

Epstein, S. (1990).Cognitive-experiential self-theory. In: L.A. Pervin (Ed.), Handbook of personality : Theory and research (pp. 165-192). New York: Guilford.

Epstein, S. (1991). Cognitive-experiential self-theory: An integrative theory of personality. In: R.C. Curtis (Ed.): Relational self: Theoretical convergences in psychoanalysis and social psychology (pp. 111-137). New York: Guilford.

Erickson, F. (1986). Qualitative methods in research on teaching. In: Wittrock, M. (Hrsg.): Handbook of research on teaching, New York 1986, S. 119-161.

Fahrner, E.-M.& Kockott, G. (1994). Funktionelle Sexualstörungen. In: H. Reinecker (Hrsg.): Lehrbuch der Klinischen Psychologie. Göttingen: Hogrefe.

Feldenkrais, M. (1986). Bewußtheit durch Bewegung. Frankfurt a.M.: Insel Verlag.

Ferenczi, S. (1931). Kinderanalysen mit Erwachsenen, sowie
Ferenczi, S. (1933). Sprachverwirrungen zwischen dem Erwachsenen und dem Kind. In: Ferenczi, S.: Schriften zur Psychoanalyse. Frankfurt a.M. 1982: Fischer.
Fiedler, P. (1995). Persönlichkeitsstörungen. Weinheim: Psychologie Verlags Union.
Fiedler, P. (1996). Verhaltenstherapie in und mit Gruppen. Weinheim: Psychologie Verlags Union.
Fischer, T. (1981). Der Beginn frühmoderner Sozialpolitik in deutschen Städten des 16. Jahrhunderts. In: Sachße & Tennstedt (Hrsg.): Jahrbuch der Sozialarbeit. Hamburg: Reinbek.
Fisher, H. (1983). Anatomie der Liebe. München: Droemer-Knaur.
Flammer, A. (1990). Erfahrung der eigenen Wirksamkeit. Einführung in die Psychologie der Kontrollmeinung. Bern: Huber.
Fliegel, S. et al. (1981). Verhaltenstherapeutische Standardmethoden. München, Wien, Baltimore: Urban & Schwarzenberg.
Fonagy, P., Steele, M., Steele, H., Leigh, K., Kennedy, R., Mattoon, G. & Target, M. (1994). Attachment, the reflective self and borderline states. The predictive specificity of adult attachment. Interview and pathological emotional development. In: S. Goldberg, R. Muir & J. Kerr (Eds): Attachment theory: Social development and clinical perspectives. Englewood Cliffs, NJ: Lawrence Erlbaum.
Foulkes, S.H. (1972): Therapeutic group analysis. London: George Allen and Unwin.
Frank, J. (1961). Persuasion and healing (2nd ed.). Baltimore: The Johns Hopkins University Press.
Frank, J. D. (1982). Therapeutic components shared by all psychotherapies. In: J.H. Harvey & M.M. Parks (Eds.): The master lecture series (Vol. 1): Psychotherapy research and behavior change (pp. 9-37). Washington DC: American Psychological Association.
Frank, J. D. (1987). Psychotherapy, rhetoric and hermeneutics: Implications for practice and research. Psychotherapy, 24, 293-302.
Freud, S. (1911). Formulierungen über die zwei Prinzipien des psychischen Geschehens. Gesammelte Werke, Band 8, London, 1948.
Freud, S. (1917). Vorlesungen zur Einführung in die Psychoanalyse. Frankfurt 1981: Fischer TB.
Freud, S.(1912). Zur Dynamik der Übertragung. G.W. VIII.
Friedmann, H.S., Tucker, J.S., Schwartz, J.E., Tomlinson-Keasey, C., Martin, L.R., Wingard, D.L., Criqui, M.H. (1995). Psychosocial and Behavioral Predictors of Longevity. In: American Psychologist. Vol. 50, Nr.2, 69-78.
Frisé, M. (1994). Familien fühlen sich im Stich gelassen. In: Frankfurter Allgemeine Zeitung vom 24.2.1994.
Fromm, E. (1941). Die Flucht vor der Freiheit. Frankfurt: Europ. Verlagsanstalt. 1966.
Gascke (1999). Leitartikel in der Wochenzeitschrift Die Zeit, Januar, Hamburg.
Gasiet, S. (1980). Menschliche Bedürfnisse. Eine theoretische Synthese. Frankfurt a.M.: Campus.
Gerhard, U. (1978). Verhältnisse und Verhinderungen. Frankfurt: Suhrkamp.
Gerok, W. (Hrsg.) (1990). Ordnung und Chaos in der unbelebten und belebten Natur. Stuttgart: Hirzel.
Gibson, E. J. (1988). Exploratory behavior in the development of perceiving, acting, and the acquiring of knowledge. Annual Review of Psychology, 1-41.
Goldschmidt, H.L. (1944/1992). Philosophie als Dialogik: Frühe Schriften. Wien: Passagenverlag.
Goldstein, S. & Sonit, A.J. (1989). Wenn Eltern sich trennen. Was wird aus den Kindern? Stuttgart: Klett-Cotta.
Gollwitzer, P.M. (1979). Suchen, Finden und Festigen der eigenen Identität: Unstillbare Zielintentionen. In: H. Heckhausen, P.M. Gollwitzer & F.E. Weinert (Hrsg.), Jenseits des Rubikon: Der Wille in den Humanwissenschaften (S. 176-189). Berlin: Springer.
Gordon, Th. (1972). Familienkonferenz. Hamburg: Hoffmann und Campe.
Goschke, T. (1996). Lernen und Gedächtnis: Mentale Prozesse und Gehirnstrukturen. In: G. Roth & W. Prinz (Eds.): Kopf-Arbeit. Heidelberg: Spektrum Akademischer Verlag.
Gottman, J. (1995). Glücklich verheiratet? München: Heyne Verlag.
Grawe, K., Donati R. & Bernauer, F. (1994). Psychotherapie im Wandel. Von der Konfession zur Profession. Göttingen: Hogrefe.
Grawe, K. (1976). Differentielle Psychotherapie. Indikation und spezifische Wirkung von Verhaltenstherapie und Gesprächstherapie. Bern: Hans Huber.
Grawe, K. (1986). Schema-Theorie und interaktionelle Psychotherapie. Unveröffentlichter Forschungsbericht Nr. 1986/1. Psychologisches Institut der Universität Bern.

Grawe, K. (1995). Grundriß einer Allgemeinen Psychotherapie. In: Psychotherapeut. 40, Springer Verlag, 130-145.

Grawe,K. (1998). Psychologische Therapie. Göttingen: Hogrefe.

Greenberg, L. S., Rice, L. & Elliott, R. (1993). Facilitating emotional change: The moment to moment process. New York: Guilford.

Greenberg, S.L., Safran, J.D. (1989). Emotion in psychotherapy. American Psychologist, 44, 19-29.

Grossmann, K.G., August, P., Fremmer-Bombik, E., Friedl, E., Grossmann, A., Scheuerer-Englisch, H., Spangler, G., Stfan, C. & Suess, G. (1989). Die Bindungstheorie. Modell und entwicklungspsychologische Forschung. In: H. Keller (Hrsg.): Handbuch der Kleinkindforschung. Berlin: Springer.

Gudjons, H. (1993). Erziehungswissenschaft kompakt. Hamburg: Bergmann + Helbig Verlag.

Guggenbühl, A. (1997). Vertrauen in die Fremdheit. Die Sexualität des Mannes zwischen Beziehungsfurcht und mythischer Grandiosität. In: P. Buchheim / M. Cierpka / Th. Seifert. Lindauer Texte. Heidelberg, Berlin: Springer.

Haeberle, E.J. (1985). Die Sexualität des Menschen, Berlin-New York: Walter de Gruyter.

Hahlweg, K. (1994). Beziehungs- und Interaktionsstörungen. In: Reinecker 1994.

Hahlweg, K. (1986). Partnerschaftliche Interaktion. Empirische Untersuchung zu Analyse und Modifikation von Beziehungsstörungen. München: Röttger Verlag.

Hahlweg, K., Schindler, I. & Revenstorf, D. (1982). Partnerschaftsprobleme. Diagnose und Therapie. Handbuch für den Therapeuten. Heidelberg, Berlin: Springer.

Haken, H. (1992). Synergetik. Berlin: Springer.

Harris, P. (1987). The development of search. In: Ph. Salapatek / L. Cohen (Eds.): Handbook of Infant Perception. Vol. 2: From Perception to Cognition. New York u.a.: Academic Press, pp. 155-207.

Hautzinger, M.& Bailer, M. (1992). Allgemeine Depressions-Skala, Weinheim: Beltz Test-Gesellschaft.

Heid, H. (1991). Das Theorie-Praxis-Verhältnis in der Pädagogik. In: Roth 1991.

Heller, A. (1980). Theorie der Gefühle. Hamburg: VSA.

Herlth, A. Brunner, E.J., Tyrell, H. & Kriz, J. (Hrsg.) (1994). Abschied von der Normalfamilie? Berlin: Springer Verlag.

Herzka, H.S. (1989). Die neue Kindheit. Dialogische Entwicklung–Autoritätskritische Erziehung. Basel/ Stuttgart 1989, Seite 19-20.

Hofmann-Hausner,N. & Bastine, R. (1995). Psychische Scheidungsfolgen für Kinder. Die Einflüsse von elterlicher Scheidung, interparetalem Konflikt und Nach-Scheidungssituation. Zeitschrift für Klinische Psychologie,24, 285-299.

Höhmann-Kost, A. (1991). Bewegung ist Leben. Einführung in die Theorie und Praxis der Integrativen Bewegungstherapie. Paderborn: Junfermann.

Iljine, V.N. (1942). Das therapeutische Theater (russisch.). Paris: Sobor.

Jacobson, E. (1938). Progressive relaxation. Chicago: University Press.

James, W. (1899). Psychologie und Erziehung. Leipzig: Engelmann.

Janis & Mann (1977). Pädagogische Soziologie. In: Roth 1991.

Jellouschek, H. (1985). Der Froschkönig. Zürich: Kreuz Verlag.

Jervis, G. (1975). Kritisches Handbuch der Psychiatrie. Frankfurt a. M.: Syndikat.

Jung, C.G. (1939). The Integration of the personality. New York: Farrar & Rinehart.

Jung, C.G. (1984). Praxis der Psychotherapie. Holten und Freiburg: Walter.

Kadushin, C. (1969). Why people go to psychiatrists. New York: Atherton. In: Kanfer/Reinecker/Schmelzer (1996): Selbstmanagement-Therapie, 2. Aufl., Berlin: Springer.

Kanfer, F.H., (1990). The scientist-practitioner connection: A bridge in need of constant attention. Professional Psychology: Research and Practice, 21, 264-270.

Kanfer, F.H., Reinecker, H., Schmelzer, D. (1996). Selbstmanagement-Therapie. Berlin: Springer Verlag.

Kaplan, H.S.(1974). The new sex theray. Active treatment of sexual disfunction. New York: Brunner/Mazel.

Kast, V. (1997). Die Bedeutung der Sexualität für die weibliche Identität. In: P. Buchheim / M. Cierpka / Th. Seifert: Lindauer Texte. Berlin: Springer.

Kaufmann, F.-X. (1990). Familie und Modernität. In: Lüscher / Schultheis / Wehrspaun (Hrsg.): Die postmoderne Familie. Konstanz: Univ.-Verlag.

Keller, H., Miranda, D., Schölmerich, A. (1985). Die Entwicklung des Blickkontaktverhaltens im ersten Lebensjahr. Zeitschrift f. Entwicklungspsychologie und Pädagogische Psychologie 3, S. 258-269.

Kessler, B.H. (1984). Verhaltenstherapie. In: Schmidt, L.R. (Hrsg.): Lehrbuch der Klinischen Psychologie, 2. Auflage. Stuttgart: Enke.

Keupp, H., Röhrle, B. (1987). Soziale Netzwerke. Frankfurt: Campus.

Kiesler, D.J. (1982). Interpersonal theory for personality and psychotherapy. In: J.C. Anchin & D.J. Kiesler (Eds): Handbook of interpersonal psychotherapy (pp. 3-24). New York: Pergamon.

Klann, N. (1996). In: Informationsdienst Katholische Bundesarbeitsgemeinschaft für Beratung e.V. Nr. 48, S. 9, Bonn.

Klann, N. & Hahlweg, K. (1994a). Hrsg.: Bundesministerium für Familie, Senioren, Frauen und Jugend, Bestandsaufnahme in der institutionellen Ehe-, Familien- und Lebensberatung. Stuttgart: Kohlhammer.

Klann, N.& Hahlweg, K. (1994b) Hrsg.:Bundesministerium für Familie, Senioren, Frauen und Jugend. Beratungsbegleitende Forschung – Evaluation von Vorgehensweisen in der Ehe-, Familien- und Lebensberatung und ihre spezifischen Auswirkungen (Der eingesetzte Fragebogen sowie die zur Auswertung notwendige windowsfähige Software sind zu erhalten bei der BAG-Kath. Bundesarbeitsgemeinschaft für Beratung e.V. Bonn, Kaiserstr. 163, 53113 Bonn). Stuttgart: Kohlhammer.

Köcher, R. (1993). Lebenszentrum Familie. In: Bundesministerium für Familie und Senioren. 40 Jahre Familienpolitik Deutschland (S. 37-51). Neuwied: Luchterhand Verlag.

Kockott, G. (1980). Therapieerfahrungen bei der Behandlung funktioneller Sexualstörungen. In: J.C. Brengelmann (Hrsg.): Entwicklung der Verhaltenstherapie in der Praxis. München: Gerhard Röttger Verlag.

Koffka, K. (1935). Principles of gestalt psychology. London: Kegan, Paul French.

Köhler, W. (1921). Intelligenzprüfungen an Anthropoiden. Berlin: Springer.

König, R. (1972). Familie und Familiensoziologie, Stichwort. In: Bernsdorf. Wörterbuch der Soziologie. Frankfurt/M.: Fischer TB.

Kramer, H. (1992). Aus der Elternschaft kann man sich nicht entlassen. In: Horstmann, J. (Hrsg.): Nacheheliche Elternschaft. Schriftenreihe des Familienbundes der Deutschen Katholiken NRW, Nr. 8., Münster.

Krapp, A., Heiland, A. (1993). Wissenschaftstheoretische Grundfragen der Pädagogischen Psychologie. In: Pädagogische Psychologie, Hrsg. Weidenmann B, Krapp A. et al. Weinheim. Basel: Beltz.

Krause, R. (1997). Allgemeine psychoanalytische Krankheitslehre. Band 1: Grundlagen. Stuttgart: Kohlhammer.

Kriz, J., (1985). Grundkonzepte der Psychotherapie. Eine Einführung. München: Urban & Schwarzenberg.

Laing, R.D., Phillipson, H. & Lee, A.R. (1973). Interpersonelle Wahrnehmung. Frankfurt: Suhrkamp.

Lauterbach, W. & Sarris, V. (Hrsg.) (1980). Beiträge zur psychologischen Bezugsystemforschung. Bern: Huber.

Lazarus, A. (1978). Verhaltenstherapie im Übergang. München: Reinhardt.

Lazarus, A. (1980). Innenbilder. Imagination in der Therapie und als Selbsthilfe. München: Pfeiffer.

Lazarus, A. (1989). Fallstricke der Liebe. Vierundzwanzig Irrtümer über das Leben zu zweit. Stuttgart: Klett-Cotta.

Lazarus, R.S. (1991). Emotion and adaptation. New York: Oxford University Press.

Leary, T. (1957). Interpersonal diagnosis of personality. New York: Roland.

Lévinas, E. (1992). Die Spur des Anderen. Freiburg.

Lewin, K. (1968). Die Lösung sozialer Konflikte. Bad Nauheim: Christian.

Lichtenberg, J. (1985). Response: In search of the elusive baby. Psychoanal. Inquiry 5, pp. 621-648.

Lopicollo, J. & Lobitz, W.C. (1973). Behavior Therapy of Sexual Dysfunctions. In: C. Hamerlynck, L.C. Handy & E.J. Mash (Eds.): Behavior Change (343-358). Champaign, IL: Research Press.

Lowen, A.& L. (1979). Bioenergetik für jeden. München: Peter Kirchheim Verlag.

Lowen, A. (1970). Lust. Der Weg zum Kreativen Leben. München: Kösel.

Lüscher, K. (1988). Familie und Familienpolitik im Übergang zur Postmoderne. In: Lüscher, K., Schultheis, F., Wehrspaun, M. (Hrsg.): Die "postmoderne" Familie. Familiale Strategien und Familienpolitik in einer Übergangszeit., S. 15-36. Konstanz: Universitätsverlag.

Mac Lean, P.D. (1970). The limbic brain in relation to psychoses. In: P.H. Black (Ed.): Physiological correlates of emotion. New York: Academic Press.

Mader, W. & Weymann, A. (1975). Erwachsenenbildung. Bad Heilbrunn: Klinkhardt.

Mahler, M. (1952). Kindliche Psychose und Schizophrenie. Autistische und symbiotische kindliche Psychosen. In: M. Mahler (1985), S. 164-189.

Mahler, M. / Pine, F. / Bergman,A. (1975). Die psychische Geburt des Menschen. Symbiose und Individuation. Frankfurt a.M.: Fischer 1978.

Mahler, M. (1968). Symbiose und Individuation. Bd. 1: Psychosen im frühen Kindesalter. Stuttgart: Klett 1972.

Markus, H. & Smith, J. (1981). The influence of self-schemata on the perception of others. In: N.Cantor & J.F.Kihlstrom (Eds.), Personality, Cognition and Social interaction (pp. 233-259). Hillsdale, N.J.: Erlbaum.

Marx, K. (1976). Der Ehescheidungsgesetzentwurf. In: Marx, K., Engels, F., Werke Bd. 1, Dietz, Berlin.

Maslow, A. (1971). The farther reaches of human nature. New York: Viking Press.

Masters, W.H. & Johnson, V.E. (1973). Impotenz und Anorgasmie. Zur Therapie funktioneller Sexualstörungen. Frankfurt a.M.: Stahlberg Verlag.

Masters, A. & Johnson, V.E. (1983). In: Zilbergeld 1983, S.94.

Matakas, F. (1992). Neue Psychiatrie. Göttingen: Vandenhoock & Ruprecht.

Mentzos, S. (1984). Neurotische Konfliktverarbeitung. Frankfurt a.M.: Fischer Verlag.

Meueler, E. (1982). Erwachsene lernen. Beschreibung, Erfahrungen, Anstöße. Stuttgart: Klett-Cotta.

Mills, T.M. (1971). Soziologie der Gruppe. München: Juventa.

Minuchin, S. (1977). Familie und Familientherapie. Theorie und Praxis struktureller Familientherapie. Freiburg: Lambertus.

Mitteis, H., Lieberich, H. (1992). Deutsche Rechtsgeschichte, 19. Aufl. München: Beck.

Mitterauer, M. (1989). Entwicklungstrends der Familie in der europäischen Neuzeit. In: Nave-Herz & Markefka (Hrsg.), Handbuch der Familien- und Jugendforschung, Bd.1.. Neuwied: Luchterhand.

Mitterauer, M. & Sieder, R. (Hrsg.) (1977). Vom Patriarchat zur Partnerschaft. Zum Strukturwandel der Familie. München: Beck.

Moreno, J.L. (1990). Theorie der Spontaneität – Kreativität. In: Petzold, Orth 1990a, Seite 189-202.

Moreno, J.L. (1973). Gruppenpsychotherapie und Psychodrama. Stuttgart: Thieme.

Moreno, J.L. (1953). Who shall survive? A new approach to the problem of human interrelations. Beacon: Beacon House.

Mugdan, B. (Hrsg.) (1899). Die gesamten Materialien zum Bürgerlichen Gesetzbuch für das Deutsche Reich, Bd. 4. Berlin.

Napp-Peters, A. (1995). Familien nach der Scheidung. München: Antje Kunstmann Verlag.

Nave-Herz & Markefka (Hrsg.) (1989): Handbuch der Familien- und Jugendforschung, Bd.1.. Neuwied: Luchterhand.

Nave-Herz, R. (1990). Die vorindustrielle Großfamilie: Wunschtraum oder Realität? In: Familie und Recht, 156.

Neisser, U. (1974). Kognitive Psychologie. Stuttgart: Klett.

Nestmann, F. (1988). Die alltäglichen Helfer. Berlin: de Gruyter.

Orlinsky, D.E., Grawe, K., Parks, B.K. (1994). Process and outcome in psychotherapy. In: Bergin, A.E., Garfield, S.L. (eds): Handbook of psychotherapy and behavior change, 4th ed., pp 270-376. New York: Wiley.

Orlinsky, D.E., Howard, K.J. (1986). Process and outcome in psychotherapy. In: Garfield, S.L., Bergin, A.E. (eds): Handbook of psychotherapy and behavior change, 3rd ed., pp 311-384. New York: Wiley.

Orth, I. & Petzold, H. (1993b). Therapietagebücher, Lebenspanorama, Gesundheits-/Krankheitspanorama als Instrumente der Symbolisierung und karrierebezogenen Arbeit in der Integrativen Therapie. In: Petzold, H. & J. Sieper, 1993, 1993b.

Orth, I. & Petzold, H. (1993a). Beziehungsmodalitäten – ein integrativer Ansatz für Therapie, Beratung, Pädagogik. In: Petzold, H. & J. Sieper, 1993, 1993a.

Orth, I. & Petzold, H. (1993c). Zur „Anthropologie des schöpferischen Menschen". In: Petzold, H. & J. Sieper, 1993,1993c.

Packheiser, K. (1995). Alles über Scheidung. Ehrenwirth Verlag.

Papoušek, H., Papoušek, M. (1995). Vorsprachliche Kommunikation: Anfänge, Formen, Störungen und psychotherapeutische Ansätze. In: Petzold 1995a.

Papoušek, H., Papoušek, M. (1979). Early ontogeny of human social interaction, its biological roots and social dimension. In: M. von Cranach, K. Foppa, W. Lepenies & D. Ploog (Hrsg.): Human ethology: claims and limits of a new discipline. Cambridge: Cambridge University Press.

Papoušek, M. (1989). Frühe Phasen der Eltern-Kind-Beziehungen. Ergebnisse der entwicklungspsycho-biologischen Forschung. Praxis der Psychotherapie und Psychosomatik 34, 109-122.

Perls, F.S. (1980). Gestalt, Wachstum, Integration. Paderborn: Junfermann.

Perrez, M. (1989). Psychotherapeutic methods between scientific foundation and everyday knowledge. New Ideas in Psychology, 7, 133-145.

Petri, H. (1989). Verlassen und Verlassenwerden. Kreuz Verlag.

Petropulos, K. (1994). Bonn schröpft die Familien. In: Zeitschrift Die Woche v. 3.2.1994.

Petzold, H. (1990). Integrative Bewegungs- und Leibtherapie. Paderborn: Junfermann.

Petzold, H. (1995b). Integrative Therapie in der Lebensspanne. Zur entwicklungspsychologischen und ge-dächnistheoretischen Fundierung aktiver und leibzentrierter Interventionen bei „frühen Schädigun-gen" und „negativen Ereignisketten" in unglücklichen Lebenskarrieren. In: Petzold 1995a.

Petzold, H. (1990). Integrative Bewegungs- und Leibtherapie. Paderborn: Junfermann.

Petzold, H., Goffin, J. & Oudhof/Amsterdam (1993). Protektive Faktoren und Prozesse – die „positive" Perspektive in der longitudinalen „klinischen Entwicklungspsychologie" und ihre Umsetzung in die Praxis der Integrativen Therapie. In: Petzold & Sieper 1993.

Petzold, H. & Schuch H.W. (1992). Grundzüge des Krankheitsbegriffes im Entwurf der Integrativen The-rapie. In: Petzold, H. & Pritz, A., Der Krankheitsbegriff in der modernen Psychotherapie. Paderborn: Junfermann.

Petzold, H. & Sieper, J. (Hrsg) (1993). Integration und Kreation, Band 1 und 2. Paderborn: Junfermann 1993.

Petzold, H. (1993). Integrative Therapie. Schriften zu Theorie, Methodik und Praxis. 3 Bände. Paderborn: Junfermann.

Petzold, H. (1995). Die Kraft liebevoller Blicke. Psychotherapie und Babyforschung, Bd.2. Paderborn: Junfermann.

Petzold, H. (1995c). Das schulenübergreifende Emotionskonzept der „Integrativen Therapie" und seine Bedeutung für die Praxis „emotionaler Differenzierungsarbeit". In: Petzold 1995d.

Petzold, H. (1995d). Die Wiederentdeckung des Gefühls. Paderborn: Junfermann.

Petzold, H. (1993b). Integrative fokale Kurzzeittherapie (IFK) und Fokaldiagnostik – Prinzipien, Metho-den, Techniken. In: Petzold, H. & J.Sieper, 1993a, 1993b.

Petzold, H.G. (1971). Eschatologie und Anthropologie aus der Sicht ostkirchlicher Religionsphilosophie und -Psychologie. Diss., Fac. phil., Insitut St. Denis, Paris.

Petzold, H.G. (1996). Diskurs und Ko-respondenz, der "Andere" – der Fremde und das Selbst. Tentative, grundsätzliche und persönliche Überlegungen für die Psychotherapie anläßlich des Todes von Ema-nuel Lévinas (1906-1995). Integrative Therapie 2-3.

Petzold,H. & Orth, I. (1998). Das Konflux-Modell und die Arbeit mit kokreativen Prozessen. In: Petzold, H., Integrative Supervision. Meta-Consulting & Organisationsentwicklung. Paderborn: Junfermann.

Plesse, S.M. & Clair, B.S. (1988). Feuer der Sinnlichkeit – Licht des Herzens. Vaduz: Jeunesse Verlagsan-stalt.

Pöggeler, F. (1964). Der Mensch in Mündigkeit und Reife. Eine Anthropologie des Erwachsenen. Pader-born: Schöningh.

Popper, K.R. (1969). Logik der Forschung (3. Aufl.). Tübingen: Mohr.

Powers, W.T. (1973). Behavior: the control of perception. New York: Aldine.

Qualls, P.J. (1983). On the physiological measurement of imagery: An overview. In: J.E. Shorr, G. So-bel-Whittington, R. Pennee & J.A. Connella (Eds.): Imagery: Theoretical and clinical applications. New York: Plenum Press.

Rahm, D., Otte, H., Bosse, S., Ruhe-Hollenbach, H. (1993). Einführung in die Integrative Therapie. Pader-born: Junfermann.

Rappaport, J. (1987). In praise of paradox: A social policy of empowerment over prevention. American Journal of Community Psychology, 9,1-25.

Reinecker, H.S., Schmelzer, D. (1996). Verhaltenstherapie, Selbstregulation, Selbstmanagement. Göttin-gen: Hogrefe

Reinecker, H. (1994). Lehrbuch der Klinischen Psychologie. Göttingen: Hogrefe.

Rogers, C. (1972). Die klientbezogene Gesprächstherapie. München: Kindler.

Rosenbaum, M. & Berger, M. (1963) (eds.). Group Psychotherapy and Group Funktion. New York.

Ross, N. (1975). Affect as cognition: With observations on the meanings of mystical states. Int. Rev. Psychoanal. 2, pp. 79-93.

Roth, G. & Prinz, W. (1996). Kopf-Arbeit. Heidelberg: Spektrum Akademischer Verlag.

Roth, G. (1995). Das Gehirn und seine Wirklichkeit (3. Aufl.ed.). Frankfurt: Suhrkamp.

Roth, G. (1996). Das Gehirn des Menschen. In: G. Roth & W. Prinz (Hrsg.), Kopf-Arbeit. Heidelberg: Spektrum Akademischer Verlag.

Roth, L. (1991). Pädagogik. Handbuch für Studium und Praxis. München: Ehrenwirth.

Rottleuthner-Lutter (1992). Gründe von Ehescheidungen in der Bundesrepublik Deutschland. Köln: Bundesanzeiger.

Rovee-Collier, C.K. (1993). Infants as problem-solvers. A psychobiological perspective. In: Zeiler, M.D., Harzem, P. (eds.): Advances in analysis of behavior, Vol. 3, Biological factors in learning. Chichester: Wilney.

Sachse, R. (1992). Zielorientierte Gesprächstherapie. Göttingen: Hogrefe.

Sager, C.J. (1974). Sexual dysfunction and marital discord. In: H.S. Kaplan (ed.). The new sex therapy. New York: Brunner/Mazel.

Sanders, R. (1997). Integrative Paartherapie – eine Pädagogische Intervention zur Förderung der Beziehung zwischen Frau und Mann als Partner. Grundlagen – Praxeologie – Evaluation. Frankfurt a.M.: Peter Lang Verlag.

Sanders, R. (1998). Zwei sind ihres Glückes Schmied. Ein Selbsthilfeprogramm für Paare. Paderborn: Junfermann.

Sanders, R., Kremer, F.J., Borgschulte, G. & Ruenauver, H. (1981). Auf dem Weg zur Ehe. München: DKV.

Sanders, R., Krieg, M., Kremser, N. & Kremer, F. J. (1993). Unterwegs zur Ehe. Wegweiser und Bausteine zur Ehevorbereitung. München: DKV.

Sanford, J. A. (1989). Unsere Unsichtbaren Partner. Interlaken: Ansata.

Saßmann, H. (1999). Diagnostik in der Paarberatung: Ein Interview zur Beziehungsgeschichte (PIB), www.beratung-aktuell.de, 2-1999. Paderborn: Junfermann; und in: Beratung Aktuell 3/2000.

Sbandi, P. (1973). Gruppenpsychologie. München: Pfeiffer.

Schachter, S. (1959). The psychology of affiliation, Calif.: Stanford Univ. Press

Scheff, T. (1979). Catharsis in healing, ritual and drama. Berkeley: Univ. of California Press.

Schellenbaum, P. (1985). Das Nein in der Liebe. Abgrenzung und Hingabe in der erotischen Beziehung. Stuttgart: Kreuz Verlag.

Schelp, T., Kemmler, L. (1988). Emotion und Psychotherapie. Bern: Huber.

Scherer, K. R. (1984). On the nature and functions of emotions: A component process approach. In: K.R. Scherer & P. Ekman (Eds.). Approaches to emotion (pp. 293-317). Hillsdale, NJ: Lawrence Erlbaum.

Schindler, L., Hahlweg, K., & Revensdorf, D. (1998). Partnerschaftsprobleme: Diagnose und Therapie, Therapiemanual, 2., aktualisierte, vollständig überarbeitete Auflage. Berlin: Springer Verlag.

Schipperges, H. (1986). Der Arzt als Pädagoge. In: Integrative Therapie 4.

Schleiermacher, F.D. (1983). Die Vorlesungen aus dem Jahr 1826. In: Päd. Schriften Bd. 1., Stuttgart, Hrsg. von E. Weniger.

Schmelzer, D. (1985). Problem- und zielorientierte Verhaltenstherapie, Teil I: Zu einigen Kernannahmen des aktuellen verhaltenstherapeutischen Vorgehens. Verhaltensmodifikation, 6, 101-151.

Schmitz, H., (1989). Leib und Gefühl. Paderborn: Junfermann.

Schulte, D. (1996). Therapieplanung. Göttingen: Hogrefe.

Segalen, M. (1990). Die Familie. Geschichte, Soziologie, Anthropologie. Frankfurt/M: Campus-Verlag.

Seligmann, Martin, E.P. (1996). Die Effektivität von Psychotherapie. Die Consumer Reports-Studie, Integrative Therapie 2-3: 264-287.

Shulman, L.S. (1983). Diskussionsbeitrag zum Vortrag von Good, T.L., "Teacher effectiveness research – a decade of progess". Paper presented at the Annual Meeting of the AERA Toronto.

Smith, M.L. (1987). Publishing qualitative research. In: American Educational Research Journal 24, S. 173-183.

Smuts, B.B. (1985). Sex and Friendship in Baboons. New York: Aldine de Gruyter.

Smuts, B.B. (1987). What are friends for? Natural History, Feb., S. 36-44.

Snyder, D.K. & Wills, R.M. (1989). Behavioral versus insight-oriented marital therapy. Effects on individual and interpersonal functioning. Journal of Consulting and Clinical Psychology, 57, 1, 39-46.

Snyder, D.K., Wills, R.M., Grady-Fletcher, A. (1991). Long-term effectiveness of behavioral versus insight-oriented marital therapy. A 4-year follow-up-study. Journal of Consulting and Clinical Psychology, 59, 138-141.

Spitz, R. (1946). Anaclitic depression. Psychoanalytic Study of the Child (Vol.2). New Haven: Yale University Press.

Spitz, R. (1967). Vom Säugling zum Kleinkind. Stuttgart: Klett.

Stark, W. (Hg.) (1989). Lebensweltbezogene Prävention und Gesundheitsförderung. Konzepte und Strategien für die psychosoziale Praxis. Freiburg. Lambertus.

Statistisches Bundesamt (Hrsg.). Statistische Jahrbücher 1980-1995. Wiesbaden.

Stegmüller, W. (1974). Wissenschaftliche Erklärung und Begründung. Probleme und Resultate der Wissenschaftstheorie und Analytischen Philosophie, Bd. I. Berlin: Springer.

Stern, D. (1983). The early development of schemas of self, other and „self with other". In: J. Lichtenberg/S. Kaplan (Eds.): Reflections on Self Psychology. Hillsdale, NJ: The Analytic Pr., pp. 49-84.

Stern, D. (1985). The interpersonal world of the infant. A view from psychoanalysis and developmental psychology. New York: Basic Books.

Stern, D.N., Jaffe, J., Beebe, B., Bennett, S.L. (1974). Vocalizing in unison and in alternation: Two modes of communication within the mother-infant dyad. Annals of the New York Academy of Sciene 263, 89-100.

Strauss,B. & Schmidt, S. (1997). Die Bindungstheorie und ihre Relevanz für die Psychotherapie. Teil 2: Mögliche Implikationen der Bindungstheorie für die Psychotherapie und die Psychosomatik. Psychotherapeut, 42, 1-16.

Strupp, H.H. & Hadley, S. W. (1979). Specific vs. nonspecific factors in psychotherapy. A controlled study of outcome. Archives of General Psychiatry, 36, 1125-1136.

Sullivan, H.S. (1953). The interpersonal theory of psychiatry. New York: Norton Press.

Süss, H.J. et al. (1978). Gestalttherapie. In: Pongratz (Hrsg.): Klinische Psychologie. Göttingen: Hogrefe.

Svoboda, T. (1984). Das Hypnose-Buch. München: Kösel.

Tausch, A. & Tausch, R., (1991). Erziehungspsychologie. Göttingen: Hogrefe.

Tausch, R. (1991). "Ich halte es für vermessen, nie endendes Glück zu erwarten." Interview. Psychologie Heute,18,7, 32ff.

Teusch, L. (1995). Gesprächspsychotherapie in Kombination mit verhaltenstherapeutischer Reizkonfrontation bei Panikstörungen mit Agoraphobie. Grundlagen und klinisch-experimentelle Überprüfung. Habilitationsschrift, Gesamthochschule Essen.

Thomae, H. (1991). Psychologische Anthropologie. In: Roth 1991.

Thorndike, E.L. (1898). Animal intelligence. Psychological Review Monograph Supplement, 2 (4, whole No.8).

Tjaden, K.H. (Hrsg.) (1971). Soziale Systeme. Neuwied: Luchterhand.

Tomae, H. (1987). Lebensentscheidungen im Rückblick: In: Gordon, P.P. (Hrsg.): Lebensentscheidung. Graz/Wien S. 97-117. Kevelaer: Butzon u. Bercker.

Trevarthen, C. (1979). Communication and cooperation in early infancy: A description of primary intersubjectivity. In: M. Bullowa (Ed.): Before Speech: The Beginning of Interpersonal Communication. New York u.a.: Cambridge Univ. Pr. , pp. 321-347.

Trevarthen, C. (1974). Conversations with a two-month-old. New Scientist, 2. May, pp. 230-235.

Tyrell, H., Herlth, A. (1994). Partnerschaft versus Elternschaft. In: Herlth, A. et al. (Hrsg.): Abschied von der Normalfamilie? Berlin: Springer.

Ulrich, D. (1982). Das Gefühl. Eine Einführung in die Emotionspsychologie. München: Psychologie Verlags Union.

Ulrich, D. (1987). Krise und Entwicklung – Zur Psychologie der seelischen Gesundheit. München, Weinheim: Psychologie Verlags Union.

Voegeli, W. (1982). Funktionswandel des Scheidungsrechts. In: Kritische Justiz, 132.

Vopel, K. (1993). Höher als die Berge, tiefer als das Meer. Phantasiereisen für Neugierige. Salzhausen: Iskopress.

Vyt, A. (1989). The second year of life as a developmental turning point: Implications for sensitive caretaking. European Journal of Psychology of Education 2, 145-158.

Wallerstein, R.S. (1986). Forty-two lives in treatment: A study of psychoanalysis and psychotherapy. New York: Guilford.

Wallerstein, R.S. (1989). The Psychotherapy Research Program (PRP) of the Menninger Foundation: An overview. Journal of Consulting and Clinical Psychology, 57, 195-205.

Wallerstein,J. & Blakeslee, S. (1989). Gewinner und Verlierer. München: Droemer & Knaur.

Warren, W.H. (1990). The perception-action coupling. In: Bloch, Bertenthal, 23-37, 1990.

Watzlawick, P., Beavin, J. H., Jackson, D.D. (1974). Menschliche Kommunikation. Bern: Hans Huber.

Wehler, H. (1987). Deutsche Gesellschaftsgeschichte, Bd. 1. München: Beck Verlag.

Weidenmann, B., Krapp, A., et al. (1993). Pädagogische Psychologie. Weinheim: Beltz.

Westmeyer, H. (1979). Die rationale Rekonstruktion einiger Aspekte psychologischer Praxis. In: H.Albert & K.H.Stampf (Hrsg.): Theorie und Erfahrung. Beiträge zur Grundlagenproblematik in den Sozialwissenschaften (S.139 - 162). Stuttgart: Klett.

Willi, J. (1978). Therapie der Zweierbeziehung. Reinbek: Rowohlt.

Wittgenstein, L. (1921). Tractatus logico-philosophicus. Logisch-philosophische Abhandlung. Frankfurt/M. 1980: Suhrkamp.

Wolpe, J. (1972). Praxis der Verhaltenstherapie. Bern: Huber.

Wottawa, H. (1993). Evaluation. In: Weidenmann, B. & Krapp, A., 1993.

Zerssen, D. (1976). Klinische Selbstbeurteilungs-Skalen (KSb-S) aus dem Münchener Psychiatrischen Informationssystem (PSYCHIS München), Die Beschwerdenliste, Parallelformen B-L, B-L' und Ergänzungsbogen B-Lo. Manual. Weinheim: Beltz Test Gesellschaft.

Zilbergeld, B. (1973). Männliche Sexualität. Tübingen: DGVT-Verlag.

Zimmer, D. (1985). Sexualität und Partnerschaft – Grundlagen und Praxis psychologischer Behandlung. München: Urban & Schwarzenberg.

Zinker, J. (1997). Auf der Suche nach gelingender Partnerschaft. Gestalttherapie mit Paaren und Familien. Paderborn: Junfermann.